Karl Jaspers
Das Wagnis der Freiheit

Karl Jaspers

Das Wagnis der Freiheit

Gesammelte Aufsätze zur Philosophie

Herausgegeben von Hans Saner

Piper
München Zürich

ISBN 3-492-03848-4

Gesetzt aus der Garamond
Gesamtherstellung: Clausen & Bosse, Leck
Printed in Germany

Inhalt

Teil III

Vorbemerkung des Herausgebers

Zu Lebzeiten von Karl Jaspers sind mehrere Sammlungen seiner Reden und Aufsätze erschienen. Aber nur zwei waren Originalausgaben, die Jaspers selber herausgegeben hat: »Rechenschaft und Ausblick« (1951) sowie »Philosophie und Welt« (1958). Beide mischten autobiographische Schriften mit Schriften zur Geschichte der Philosophie und Schriften zu systematischen und zeitkritischen Themen. Als beide Sammlungen vergriffen waren, wollte sie Jaspers in der alten Form nicht mehr drucken. Im Hinblick auf eine künftige Gesamtausgabe tendierte er zu neuen, nach Sachgebieten geordneten Editionen. Schon 1963 waren seine »Gesammelten Schriften zur Psychopathologie« erschienen. 1965 gab er seine Schriften zur deutschen Politik »Hoffnung und Sorge« heraus, die neben umfangreichen Arbeiten (»Die Schuldfrage«, »Freiheit und Wiedervereinigung«) auch 12 Aufsätze und Reden zur politischen Situation enthielten. 1967 folgten die bis dahin unveröffentlichten autobiographischen Schriften »Schicksal und Wille« und ein Jahr danach alle kürzeren Abhandlungen und Reden zur Geschichte der Philosophie »Aneignung und Polemik«. Zu einer umfassenden Sammlung seiner kleinen systematischen Schriften kam es zu Lebzeiten nicht mehr. Nach seinem Tod aber hatte die Nachlaß-Edition den Vorrang. Und so wurden die nun vorliegenden Schriften bis heute nie in einem Band vereinigt. Viele von ihnen waren über Jahrzehnte vergriffen, andere nur schwer zugänglich. In die Sammlung sind lediglich die Schriften zum Verhältnis von Arzt und Patient nicht aufgenommen worden, weil sie in einer gesonderten Edition der Serie Piper vorliegen (»Der Arzt im technischen Zeitalter«). Ebenfalls weggelassen wurden einige Kurztexte, die Gelegenheitsäußerungen waren.

Die Gliederung der Sammlung in drei Teile hat behelfsmäßigen Charakter. Klar abtrennbar ist nur der Teil III, der Texte zur Religionsphilosophie umfaßt. Die Zuordnung zu den Teilen I und II ist dagegen nicht immer eindeutig möglich. Das Schwergewicht von Teil II liegt auf der Universität und ihrem Verhältnis zur Philosophie, das Schwergewicht von Teil I auf der Philosophie und ihren Aufgaben in der Gegenwart. Aber auch in diesem Teil ist oft von der Verortung der Philosophie an der Universität die Rede. Man hätte gelegentlich auch anders zuordnen können.

Die Arbeiten erstrecken sich insgesamt auf fünf Jahrzehnte. Die meisten aber sind zur Zeit des neuen Aufbruchs der deutschen Universität und Europas geschrieben worden, in den Jahren nach 1945. In ihnen liegt die Kraft einer rückhaltlosen Rechenschaft und der Schwung einer neuen Hoffnung, die sich aber keiner Illusion mehr hingibt. Deutschland und weite Teile Europas hatten nicht allein als Nationalstaaten ihre Würde verloren. »Auch als Universität haben wir 1933 unsere Würde verloren« (237). In der äußersten Demütigung hielten nur zwei Kräfte stand: die Verläßlichkeit weniger Einzelner und der Grenzgedanke der Transzendenz. Diesen Kräften angesichts der neuen Bedrohungen und der dennoch möglichen Hoffnungen nachzuspüren, schien Jaspers nun die existentielle Aufgabe der Philosophie zu sein, während ihre logische es war, alle Gehäuse des europäischen Denkens aufzubrechen, um zum Gespräch mit den außereuropäischen Philosophien fähig zu machen. Denn der in der Katastrophe geläuterte Wille zur Kommunikation mußte nun doppelt verankert werden: in der Verläßlichkeit der Zweiheit und in der Weite der Universalität. Nur in dieser Spannung von Existenz und Vernunft konnte das Wagnis der Freiheit eine Chance haben.

Basel, im Januar 1996 *Hans Saner*

TEIL I

Einsamkeit

»Ich« sein heißt einsam sein. Wer »Ich« sagt, richtet eine Distanz auf, zieht einen Kreis um sich. Aufgabe der Einsamkeit ist Aufgabe des Ich. Einsamkeit kann es nur geben, wo es Individuen gibt. Wo es Individuen gibt, aber gibt es beides: die Lust zur Individualität und damit den Drang *in* die Einsamkeit und das Leiden an der Individualität und damit den Drang *aus* der Einsamkeit. Dabei kommt es immer nicht auf das Individuum-Sein an, sondern darauf, ob einer sich als Individuum fühlt und weiß.

Insofern der Mensch Gesellschaftswesen ist – und wir alle sind es zu erheblichem Teil, zumal für jede menschliche Existenz das Sein als Gesellschaftswesen das zeitliche, empirische prius ist –, ist er nicht als Individuum seiner Besonderheit bewußt und ist er nicht einsam. Wer aus der primitiven als absolut empfundenen Form gesellschaftlichen Daseins ausgestoßen ist, rechtlos und vogelfrei ist – fühlt sich nicht als Individualität, fühlt sich nicht in unserem Sinne einsam, sondern lebt noch ganz in jener Einheit, der er nicht mehr angehören darf, zu der er sich zurücksehnt. Er fühlt sich seines materiellen und seelischen Nährbodens beraubt, fühlt sich vielleicht wie tot, aber nicht als einsames Individuum. Individuelles Leben und soziales Leben ist hier dasselbe. Ein Verständnis erfolgt gegenseitig ganz unproblematisch mit vollkommener Sicherheit. Außerhalb der Sphäre dessen, worin das Verständnis eben allgemein einfach da ist, gibt es nichts.

Erst wenn der Mensch sich seinem gesellschaftlichen Dasein als selbstbewußtes Individuum gegenüberstellt, das irgendwie selbst, an sich, auf eigene Verantwortung möglich ist, wenn es sich damit gleichzeitig den Inhalten, Forderungen, Wahrheiten, Leistungen – der Welt des Gegenständlichen – bewußt gegenüberstellt, wenn es im Gegensatz zu seinem früheren pflanzenhaften, wurzelgebundenen, unbeweglichen und festbestimmten Sein gleichsam in animalischer Beweglichkeit den verschiedenen Daseinsmöglichkeiten gegenübertritt, entsteht Einsamkeit: und zwar einerseits gewollte, heroische Einsamkeit des Menschen, der seine Leistung und sein Schicksal erfüllt trotz der Gesellschaft und trotz der Welt gegenständlicher Forderungen, trotz »Gottes«; andrerseits erlittene Einsamkeit wider Willen, aus der der Mensch herausstrebt: entweder zurück zum bloß gesellschaftlichen Dasein unter Aufgabe der Individualität, – indem er sich, sich verzerrend, festen Organisationen, Kirchen und solcherart Gemeinschaften, bedingungslos sich opfernd, anschließt – oder drängend zur Kommunikation mit anderen Menschen, zu anderen Individuen, sich verstehend mit dem Drange: die Individualität zu erhalten und zugleich der Einsamkeit zu entrinnen. (Erschien die Beziehung von Einsamkeit und Individualität anfangs als Tautologie, so zeigt sich hier eine Aufgabe, deren Erfüllung diese Tautologie aufheben würde).

Damit gerät der Mensch in eine unvermeidliche und unendliche dialektische Bewegung: er hebt in Kommunikation mit anderen seine Isoliertheit als Ich auf, aber damit macht das Ich selbst einen Wandlungsprozeß durch, infolge dessen das neue Ich wiederum einsam ist – »nur wer sich wandelt, bleibt mit mir verwandt« –, daraus entspringt ein neues Hinaustreten zu anderen aus der neuen Icheinsamkeit hinaus, und so fort ohne Aufhalten. Am Ende der unendlichen Bewegung mag die Idee einer Totalität des Ich, eines abgeschlossenen Ich in vollendeter Kommunikation stehen – aber wenn dieser Weg einmal betreten ist, ist die Einsamkeit faktisch niemals mehr als für Augenblicke aufzuheben.

Mit solchen abstrakten Formeln kann man wohl den weitesten Bereich des uns interessierenden Problemkreises abstecken, den Problemen selbst kommen wir nur näher, wenn wir uns bemühen, sie langsam konkreter zu fassen. Jene im allgemeinen formulierte Bewegung müssen wir uns gleichsam an einzelnen Punkten erstarrt denken, um die Möglichkeiten der Einsamkeit und der Aufhebung in Kommunikation zu fassen. Dazu helfen dem konkreten Einzelfall gegenüber vielleicht zwei in gegenseitiger Korrelation stehende Gesichtspunkte:

1. Wir können der konkreten Tatsächlichkeit gegenüber erstens fragen: welches »Ich« ist einsam? – Wenn wir uns klar zu machen suchen, was wir meinen, wenn wir »Ich« und »Du« sagen, wenn wir uns fragen: was ist »Ich«? wer ist »Ich«?, so sehen wir in einen Abgrund: wir bemerken alsbald, daß wir als Ich immer ein Schema, eine Aufffassung von uns, einen Teil, eine Art – vielleicht dazu ganz falscherweise – meinen; wenn wir von den formalen Eigenschaften des Ichbewußtseins absehen (des Ich im Gegensatz zum Außen, der Aktivität, der Identität und Kontinuität, der Einfachheit), so ist unser inhaltliches Ichbewußtsein schwankend, vielfach,

eine Sammlung verschiedener Egos, die man zum Beispiel in Gruppen als »soziales Ich«, »Augenblicksich«, »Eindrucksich«, »Leistungsich«, »Körperich«, »sexuelles Ich«, usw. ordnen kann. Wenn wir für unser Ego etwas wünschen, tun, erreichen, so tun wir es für eins oder mehrere dieser Auffassungsschemata für unser Ego. Ob ein Ich an sich existiert, wissen wir nicht, und wenn es existiert, kennen wir es nicht, sondern nur seine Oberfläche der verschiedenen Egos, die uns zum Schaden des eigentlichen Ich mehr interessieren als unser Ich selbst. – Wir würden also die Arten des Ich kennen lernen und damit die konkreten Einsamkeiten erfassen müssen, ein Weg, der nur Sinn in der Analyse konkreter Einzelfälle hat.

2. Wir können fragen: in welcher gegenständlichen Sphäre vollzieht sich die Kommunikation? Etwa in der intellektuellen, der erotischen, der ethischen Sphäre usw.? Denn die Kommunikation geschieht nur durch das Medium gemeinsamer Gegenständlichkeit hindurch, der Versuch direkter Gemeinschaft – der sich doch immer wieder zufällig aufgelesener Gegenständlichkeiten bedient – zerfließt im Nichtigen. So ist zum Beispiel ein Gegensatz zwischen der Einsamkeit des intellektuell-kontemplativ Schaffenden und der Einsamkeit des Aktiven. Der erstere kann allein sein, er schafft sein Werk allein, dies Werk hat Geltung überhaupt, in der er sich beruhigt auch ohne Widerhall (Spinoza). Der Aktive ist auf Gegenwirkung und Mitwirkung der Menschen angewiesen, um überhaupt in Aktion zu treten. Er ist absolut einsam ohne Widerhall, kann nicht schaffen und kann keine Einsicht in Geltung seines Tuns haben (es sei denn durch Wahnbildungen).

Gegen solche Auflösung des Ich in einzelne Egos, der Kommunikation in einzelne Sphären wäre einzuwenden: jemand kann für alle seine Egos in dem gemeinten Sinn und in allen Sphären in Beziehung zu anderen Individuen stehen und ist doch subjektiv und objektiv einsam. Dagegen gibt es das subjektive Erlebnis – als etwas momentan Lebendiges und potentiell als vielleicht einmal Wiederkehrendes, das Leben Begleitendes –, in dem die Totalität von Ich und Du ergriffen, eine Kommunikation jenseits aller besonderen Gegenständlichkeit wenigstens subjektiv erlebt wird. Solche Erlebnisse sind faktisch; sie sind durch die Ergriffenheit des Menschen durch ihre Nachwirkung, durch ihre prägende Wirkung für den Menschen als etwas gekennzeichnet, hinter dem tiefliegende Kräfte der Seele wirksam sind. Ihr im Augenblick völlig selbstverständlicher, in nachträglicher Besinnung unheimlicher Charakter kommt in Goethes Versen an

Frau von Stein zum Ausdruck: »Denn Du warst in abgelebten Zeiten meine Schwester oder meine Frau«. – Ob solches außerhalb der Geschlechtsliebe vorkommt, ist zweifelhaft.

Eine objektive, metaphysische Deutung würde in solchen Erlebnissen die Existenz eines »Ich an sich« erwiesen sehen und in solchen Kommunikationen dieser Iche hinter allen den Egos des Alltags vielleicht metaphysische Vorgänge erblicken. Solche Deutungen, wenn sie mehr sein wollen als ein unverbindlicher Ausdruck des Erlebten in Form des »als ob«, führen zu nichts für die Erkenntnis Relevantem. Der Erlebende braucht solche Formeln und Glaubensinhalte nicht. Eine im Bereiche der uns zugänglichen Gegenständlichkeiten verharrende Betrachtung würde nach Bedingungen für solche Erlebnisse suchen und jedenfalls finden, daß als Basis eine Kommunikation im Gegenständlichen da ist, daß als Basis jedenfalls auch viele der oberflächlichen Egos zueinander in Beziehung getreten sind. Das Geheimnis solcher Erlebnisse wird dadurch – aber nicht in anderer Weise wie bei allen psychischen Erlebnissen – natürlich nicht entschleiert. Solche Erlebnisse sind nicht durch Willen zu erreichen. Im Gegenteil: jede Reflektiertheit, jeder Eingriff würde sie im Kern zerstören. Sie sind auch im einzelnen konkreten Falle nicht etwa objektiv erkennbar, identifizierbar. Sie sind Sache des Schicksals, wie mystische Erlebnisse, und alles Konkrete, das der Analyse unterworfen wird, wird sich kaum als ein solches Erlebnis erfassen lassen. Es hat nur subjektive, gar nicht rationale, gar nicht reflektierte Evidenz, gar keine objektiven gewissen Merkmale. Man könnte sie als einen Grenzfall definieren und an ihrer realen Existenz zweifeln.

Mehr oder weniger haben alle Erlebnisse und auch die Erlebnisse der Beziehung von Seele zu Seele etwas Unwillkürliches, durch Willen zu Störendes. Aber bei allen anderen wirken doch in der Grundlage unsere aktiven Impulse, unsere bewußten Lenkungen und Entschlüsse wenigstens mit. Sodaß es alle möglichen bewußten Maßnahmen gibt, der Einsamkeit zu entrinnen: Beichten, Sichaussprechen, Sichrechtfertigen; oder umgekehrt, in ihr zu verharren: Schweigen, Täuschen, Maske vornehmen usw. –

Die Motive des Drangs zur oder aus der Einsamkeit im einzelnen Falle, die Motive zu dieser Aktivität in den Voraussetzungen, würde man zunächst durch die Frage nach der Art des Ego (welches Schema der Ichauffassung) und die Frage nach der oder den Sphären der Kommunikation auf begrenzten Möglichkeiten einschränken. Die Kräfte, die hinter den

Motiven stecken, lassen sich etwa in die Katerorien des Verstehens, als Grundlagen der Macht und der Liebe, als eigentliche Kräfte fassen.

1. Das Verstehen ist eine – dem Grade und der Breite nach in der Anlage sehr verschiedene – Fähigkeit des Menschen, so unmittelbar mit dem andern mitzuleben, daß er instinktiv immer, ohne alle Reflexion, weiß, was im andern für Gefühle, Motive, Bedürfnisse, Konflikte entstehen, sodaß er ohne weiteres, gleichsam, als ob er es selbst wäre, oder besser, einwirken, eingreifen, bejahen, verneinen, fördern, hemmen kann auf solche Art, daß er immer gleichsam am Hebel der Seelenmaschine sitzt und nicht wirkungslos an peripheren Teilen anfaßt. In solchem Verstehen ist der andere Mensch mir nicht Gegenstand, sondern es besteht in Wechselwirkung eine Kommunikation so unmittelbarer Art, daß etwa der Verstehende befragt, in gegenständlichen Formeln Auskunft zu geben, von sich und vom andern nichts zu sagen weiß. Dieses Verstehen ist praktisch. Es ist nicht gegenständlich. Es verhält sich zum Verstehen, in dem mir ein anderer Mensch Gegenstand wird, wie das instinktive Jonglieren oder Billardspielen zu dem physikalischen Berechnen und Analysieren der mechanischen Bedingungen und Möglichkeiten. Das instinktive Verstehen bedeutet eine unmittelbare Kommunikation, das gegenständliche Verstehen rückt den andern in Distanz von mir, hebt selbst die Kommunikation auf, kann aber Mittel für spätere Kommunikation werden. In keinem von beiden Fällen ist das Verstehen ein totales, sondern immer ein richtungsbestimmtes. Das instinktive Verstehen kann die Basis von Macht- oder von Liebes-Instinkten sein, es kann im Dienste ganz momentaner, praktischer Bedürfnisse stehen, z. B. wenn der erfahrene Schneider ganz reflexionslos die Bedürfnisse seines Kunden, der Kellner Geschmack, die mögliche Höhe der aufzuwendenden Kosten, der Forderungen und des Trinkgelds, bei seinem Gaste fühlt etc.

Das Verstehen – ob instinktiv oder gegenständlich – ist Basis und Medium für die Kräfte der Beziehung zwischen Menschen, eine Voraussetzung, die je nach ihrer Entwicklung alles folgende beeinflußt. Das Verstehen ist keine eigene Kraft.

Von diesen Kräften suche ich für zwei, für den Machtwillen und die Liebe, Formeln: von ihnen aus werden die entgegengesetzten Typen des unbedingten Drangs *aus* der Einsamkeit und *zur* Einsamkeit begreiflich. Wobei zu bedenken wäre, daß Einsamkeit als solche ja nur ein formales Verhältnis ist und der Gegenstand des Drangs nicht die Einsamkeit oder die Kommunikation, sondern inhaltlich der Mensch, die Aufgabe, die Schöpfung, der andere ist.

2. Die Macht bringt die Menschen in Kommunikation auf ungleichem Niveau. Wenn ich Sklaven als Vieh halte und als Werkzeuge benutze, stehe ich zwar nicht in diesem Machtverhältnis, sondern in der gänzlichen inneren Beziehungslosigkeit bloßer Gewalt, wohl aber, wenn ich mich irgendwie an seelische Kräfte im andern wende. In der Güte gegenüber dem Untergebenen, in der Demut gegenüber dem Herrn gibt es beispielsweise solche Kommunikation, die die Einsamkeit irgendwo aufhebt. Auf entgegengesetzte Weise entrinnen hier beide der Einsamkeit: der eine entrinnt seiner Individualität, indem er sie in Abhängigkeit von einer Autorität, einem Herrscher bringt und darin vergeht. Er bewahrt Individualität im Peripheren, in der Wurzel hat er sie aufgegeben. Die Instinkte sind analog, ob er sich einem Führer, einem Meister, einer katholischen Kirche, einem Gewaltherrscher unterwirft. Er will letzthin nicht mehr Individuum, sondern Teil sein. Er steht in seiner Gesinnung im Gegensatz zu dem Menschen, der vor allem erst einmal er selbst bleiben oder werden will, und mag dies Selbst auch nur ein Sandkorn gegenüber einem Felsen sein; eine Gesinnung, die dem Vorigen als stolzer Hochmut das schlechthin Böse sein muß.

Der Herr dagegen entrinnt der Einsamkeit, indem er alle andern assimiliert, sie als Teile von sich unterwirft, aber auch gelten läßt. Er entrinnt der Einsamkeit, indem er sein Ich zu einem Riesenorganismus, in dem alle andern Teile von ihm selbst sind, erweitert, indem er seine Einsamkeit zur Welteinsamkeit steigert, außerhalb deren nichts mehr ist.

Beide können dies Ende nie erreichen. Der sich Unterwerfende muß erfahren, daß der Herr doch nicht ewig und unverletzlich Herr ist, daß er nicht die Qualitäten hat, die er von ihm erwartete, oder daß er ihn nicht als einen assimilierten Teil gelten läßt, sondern zerstört. Er unterwirft sich daher statt einem Menschen einem Gott oder der menschlichen Institution, die von diesem Gott abgeleitet wird. Seine Einsamkeit findet im Religiösen ihr Ende; von daher findet er sich mit den Mängeln des Unterwerfungszustands in dieser Welt, den er übrigens als Unterwerfungszustand bejaht, ab.

Der Machtgewaltige gewinnt nicht die Herrschaft über alles. Er erlebt in der Assimilation von Menschen die Richtung dahin, wo seine Einsamkeit zu Ende sein könnte. Ihr steht nicht das Alleinsein im Wege, sondern das Dasein anderer nicht Assimilierter. So legt er eine Wüste um sich, wo er nicht assimilieren kann; ist, wenn es irgend geht, im letzten Augenblick noch ritterlich als Retter, der den Überwundenen noch irgendwie in seinem Reiche gelten lassen will, um ihn als Überwundenen, gleichsam für sich ein Teil, zu erhalten. Er muß ganz auf sich stehen, trotzt selbst Gott, mit dem er nichts zu tun haben will. Bricht in einem solchen Typus doch das Bewußtsein der Einsamkeit durch, die er doch nur in seiner Erweiterung zur Welt zur Welteinsamkeit steigern will – worin die ursprüngliche Einsamkeit nur insofern aufgehoben ist, als alles ein Teil von ihm wird –, so kann er äußersten Falles erreichen, was im Holofernes typisiert ist: er sehnt sich nach einem Feinde, der ihm ebenbürtig ist; und er empfindet es als eine Tragik, zerstören zu müssen, was er achten kann.

Hier ist das Bedürfnis nach dem andern auf dem gleichen Niveau in der paradoxen Form der Sehnsucht nach dem Feinde da. Dies Bedürfnis nach dem andern auf dem gleichen Niveau ist ein konstituierendes Merkmal der Liebe:

3. Die Liebe ist eine Beziehung zwischen Menschen, die sich damit gegenseitig auf vollkommen gleiches Niveau stellen, eine Aufhebung der Einsamkeit ohne Vernichtung, vielmehr mit Entwicklung der Individualität. Gleich im Sinne der Machtverhältnisse, ungleich als Individualitäten müssen Liebende sein. Verstehen ist hier wie beim Machtverhältnis, wenn auch in ganz anderer Weise, Voraussetzung. Wechselseitigkeit ist überall Bedingung. Daß der Mensch verstehen kann, was nicht er selbst ist, ist eine Bedingung der Möglichkeit der Liebe. Daß das Verstehen zur Totalität drängt, gibt der Liebe ein weiteres Charakteristikum. Nur hier nimmt das Verstehen diese Richtung auf Totalität an.

Etwas umgedeutet würde dem Gesagten entsprechen, was Kierkegaard schreibt (6, 23 ff.): »Denn erst in der Liebe wird das Verschiedene gleich gemacht; erst in der Gleichheit oder in der Einheit ist das Verständnis vorhanden«. – »Das Unglück liegt nun nicht darin, daß die Liebenden einander nicht bekommen können, sondern darin, daß sie einander nicht verstehen können... Dieses Unglück trifft die Liebe ins Herz und verwundet für eine Ewigkeit«. »Denn die Liebe jauchzt auf, wenn sie das Gleiche vereint, sie triumphiert, wenn sie in Liebe gleichmacht, was zuvor ungleich war«. Geschichte vom König und Mädchen: »Einsam bewegte dieser die Sorge in seinem Herzen: ob wohl das Mädchen nun auch glücklich werde, ob es Freimütigkeit genug besitze, um nie sich an das zu erinnern, was der König eben vergessen wissen wollte: daß er König war und sie nur ein armes Mädchen... Denn wenn auch das Mädchen dabei, daß es zu Nichts würde, recht vergnügt sein möchte, der König könnte sich damit nicht zufrieden geben, eben weil er sie liebte, und weil es ihm schwerer wäre, ihr Wohltäter zu sein, als sie zu verlieren... denn wahrhaft unergründlich ist erst die Liebe, die sich nicht mit dem begnügt, was der Gegenstand der Liebe in seiner Torheit vielleicht als seine Seligkeit preisen möchte...«

Die Liebe ist die einzige Aufhebung der Einsamkeit bei erhaltener Individualität. Aber als so konstruierter Typus ist sie gewöhnlich nicht vorhanden. Aus ihrem Wesen ist es zu verstehen, daß der Liebende keine Anbetung, keinerlei Höherstellung, Verehrung verträgt. Leicht schlägt zwar dann die Liebe um in Güte und Ritterlichkeit, aber damit sind Machtinstinkte – nicht Kampfinstinkte – zur Geltung gekommen und die Liebe damit aufgehoben oder beiseite gedrängt.

Der Kampf um Macht will Unterwerfung und Assimilation. Er bedient sich unbedenklich aller Mittel, der Täuschung, der Hinterlist. Das formale Resultat ist die Hauptsache; welche Sachlichkeit erfüllt ist, ist gleichgültig. Gewalt ist das Entscheidende.

Der Kampf in der Liebe bedient sich nicht aller Mittel. Seine Moral ist: die Sache und das Individuum sprechen zu lassen. Nicht zu unterwerfen, sondern zu erwecken, nicht Gewalt, sondern Prüfung; nicht Täuschung und Kriegslist, sondern Offenheit, Wahrheit und Echtheit.

Die so konstruierten Typen sind der Wirklichkeit noch ziemlich fern. Sie sind ganz einseitig und ins Extrem getrieben. Und sie entbehren der konkreten Anschaulichkeit, weil von ihnen immer gesprochen wurde, als ob das wirksame und gemeinte Ich ein totales, absolutes sei. Aber ich glaube, daß die gewonnenen, typischen Gesichtspunkte dienlich sind, die konkreten Erscheinungen schneller und präziser aufzufassen:

Wenden wir uns nunmehr direkt an unsere unmittelbaren Erfahrungen, so finden wir im Leben überall eine Würde der Einsamkeit, einen Wertakzent *für* die Einsamkeit und andrerseits ein leidenschaftliches oder verzweifeltes Drängen *aus* der Einsamkeit.

Alle Würde der Einsamkeit hat bei uns eine doppelte Quelle: Es ist der letzte Abglanz eines erweichten heroischen Menschentypus in uns: die Würde der Einsamkeit wird bejaht, aber halb erlebt als Ausdruck unseres Macht- und Eigenwillen-Instinktes: es liegt darin ein Distanznehmen,

Abrücken, ein trotziges für sich Sein gegenüber den Menschen, die wir uns nicht assimilieren können; es ist ein Trotz im kleinen, wie er im großen beim Herrn dem Gott gegenüber sein mag. Man schweigt, weil man sich und andern zeigen will, daß man vornehm ist (Nietzsche). Man genießt innerlich vor sich eine Überlegenheit im Schweigen, wo äußerlich keine Überlegenheit möglich ist. Das Schweigen in diesem Sinne, oft mit ästhetischen und Anstandsmotiven begründet, fördern heißt Vornehmheit im Sinne des Geistes der Macht und des Herrseins fördern. Diese Geste der schweigenden Vornehmheit erspart einem Aufdringlichkeiten, würdelose Situationen, Blamagen, offne und von außen leicht befleckte Entwicklung der eigenen Seele, Reibungen und Selbstprüfungen, Unterlegenheiten etc.; und zwar erspart sie alles dies auf relativ billige Weise, durch ein Nichttun, für das man belohnt wird durch das angenehme, erhebende Gefühl der Leistung, des Mehrwertseins. Wenn auch die Disziplin des Schweigens vielfach äußerst anstrengend ist, so wird sie relativ leicht gerade dadurch, daß Machtinstinkte befriedigt werden. Und wenn aus anderen Gründen geschwiegen werden soll, bemächtigen sich leicht die Machtinstinkte der Gelegenheit und finden ihrerseits hier einen Genuß.

Eine andere Quelle der bewahrten Einsamkeit ist die Gesinnung, sich nicht verschwenden zu wollen: die Einsamkeit aufgeben, sprechen, restlose Offenheit zu gewähren und zu dulden, das gestattet sich der Mensch nur, wenn die Beziehung der Liebe lebendig werden kann, wenn Situation, Mensch, Inhalt an Ernst und an Notwendigkeit adäquat ist der Bedeutung, die Einsamkeit aufzugeben. Die Kommunikation zwischen Menschen soll nicht profaniert werden durch Fälschungen, wie durch unechte, sich selbst vorgespielte, nicht wirkungskräftige und nachwirkende Beziehungen. Aus dem Bewußtsein von Wert und Würde der Liebe und der Stufen der Kommunikation wird Einsamkeit vorgezogen, wo nur entartete und gefälschte Befriedigung möglich wäre. Aber diese Gesinnung streckt immer gleichsam ihre Fühler aus, wo Menschenseelen vielleicht sich treffen möchten; sie wagt ein Debakel, sie wirft sich wohl mal jemandem in falschem Enthusiasmus an den Hals, um sich nachher schämen zu müssen; sie wagt es, einmal würdelos erscheinen zu müssen.

Und eine haarscharfe Linie, die nur allzuleicht mitten im Erlebnis überschritten wird, liegt zwischen der Einsamkeit als Wille zur echten Kommunikation in Liebe und der Einsamkeit als Selbstgenuß von Machtinstinkten, – ähnlich wie zwischen der Liebe und der Güte und Ritterlichkeit. Und eine ebensolche haarscharfe Linie trennt das Wagnis des nur die echte Kommunikation Wollenden von dem Selbstwegwerfen in dem sich prostituierenden Sichausschütten aus undiszipliniertem Drang, der nur aus der Einsamkeit, um jeden Preis, auch um den des Betrogenwerdens und Betrügens, hinaus will.

Dieses Drängen aus der Einsamkeit heraus ist selten das Symptom der reinen Sehnsucht nach Liebe, nach Kommunikation auf gleichem Niveau. Grade wenn der Inhalt des Eigentlichen zurücktritt gegenüber dem bloß formalen Willen: aus der subjektiven Einsamkeit heraus, bemächtigen sich die heterogensten Triebkräfte der Mittel der Kommunikation: man will sich, weil man sich gar nicht als Substanz fühlt, erst im andern finden. Wenn das nicht im Prozeß der Liebe geschieht, der instinktiv in der Kommunikation die eigene wirkliche Substanz erfahren läßt, geschieht folgendes: statt zu sein, erstrebt man seine Existenz als Bild in den Köpfen der andern, statt des Eigenlebens, ein Leben vor dem Zuschauer. – Man will sich zum Gegenstand, sich wichtig und problematisch machen und eine Existenz als problematischer Charakter in dem Aufmerksamkeitszentrum der Umgebung, statt einer Existenz in sachlicher Aktivität. – Man begreift das Wesen der Liebe und der Kommunikation echter Art; ungeduldig und beflissen sucht man sie sofort zu realisieren, statt sie wachsen zu lassen; sucht sie zugleich reflektiert zu genießen, statt zu leben und sie als Lebenselement wirken zu lassen; man bedient sich weihevoller Formen, starker Erschütterungen, tiefer Wendungen und genießt schließlich ganz unechte Elaborate der ungehemmten, schamlosen Ergießung aller Erlebnisse und phantasierten Erlebnisse; alles steigernde Umgestaltungen der eigenen seelischen Realität – indem man sie vor dem andern, den man dabei gar nicht mehr sieht, ausbreitet. Es findet nur eine ganz einseitige und unechte Kommunikation statt. – Oder man will nur sich entrinnen, weil man sich nicht erträgt, sich haßt; man sucht irgendwie zu versinken, im Aufopfern, im Allgemeinen. – Oder man will sich klarer fühlen und sucht Kommunikation der Reaktion wegen; der andere tritt nicht in der Kategorie der Liebe in Beziehung zu einem, sondern wird bloß Mittel; man probiert nur viele Menschen durch, hin und her reagierend, um zum Schluß in fortgesetzter Einsamkeit nur klar zu fühlen und zu wissen, wer und was man ist. – Man sucht nach Bestätigung des eigenen Werts, wenn man kein inneres Selbstbewußtsein hat. Und man wählt aus, wie und mit wem man in Kommunikation tritt und was man anvertraut, danach, welches die günstigsten Existenzbedingungen für einen sind, das heißt diejenigen Bedingungen, unter denen man seine Wertpositivität am meisten fühlt. –

Wessen Bedürfnisse nicht gesehen und nicht respektiert werden, will sich Geltung verschaffen. – Wer leidet, will sich das Leid, würdelos, so doch noch fühlend, daß er eine Macht hat, durch Mitleid der andern erleichtern, oder durch Mitleid der andern sich Vorteile verschaffen (im Gegensatz zum Machtinstinkt, der Leid verborgen hält, um den Überlegenheitsgefühlen der andern, die mit ihm Mitleid haben, auszuweichen). – Man leidet, weil man keine andern Menschen sieht und infolgedessen sich selbst nicht sieht; man sehnt sich, Menschen sehen zu lernen, um sich selbst zu sehen. – Man ist wurzellos, ohne Atmosphäre, lebt immer in einem Thema, und als Reaktion darauf erstrebt man weihevolle Seelenhaftigkeit, bedeutende Formeln, tiefe Augenblicke. Wie man beim Abschnüren alles Wurzelhaften, der Familie, der Heimat, der Rasse usw., nachdem diese Kräfte, die allem Maß und Sicherheit geben, gleichsam geile Schüsse nach allen Seiten des Geistigen treibt, übergeistig aus Reaktion wird, um doch etwas zu finden und zu fassen – so wird man hier seelenhaft aus Seelenlosigkeit; hier finden sich die scheinbar fremdesten Dinge zusammen: Geselligkeit im Sachlichen. Wenn etwa jemand neu zu dem Gespräch hinzukommt, kann er einen fragen: können Sie mir das Wesentliche in drei Worten mitteilen? Kein Sinn für die erfüllte intellektuelle Armut der bloßen Atmosphäre, der langsamen, bedächtigen Gespräche über nichts; kein Sinn für die Stimmung dieser Atmosphäre, für das Keimhafte und Einsamkeitsüberwindende, das in ihr liegt. Statt dessen sind die reichen geistigen Mittel, die der rezeptive Erwerb der jetzt so leicht zugänglichen Schätze des menschlichen Geistes an die Hand gibt, geeignet – wenn nur nichts Reales, Reelles dazwischen kommt – in den Formen der Geselligkeit einen täuschenden Schein der Kommunikation zu entwickeln. Vom Geistigen her wird dann diese ganze Situation begriffen, und da es nichts gibt, das nicht nachgemacht werden kann, wird schließlich Schlichtheit, Echtheit, geistige Armut und Atmosphäre gemacht und gewollt. So daß es schließlich die unechte Echtheit gibt und man sich in dem vielfach sich überschlagenden Scheinwesen kaum noch zurechtfinden kann. Da die elementarsten Bedürfnisse der materiellen Selbsterhaltung und der übrigen egoistischen Interessen sich am längsten echt erhalten, kann man so beim selben Menschen die weihevollste Gemeinschaft neben völliger Liebelosigkeit beobachten. Der Drang aus der Einsamkeit heraus gewinnt hier die Vielgestaltigkeit des Unechten, die sich kaum noch einfangen läßt. –

So bemächtigen sich des Kommunikationsdranges – wie früher des

Dranges zur Einsamkeit – die heterogensten Kräfte: die Sexualität, das Machtbedürfnis, das Rauschbedürfnis etc. Man wird immer fragen – wie auch sonst bei dem meisten Seelischen –: was steckt dahinter? Es steckt fast immer noch etwas dahinter.

Ob eine Kommunikation im Reiche der Liebe erlebt und gemeint ist oder nicht, dafür ist ein formales Merkmal: ob sie, gegenseitig, auf gleichem Niveau ist oder nicht. Ist sie es nicht, so kann die Kommunikation in vorwiegend eigenem oder im Interesse des andern sein, egozentrisch oder alterozentrisch. Die meisten Kräfte, die sich fälschender Weise der Formen der Kommunikation bedienen, sind egozentrisch. Man kann aber auch des andern wegen, von der Seite des andern her die Selbstentschleierung zulassen, ohne Gleiches mit Gleichem zu vergelten. In dieser Situation befinden sich etwa der Priester, der Nervenarzt, die prominenten auffälligen Persönlichkeiten, die durch ihre Art und ihr Auftreten sich gleichsam dazu anbieten. Man strömt zu solchen Menschen, sich ihnen einseitig offenbarend, man will das Gleiche garnicht von der andern Seite, ja man ist verlegen und überrascht, wenn es auch nur in Ansätzen versucht wird. Man sucht Halt, Maßstab, Rechtfertigung, Rat, man sucht Aufhebung der Einsamkeit, aber nicht auf gleichem Niveau, sondern der Autorität gegenüber, daher statt des Menschen die Institution gemeint ist: die Kirche, die medizinische Wissenschaft (Arzt und Patient haben gleichsam ein stillschweigendes Abkommen getroffen, daß unter dem Namen des medizinisch Relevanten alle Herzensbedürfnisse, alle Geheimnisse verhandelt werden). Soweit einfach Rat, Klärung in einer Sache, Mitteilung von Sachlichkeiten gesucht wird, handelt es sich nicht um ein Heraustreten aus der Einsamkeit; jedoch wird dieser Austritt subjektiv stark erlebt beim Beichten, beim restlosen Sichaussprechen vor dem Nervenarzt, zu dem der Patient aus irgendwelchen Motiven Vertrauen gefaßt hat. Bleiben wir bei dem Beispiel des Nervenarztes. Arzt und Patient befinden sich in entgegengesetzter Situation: der Patient gehört zum egozentrischen Typus; er ist zumeist, wie man neuerlich sagt, introvertiert, autoerotisch etc. Der Nervenarzt, der – was bei dieser Tätigkeit schwierig ist – sich einen Rest von Anstand bewahrt, macht sich selbst bei jeder Konsultation zum Gegenstand psychologischer Analyse und kann sehr verschieden reagieren. Er ist in einer paradoxen Situation: seine Tätigkeit spielt sich in der Kategorie der Liebe ab; diese fordert Gegenseitigkeit; bleibt die Gegenseitigkeit aus, so treten fast automatisch die Instinkte des Machtgenießens auf. Der Nervenarzt, der diese Macht in seiner Situation genießt und sich erlaubt, hat weiter keine Schwierigkeiten. Wer aber diese Machtinstinkte fühlt und sie als ihm unerlaubt ablehnt, reagiert auf sie mit dem Drange nach Gegenseitigkeit und kann sich davor nur bewahren durch das klare Wissen der Sinnlosigkeit: dem Patienten würde es dauernd unwillkommen, dessen Zweck vereitelt sein, eine Gegenseitigkeit würde auch bei faktisch zu großer Ungleichheit nicht zu erreichen sein. So muß er sich – faktisch mehr oder weniger hoffnungslos – bemühen in der Gesinnung der menschenfreundlichen Liebe, doch ohne Gegenseitigkeit, in der Form der Machtsituation, Wirkungen erwünschter Art zu erzielen, deren Endziel die Aufhebung der Notwendigkeit solcher Situation für den Patienten ist.

In der Rolle des Nervenarztes sind – wie in allen analogen Beziehungen von Mensch zu Mensch – zwei Typen möglich: die in der Geschichte am drastischsten durch Sokrates und durch Jesus repräsentiert sind. (Es ist nicht zufällig, daß beide in Karikaturen unter den heutigen Nervenärzten anzutreffen sind; es ist nicht zufällig, daß die Patienten unter ihren Nervenärzten und Beratern anderer Art so viele Christusköpfe zu finden meinen).

Jesus nimmt sich als Vorbild, als Autorität für die anderen. Alle dürfen sich an ihn hängen. Er ist der alleinige Weg für alle. Er billigt es sich zu, dem andern unmittelbar zu helfen, ihm seine Würde als eines selbständigen, individuellen Wesens nehmend oder ihm vielmehr diese Bürde abnehmend. Er fühlt sich als Prophet. Er liebt den Nächsten, wie sich selbst; das heißt jedermann ohne Ansehen der Individualität, eben jeden Nächsten. Die Liebe ist einfache unbedingte Aufopferung, Vergehen des Individuellen. – Wir haben den Begriff der Liebe in dem Sinne gebraucht (es ist die Frage, ob es etwas solches gibt, und ob er berechtigt ist), daß er Aufhebung der Einsamkeit bei Gegenseitigkeit auf gleichem Niveau unter Erhaltung und Entwicklung des Individuellen ist mit dem letzten Erlebnis, das des Ausdrucks nicht bedarf und den Ausdruck nicht mag: als ob das Individuum etwas Substantielles sei und werde. – Die Liebe bei Jesus ist davon das Gegenteil. Sie ist in der Sphäre der Macht gelegen, und zwar in den alleräußersten extremsten Polen: als alles assimilierende Macht des Vorbilds und Propheten, als alles wegwerfende Demut (des umgekehrten Machtinstinktes) in sich opfernder Liebe.

Sokrates weist es von sich, Prophet zu sein, er hat auch nicht Schüler als Anhänger und Nachbeter, er weist es von sich, Vorbild zu sein. Er sagt, wenn er die mäeutische Methode der Erweckung des andern anwendet, die nicht etwas von ihm auf andere übertragen, sondern nur die Keime und Kräfte beim andern wachrufen will, schließlich: ich weiß, daß ich nichts weiß; steht auf eigenen Füßen! Das ist seine Antwort an die Autoritätslustigen, die sich ihm anhängen möchten. Mitteilen, fragen, prüfen kann Sokrates, aber Über- und Unterordnung will er nicht. Er erzieht zur vollen Verantwortung der Individulität, wie Jesus zur ruhigen Sicherheit unter dem Vorbild. Jesus ist die äußerste Steigerung einer Art der Machtmöglichkeiten, Sokrates die äußerste Bescheidenheit. Jesus ist machtberauschter Prophet und demütig, Sokrates keines von beiden, sondern innerlich selbstbewußte Individualität, die ihre Grenzen nicht überschreitet, sich nicht abhängig macht, auch nicht von Gott, und niemanden anders von sich abhängig macht. Der Jesustypus meint, den Menschen, seine Einsamkeit aufhebend, ändern zu können; der Sokratestypus meint nur, erwecken zu können.

Der Nervenarzt nun, der dem Jesustypus folgt, wird seinen Patienten genug tun: die Einsamkeit ist aufgehoben unter Verlust der Individualität, ein hier nur in hypnotischer oder erotischer Abhängigkeit eigentlich zu erhaltender Zustand. Er entwickelt zugleich jene wohlbekannte Christuskarikatur in Wesen und Kopf, wie sie unserer Zeit gelungen ist. Daß es dem Jesusbild der Geschichte nirgends entspricht, ist selbstverständlich. Denn dieses Bild scheint so nicht wirklich sein zu können. Der Nervenarzt, der dem sokratischen Typus folgt, ist in einer fast dauernd paradoxen Situation. Er wird nur relativ wenige finden, die ihm als Patienten adäquat sind. Denn jener Drang autoritativer Bindung, Selbstoffenbarung in Einseitigkeit, zur Liebe ohne Individualität und Gleichheit, treibt ja so viele zum Nervenarzt statt zur katholischen Kirche; und wenn sie dann einen sokratischen Typus finden, können sie nicht auf ihre Kosten kommen.

Folgen wir jetzt weiter den Möglichkeiten einer Kommunikation in der Sphäre einer Liebe bei erhaltener Individualität. Wir erinnern uns, daß wir gleich im Anfang hier einen unendlichen Weg sahen, der nie ans Ende kommt trotz augenblicklicher Erfüllungen, die man aber alsbald nicht mehr als endgültige Erfüllungen, auf denen man gleichsam ausruhen könnte, ansehen darf. Hier bedarf es der Vergegenwärtigung einiger Unvermeidlichkeiten dieser Art der Kommunikation, die alle zu einer bestimmten Form der Erstarrung, der Entleerung, zu einer Art Sackgasse führen können:

1. Das Verstehen von Mensch zu Mensch geht nicht direkt, sondern durch die Sphären der Gegenständlichkeiten hindurch. Das Ineinsschlagen der Seelen bedarf einer Basis, einer Voraussetzung und eines Mediums, sei es des Handelns, des Schaffens, der Inhalte, des Ausdrucks. Ethische, kontemplative, erotische Gemeinschaft, alle haben sie ihre gegenständliche Sphäre als Voraussetzung. Wohl geschieht schließlich das Ineinsschlagen, wie als ob es direkt sei. Aber darin ist kein Verharren möglich. Die Liebe zwischen Menschen entleert sich, wird tot, wenn sie sich der gegenständlichen Sphäre berauben und glauben, in direkter Beziehung ohne alles Weitere in Gemeinschaft existieren zu können. Es ist die Erstarrung und Entartung der Liebe, die die Liebe selbst als direktes, unmittelbares Phänomen zum Lebensinhalt macht. Es verhält sich hier genau so wie bei den mystischen Phänomenen überhaupt: als Quelle manchmal fruchtbar, als Gipfel und Inhalt des Lebens zu Kulturlosigkeit, Geistesarmut, animalischem Wesen notwendig hinführend.

Um geläufige Beispiele zu nennen: die Freundschaft des Handelns, ethische Verbindung zwischen Brutus und Cassius. – Die kontemplative Freundschaft beschaulich-theologischer Mönchsorden, die Freundschaft Gelehrter.

Es ist der Gegensatz in den Arten der Kommunikation: ob durch die Sache zur Seele; oder ob erst durch die Seele die Sache Interesse hat. Im letzteren Falle, wenn es bewußt so empfunden wird, tritt eine fortschreitende sachliche Verarmung ein. Im ersteren Falle ist der Lebensprozeß oft verständnislos – wenn er aber hier zur Seele führt, ist Liebe und Verstehen am sichersten und lebendigsten. Man könnte auch so sagen: es ist ein Mißverständnis, daß das Leben im Verstehen aufgehen könne; dann würde es leer bleiben. Leben ist vielmehr Handeln, Denken, Schaffen, Gestalten – so allein entsteht erst Material, Medium, Inhalt – aber all das als Grundlage: dazu muß das gegenseitige Verstehen und die Liebe kommen, sonst bleibt alles seelenlos und vom Gefühl der Einsamkeit her sinnlos.

2. Zu den Bedingungen des Verstehens gehört vollständige Offenheit sich selbst und dem andern gegenüber. Dazu gehört unter anderem der rationale Apparat. Während der Prozeß nun fortwährend als Offenheit der Gefühle und Gefühlsnuancen, als Offenheit dem Unbewußten gegenüber zu neuer Formung des Rationalen führen muß, um Verstehen zu erzielen und aufrecht zu erhalten, wird oft Offenheit und Verstehen selbsttäuschend gesucht, indem man die rationale Offenheit betont, nicht bewußt

Unwahres sagt, aber sein eigenes Unbewußtes absperrt. So tritt dann die Forderung der Offenheit und ein halbes Leisten der Offenheit ein, ohne daß das Resultat erzielt würde: sogar so, daß die unbewußten Instinkte die Offenheit des andern als Mittel für eigene nicht gesagte Zwecke ausnutzen.

Man sagt, um viel zu verstehen und offen zu sein: wir wollen uns mal klar aussprechen, wir haben uns mißverstanden, legen wir uns die Sache doch mal deutlich zurecht. Dies ist eine Sackgasse und Selbstbetrug: das Verständnis bleibt völlig gebunden an Logik, beschränkt sich auf logische Inhalte, begrenzt sich und erstarrt – in Formeln. Statt des Sichverstehens und gegenseitigen Sehens in den Sachen tritt ein dialektischer Kampf ein – der, wie die akzentuierte Logik, fast immer unendlich ist –. Es ist eine Methode des Gewinnens von Machtpositionen im Intellektuellen, eine Methode des Seelenunterdrückens, des sich Herumdrückens um das Eigentliche und Problematische, des Entweichens. Dagegen ist Verstehen an eine vollkommene Hingabe der Gefühle gebunden, bedarf zwar als eines Mittels unter anderen auch des rationalen Apparats, aber wird getötet durch das normale zweckhafte Denken, das immer von Interessen, nicht von Liebe dirigiert wird.

Die Fixierung auf den rationalen Apparat vermehrt die Täuschung durch Verwechslung von Sagen und Sein. Man sagt, wie gern man sich habe, sich verstehe, des andern Arbeit schätze, gern mit ihm zusammen sei etc. Das Sein drückt sich allein unfehlbar im Erleben aus und bedarf dann solcher abstrakter Worte und Formeln nicht mehr.

Der rationale Apparat als solcher ist ein unentbehrliches Mittel. Ohne ihn gäbe es überhaupt keine Kommunikation. Rückt man ihn aber ins Zentrum, so ist man in eine Sackgasse geraten, wo das Verstehen und die Liebe aufhört.

3. Das Verstehen und die Liebe sind nie endgültige Gegebenheit, dauernder Ruhebesitz; sondern immer wieder sind sie zu erringen, wenn sie überhaupt lebendig bleiben sollen. Errungen werden sie nur im Kampf, im geistigen Kampf, im Sichhingeben und Hinhören, im Hingreifen an die Wurzeln der Seele des andern, im Versuch, seine Existenz geradezu in Frage zu stellen, und im lebendigen Reagieren auf entsprechende Versuche von der andern Seite. Es ist ein Kampf nicht um Macht, sondern ein Kampf positiver, konkreter Kräfte, die sich durch solche Technik erst an das Licht ziehen, so erst Ausdruck gewinnen – wie ja Gedanken, Taten,

Pläne in solcher Kommunikation der Seelentiefen ihren Grund haben können.

Zwei Menschen treffen sich – bis dahin einander unbekannt –, sie verstehen sich mit wenigen Worten, empfinden eine überraschende Schnelligkeit des Ineinsschlagens. Andeutungen genügen. Man schließt: Verständnis ist gegeben, es ist, als ob von Geburt her die Beiden zu einander gehörig seien. Abgesehen davon, daß es sich um eine Täuschung handeln kann durch zufällige Gemeinsamkeit gewisser konkreter Inhalte, ist doch auf alle Fälle durch solches Erlebnis *nur* eine Basis gegeben, auf der das fortwährende Ringen stattfinden muß. Das wortlose Verstehen ist immer das Resultat solchen Kämpfens und Bemühens oder glücklicher Ausgangspunkt, nie endgültiger Besitz. Das Verstehen und die Liebe haben einen unendlichen Weg. Immer neu gedeihen sie auf der früheren Basis momentweiser Erfüllung. Immer wieder wird begonnen, nie sind sie endgültig, so breit auch ihr Grund und so fest er ist. Immer wächst durch Liebe das Verstehen, durch Liebe die Seele, die Seele an sich, und damit umgekehrt bedarf das Verstehen neuer Impulse. Endlos ist das gegenseitige Tieferbohren, um die Einsamkeit weiter aufzuheben, die Kommunikation zu prüfen. Dieses Bohren ist nur gegenseitig möglich, und nur in der Sphäre der beiden gemeinsam zugänglichen, konkreten Gegenständlichkeiten möglich. (Objektiv gegenständlich formuliert: Selbsterkenntnis und Nächstenliebe gehen Hand in Hand).

Wir hatten die Vorstellung, daß, wenn einmal mit der Individualisierung Einsamkeit entstanden ist, der Weg zur Aufhebung der Einsamkeit ein unendlicher ist (die Idee der total entwickelten Individualität mit totaler Gegenständlichkeit und vollständiger Kommunikation). Danach kann eine endgültige Aufhebung der Einsamkeit tatsächlich nicht erreicht werden. Die Augenblicke momentaner Erfüllung, momentanen Aufgehobenseins jeglicher Einsamkeit sind eben Augenblicke, die einer Lebenslage, einer Stufe entsprechen, geben die subjektiv tiefste Befriedigung: der Mensch weiß es durch sie, was es heißt, nicht einsam zu sein. Aber tatsächlich bleibt er irgendwo, irgendwie einsam. Wer faktisch überall sehr einsam ist, könnte vielleicht daran glauben, daß bei glücklichem Geschick die Einsamkeit aufhebbar wäre. Grade, wer stärkste Kommunikation in Freundschaft, in Liebe erlebt hat, fühlt, daß sie nur augenblicklich ist, daß sich alsbald andere Schichten der Seele fühlbar machen, die zunächst einsam sind und so fort ins Unendliche. So kann der Mensch Freund und doch einsam sein.

In dieser letzten Einsamkeit hat das Religiöse eine seiner Wurzeln. Der Mensch findet eine letzte Aufhebung seiner Einsamkeit in der Beziehung zu Gott. Dieser Vorgang steht in einer doppelten, entgegengesetzten Wirkung zu der Kommunikation unter Menschen: sie verstärkend und sie aufhebend. Das Religiöse verstärkt die Kommunikation, ist sogar eine der stärksten Triebkräfte, sofern es aus dem Drange entsprungen ist, die Einsamkeit zu verlieren; und weil dieser Drang konkret, sinnlich – anschaulich in der Kommunikation mit den Menschen befriedigt wird, die als Medium, als Symbol, als Ableitung der religiösen Kommunikation erlebt wird. – Das Religiöse hebt aber die Kommunikation auf, insofern die Einsamkeit subjektiv im Verkehr mit Gott völlig geschwunden ist und in extremen Fällen grade bei objektiver Einsamkeit bestehen kann. Liebeskommunismus und Klostergemeinschaft sind religiös möglich und mit Kraft begabt wie völliges Einsiedlertum. Kierkegaard lehrt, daß das Religiöse eine absolut individuelle, inkommunikable Angelegenheit des Einzelnen mit Gott sei. Er selbst hat vollständige Einsamkeit in seinem Leben verwirklicht. Die Einsamkeit mit Gott war im Calvinismus eine Hemmung der seelischen Gemeinschaft unter Menschen, ohne Vertrauen, ohne Glauben an die einzelne andere Persönlichkeit, ohne Liebe lebte die calvinistische Gemeinschaft nur im Sachlichen und in der Beziehung auf Gott. Und mit diesem Gotte, dem Deus absconditus, war nicht einmal eine direkte Beziehung möglich. Subjektive und objektive Einsamkeit müssen sich hier in einzelnen Fällen ins Äußerste gesteigert haben. So kann das Religiöse ein Mittel werden, die Einsamkeit nur zu verstärken, wie es ein Mittel ist, der letzten Einsamkeit abzuhelfen.

Hier im Religiösen entscheidet sich auf gesteigerter Stufe, welche letzte Position der Mensch in der Weltanschauungsfrage einnimmt. Ist im Ich etwas Letztes, ist hier das Absolute an der Wurzel ergriffen, oder ist das Ich bloß Phänomen und letzthin aufzulösen? Ist das Ich unabhängig oder abhängig? Dementsprechend: Erweitert das Ich in sich die Einsamkeit zur Welteinsamkeit, sei es des Heros, sei es des in Kommunikation der Liebe stehenden Menschen? Oder findet die Einsamkeit, statt in der Idee der Totalität des Individuums, ihre Auflösung in der Vernichtung des Ich, im Auflösen des Phänomens? Das heißt praktisch: sucht das Ich vorwärts den unendlichen Weg der Erweiterung und Vertiefung seiner Substanz zu beschreiten in Macht oder in Liebe; oder sucht es, rückwärts gewandt, seine Individualität wieder zu verlieren: in Autorität, Unterordnung, Organisation etc.?

Wieder sind wir in die Konstruktion der extremen Typen geraten. Stellen wir zum Schluß noch einige Arten von Einsamkeit nebeneinander, die wir mit den gewonnenen Kategorien ohne weiteres deuten können:

1. Die Einsamkeit als Schicksalsresultat nach tiefstem Verstehen. Der andere vielleicht tot. Dies einmal Erlebte wird Maßstab für alles folgende. Nur unter Erfüllung des gleichen Maßes kann der Mensch aus der Einsamkeit heraus. Sonst würde er dieses Heraustreten als Befleckung empfinden. Nicht einsam in der unauslöschbaren erlebten Beziehung, wird er objektiv immer einsamer, während er subjektiv sein Leben als das Eine empfindet, wo die Einsamkeit nicht ist.

2. Die Einsamkeit aus schicksalsmäßiger Isolierung. Es fand sich nie die Tiefe des Verstehens und der Liebe. Kompromissen und Halbheiten wird ausgewichen. In Gottesgemeinschaft, in Naturverständnis, in irgendeiner Sphäre, wo plötzlich die Seele auftaucht, wird ein armer Ersatz gefunden, der auf den Beobachter rührend wirkt.

3. Die Einsamkeit als Verhärtung bei Nichtverstehenwollen wegen der Herrschaft der individuell-praktischen Interessen.

a) Als Verschlossenheit beginnend, schuldvoll für Augenblicke empfunden.

b) Resultat: eine andere Seele, eine andere Reaktions- und Gefühlweise. Enge des Herzens. Liebesarm.

c) Härte, keinerlei Aufschwung, gleichgültig oder deprimiert. Ängstlich. Stolz und gewaltsam. Chaotisch. – Man sieht hier deutlich: Das Verstehen und der Drang dazu ist die eigentliche Innerlichkeit im Gegensatz zu noch so wortreichem, noch so liebenswürdigem Verkehr im Äußern, Äußerlichen. Man redet von allem, nur nie vom Wesentlichen. Man sagt alles, nur nie das Wahre. Es ist die erstarrte Isolierung des ganzen Menschen zu Gunsten des praktischen Ego. Während die unvermeidliche Folge des Verstehens aufs Tödlichste gehaßt wird: das Begreifen der eigenen irreparablen Defekte, das Bewußtsein der Schuld seiner selbst, das Sündenbewußtsein als Erschütterung und Verzweiflung. – Aber so entspringt auch erst die tiefgreifende Selbstgestaltung. Auf diesem Wege leidet die Seele furchtbar, aber so erblüht sie auch erst als Seele.

4. Zuletzt denken wir uns den Typus der äußersten Einsamkeit, die nichts mehr wünschen kann, als Vergehen von allem. Wir finden ihn in dem Harfenspieler Goethes: »Ich sehe nichts vor mir, nichts hinter mir, rief er aus, als eine unendliche Nacht, in der ich mich in der schrecklichsten Einsamkeit befinde; kein Gefühl bleibt mir, als das Gefühl meiner Schuld... Kein Strahl der Gottheit erscheint mir in dieser Nacht... Nichts ist mir grausamer als Freundschaft und Liebe; denn sie allein locken mir den Wunsch ab, daß die Erscheinungen, die mich umgeben, wirklich sein möchten...«

Über meine Philosophie

1. Mein Entwicklungsgang

Geboren am 23.2.1883 in Oldenburg, als Sohn des früheren Amtshauptmanns, dann Bankdirektors Karl Jaspers, und seiner Frau Henriette, geb. Tantzen, verbrachte ich eine wohlbehütete Kindheit, oft auf dem Lande bei den Großeltern und an der Nordsee verweilend, mit den Geschwistern geborgen bei geliebten und verehrten Eltern, geführt von der Autorität des Vaters, erzogen mit dem Anspruch an Wahrhaftigkeit und Treue, an Leistung und Verläßlichkeit, aber ohne kirchliche Religion (wenn auch mit den spärlichen Formalitäten der protestantischen Konfession). Ich besuchte das Gymnasium meiner Vaterstadt und von 1901 an die Universität.

Mein Weg war nicht der normale der Philosophieprofessoren. Ich erstrebte nicht über das Studium der Philosophie den philosophischen Doktor (ich bin Dr. med.), und hatte keineswegs von vornherein die Absicht, über meine Habilitation für Philosophie eine Professur zu erlangen. Der Entschluß, ein Philosoph werden zu wollen, schien mir so töricht, wie es der wäre, ein Dichter werden zu wollen. Aber seit meiner Schülerzeit war ich durch philosophische Fragen geführt. Die Philosophie schien mir als die höchste, ja einzige Angelegenheit des Menschen. Eine Scheu jedoch verwehrte mir, sie zum Lebensberuf zu machen.

Meine eigene Aufgabe schien mir vielmehr im praktischen Leben zu liegen. Ich wählte zunächst das Studium der Jurisprudenz, um Rechtsanwalt zu werden. Dabei hörte ich auch Philosophie. Das Studium enttäuschte mich. Die philosophischen Vorlesungen brachten nichts von dem, was ich in der Philosophie suchte: nicht Grunderfahrungen des Seins, nicht Führung des inneren Handelns und der Selbsterziehung, sondern fragwürdige Meinungen mit dem Anspruch wissenschaftlicher Geltung. Die Jurisprudenz ließ mich unbefriedigt, da ich das Leben nicht kannte, dem sie dient; so nahm ich nur die verzwickte Verstandesspielerei mit Fiktionen wahr, die mich nicht interessierten. Ich suchte Anschauung der Wirklichkeit. Als unzureichender Ersatz diente Beschäftigung mit

Kunst und Dichtung und eine enthusiastische Reise nach Italien, um die Roma aeterna zu sehen, Geschichte zu spüren und Schönheit zu erblicken (1902). Diese zerstreute Lebensführung nahm beim Abschluß meines dritten Semesters ein Ende. Ich ergriff das Studium der Medizin. Es drängte mich zum Wissen von Tatsachen und zur Erfahrung vom Menschen. Der Entschluß zu disziplinierter Arbeit band mich nun für lange an Laboratorium und Klinik. Als mein praktisches Ziel galt mir der Arztberuf, doch schon mit dem geheimen Gedanken, am Ende vielleicht eine wissenschaftliche Laufbahn an der Universität zu erstreben, nicht allerdings in der Philosophie, sondern in der Psychiatrie oder Psychologie. Nach einigen Jahren (seit 1909) trat ich mit psychopathologischen Forschungen an die Öffentlichkeit. 1913 habilitierte ich mich für Psychologie.

Bis dahin war mein Leben unbekümmert um die allgemeinen Ereignisse ein geistiges Bemühen in einem zwar faktisch politisch-soziologischen Raum, aber ohne politisches Bewußtsein, wenn auch augenblicksweise ahnungsvoll betroffen von möglichen fernen Gefahren. Aller Ernst lag im privaten Leben, in den hohen Augenblicken des intimen Daseins mit den nächsten Menschen. Anschauen der Werke des Geistes, Forschen, ein ständiger Umgang mit dem Zeitlosen war Aufgabe und Sinn des tätigen Lebens. Da geschah 1914 mit dem Weltkrieg der große Bruch unseres europäischen Daseins. Niemals konnte jenes paradiesische, in aller sublimen Geistigkeit doch naive Leben vor dem Weltkrieg wiederkehren: Die Philosophie in ihrem Ernst wurde wichtiger als je.

Meine Psychologie hatte in weitem Umfang, mir unbewußt, den Charakter dessen angenommen, was ich in der Folge »Existenzerhellung« nannte. Diese Psychologie war nicht mehr nur empirische Feststellung von Tatbeständen und Regeln des Geschehens, sondern Entwurf von Möglichkeiten der Seele, die dem Menschen im Spiegel zeigen, was er sein, was ihm gelingen, und wohin er geraten kann; solche Einsichten sind als Appell an die Freiheit gemeint, um im inneren Handeln zu wählen, was ich eigentlich will. Als das Bewußtsein in mir herrschend wurde, zur Zeit gäbe es keine eigentliche Philosophie an den Universitäten, glaubte ich, nun habe angesichts des Vakuums auch der Schwache, wenn er nicht selbst eine Philosophie hervorzubringen vermöge, doch das Recht, von der Philosophie zu künden, zu sagen, was sie war, und was sie sein könne. Damals erst, dem 40. Lebensjahr nahe, machte ich die Philosophie zu meiner Lebensaufgabe.

2. Aneignung der Überlieferung

Wir können zwar ursprünglich fragen, aber wir stehen nie am Anfang. Wie wir fragen und antworten, das ist mitbestimmt durch die geschichtliche Überlieferung, in der wir zu uns kommen. Wir ergreifen die Wahrheit aus eigenem Ursprung nur in unserer jeweiligen geschichtlichen Situation.

Die Bedingung des Gehalts unserer Wahrheit ist die Aneignung unseres geschichtlichen Grundes. Die Kraft unseres eigenen Hervorbringens liegt in der Wiedergeburt des Überkommenen. Es darf nichts vergessen werden, wenn wir nicht absinken wollen; aber es muß aus eigenem Ursprung gedacht werden, wenn das Philosophieren echt bleiben soll. Daher geschieht alle Aneignung aus dem Ernst des eigenen Lebens. Ich höre die Sprache der Vergangenheit um so klarer, fühle die Glut ihres Lebens um so näher, je entschiedener ich aus den Voraussetzungen des gegenwärtigen Zeitalters als ich selbst existiere.

Wie die Geschichte der Philosophie für uns da ist, das ist ein konkret zu lösendes Grundproblem unseres jeweiligen Philosophierens. Philosophie bewährt und charakterisiert sich durch die Weise, wie sie ihre Geschichte aufnimmt. Es kann uns scheinen, daß die Wahrheit des gegenwärtigen Philosophierens sich vielleicht weniger in der Neubildung von Grundbegriffen zeigt (wie etwa: Grenzsituation, das Umgreifende) als durch den neuen Klang, den es in alten Gedanken uns hörbar macht.

Unzureichend ist eine bloß theoretische Betrachtung der Philosophiegeschichte. Daß Philosophieren Praxis ist, bedeutet für die Weise der Beschäftigung mit Philosophiegeschichte eine Forderung: das theoretische Verhalten zu ihr soll wirklich werden in der lebendigen Aneignung ihrer Gehalte aus den Texten. Ein indifferentes Wissen von Gedanken verhindert die Aneignung. Solches Wissen, das den Wissenden nicht angeht, schiebt sich zwischen den Gehalt der Gedanken und dessen Wiedererstehen. Bei der Aufnahme der Philosophie durch die nachfolgenden Zeiten geschieht aber diese ständige Abgleitung des Denkens: Gedanken, die ursprünglich Wirklichkeit waren, gehen als Lehrstücke und Wißbarkeiten durch die Geschichte. Was einmal Leben war, wird ein Haufen toter Begriffshülsen, und diese werden Gegenstand einer objektiven Philosophiegeschichte.

Daher kommt alles darauf an, den Gedanken im Ursprung zu begegnen. Diese Gedanken sind die Wirklichkeit des Menschseins, das sich in ihnen zum Seinsbewußtsein und Selbstverständnis brachte. Wenn man in der Philosophiegeschichte wohl die Begriffe kennen muß, so bleibt doch der Sinn, Teilnahme zu gewinnen an der lebendigen hohen Praxis jenes vergangenen Denkens. Es entscheidet über das eigene Wesen, welche Tiefen mir im Aneignen dieser geschichtlichen Ursprünge zugänglich werden. Dafür gibt es kein faßliches Kriterium in der äußeren Erscheinung. Vielmehr geht dieses eigentliche Denken als ein Geheimnis, das doch jedem Verstehenden offenbar werden kann, durch die Geschichte. Dieses verborgene Denken war einmal Wirklichkeit. Es ist, wenn es Niederschlag in schriftlichen Gedanken gefunden hat, der Wiederentdeckung zugänglich; es vermag jederzeit neu zu zünden.

Philosophiegeschichte ist nicht mit dem bloßen Verstand zu treiben wie die Geschichte der Wissenschaften. Was in uns hört und was uns aus der Geschichte entgegenkommt, das ist die Wirklichkeit des im Denken sich öffnenden Menschseins.

Eine philosophische Philosophiegeschichte hat folgende Charaktere:

1. *Der eigentliche Sinn der Geschichte ist das Große, das Einzige und Unersetzliche.* Die großen Philosophen und die großen Werke sind maßgebend für die Auswahl des Wesentlichen. Alles, was wir in philosophiehistorischer Arbeit tun, dient zuletzt zu deren reinem Verständnis. Alle anderen Fragen sind sekundär, so z. B. ob das Große auch das Wirkendste sei, oder ob vielleicht grade das Mißverständnis der Größe als ein Durchschnittliches, Abgeglittenes vorwiegend öffentliche Breitenwirkung habe. Wie uns – in ständiger Bewegung und Infragestellung – der Rang der Größe im Gesamtbilde erscheint, was und wie wir es vorziehen, das muß sich bewähren darin, wie wir das Übrige, Breite und allgemein Geltende zu durchschauen vermögen, es gerecht beurteilen und anerkennen. Was uns fremd bleibt und unverständlich, das ist Grenze unserer eigenen Wahrheit.

2. *Verständnis der Gedanken erfordert gründliches Textstudium.* Der Philosophie ist nur durch konkretestes Verstehen nahe zu kommen. Ein großer Philosoph fordert hartnäckiges Eindringen in seine Texte. Dabei ist notwendig zugleich die Vergegenwärtigung einer ganzen Philosophie in ihrem Gesamtwerk und die Bemühung um die einzelnen Sätze, um diese bis in die Nuance bewußt zu machen. Totalanschauung und genaue Beobachtung sind die Grundlage unseres Verstehens.

3. *Verständnis der Philosophie fordert universalgeschichtliche Anschauung.* Die Philosophiegeschichte muß als Universalgeschichte der Philosophie eine einzige große Einheit werden. Es ist die Einheit des Offenbarwerdens des Seins, dieser einzige ungeheure Augenblick weniger Jahrtausende, aus drei Ursprüngen (China, Indien, Abendland) in einem einzigen Zusammenhang des Sinns wirklich, zwar unüberschaubar als Bild, aber uns umgreifend als Welt, in die grenzenlos einzudringen die Weise des je gegenwärtigen geschichtlichen Philosophierens ist. Zwar ist es für den Einzelnen nicht möglich, überall jene konkrete Nähe zu gewinnen. Er kann vielmehr seine Wurzeln nur in relativ wenigen hohen Werken haben. Aber der Raum des Ganzen und der Klang jenes ständig zu sich hinziehenden Einen ist unerläßlich für das Philosophieren in universaler Kommunikation und für die Wahrheit auch jedes einzelnen konkret nahen Verstehens.

4. *Das unsichtbare Geisterreich der Philosophen.* Philosophierend leben wir gleichsam in einer verborgenen, unobjektiven Gemeinschaft, in die aufgenommen zu werden die heimliche Sehnsucht jedes philosophierenden Menschen ist. Die Philosophie hat keine institutionelle Wirklichkeit, ist keine Konkurrenz der Kirche, der Staaten, der realen Gemeinschaften in der Welt. Jede Objektivierung, Schul- und Sektenbildung, ist zugleich Verderben der Philosophie. Denn es gibt keine Überlieferung der Freiheit, die im Philosophieren errungen werden kann, durch die Doktrin einer Institution. Immer als Einzelner wird der Mensch zum Philosophen. Und er kann daraus keinerlei Ansprüche herleiten. Er kann nicht die Torheit haben, als Philosoph anerkannt werden zu wollen. Philosophieprofessuren sind Institutionen frei lehrender Vermittlung, die nicht ausschließen, daß sie von Philosophen eingenommen werden (Kant, Hegel, Schelling). Im Geisterreich der Philosophie aber gibt es keine objektive Garantie und keine Bestätigungen, hier werden Menschen für einander durch die Jahrtausende Schicksalsgefährten des Denkens, werden einander Anlaß, aus eigenem Ursprung den Weg zum Wahren zu finden, geben aber einander nicht geradezu und fertig, was Wahrheit ist. Es ist ein Selbstwerden des Einzelnen in Kommunikation mit den Einzelnen. Es ist ein Hineinwachsen der Einzelnen, ohne Bruch mit der Welt ihres geschichtlichen Lebens, in den gemeinsamen Raum des Verbundenseins quer zur historischen Realität. Es ist das Wagnis, auf den Grund hin und aus ihm zu leben, der ohne objektive Gewißheiten (wie in der Religion)

nur in Andeutungen, indirekt, als Möglichkeit aus dem gesamten Philosophieren hörbar wird für den, der selber philosophiert.

5. *Universalgeschichtliche Anschauung ist Bedingung für das entschiedenste Bewußtsein des eigenen Zeitalters.* Erst angesichts der Erfahrungen der Menschheit wird ganz fühlbar, was gegenwärtig erfahrbar ist, sowohl das, was heute nicht mehr erlebt werden kann, wie das, was gerade heute erstmalig erlebbar wird. Aus den Gehalten des Gewesenen, verwandelt in Möglichkeiten, werden die gegenwärtigen Gehalte erst ganz wirklich, weil bewußt. Das wahrhaftige Leben in jenem Geisterreich entfernt den Menschen nicht aus seiner Welt, sondern verwirklicht ihn zum Dienst in seiner geschichtlichen Gegenwart. –

Diese geschichtlichen Grundanschauungen haben sich mir erst langsam ergeben. Ich machte die Erfahrung, daß das Studium früherer Philosophen wenig hilft, wenn nicht eigene Wirklichkeit entgegenkommt. Erst aus ihr verstehen wir die Fragen der Denker, so daß wir ihre Texte wie gegenwärtige zu lesen vermögen, als ob alle Philosophen Zeitgenossen wären.

Die Reihenfolge, in der die großen Sterne des Philosophenhimmels mir aufgingen, ist vielleicht zufällig. Spinoza war der erste, als ich noch das Gymnasium besuchte. Kant wurde mir zum Philosophen schlechthin und blieb es mir. In Plotin, Cusanus, Bruno, Schelling ließ ich die Träume der Metaphysiker als Wahrheit zu mir sprechen. Kierkegaard begründete das Bewußtsein des für uns heute unerläßlichen Ursprungs und unserer geschichtlichen Situation. Nietzsche gewann erst spät für mich Gewicht als die großartige Offenbarung des Nihilismus und der Aufgabe, durch ihn hindurchzukommen (in der Jugend hatte ich ihn gemieden, abgestoßen vom Extremen, vom Rausch und von dem Vielerlei). Goethe brachte die Atmosphäre der Humanitas und der Unbefangenheit. Diese Atmosphäre zu atmen, mit ihm zu lieben, was an wirklichem Wesen in der Welt zur Erscheinung kommt, mit ihm die Grenzen unverschleiert, aber scheu zu berühren, war eine Wohltat in der Unruhe, wurde ein Quell der Gerechtigkeit und Vernunft. Hegel blieb für lange Zeit ein fast unerschöpflicher Stoff des Studiums, zumal als Textgrundlage für meine Lehrtätigkeit in Seminaren. Die Griechen waren zwar immer da; war ich in ihrer Kühle diszipliniert, so ging ich gern zu Augustin, von dem dann die Unlust am Rhetorischen, an dem Mangel aller Wissenschaft, an häßlichen und gewaltsamen Gefühlen, trotz der Tiefe existentieller Erhellung, zurück zu den Griechen trieb. Zuletzt erst beschäftigte ich mich gründlicher mit Plato, der mir nun der vielleicht größte von allen schien.

Unter den schon verstorbenen Zeitgenossen danke ich, was ich zu denken vermag, außer den nahestehenden Menschen, vor allem dem einzigen Max Weber. Er allein hat mir durch sein Wesen leibhaftig gezeigt, was menschliche Größe sein kann. Nißl, der Hirnanatom und Psychiater, war mir in den Jahren, als er mein Chef war, das Vorbild kritischen Forschertums und reinster Wissenschaftlichkeit. –

Auch angesichts der Philosophiegeschichte erblicken wir den ungeheuren Einschnitt, den unser Zeitalter bedeutet. Hegel ist ein Ende von zweieinhalb Jahrtausenden. Wohl ist Plato in seiner philosophischen Grundhaltung – nicht in seinen konkreten Positionen – heute so gegenwärtig, ja vielleicht gegenwärtiger als jemals. Wir können auch jetzt noch aus Kant philosophieren. Aber wir können es in Wahrhaftigkeit nicht, ohne auch nur einen Augenblick zu vergessen, was seitdem durch Kierkegaard und Nietzsche geschehen ist. Wir sind auf eine Weise exponiert, die uns ständig vor das Nichts bringt. Wir sind so tief verwundet, daß wir in schwachen Augenblicken nicht wissen, ob wir nicht daran sterben. Wenn die Geborgenheit der in sich zusammenhängenden Philosophie von Parmenides bis Hegel verloren ist, so können wir doch auch jetzt nur aus dem einen tiefen Grunde des Menschseins philosophieren, aus dem auch jenes Denken der in irgendeinem Sinne abgeschlossenen Jahrtausende im Abendland hervorging. Dieses Grundes noch auf andere Weise inne zu werden, sind wir hingewiesen auf Indien und China als die beiden andern ursprünglichen Wege philosophischen Denkens. Statt beim Zerfall von Jahrtausenden ins Nichts zu gleiten, möchten wir einen unerschütterlichen Boden spüren. Wir möchten geschichtlich in eins fassen, was als ein einziges Gesamtphänomen die Möglichkeit öffnet, daß die Nachkommenden die Substanz tiefer gründen, als es je geschehen ist. Die Alternative »nichts oder alles« steht als geistige Schicksalsfrage des Menschseins vor unserem Zeitalter.

3. Die Antriebe zu den Grundfragen

Philosophie war nicht schon das Wissen eines Weltbildes (das ergibt sich als die Summe der Wissenschaften in ständiger Ungeschlossenheit und Bewegung), nicht schon die Erkenntnistheorie (die ein Thema der Logik ist), nicht schon die Kenntnis der Systeme und Lehrstücke der Philosophiegeschichte (mit solchen Kenntnissen werden nur die Vordergründe des Denkens unverbindlich berührt). Philosphie erwuchs mir aus der Betroffenheit im Leben selbst. Philosophisches Denken ist *Praxis*, aber eine einzigartige Praxis.

Philosophische Meditation ist ein Vollzug, in dem ich zum Sein und zu mir selbst komme, nicht ein indifferentes Denken, bei dem ich unbeteiligt mit einem Gegenstand mich beschäftige. Bloßes Zuschauen wäre nichtig. Auch wissenschaftliches Wissen, wenn es Gehalt hat, ist nicht beliebiges Betrachten von Beliebigem; denn die kritische Objektivität wesentlichen Wissens wird als Praxis erst philosophisch im inneren Handeln erworben.

Philosophie als Praxis bedeutet nicht ihre Einengung auf Nützlichkeit und Anwendbarkeit, etwa auf das, was der Entwicklung der Moral dient oder gelassene Seelenzustände bewirkt. Das Erdenken von Möglichkeiten für einen endlichen Zweck, für den ich Erkenntnis als Mittel anwenden will, ist technische, nicht philosophische Praxis. Philosophieren ist die Praxis meines denkenden Ursprungs selbst, mit dem sich im einzelnen Menschen das Wesen des Menschen in seiner Ganzheit verwirklicht. Diese Praxis entspringt aus dem Leben in jener Tiefe, wo es die Ewigkeit in der Zeit berührt, nicht schon in den Vordergründen, wo es in endlichen Zwecken sich bewegt, wenn jene Tiefe auch für uns nur in den Vordergründen zur Erscheinung kommt. Daher ist die philosophische Praxis allein in den Höhepunkten des persönlichen Philosophierens ganz wirklich, im objektivierten philosophischen Denken aber ist Vorbereitung für und Erinnerung an sie. In den Höhepunkten ist die Praxis das innere Handeln, in dem ich ich selbst werde, ist sie das Offenbarwerden des Seins, ist sie die Aktivität des Selbstseins, die sich doch zugleich ganz als die Passivität des Sichgeschenktwerdens erfährt. Das Geheimnis dieser Grenze des Philosophierens, wo allein Philosophie wirklich ist, wird in der Ausbreitung der philosophischen Gedanken im Werk immer nur umkreist. –

Weil die Grundfragen der Philosophie als Praxis dem Leben erwachsen, ist ihre Gestalt jeweils der *geschichtlichen* Situation angemessen. Aber diese Situation steht in der Kontinuität der Überlieferung. Die früher gestellten Fragen sind noch die unserigen, zum Teil mit gegenwärtigen bis in die Worte über Jahrtausende identisch, zum Teil ferner und fremder, so daß wir sie erst durch eine Übersetzung uns zu eigen machen. Die Grundfragen schienen mir von Kant in ergreifender Einfachheit formuliert: 1. Was kann ich wissen? 2. Was soll ich tun? 3. Was darf ich hoffen? 4. Was ist der Mensch? Heute sind uns diese Fragen in verwandelter Gestalt wiedergeboren und werden uns damit auch in ihrem Ursprung neu verständlich. Die Umgestaltung der Fragen kam aus der Betroffenheit von dem Leben, wie es in unserem Zeitalter uns gegeben wurde und sein konnte:

1. *Die Wissenschaft* hat eine immer wachsende, überwältigende Bedeutung gewonnen, in ihren Folgen ist sie das Weltschicksal geworden. Technisch bringt sie die Grundlage allen menschlichen Daseins und erzwingt die unabsehbare Verwandlung aller Zustände. Durch ihren Inhalt bringt sie aus dem Staunen zu größerem Staunen. In ihren Verkehrungen wird sie Anlaß zum Wissenschaftsaberglauben und zum verzweifelten Wissenschaftshaß. Auszuweichen ist ihr nicht. Wissenschaft reicht weiter als zu Kants Zeiten, ist radikaler wie je, sowohl in der Klarheit ihrer Methoden, wie in den Konsequenzen, die sie bewirkt. Die Frage »was kann ich wissen?« wird daher konkreter und unerbittlicher zugleich. Von uns her gesehen, wußte Kant noch zu viel (indem er seine eigene transzendentale Philosophie fälschlich für zwingende wissenschaftliche Erkenntnis hielt statt für im Transzendieren zu vollziehende philosophische Einsicht) und zu wenig (weil die außerordentlichen mathematischen, naturwissenschaftlichen, historischen Entdeckungen und Erkenntnismöglichkeiten mit ihren Folgen großenteils noch außerhalb seines Horizontes lagen).

2. Die Gemeinschaft der Massen hat eine Ordnung des Lebens in regulierten Geleisen hervorgebracht, durch welche die Menschen zwar technisch im funktionierenden Betrieb, aber nicht innerlich aus der Geschichtlichkeit ihrer Seele verbunden sind. Die Leere der Unbefriedigung an bloßer Leistung und die Ratlosigkeit, wenn die Geleise einmal versagen, haben eine nie dagewesene Einsamkeit der Seele erwachsen lassen, eine Einsamkeit, die sich selbst verbirgt, im Erotischen und Irrationalen vergeblich ihre Aufhebung sucht, bis durch sie der Ernst der Aufgabe einer *Kommunikation* von Mensch zu Mensch in der Tiefe erfaßt wird.

Noch in der Daseinsregulierung ist dem Menschen zumute, als ob im strömenden Ozean der Geschichte ihn die Wogen aus jedem Boden gerissen hätten, und er nun im Wirbel des Herumgetriebenwerdens Halt suchen müßte. Das Feste und Bestimmte blieb nirgends das Letzte. Moral ist nicht mehr zureichend fundiert in allgemeingültigen Gesetzen. Diese selbst bedürfen eines tieferen Ursprungs. Die Kantische Frage »was soll ich tun?« ist nicht mehr genügend beantwortet durch den kategorischen

Imperativ (obgleich dieser Imperativ unumgehbar wahr bleibt), sondern will ergänzt sein durch die Gründung allen sittlichen Tuns und Wissens in der Kommunikation. Denn die Bedingung der Wahrheit allgemeingültiger Gesetze für mein Handeln ist die Weise der Kommunikation, in der gehandelt wird. Was soll ich tun? das setzt voraus: Wie ist Kommunikation möglich? Wie soll ich die Tiefe möglicher Kommunikation erreichen?

3. Wir erfahren die Grenzen der Wissenschaft als Grenzen des Wissenkönnens und als Grenzen unserer Weltverwirklichung durch Wissen und Können; das Wissen der Wissenschaft versagt vor allen letzten Fragen. Wir erfahren Grenzen der Kommunikation, in ihrem Gelingen bleibt ein Mangel. Versagen des Wissens und Scheitern der Kommunikation bringt in eine Verwirrung, in der Sein und Wahrsein verschwindet. Vergeblich sucht man den Ausweg im Gehorsam gegen Regeln und Vorschriften und in der Gedankenlosigkeit. Der Sinn von *Wahrsein* bekommt ein anderes Gewicht. Wahrheit ist mehr als was wir Wahrheit (vielmehr besser Richtigkeit) in den Wissenschaften nennen. Die Wahrheit selbst möchten wir ergreifen, der Weg zu ihr wird eine neue, dringendere, erregendere Aufgabe.

Unser Philosophieren läßt sich bis soweit in die drei Fragen fassen:

Was können wir wissen in den Wissenschaften?

Wie sollen wir die tiefste Kommunikation verwirklichen?

Wie wird uns Wahrheit zugänglich?

Die drei Grundantriebe des Wissenwollens, des Kommunikationswillens und des Wahrheitsdranges bewirken diese Fragen. Durch sie kommen wir auf den Weg des Suchens. Aber die Ziele dieses Suches sind der Mensch und die Transzendenz (oder: die Seele und die Gottheit). Auf sie gehen die vierte und fünfte Grundfrage.

4. In der Welt ist der *Mensch* allein die Wirklichkeit, die mir zugänglich ist. Hier ist Gegenwärtigkeit, Nähe, Fülle, Leben. Der Mensch ist die Stätte, an der und durch die alles wirklich ist, was für uns überhaupt ist. Das Menschsein versäumen, würde für uns bedeuten, ins Nichts zu sinken. Was der Mensch sei und sein könne, ist eine Grundfrage für den Menschen.

Der Mensch ist aber nicht ein sich genügendes, in sich geschlossenes Sein, sondern, was der Mensch ist, ist er durch die Sache, die er zur seinen macht. In jeder Gestalt seines Seins ist der Mensch auf ein Anderes bezogen, als Dasein auf seine Welt, als Bewußtsein überhaupt auf Gegenstände, als Geist auf die Idee des jeweiligen Ganzen, als Existenz auf Transzendenz. Immer wird der Mensch zum Menschen dadurch, daß er sich dem Anderen hingibt. Aus seinem Versenktsein in die Welt des Daseins, in den unabsehbaren Raum der Gegenstände, in die Ideen, in die Transzendenz wird er sich erst wirklich. Macht er sich selber unmittelbar zum Gegenstand seines Bildens, so geht er seinen letzten und gefährlichen Weg, sofern es möglich ist, daß er dabei das Sein des Anderen verliert und dann in sich nichts mehr findet. Der Mensch, der sich geradezu ergreifen wollte, versteht sich selbst nicht mehr, weiß nicht, was er ist und eigentlich soll.

Diese Verwirrung wurde gesteigert als Ergebnis des Bildungsprozesses des 19. Jahrhunderts. Im Reichtum des Wissens von allem, was war, geriet der Mensch in einen Zustand, als ob er sich alles Seins bemächtigen könnte, ohne selbst noch etwas zu sein. Das geschah ihm, als er sich nicht mehr an die Sache an sich hingab, sondern sie zu einer Funktion seiner Bildung machte. Eine neue Erfahrung verwirklichte sich von der Bodenlosigkeit des sich auf sich selbst allein gründenden Menschseins.

Die Frage nach dem Menschsein wird vorangetrieben. Es genügt nicht mehr, mit Kant über sich hinaus zu fragen: »was darf ich hoffen?« Der Mensch drängt entschiedener als je zu einer Gewißheit, die ihm fehlt, zu der Gewißheit, daß ist, was ewig ist, daß das Sein ist, durch das auch er selbst erst ist. Wenn die Gottheit ist, dann ist auch alle Hoffnung möglich.

5. Daher kommt zu der Frage, was der Mensch sei, als die wesentliche Frage, ob und was Transzendenz (Gottheit) sei. Die These wird möglich: Allein die Transzendenz ist das wirkliche Sein. Daß die Gottheit ist, ist genug. Dessen gewiß zu sein, ist das Einzige, worauf es ankommt. Alles andere folgt daraus. Der Mensch ist der Beachtung nicht wert. In der Gottheit allein ist Wirklichkeit, ist Wahrheit, ist die Unerschütterlichkeit des Seins selbst, dort ist Ruhe, dort ist der Ort der Herkunft und des Ziels für den Menschen, der selbst nichts ist und das, was er ist, nur ist in bezug auf diesen Grund.

Aber es zeigt sich immer wieder: Für uns ist die Gottheit, wenn sie ist, doch nur, wie sie uns in der Welt erscheint, wie sie zu uns spricht durch die Sprache des Menschen und der Welt. Sie ist für uns nur in der Weise, wie sie Gestalt gewinnt, die in menschlichen Maßen und Gedanken sie immer zugleich verbringt. Nur in Weisen, die dem Menschen faßlich sind, kommt die Gottheit zur Erscheinung.

So zeigt es sich, daß es falsch ist, die Frage nach dem Menschen und die Frage nach der Gottheit gegeneinander auszuspielen. Daß nur der Mensch für uns in der Welt Wirklichkeit ist, verhindert nicht, daß die Frage nach dem Menschen gerade zur Transzendenz führt. Daß nur die Gottheit eigentlich Wirklichkeit sei, verhindert nicht, daß diese Wirklichkeit für uns nur im Weltsein zugänglich ist, aber wie im Spiegel der Ebenbildlichkeit des Menschen, weil von der Gottheit etwas in ihm sein muß, das von der Gottheit angesprochen werden kann. So wird das Thema der Philosophie im polaren Wechselspiel nach zwei Seiten hin ausgerichtet: deum et animam scire cupio.

Im Wiederaufgreifen der Kantischen Grundfragen erwuchsen mir also die fünf: nach der Wissenschaft, der Kommunikation und der Wahrheit, nach dem Menschen und der Transzendenz. Den Sinn dieser Fragen, sowohl in den Antrieben, die zu ihnen führen, wie in den ersten Ansätzen einer philosophischen Antwort, vergegenwärtige ich nunmehr ein wenig eingehender:

1. *Was ist Wissenschaft?* – Ich suchte in der Jugend Philosophie als ein Wissen. Die Lehren, die ich hörte und las, schienen diesem Anspruch entgegenzukommen. Sie begründeten, bewiesen, widerlegten, standen in einer Reihe mit allem anderen Wissen, nur gingen sie auf das Ganze, statt auf einzelne Gegenstände.

Aber bald erfuhr ich, daß die meisten philosophischen und viele wissenschaftliche Lehren keine Gewißheit brachten. Mein Zweifel wurde zwar nicht absolut und radikal. Er war nicht der Zweifel im Stile des Descartes, den ich erst später kennenlernte und auch dann nicht wirklich, sondern nur als ein Spiel vollzog. Aber mein Zweifel stellte jeweils einzelne Behauptungen und versuchsweise eine jede in Frage, und dies zunächst in den Wissenschaften.

Es erschütterte meinen Glauben an Vertreter der Wissenschaft, nicht an die Wissenschaft selber, wenn ich erkannte, daß berühmte Gelehrte in ihren Lehrbüchern viel vortrugen, was sie ohne kritische Infragestellung als Ergebnis der Wissenschaft ausgaben, ohne daß es in der Tat gewiß war. Ich nahm das viele Gerede wahr, die vermeintliche Erkenntnis. Schon auf der Schule wunderte ich mich, mit Recht oder Unrecht, wenn die Antworten der Lehrer auf Einwände unzureichend blieben. Der Pfarrer bewies das Dasein Gottes daraus, daß die Sterne nicht zusammenstoßen, und hörte nicht auf den Einwand, vielleicht seien die Sterne so weit voneinander entfernt, daß die Chance eines Zusammenstoßes gering sei, oder: vielleicht geschieht es, nur beobachten wir es gerade nicht, da wir mit unserer Erde noch unbetroffen sind. Dann hörte ich das Pathos der Historiker, wenn sie eine Reihe von Ausführungen zum Schlusse bringen mit den Worten: »nun mußte es notwendig so kommen«, während doch diese Behauptung nur ex eventu suggestiv, an sich gar nicht überzeugend war; schien doch auch anderes möglich und der Zufall immer im Spiel. Als Arzt und Psychiater sah ich den schwankenden Grund, auf dem so viele Behauptungen und Handlungen stehen, sah die Herrschaft vermeintlicher Einsichten, z. B. in die Verursachung aller Geisteskrankheiten durch Hirnvorgänge (ich nannte das Reden über das Gehirn, wie es damals Mode war, Hirnmythologie, sie wurde später durch die Mythologie der Psychoanalyse abgelöst), erfuhr mit Erschrecken, wie wir in unseren Gutachten keineswegs absolut gewisse Positionen vertraten, weil wir immer, auch wenn wir nicht wußten, zu einem Ergebnis kommen mußten, so daß die Wissenschaft den Deckmantel hergab, um staatlich notwendige Entscheidungen zu ermöglichen, für die ein beweisbarer Grund nicht zu finden war. Und ich wunderte mich, daß eine so große Zahl alltäglicher ärztlicher Verordnungen, ja die Masse der Medikamente, dem Bedürfnis der Kranken nach Behandlung entspringen, nicht einem rationellen Wissen.

Aus diesen Erfahrungen ergab sich die Grundfrage: Was ist eigentlich Wissenschaft? Was kann sie? Wo liegen ihre Grenzen? Es wurde klar, daß Wissenschaft zwingend und allgemeingültig sein muß, wenn sie ihren Namen verdienen soll. Die schärfste Kritik, das hellste Bewußtsein der Methode, das Wissen, in welchem Sinne, aus welchen Gründen, in welcher Fraglichkeit ich jeweils weiß, erforderte zunächst die Selbstdisziplin des Behauptens. Weder skeptisch alles preisgeben noch dogmatisch irgend etwas als Ergebnis fixieren, sondern in der Haltung des Forschers bleiben und alles Wissen nur auf dem Weg mit seinen Gründen und relativ auf die Gesichtspunkte und Methoden zu eigen machen, das zeigte sich als etwas, das keineswegs einfach, sondern eine Haltung ist, die nur mit einem ständig regen intellektuellen Gewissen erworben wird. Dann zeigte sich, daß es zwingende Allgemeingültigkeit in der Tat gibt, daß es ein hoher Vorrang des Menschen ist, sie klar unterscheidend zu erfassen. Aber es zeigte sich auch, daß solche Wissenschaft immer nur partikular ist, nicht das Ganze des Seins erfaßt, daß sie nicht totale Seinserkenntnis, sondern jeweils spezifische Sacherkenntnis ist, daß sie dem Leben keine Ziele gibt, auf alles Wesentliche, das den Menschen erschüttert, keine Antwort hat, ja daß sie über ihren eigenen Sinn, nämlich ob man sich ihr zuwenden solle, keine zwingende Einsicht gibt. Die Verwechslung von Überzeugungen, aus denen ich lebe, mit Wissen, das ich beweise, verwirrt die ganze menschliche Haltung.

Wenn aber die Wissenschaft, in ihrer Begrenzung auf zwingende und allgemeingültige Erkenntnis, so wenig vermag, wenn sie im Wesentlichen, nämlich in den ewigen Fragen, im Stich läßt, warum dann überhaupt Wissenschaft?

Es ist erstens ein unabweisbarer Drang, wissen zu wollen, was erkennbar ist, die Tatsachen rein vor Augen zu haben, das Faktische, das uns betroffen macht, zu erkennen: etwa die Geisteskrankheiten, daß es sie gibt, wie sie sich zeigen in dem nahen Umgang mit geisteskranken Menschen, oder wie Geisteskrankheit und geistiges Schöpfertum zusammenhängen können. Die Kraft ursprünglichen Wissenwollens verschwindet in den vorwegnehmenden großartigen Weisen scheinbaren Totalwissens, steigert sich in der Bemächtigung der konkreten Wißbarkeiten.

Zweitens ist die Wissenschaft von der ungeheuersten Wirkung. Unser gesamter Weltzustand, zumal seit hundert Jahren, ist durch Wissenschaft und ihre technischen Folgen bedingt, die innere Haltung aller Menschen durch die Weise und den Inhalt ihres Wissens bestimmt. Ich begreife das Weltschicksal nur, wenn ich Wissenschaft begreife. Es ist eine Grundfrage: Warum gibt es überall, wo Menschen sind, einen Rationalismus, eine Intellektualisierung, aber warum ist nur im Abendland Wissenschaft entstanden, welche in ihren Folgen die früheren Welten aus ihren Angeln hebt, die Menschen zwingt, ihr zu folgen oder zugrunde zu gehen? Erst durch Wissenschaft und angesichts der Wissenschaft erwächst ein gesteigertes geschichtliches Situationsbewußtsein, lebe ich wirklich in der geistigen Situation meiner Zeit.

Drittens muß ich der Wissenschaft mich zuwenden, um das zu erfahren, was in aller Wissenschaft führt und antreibt, ohne selbst zwingendes Wissen zu sein. Die Ideen, die der Endlosigkeit Herr werden, die Auswahl des Wesentlichen, der Zusammenhalt des Wissens im Kosmos der Wissenschaften, – das alles ist nicht wissenschaftlich einsehbar, aber kommt nur durch Wissenschaften zum hellen Bewußtsein. Nur auf dem Wege der Wissenschaften gelange ich aus der Gebundenheit durch ein beschränktes dogmatisches Weltbild zur Welt im Ganzen und in ihrer Realität.

Die Erfahrung der Unerläßlichkeit und bezwingenden Macht der Wissenschaft ließ mir für alles Philosophieren folgende Forderungen durch mein Leben hindurch gültig sein: Es muß Freiheit für alle Wissenschaften geben, damit die Freiheit vom Wissenschaftsaberglauben, d. h. von den Verabsolutierungen und von dem Scheinwissen, gewonnen werde. Durch freie Bemächtigung der Wissenschaften soll ich offen werden für das, was mehr ist als Wissenschaft, aber erst auf dem Wege über sie klar werden kann. Ich soll mich zwar einer Wissenschaft gründlich, aber irgendwie auch allen anderen Wissenschaften zuwenden, nicht um enzyklopädische Kenntnisse anzuhäufen, sondern um in den Grundweisen der Wissensmöglichkeiten, in den Prinzipien der Wißbarkeiten, in der Mannigfaltigkeit der Methoden zu Hause zu sein. Es ist eine Methodologie zu erarbeiten, die aus dem Grunde eines universalen Seinsbewußtseins hervorwächst, wie sie es wiederum hervorbringt und klärt.

Vor allem aber: Wissenschaften sind als Werkzeug der Philosophie zu ergreifen, nicht aber ist die Philosophie als auch noch eine Wissenschaft danebenzustellen. Denn Philosophie ist, obgleich an Wissenschaften gebunden und niemals ohne sie, etwas ganz anderes als Wissenschaft: Sie ist das Denken, in dem ich des Seins selbst inne werde durch inneres Handeln; oder: sie ist das Denken, das den Aufschwung zur Transzendenz vorbereitet, erinnert und in hohem Augenblick selber vollzieht als ein denkendes Tun des ganzen Menschen.

2. *Wie ist Kommunikation möglich?* – Ich weiß nicht, was stärker in mir war, als ich zu denken begann: das ursprüngliche Wissenwollen oder der Drang zur Kommunikation mit dem Menschen. Das Wissen erhält seinen vollen Sinn doch erst durch das Band, das Menschen vereint. Aber der Drang nach Einstimmung mit dem anderen Menschen fand doch so schwer ein Genügen. Ich erschrak über das Nichtverstehen und war wie gelähmt bei jeder Versöhnung, in der nicht völlig aufgehellt schien, was vorherging. Das starre Verschlossensein und das Nichthören auf Gründe, die Unbetroffenheit von Tatbeständen, die Gleichgültigkeit, welche eine Erörterung gar nicht will, die abwehrende Haltung der Menschen, sich nicht zu nahe treten zu lassen, welche im entscheidenden Augenblick jede Möglichkeit verschüttet, dann wieder die schamlose Gleichgültigkeit, die die eigene Seele widerstandslos preisgibt, als ob niemand mehr vor einem stände, das alles machte mich schon früh und immer wieder ratlos. Wenn zustimmende Nachgiebigkeit erfolgte, mußte ich unbefriedigt bleiben,

weil keine wirkliche Einsicht verband, sondern nur ein Überredetsein, weil freundliches Mittun, nicht aber entgegenkommendes Selbstsein sprach. Ich kannte zwar den Jubel der Freundschaft (bei gemeinsamen Studien, bei der einträchtigen Stimmung im Haus und in der Landschaft). Dann aber kamen die Augenblicke des Fremdseins, als ob man in verschiedenen Welten lebe. Ständig wuchs in meiner Jugend das Bewußtsein der Einsamkeit, aber nichts schien mir verderblicher als Einsamkeit, zumal die in der Vielfachheit geselligen Umgangs, in einer Menge von Freundschaften sich selbst täuschende Einsamkeit. Kein Drang in mir schien mir stärker als der zur Kommunikation mit dem Andern. Wenn nur mit einem einzigen Menschen die nie vollendbare Bewegung der Kommunikation gelingt, so ist alles erreicht. Ein Kriterium dieses Gelingens aber ist auch die Kommunikationsbereitschaft gegenüber jedem wesentlich begegnenden Menschen und das Leiden am Ungenügen, wo immer sie mißlingt. Nicht schon Ansprache und Austausch mit Menschen, nicht Freundlichkeit und Geselligkeit, sondern erst das unablässige Vorantreiben zum Offenbarwerden im Ganzen ist der Weg der Kommunikation.

Der philosophisch entscheidende Stachel war die Frage, wie das Ungenügen der Kommunikation von mir selbst verschuldet wird. Das Ungenügen war unbezweifelte Wahrheit. Aber der Mangel konnte doch nicht nur von den anderen Menschen herrühren. Ich selber bin ein Mensch wie sie. In mir sind dieselben Quellen der Kommunikationslähmung wie in den anderen. Das innere Handeln, durch das ich mich erziehe, mußte die Selbstverschleierungen, Eigenwilligkeiten, trotzigen Motive durchleuchten und auf ein Offenbarwerden drängen, das nie fertig wird. Die philosophische Einsicht aber wurde grade durch eigenes Versagen möglich. Das Böse erkennen wir nur, soweit es in uns selbst ist. Was wir gar nicht sein können, das würden wir auch nicht verstehen.

Durch die Erfahrung des Ungenügens in der Kommunikation wurde die philosophische Stimmung bewirkt. Jede Beschäftigung mit bloßen Sachen, die nicht irgendwo zur Kommunikation führt, schien mir nicht in Ordnung. Die einsame Hingabe an die Natur, diese tiefe Erfahrung des Alls in der Landschaft und in der leibhaftigen Nähe zu den Gestalten und Elementen, diese Quelle der Kraft für die eigene Seele, konnte mir wie eine Schuld gegen Menschen erscheinen, wenn sie ein Mittel wurde zum Ausweichen vor ihnen, und als Schuld gegen mich, wenn sie verführte zur abschließenden Selbstgenügsamkeit in der Natur. Einsamkeit mit der Natur ist zwar ein wunderbarer Ursprung möglichen Selbstseins, aber der in ihr einsam Bleibende ist auf dem Wege, sein Selbstsein zu verarmen und am Ende zu verlieren. Alle Naturnähe in der schönen Welt wurde mir daher fragwürdig, wenn sie nicht zur Gemeinschaft mit den Menschen zurückführt und dieser Gemeinschaft als Hintergrund und als Sprache dient. In der Folge ging durch mein Philosophieren die Frage an alle Gedanken, alle Erfahrungen, alle Gehalte: Was bedeuten sie für Kommunikation? Sind sie geeignet, Kommunikation zu fördern oder zu hemmen? Sind sie Verführer zur Einsamkeit oder Erwecker zur Kommunikation?

Daraus erwuchsen die philosophischen Grundfragen: Wie ist Kommunikation möglich? Welche Weisen der Kommunikation sind vollziehbar? Wie gehören sie zueinander? In welchem Sinne ist Einsamkeit und die Kraft des Einsamseinkönnens Quelle der Kommunikation? Die Antworten wurden durch Vergegenwärtigungen konkreter Art – mit psychologischen Mitteln –, besonders im zweiten Band meiner Philosophie gegeben und sollen in der Logik ihre grundsätzliche Form finden.

These meines Philosophierens ist: Der einzelne Mensch für sich allein kann nicht Mensch werden. Selbstsein ist nur in Kommunikation mit anderem Selbstsein wirklich. Allein versinke ich in dumpfe Verschlossenheit, nur gemeinsam mit dem Andern vermag ich offenbar zu werden in der Bewegung gegenseitigen Aufschließens. Die eigene Freiheit kann nur sein, wenn auch der andere frei ist. Isoliertes oder sich isolierendes Selbstsein bleibt bloße Möglichkeit oder verschwindet ins Nichts. Alle Veranstaltungen, die unter unausgesprochenen Voraussetzungen und mit uneingestandenen Grenzen einen beruhigenden Kontakt zwischen Menschen bewahren, sind zwar unumgänglich für das gemeinschaftliche Dasein, darüber hinaus aber verderbliche Verschleierungen, die Wahrheit im Offenbarwerden des Menschseins verhindern durch eine täuschende Zufriedenheit.

3. *Was ist Wahrheit?* – Die Grenzen der Wissenschaft und der Antrieb zur Kommunikation, beide weisen auf Wahrheit, die mehr ist als ein Besitz des Verstandes.

Zwingende Richtigkeit der Wissenschaften ist nicht schon alle Wahrheit. Dieses Richtige in seiner Allgemeingültigkeit verbindet uns nicht im Ganzen als wirkliche Menschen, sondern nur als Verstandeswesen. Es verbindet in der Sache, die erkannt wird, partikular, nicht total. Zwar können Menschen durch wissenschaftliche Forschung vermöge der

Ideen, die darin sich verwirklichen, und der Antriebe der Existenz, die darin zur Erscheinung kommen, echte Freunde sein. Aber die Richtigkeit der wissenschaftlichen Erkenntnis als solche verbindet alle Verstandeswesen in ihrer Gleichheit gleichsam als vertretbare Punkte, nicht wesentlich die Menschen selbst.

Dem Verstand gilt, gemessen am Richtigen, alles übrige als Gefühl, Subjektivität, Instinkt. Bei dieser Zweiteilung gibt es neben der hellen Welt des Verstandes nur das Irrationale, in dem zusammengerät, was je nachdem verachtet oder begehrt wird. Dem Ungenügen am Richtigen entspringt die Bewegung, welche denkend die eigentliche Wahrheit sucht. Jene Zweiteilung lähmt die Bewegung, läßt den Menschen hin und her gleiten zwischen dem Dogmatismus des seine Grenzen überschreitenden Verstandes und etwa dem Rausch des Vitalen, dem Ungefähr des Augenblicks, dem Leben. Die Seele wird in aller Mannigfaltigkeit disparaten Erlebens kahl. Dann ist die Wahrheit aus dem Gesichtsfeld verschwunden und ersetzt durch eine Vielfalt von Meinungen, die sich an dem Gerippe eines vermeintlich geglaubten rationalen Schemas halten. Wahrheit ist unendlich mehr als wissenschaftliche Richtigkeit.

Auch die Kommunikation weist auf dieses Mehr. Kommunikation ist der Weg zur Wahrheit in allen ihren Gestalten. Schon der Verstand wird sich klar nur in der Diskussion. Wie der Mensch als Dasein, Geist, Existenz in Kommumnikation steht oder stehen kann, das läßt alle andere Wahrheit erst zur Erscheinung kommen. Die Wahrheit, die an der Grenze der Wissenschaft fühlbar wird, ist dieselbe, die in dieser Bewegung der Kommunikation fühlbar wird. Es ist die Frage, was für eine Wahrheit das sei.

Wir nennen die Quelle dieser Wahrheit in Unterscheidung vom Gegenständlichen, Bestimmten und Einzelnen, als was uns das Seiende gegenübersteht, das *Umgreifende*. Dieser Begriff ist gar nicht geläufig und gar nicht selbstverständlich. Das Umgreifende vermögen wir philosophisch zu erhellen, nicht mehr gegenständlich zu erkennen.

Hier liegt die Entscheidung, ob wir das Philosophieren erreichen, oder ob wir an der Grenze, wo der *Sprung zum transzendierenden Denken* zu vollziehen ist, wieder zurücksinken. Berufen wir uns hier auf Gefühl, Instinkt, Trieb, auf Herz und Gemüt als Ursprünge der Wahrheit, so benennen wir das im Dunkel bleibende, unser Leben Begründende mit Worten, die eine psychologische Analyse nahe legen, uns abgleiten lassen in vermeintlich faßliche Psychologie, während alles darauf ankommt, in den hellen Raum des eigentlich philosophischen Denkens zu gelangen.

Die Methoden des Transzendierens tragen die gesamte Philosophie. Was sie vollziehen, in Kürze vorwegzunehmen, ist unmöglich. Vielleicht läßt sich mit wenigen Worten *andeuten*, wenn auch *nicht schon begreiflich machen*, worum es sich handelt:

Alles, was mir *Gegenstand* wird, tritt gleichsam aus einem dunklen Grunde des Seins an mich heran. Jeder Gegenstand ist ein bestimmtes Sein (als dieses in Subjekt-Objekt-Spaltung mir Gegenüberstehende), ist niemals alles Sein. Kein gegenständlich gewußtes Sein ist *das* Sein.

Aber bildet nicht die Gesamtheit der Gegenstände das Ganze des Seins? Nein. Wie der Horizont die Dinge in der Landschaft einschließt, so sind alle Gegenstände umschlossen von dem, worin diese Gegenstände sind. Wie wir in der räumlichen Welt auf den Horizont zugehen, ihn jedoch nie erreichen, vielmehr der Horizont mitgeht und sich immer neu als das jeweils Einschließende wiederherstellt, so gehen wir im gegenständlichen Forschen auf jeweilige Ganzheiten zu, die sich jedoch niemals als das ganze und eigentliche Sein erweisen, sondern durchbrochen werden müssen in neue Weiten. Nur wenn sich alle Horizonte zusammenfänden zu einem geschlossenen Ganzen, würden wir in der Bewegung durch alle Horizonte hindurch, da sie dann eine endliche Vielheit wären, das eine geschlossene Sein gewinnen. Aber das Sein ist für uns ungeschlossen, die Horizonte unendlich. Es zieht uns nach allen Seiten ins Unbegrenzte.

Wir fragen nach dem Sein, das uns mit dem Offenbarwerden aller entgegenkommenden Erscheinung in Gegenstand und Horizont doch als es selbst zurückweicht. Dieses Sein nennen wir das Umgreifende. Das Umgreifende ist also das, was sich immer nur ankündigt, was nicht selbst, sondern woraus alles Andere uns vorkommt.

Mit diesem philosophischen Grundgedanken wollen wir über jedes bestimmte Sein hinaus denken, hin zum Umgreifenden, in dem wir sind, und das wir selber sind. Es ist ein uns gleichsam umwendender, weil aus der Fessel jedes bestimmten Seins uns lösender Gedanke. Aber dieser Gedanke des Umgreifenden ist nur der erste Ansatz. In der Kürze ist er noch ein rein formaler Gedanke. Es zeigen sich bei weiterer Vergegenwärtigung alsbald Weisen des Umgreifenden (das Sein des Umgreifenden an sich ist Welt und Transzendenz; das Sein des Umgreifenden, das wir sind, ist Dasein, Bewußtsein überhaupt, Geist, Existenz). Damit entsteht die Aufgabe der Erhellung aller Weisen des Umgreifenden. Wahrheit wird uns in ihren gesamten Möglichkeiten, ihrem Umfang, ihrer Weite und Tiefe erst ganz bewußt mit den Weisen des Umgreifenden.

Die Erhellung alles Umgreifenden hat ihren Antrieb aus unserer Vernunft und Existenz:

Die Bewegungen, in denen wir uns grenzenlos aufschließen, allem, was ist, Sprache leihen möchten, das Fremdeste und Fernste gleichsam heranziehen, zu allem Bezug suchen, zu nichts die Kommunikation abbrechen, nennen wir *Vernunft*. Dieses Wort, radikal zu unterscheiden vom Verstand, trifft die Bedingung des Wahrseins, wie es aus allen Weisen des Umgreifenden zutage treten kann. Die philosophische Logik ist das Selbstverständnis der Vernunft.

Wahrheit in diesem umfassenden Sinn, in dem die Wahrheit des Verstandes (und mit ihm der Wissenschaften) nur ein Element ist, ist gegründet in der *Existenz*, die wir sein können. Es kommt darauf an, daß unser Leben geführt ist von einer Unbedingtheit, welche allein dem »Entschluß« entspringt. Durch Entschluß wird die Existenz wirklich, wird das Leben geformt und verwandelt im inneren Handeln, das uns erhellend im Aufschwung hält. Gegründet im Entschluß ist die Liebe nicht mehr unverläßlich bewegende Leidenschaft, sondern die Erfüllung, der allein erst das eigentliche Sein sich zeigt.

Was im denkenden Leben getan werden muß, dem soll ein Philosophieren dienen, das erinnernd und vorausgreifend die Wahrheit offenbar macht. Dieses Philosophieren hat nur Sinn, wenn dem Gedanken eine Wirklichkeit des Denkenden ergänzend entspricht. Diese Wirklichkeit ist nicht Folge oder Anwendung einer Lehre, sondern sie ist die Praxis des Menschseins, die im Widerhall des Gedankens sich vorantreibt. Es ist eine Bewegung, deren Aufschwung gleichsam mit zwei Flügeln geschieht. Beide Flügel, das Denken und die Wirklichkeit, müssen schlagen, wenn der Aufschwung geschehen soll. Das bloße Denken würde ein leeres Bewegen von Möglichkeiten, die bloße Wirklichkeit eine dumpfe Unbewußtheit ohne Entfaltung, weil ohne Selbstverständnis, bleiben.

Dieses Philosophieren ging mir zuerst aus der Psychologie hervor, die sich verwandeln mußte und zur Existenzerhellung wurde. Die Existenzerhellung wiederum wies zur philosophischen Weltorientierung und zur Metaphysik. Schließlich versteht sich der Sinn dieses Denkens in einer philosophischen Logik, die nicht nur den Verstand und seine Gebilde (Urteil und Schluß) im Auge hat, sondern den Grund des Wahrseins in seinem ganzen Umfang im Umgreifenden zeigt. Das Sein ist nicht die Summe der Gegenstände. Vielmehr strecken sich unserem Verstande in der Subjekt-Objekt-Spaltung die Gegenstände gleichsam entgegen aus dem Umgreifenden des Seins selbst, das sich der gegenständlichen Erfassung entzieht, von dem her aber alle bestimmten gegenständlichen Erkenntnisse ihre Grenze und ihren Sinn haben und von dem her sie die Stimmung aus dem Ganzen erhalten, worin sie Bedeutung haben.

4. *Was ist der Mensch?* – Als ein Lebewesen unter anderen ist der Mensch Gegenstand der Anthropologie. In seiner Innerlichkeit ist er Gegenstand der Psychologie, in seinen objektiven Gebilden gemeinschaftlichen Lebens Gegenstand der Soziologie. Der Mensch in seiner empirischen Wirklichkeit kann nach vielen Richtungen erforscht werden. Aber der Mensch ist immer mehr, als er von sich weiß und wissen kann.

Als Erkennbarkeit erscheint der Mensch in seinen vielfachen empirischen Aspekten. Als ein erkanntes Wesen ist er immer schon aufgeteilt in das, als was er sich jeweils bestimmten Methoden der Forschung zeigt. Er ist nie ein Eines und Ganzes, nie der Mensch selbst, wenn er zum Gegenstand einer Erkenntnis geworden ist.

Wenn ich philosophisch mich des Menschseins vergewissere, kann ich daher nicht bei den Erkennbarkeiten des empirischen Menschen in der Welt stehenbleiben. Der Mensch ist gleichsam alles (wie Aristoteles von der Seele sagt). Des Menschseins innewerden, heißt des Seins in der Zeit im Ganzen innewerden. Der Mensch ist das Umgreifende, das wir sind.

Aber auch als das Umgreifende ist der Mensch zerrissen. Wir werden – wie ich schon sagte – des Umgreifenden, das wir sind, auf mehrfache Weise inne, als Dasein, Bewußtsein überhaupt, Geist, Existenz. Der Mensch lebt als Dasein in seiner Welt. Er ist als das denkende Bewußtsein überhaupt forschend auf Gegenstände gerichtet. Er gestaltet als Geist die Idee eines Ganzen in seinem Weltdasein. Er ist als mögliche Existenz auf Transzendenz bezogen, durch die er selbst in seiner Freiheit sich gegeben weiß. Wie der Mensch eine Einheit wird, das ist ein in der Zeit unendliches, unlösbares Problem, aber der Weg seines Suchens. Der Mensch ist sich ungewisser als je.

Im Philosophieren bleibt der Mensch nicht eine Gattung eines besonderen Daseins neben anderem Dasein, sondern der Mensch wird sich hell als ein Einziges, als ein Allumschließendes, Alloffenes, als die größte Möglichkeit und größte Gefahr in der Welt, als das Ausnahmesein des Seins, als die Kommunikation des zerstreuten Seins, das sich in ihm offenbar wird.

5. *Was ist Transzendenz?* – Der Mensch ist zwar das für uns interessanteste Wesen in der Welt. Wir, die wir Menschen sind, wollen wissen, was wir sind und sein können. Aber eine ständige Beschäftigung mit dem Menschen erweckt Überdruß. Es ist als ob darin das Wesentliche versäumt würde. Denn der Mensch kann nicht aus sich selbst begriffen werden und im Vergegenwärtigen des Menschseins zeigt sich das Andere, wodurch er ist. Dieses ist für den Menschen als mögliche Existenz die Transzendenz. Während aber der Mensch anschauliche Wirklichkeit in der Welt ist, ist Transzendenz wie nicht da. Sie ist auch nicht erforschbar. Ihr Sein selbst ist bezweifelbar. Und doch ist alles Philosophieren auf das Ziel gerichtet, sich der Transzendenz zu vergewissern.

Dagegen ist einzuwenden, ob Philosophie nicht irrigerweise leisten wolle, was nur Religion zu leisten vermag. Religion vermittelt im Kult die leibhaftige Gegenwart oder doch Erfahrung der Transzendenz. Sie gründet den Menschen auf die Offenbarung Gottes. Sie zeigt die Wege des Glaubens an die offenbarte Wirklichkeit, an Gnade und Erlösung, und sie gibt Garantien. Nichts davon kann Philosophie leisten.

Wenn Philosophieren ein Kreisen um Transzendenz ist, so muß es daher Bezug auf Religion haben. Die Weise, wie Philosophie und Religion sich zueinander verhalten, ist in der Tat ein Ausdruck ihres Selbstverständnisses und der Tiefe ihrer Verwirklichung. Historisch sehen wir dieses Verhältnis in Gestalten des Kampfes, der Unterordnung, der Ausschließung. Ein endgültiges und ruhiges Verhältnis ist nicht möglich. Hier zeigt sich uns vielmehr eine Grenze. Wo die Frage durch Einsicht nicht nur begriffen, sondern gelöst scheint, da ist der Mensch beschränkt geworden. Wird die Religion von der Philosophie ausgeschlossen oder die Philosophie von der Religion, wird von der einen Seite die Herrschaft über die andere behauptet durch den Anspruch, die alleinige höchste Instanz zu sein, so verliert der Mensch seine Offenheit für das Sein und seine eigene Möglichkeit zugunsten eines ihm selbst sich verschließenden Abschlusses der Erkenntnis. Er wird – ob in Beschränkung auf Religion oder auf Philosophie – dogmatisch und fanatisch und am Ende im Versagen nihilistisch. Religion braucht, um wahrhaftig zu bleiben, das Gewissen der Philosophie. Philosophie braucht, um gehaltvoll zu bleiben, die Substanz der Religion. Aber auch das ist eine zu einfache Formel, in der verschleiert bleibt, daß es mehrere ursprüngliche Wahrheiten im Menschen gibt. Es ist allein möglich, Verwechslungen zu verwehren. Philosophie kann von sich aus die Religion nicht bekämpfen wollen, sondern muß sie anerkennen, aber als das ihr polar Gegenüberstehende und in der Polarität Verbundene, um das sie sich ständig bemüht, weil sie ständig von daher beunruhigt, angestoßen, aufgerufen wird. Philosophie kann auch die Religion nicht ersetzen wollen, nicht mit ihr in Konkurrenz treten, keine Propaganda für sich gegen sie machen. Im Gegenteil: Philosophie wird die Religion bejahen müssen zum mindesten als die Wirklichkeit, der auch sie selbst ihr Dasein verdankt. Wäre nicht Religion das Leben der Menschheit, so gäbe es auch keine Philosophie.

Aber Philosophie als solche kann die Transzendenz nicht in der Garantie einer Offenbarung suchen, sondern muß sich dem Sein nähern in den dem Menschen als Menschen gegenwärtigen Selbstevidenzen des Umgreifenden (nicht etwa in Beweisen des Verstandes oder in Einsichten, die der Verstand als solcher gewinnen könnte) und durch die Geschichtlichkeit der Sprache der Transzendenz.

Auf die Frage, was Transzendenz sei, erfolgt darum keine Antwort durch eine Erkenntnis der Transzendenz. Die Antwort erfolgt indirekt im Erhellen der Ungeschlossenheit der Welt, der Unvollendbarkeit des Menschen, der Unmöglichkeit einer dauernden richtigen Welteinrichtung, des universalen Scheiterns, – bei gleichzeitiger Vergegenwärtigung, daß nicht nichts ist, daß vielmehr in Natur, Geschichte, Menschsein das Herrliche so wirklich ist wie das Furchtbare. Das Entscheidende innerhalb des Philosophierens ist, ob ich im Denken bis dahin komme, daß mir das »von außen« der Transzendenz als Ursprung des »von innen« gewiß wird, oder ob ich in der Immanenz bleibe mit der negativen Gewißheit: es gibt kein draußen, das Grund und Ziel von allem ist, von der Welt und dem, was ich selbst bin.

Philosophierend gelingt kein Gottesbeweis, sofern er eine zwingende Erkenntnis liefern möchte, wohl aber gelingen »Gottesbeweise« als Wege denkenden Aufschwungs. Das rationale Denken vermag die Kategorien aller Denkbarkeiten zu transzendieren zur Koinzidenz der Gegensätze, vermag in der einzelnen Kategorie – z. B. des zureichenden Grundes, des Zwecks – über sie hinauszugehen zu dem in der Tat unhaltbaren Gedanken eines letzten Grundes und eines Endzwecks. Damit wird in der Bodenlosigkeit bloß faktischen Daseins die Notwendigkeit des Suchens begriffen und unsere Seele offengehalten für den Ursprung. Die Vergegenwärtigung der Zerrissenheit des Seins in jeder Gestalt und der radikalen Widersprüchlichkeit vermag zu zeigen, daß nichts von dem, was wir zu erkennen vermögen, aus sich besteht.

Zum Draußensein der Transzendenz gehört ihre Unerkennbarkeit, ihr Drinnensein ist die Chiffreschrift aller Dinge. Weil in allem Seienden die Grenze und der Grund fühlbar zu machen ist, ist überall gleichsam der Lichtfaden zu spüren, der es mit der Transzendenz zusammenhält. Ist so die Transzendenz immanent, so doch in grenzenloser Vieldeutigkeit und in keiner Endgültigkeit faßlich. Das Philosophieren begründet nur im Allgemeinen das Recht, sich dem anzuvertrauen, was als Licht der Transzendenz zu mir zu sprechen scheint.

Wie aber ich diese Sprache verstehe, das ist gegründet in dem, was ich eigentlich selbst bin. Und was ich selbst bin, das ist gegründet in meinen ursprünglichen Bezügen auf Transzendenz: in Trotz und Hingabe, in Abfall und Aufschwung, in Gehorsam gegen das Gesetz des Tages und in der Leidenschaft zur Nacht. Philosophierend erhelle ich und erinnere ich und bereite ich vor, wie ich durch diese Bezüge die Ewigkeit in der Zeit erfahren kann. Die Erfahrung selbst ist nicht zu erzwingen und nicht zu beweisen, sondern ist die erfüllte Geschichtlichkeit meiner Existenz.

Philosophie kann weiter die Folgen zeigen, die auftreten, wenn die Seinsauffassung in reiner Immanenz sich abschließen will. Sie kann die Verschleierungen aufheben, die mit unerweislichen Sätzen des Verstandes, mit vermeintlichem Weltwissen im Ganzen, mit scheinbar wissenschaftlichen Ergebnissen, den Menschen jederzeit einhüllen möchten in Unwahrheit. Aber mit dem Aufheben fälschlichen Wissens stellt die Philosophie kein dem wissenschaftlichen gleichartiges positives Wissen von der Transzendenz auf.

Philosophie kann unser Gewissen erhellen, zeigen, wie wir die Forderung erfahren allgemeinen Gesetzes, das wir als unumgänglich einsehen. Sie kann an der Grenze das reale Scheitern auch des Gehorsams gegen dieses Gesetz zeigen und die neue Forderung fühlbar machen, welche den Einzelnen aus seiner Geschichtlichkeit – aber ohne Allgemeinheit und Allgemeingültigkeit – anspricht und unbedingten Gehorsam verlangt; und sie kann wiederum auch hier die Grenze und das Scheitern in der Zeit zeigen.

Es kommt auf allen Wegen darauf an, den Ursprung zu erreichen, wo in höchster Bewußtheit in der Welt die Forderung hörbar wird, welche, in der Weltverwirklichung scheiternd, doch durch Gehorsam gegen sie das eigentliche Sein gibt.

Daß solcher Ursprung möglich ist, vermag Philosophie zu erhellen. Was aber der Ursprung ist und was er spricht, kann sie nicht vorwegnehmen. Denn die Wirklichkeit ist geschichtlich und steht jedem Einzelnen, der neu in dieser Welt erwächst, noch bevor. Alles, was die Philosophie inhaltlich sagt und historisch erinnert, bleibt als Sagbares ein Relatives, das der Übersetzung und Aneignung bedarf, um dadurch ein Weg zum eigenen ursprünglichen Ergreifen des Unbedingten zu werden.

Bei solchem Denken setzt das Philosophieren ein Doppeltes voraus, das gegenständlich unerweislich, aber praktisch vollziehbar ist: Erstens die Autonomie des Menschen gegenüber allen Autoritäten in der Welt; – der einzelne Mensch, durch Autorität erzogen, entscheidet am Ende seines jeweiligen Reifungsprozesses unmittelbar vor der Transzendenz aus eigener Verantwortung, was unbedingt wahr ist. Zweitens das Gesetztsein des Menschen durch Transzendenz; – der Transzendenz in jener unbedingten Entscheidung zu gehorchen, bringt den einzelnen Menschen zu seinem Selbstsein.

Wie es aber auch gelingt, in der Fülle des Seienden die Chiffren zu lesen, in den Bezügen zur Transzendenz konkret zu existieren, im geschichtlich gestalteten Gehorsam gegen die Transzendenz das Selbstsein zu gewinnen, alles dies wird zusammengehalten durch die Grundfrage, wie in dem Vielen das Eine ist, was es ist, und wie ich des Einen gewiß werde.

4. Meine Werke

Dreimal habe ich bisher ein systematisches Werk versucht: meine *Allgemeine Psychopathologie* (1913), meine *Psychologie der Weltanschauungen* (1919), meine *Philosophie* (1932).

In der *Psychopathologie* stellte ich nicht das Ganze aus einer Theorie dar, ordnete die Befunde nicht aus einem totalen Bild der Sache; vielmehr entwickelte ich die Methoden der Forschung, um vorzuführen, was sich einer jeden Methode zeigt. Die Systematik lag in der Systematik der Methoden. Der Sinn meines Lehrbuchs war: Befreiung von dogmatischem Scheinwissen, um den offenen Blick des Forschens durch klares Bewußtsein der Methoden und ihrer Grenzen zu fördern. Zu wissen, was ich weiß, das ist in der Wirklichkeit der wissenschaftlichen Praxis gar nicht selbstverständlich.

In der *Psychologie der Weltanschauungen* versuchte ich das Ganze menschlicher Möglichkeiten des Glaubens, der Weltbilder, der Einstellungen systematisch darzustellen. Es war ein übermütiges Jugendwerk, dessen Gehalt ich zwar noch heute als den meinigen anerkenne, dessen Form aber unzureichend war. Ich glaubte in reiner Betrachtung vorbeiziehen zu lassen, was vorkommt, und ich entwarf doch in der Tat die eine Wahrheit des Menschseins, die mir die gegebene war, begriff diese als Synthesis von Polaritäten und zeigte überall den Strom von Abgleitungen, Entleerungen, Verkehrungen. Es war verborgene Philosophie, die sich hier als objektiv feststellende Psychologie mißverstand.

In der *Philosophie* entstand mir die Systematik aus den drei Methoden des Transzendierens. Ich komme in der Weltorientierung durch ein zwingendes Transzendieren zum Bewußtsein der Erscheinungshaftigkeit des Daseins (Band I). Auf diesem Grunde mache ich mir in der Existenzerhellung transzendierend bewußt, was ich selbst eigentlich bin und sein kann (Band II). Aus beiden Voraussetzungen wird in der Metaphysik das Transzendieren zur Transzendenz deutlich. Ich vollziehe die Gedankenwege, mit denen das Sein selbst mir gegenwärtig wird (Band III).

Die *Philosophie* ist, im Unterschied von den beiden vorhergehenden Werken, mit bewußter Disziplin durchgeformt. Es war nicht mehr einfach darzustellen, sondern das Transzendieren, das im Vollzuge geschieht, mußte auch als ruhiger Atemzug des Gedankens jeweils entwickelt werden. So ist jedes Kapitel ein Ganzes durch eine einzige durchgehende Bewegung. Die Kapitel können nur als ganze in dieser Bewegung des Gedankens, aber jedes Kapitel kann für sich verstanden werden.

Der Gehalt dieser Philosophie aber liegt nicht in den systematischen Grundgedanken, sondern in dem, was durch sie geschieht. Wie meine Psychopathologie in ihrer Systematik nicht gegenständlich, sondern methodologisch war, so ist mein späteres Philosophieren nicht ontologisch, sondern eindringend: es weiß nicht, was ist, sondern erhellt das Umgreifende. Das Gewicht liegt in den besonderen Gehalten und Ausführungen.

Um die drei Hauptwerke gruppieren sich kleinere Schriften. Zur Psychopathologie gehören eine Reihe von psychiatrischen Forschungen, die in Zeitschriften veröffentlicht wurden, zur Weltanschauungspsychologie gehört die Schrift über »Strindberg und van Gogh«. Dann folgte eine jahrelange Pause, eine Konzentration meines Denkens, bis die Philosophie erschien, zu der die »Geistige Situation der Zeit« gehört.

Seitdem sehe ich meine Aufgabe in zwei Arbeiten, die mir als mein abschließendes Lebenswerk erscheinen. An beiden war ich längst und bin ich seither tätig. Ich nenne sie *Philosophische Logik* und *Universalgeschichte der Philosophie*. Durch die philosophische Logik möchte ich mitarbeiten an dem logischen Selbstbewußtsein dieses Zeitalters, das unserem neu erwachten Philosophieren so zugehört wie Hegels Logik dem Idealismus und wie die Induktive Logik (etwa Mill's) dem positivistischen Zeitalter. Hier werden die systematischen Grundgedanken selber zum Wesentlichen. In der Universalgeschichte der Philosophie möchte ich – ohne chronologische Darstellung – das geschichtlich vorliegende Philosophieren als das eine große, in sich überall zusammenhängende Phänomen des Offenbarwerdens des Seins im Menschsein vergegenwärtigen, wie es aus den Wurzeln (in China, Indien, Griechenland) in großen Rhythmen in ständiger Bedingtheit durch die soziologischen Zustände und psychologischen Gegebenheiten, in bezug auf Wissenschaft und Religion, und im Widerhall aus Kunst und Dichtung sich vollzogen hat und auf eine große gegliederte Einheit von Gegensätzen drängt, die an der Grenze in offenen Unlösbarkeiten in der Zeit scheitern und durch Scheitern die Wahrheit des transzendenten Seins innewerden lassen.

Diese Werke sind noch nicht da. Aus der Logik sind teilweise Mitteilungen in Vorlesungen gegeben, die ich in Groningen (Vernunft und Existenz, Groningen 1935) und Frankfurt (Existenzphilosophie, Berlin 1938) gehalten habe. Aus meinen historischen Arbeiten sind Schriften über Nietzsche (Berlin 1936) und Descartes (Berlin 1937) erschienen. Durch meinen »Nietzsche« wollte ich einführen in die Auflockerung des Denkens, aus der die Existenzphilosophie erwachsen muß. In meinem »Descartes« wollte ich spezifisch moderne Irrungen historisch an der Wurzel vergegenwärtigen, nämlich das Mißverstehen spekulativen Denkens als rational zwingender Einsicht und das Verhängnis der Verkehrung der modernen Naturwissenschaft, das gleichzeitig mit dem Aufblühen dieser Wissenschaft auftrat und ihr Begleiter blieb.

Logik und Philosophiegeschichte ergänzen einander. Das eine wird ohne das andere kaum begriffen. Die Arbeit an einer von ihnen fördert daher die Arbeit an der andern. Was dort als Welt des Gedankens entwikkelt wird, wird hier geschichtlich als Wirklichkeit des Denkens zur Anschauung gebracht.

Mein Philosophieren stand von Anfang an gegen das System als ein Ganzes, in dem Sein und Wahrheit vor Augen liegt und durch ein Buch zur Darstellung kommt. Aber zugleich war ich von Anfang an systematisch im Denken, insofern als ich Ordnung, Zusammenhang, Bezug der Gedanken aufeinander suchte. Das System will fälschlich das Sein einfangen, die Systematik will die methodische Bereitstellung der jeweils erreichten Mittel für den weiteren Gang des Philosophierens. Der Wille gegen das System schließt den systematischen Antrieb so wenig aus, daß jener Wille vielmehr ohne diesen Antrieb ins Chaos führen müßte. Die Systematik als »Organon der Vernunft« in einer Logik zu entfalten, scheint mir heute das wichtigste Anliegen.

Vom europäischen Geist

Vor dem ersten Weltkrieg galt die Gemeinschaft der europäischen Nationen, die Einheit Europas als selbstverständlich. Es erscheint uns wie eine paradiesische Zeit, als man ohne Paß aus Deutschland nach Rom fuhr und nur die Merkwürdigkeit feststellte, daß, wenn man nach St. Petersburg fahren wolle, man einen Paß brauchte. Aber in jenen Zuständen muß etwas Grundverkehrtes gelegen haben. Kaum jemand wurde sich dessen radikal bewußt. Aber einzelne Denker sprachen aus, was war. Im Ökonomisch-sozialen hatte Marx das Unhaltbare gesehen. In der Substanz des Menschseins waren Kierkegaard und Nietzsche die Propheten des Zeitalters, die – ohne Erfolg – aus dem Schlaf der Selbsttäuschungen wecken wollten. Die Christenheit ist nur noch Schein, sagte Kierkegaard. Gott ist tot, der Nihilismus kommt herauf, sagte Nietzsche. Die europäische Einheit war ein schwaches Bildungsphänomen der Oberschicht. Was damals noch als Europa galt, das hat offenbar nicht getragen. Wollen wir auf europäischem Grunde leben, dann müssen wir einen tieferen Ursprung wirksam werden lassen. Die Enttäuschung zweier Weltkriege zwingt uns, alle europäischen Gebilde gleichsam zu beklopfen, wie weit sie etwa hohl geworden sind.

Wir vertrauen nicht mehr dem *Humanismus*. Aber wir lieben ihn und möchten alles tun, ihn zu bewahren.

Wir vertrauen nicht mehr der *modernen Zivilisation*, der Wissenschaft und Technik. Aber wir begreifen deren weltgeschichtliche Bedeutung, möchten sie keineswegs preisgeben, sondern mit aller Kraft weiter entwickeln und sinnvoll gestalten.

Wir vertrauen nicht mehr der Gesellschaft *germanisch-romanischer Nationen* in ihrem politischen Gleichgewicht. Aber wir möchten die Idee einer Einheit selbständiger, freier europäischer Nationen retten.

Wir vertrauen nicht mehr bedingungslos den *christlichen Kirchen*. Aber wir halten an ihnen fest als den kostbarsten Gefäßen unersetzlicher Überlieferung.

Humanismus, Zivilisation, politisches Gleichgewicht, Kirchen, alle diese großen Dinge, scheinen zu einem Vordergrund geworden zu sein.

Auf sie ist kein Verlaß. Sie sind uns unentbehrlich, aber nicht genügend.

Die Bildung des *Humanismus* ist heute als Lebensmacht ohne Kraft. Es gibt nicht mehr Menschen wie Thomas Morus oder Pico della Mirandola. – Der Fortschrittsgedanke der *Zivilisation* hat sich als ein Übermut des Menschen entschleiert; der Fortschritt beschränkt sich heute auch für unser Bewußtsein auf rationale Wissenschaft und Technik, die zweideutig im Dienste des Guten wie des Bösen stehen. – Der Gedanke vom *Gleichgewicht der Mächte* verdeckte den zerstörenden Widerspruch, der in der Forderung absoluter Souveränität einer jeden Staatsnation lag, und der ständig die Gemeinschaft zerbrechen mußte. Die einst lebentragende geistige Macht der *Kirche* ist heute auf besondere Bereiche zurückgedrängt, auf den Sonntag des Daseins. Sie entbehrt des hinreißenden Pneumas, das das Leben aus dem Geiste unbedingt macht.

Wir müssen tiefer zurück in unsere geschichtlichen Ursprünge, dorthin, woraus alle jene schwach gewordenen Mächte einst ihre Kraft hatten. Aus den Gewohnheiten und den konventionell erregten Gefühlen drängen wir dahin, woraus und wohin wir im Ernste leben.

Der uns in Genf gestellten Aufgabe entsprechend erörtere ich die drei Fragen: Was ist Europa? Wie steht Europa in der veränderten Welt? Was können wir aus europäischem Selbstbewußtsein wollen?

1. Was ist Europa?

Etwa die kleine Halbinsel, die der eurasiatische Kontinent zum Atlantischen Ozean vorstreckt? Oder auf diesem Boden vielmehr ein geistiges Prinzip, das Prinzip des Abendlandes? Dann umfaßt Europa in der Antike die griechisch-römische Bildungsgemeinschaft, die um das Mittelmeer lebte. Im Mittelalter reichte es soweit wie das Christentum: die Christenheit ist Europa. In der neueren Zeit aber galt Europa geographisch als das Land bis zum Ural, geistig als die Einheit, die sich den Erdball kolonisatorisch aneignete, als der weiße Mann überall ein Vorrecht geltend machte.

Innerhalb Europas war jederzeit Kampf und Krieg. Aber man wußte sich als zusammengehörende geistige Einheit gegenüber den Barbaren, den Ungläubigen, den Heiden, den Unzivilisierten. Europa war nie allein. Es stand – gegen die Perser, den Islam, die Mongolen – die Normannen, die Ungarn, die Türken – immer wieder am Rande des Untergangs.

Aber Europa war groß, der Erdball noch keine ständig gegenwärtige Wirklichkeit. Heute verlagern sich die Schwergewichte der abendländischen Menschheit fern von Europa in die weiten Ebenen Amerikas und Asiens. Diese bleiben immer noch innerhalb der christlichen Welt. Europa als Abendland reicht so weit wie die biblische Religion, schließt ein Amerika und Rußland. Der kleine europäische Kontinent bleibt nur der Boden, auf dem durch Jahrtausende diese Kultur sich einst entwickelt hatte, bevor sie sich verbreitete, Nordasien und Amerika bevölkernd und formend.

Dazu aber kommt heute geistig etwas ganz anderes. Seitdem *China* und *Indien* für den Abendländer nicht mehr fremde Gebiete sind, die allenfalls ein Interesse haben neben Polynesien, Australien und Afrika, sondern seitdem hier ursprüngliche Entfaltungen des Menschseins mit einzigartigen geistigen Schöpfungen erkannt und geliebt wurden, ist das europäische Selbstbewußtsein in einem Wandel. Vorbei ist der europäische Hochmut, ist die Selbstsicherheit, aus der einst die Geschichte des Abendlandes die Weltgeschichte hieß, fremde Kulturen in Museen für Völkerkunde gebracht, als Gegenstand der Ausbeutung und der Neugier angesehen wurden, einst, als sogar Hegel sagen konnte: »Die Welt ist umschifft und für die Europäer ein Rundes. Was noch nicht von ihnen beherrscht wird, ist entweder nicht der Mühe wert oder aber noch bestimmt, beherrscht zu werden.« Europa wird sich heute seines Eigentümlichen bewußt im Kontrast und verliert damit seine Absolutheit. Die technisch-militärische Überlegenheit wird weltgeschichtlich zu einer Episode. Auf die Jahrtausende gesehen wird uns das hohe Menschsein von China bis zum Abendlande gleichwertig.

Die Parallele dreier selbständiger großer geistiger Entwicklungen – in China, in Indien, im Abendland – ist offenbar. Für den christlichen Glauben ist Christus die Achse der Weltgeschichte. Zu ihm hin und von ihm her geht der Gang der Dinge bis zum Weltgericht. Für eine empirische Betrachtung – die den religiösen Glauben nicht zu beeinträchtigen braucht – liegt die Achse der Weltgeschichte in den Jahrhunderten 800 bis 200 v. Chr. Es ist die Zeit von Homer bis Archimedes, die Zeit der großen alttestamentlichen Propheten und Zarathustras – die Zeit der Upanischaden und Buddhas – die Zeit von den Liedern des Shiking über Laotse und Konfuzius bis zu Tschuang-tse.

In dieser Zeit wurden alle Grundgedanken der folgenden Kulturen gewonnen. Zu ihr kehrt man mit Renaissancen in China, in Indien und im Abendland immer wieder zurück. Dieser Zeit ist gemeinsam, daß in den menschlichen Grenzsituationen die äußersten Fragen auftreten – daß der Mensch sich in seiner ganzen Brüchigkeit erkennt und zugleich die Bilder und Gedanken hervorbringt, mit denen er trotzdem weiter zu leben vermag – daß die Erlösungsreligionen auftreten – daß die Rationalisierung beginnt – und daß in allen drei Gebieten am Ende ein Zusammenbruch des als kritisch empfundenen Zeitalters steht mit der Bildung despotischer Großreiche. Die parallele Vergegenwärtigung dieses Jahrtausends gehört zu den ergreifendsten weltgeschichtlichen Erfahrungen, die wir machen können. Je weiter wir in der Geschichte zurückgehen, desto ähnlicher werden wir einander. Als die drei Welten einander begegneten, konnten sie einander verstehen, denn in aller Verschiedenheit hatte es sich um das gleiche gehandelt, die Grundfragen des Menschseins. Aus diesen ähnlichen geistigen Ursprüngen sind dann in den folgenden Jahrtausenden ganz verschiedene Entwicklungen erfolgt.

Ein radikaler Unterschied Europas von China und Indien ist aber erst in den letzten vier Jahrhunderten zutage getreten: die universale Wissenschaft und Technik. Sie hat die Überlegenheit Europas gebracht, die vorübergehende Weltherrschaft, welche auf die Dauer in der Tat bedeutet, daß Technik und Wissenschaft mit allen ihren Folgen zum Weltschicksal geworden sind. Die Fragen, die hier an die Weltgeschichte gestellt werden können, sind die Grundfragen, die das große Werk Max Webers beherrschen: Was ist das Gemeinsame in jenen drei großen Kulturen? Was ist dem Abendlande eigentümlich? Warum ist diese eigentümliche Entwicklung eingetreten? Warum haben wir im Abendland Kapitalismus? Woher die Rationalisierung und ihr Inhalt? Woher die universale Wissenschaft? Woher das Ethos, das Berechenbarkeit und Voraussicht zum Lebensprinzip aller Arbeit macht im Gegensatz zu traditionalistischem Verhalten? Die Fragen finden keine endgültige Antwort. Aber sie führen als Forschungsaufgaben zu einer Klärung der Tatbestände, zum Bewußtsein der Größe und des Geheimnisses der Menschheitsgeschichte. Die Frage wendet sich forschend zurück bis in die Achsenzeit – wenn wir die Zeit um die Mitte des letzten Jahrtausends v. Chr. so nennen dürfen. Liegen in der Eigenart der Bibel und der abendländischen Antike schon die Keime oder wenigstens die Ermöglichungen dessen, was als moderne Wissenschaft und Technik erst in den letzten Jahrhunderten sich gezeigt hat?

Die geistigen Welten Chinas und Indiens sind uns unersetzlich geworden aber nicht nur als Kontrast zu uns selbst. Wer davon einen Hauch verspürt, kann sie nie vergessen und nicht ersetzen durch etwas, das wir im Abendlande besitzen. Aber jede Rückkehr aus der Beschäftigung mit asiatischen Werken zur Bibel und zu unseren klassischen Texten bringt uns das Gefühl des Heimatlichen, nicht nur der einzigen Erinnerungen eigener Herkunft, nicht nur des unvergleichlichen Reichtums, sondern der Freiheit des Geistes in seiner fortschreitenden Erfahrung und seiner erfüllten Dialektik. Wir werden bei längerem Verweilen in Asien müde infolge der vielen Wiederholungen, des Ausbleibens breiterer Entfaltung in der Weltverwirklichung, des Mangels an unablässig umwälzenden geistigen Bewegungen – es sei denn, daß wir aufhörten, Abendländer zu sein. Aber wir spüren dort die große endgültige Überwindung, eine unüberschreitbare Wahrheit und die Quelle einer tieferen Ruhe, als sie je ein Abendländer gewonnen hätte.

Lassen wir nunmehr alle Vergleiche. *Fragen wir nach Europa!*

Wollen wir mit Namen nennen: Europa, das ist die Bibel und die Antike. Europa ist Homer, Äschylus, Sophokles, Euripides, ist Phidias, ist Plato und Aristoteles und Plotin, ist Vergil und Horaz, ist Dante, Shakespeare, Goethe, ist Cervantes und Racine und Molière, ist Lionardo, Raffael, Michelangelo, Rembrandt, Velasquez, ist Bach, Mozart, Beethoven, ist Augustin, Anselm, Thomas, Nicolaus Cusanus, Spinoza, Pascal, Kant, Hegel, ist Cicero, Erasmus, Voltaire. Europa ist in Domen und Palästen und Ruinen, ist Jerusalem, Athen, Rom, Paris, Oxford, Genf, Weimar. Europa ist die Demokratie Athens, des republikanischen Roms, der Schweizer und Holländer, der Angelsachsen. Wir fänden kein Ende, wollten wir alles aufzählen, was unseren Herzen teuer ist, einen unermeßlichen Reichtum des Geistes, der Sittlichkeit, des Glaubens. Solche Namen sprechen für den, der gelebt hat in dem, was sie benennen, dem geschichtlich Einmaligen. Der Sinn solcher Vergewisserung würde zur Darstellung führen und zu den Quellen, zu den Städten und Landschaften und Werken, zu den Monumenten und Büchern, zu den Dokumenten der großen Menschen. Er ist der beste, der im Grunde einzige Weg zum Wissen um das, was Europa ist. Auf ihm entzündet sich unsere Liebe und verbindet uns.

Ein anderer Weg sucht aus den dort gemachten Erfahrungen die Abstraktionen. Wir möchten das Prinzip in jener Fülle kennen und es im Gedanken umschreiben, möchten wissen, was wir sind und sein können. Jeder Versuch dieser Art ist ein Spiel.

Wir wählen drei Worte, um das Eigentümlichste Europas zu konstruieren: Freiheit, Geschichte, Wissenschaft.

Freiheit

Freiheit hält den Europäer in Unruhe und Bewegung. Denn er will die Freiheit und weiß zugleich, daß er sie nicht hat. Wo er ihrer sicher im Besitz zu sein glaubt, ist sie schon verloren. Freiheit kommt dem Menschen als Menschen zu. Aber der Europäer ist sich dessen bewußt geworden. Was ist Freiheit?

Freiheit ist Überwindung der Willkür. Denn Freiheit fällt zusammen mit der Notwendigkeit des Wahren. Bin ich frei, so will ich nicht, weil ich so will, sondern weil ich mich vom Rechten überzeugt habe. Der Anspruch der Freiheit ist daher, nicht aus Willkür, nicht aus blindem Gehorsam, nicht aus äußerem Zwang zu handeln, sondern aus eigener Vergewisserung, aus Einsicht. Daher der Anspruch, selbst zu erfahren, gegenwärtig zu verwirklichen, aus eigenem Ursprung zu wollen durch Suchen des Ankers im Ursprung aller Dinge.

Aber leicht täusche ich mich. Bloße Meinung ist noch keine Einsicht. Die Willkür stellt sich wieder her als Anspruch, seine eigene Meinung haben zu wollen mit der Voraussetzung, jede Meinung habe ihr Recht, weil einer sie vertrete. Der Gewinn der Einsicht, die Freiheit, fordert Überwindung der bloßen Meinungen.

Diese Überwindung geschieht durch die Bindung, die wir als einzelne uns auferlegen im Zusammenhang mit den anderen. Freiheit verwirklicht sich nur in Gemeinschaft. Ich kann nur frei sein in dem Maße, als die anderen frei sind.

Zugunsten gegründeter Einsicht schmilzt die bloße Meinung ein im liebenden Kampf zwischen den Nächsten. Zum Bewußtsein objektiver Wahrheit verwandelt sie sich im gemeinsamen gesellschaftlich-politischen Zustand. Europäisch scheint uns dieses beides: Die Tiefe menschlicher Kommunikation selbstseiender Einzelner und die bewußte Arbeit an der Freiheit der öffentlichen Zustände durch die Formen gemeinschaftlicher Willensbildung. Aber die absolute Wahrheit und damit Freiheit ist nie erreicht, Wahrheit ist auf dem Wege. Wir leben nicht in der Ewigkeit vollendeten Einklangs der Seelen, sondern in der Zeit, das heißt dem stets unvollendeten Anderswerdenmüssen. Daher offenbart sich der Inhalt der Freiheit durch zwei europäische Grunderscheinungen:

Das Leben *in Polaritäten.*

Das Leben *vor dem Äußersten.*

Erstens: Das Leben in Polaritäten: Europa hat zu jeder Position selber die Gegenpositionen entwickelt. Es ist eigen vielleicht nur dadurch, daß es der Möglichkeit nach alles ist. Daher ist es bereit, was von außen kommt, nicht nur als Gegensatz zu nehmen, sondern in sich selbst hineinzubilden als Element seines eigenen Wesens.

Europa kennt die großartigen, umfassenden Ordnungen und die Unruhe der Revolutionen. Es ist konservativ und es vollzieht die radikalsten Durchbrüche. Es kennt die Versöhnung religiöser Innigkeit und den Abbruch in nihilistischer Verneinung. Es huldigt der christlich-universalen Autoritätsidee und nicht weniger der Idee der Aufklärung. Es erbaut in der Philosophie die großen Systeme und läßt sie wieder zerschlagen von wahrheitskündenden Propheten. Es lebt im Bewußtsein des umfassenden öffentlichen Ganzen und zugleich im Intimsten des Persönlichen und Privaten.

Dieses von Grund auf dialektische Dasein findet Europa von Anfang an in seiner Überlieferung begründet: Schon die Bibel, die Grundlage europäischen Lebens, birgt auf eine einzige Weise in sich die Polaritäten. Sie ist das heilige Buch, das allen entgegengesetzten Möglichkeiten in der Folge der Jahrtausende Raum ließ und Weihe gab. – An der Wurzel Europas steht weiter die große Antithese von Antike und Christentum; beide bekämpfen sich und vereinigen sich bis heute. – Europäisch sind die fruchtbaren Gegensätze von Kirche und Staat, von Nationen und Reich, von romanischen und germanischen Nationen, von Katholizismus und Protestantismus, von Theologie und Philosophie, heute vielleicht von Rußland und Amerika als der neuen Inkarnation der fruchtbaren Polarität, in der die eine Seite ohne die andere verderben würde. Europa bindet aneinander, was es zugleich in die letzte Gegensätzlichkeit treibt: Welt und Transzendenz, Wissenschaft und Glaube, Weltgestaltung und Religion.

Europa wird seiner Freiheit untreu, wo es die Polaritäten verliert und sich beruhigt, sei es in einer Ordnung, welche ihre Grenzen vergißt, sei es in Extremen, die die Ordnung parteiisch verneinen, sei es in einem der Pole, wenn er zum Ganzen wird. Dagegen ist Europa wieder da, wo es aufgeschlossen, frei in der Spannung der Gegensätze, seine Möglichkeiten bewahrt und im Wandel der Situationen aus seinem Ursprung von neuem unberechenbar schöpferisch wird.

Zweitens: Das Leben vor dem Äußersten: Wenn die Freiheit zusammenfällt mit der Notwendigkeit des Wahren, so ist unsere Freiheit jederzeit brüchig, weil wir des Wahren nicht im ganzen und endgültig gewiß sind. Unsere Freiheit bleibt angewiesen auf anderes, ist nicht causa sui. Wäre sie das, so wäre der Mensch Gott. Hier steht der Europäer an seiner äußersten Grenze.

In der *Subjektivität* als einzelner kennt er die Erfahrung des Ursprungs: daß ich nicht frei bin durch mich selbst, sondern daß ich gerade dort, wo ich mich eigentlich frei weiß, zugleich mich mir geschenkt weiß aus transzendentem Grunde. Ich kann mir ausbleiben – dieses ist die rätselvolle Grenze, der die mögliche Erfahrung des Sichgeschenktwerdens entspricht. Existenz, die wir sein können, ist nur ineins mit der Transzendenz, durch die wir sind. Wo Existenz sich ihrer gewiß wird, wird sie sich mit gleichem Schlag der Transzendenz gewiß.

In der *Objektivität* aber der Freiheit gilt: Freiheit ist angewiesen auf die Freiheit aller anderen; daher gelingt die politische Freiheit nicht als sichere Dauer der Zustände. – Freiheit ist angewiesen auf Vollendbarkeit des Wahren, Wahrheit aber ist vielfach und in jeder ihrer Gestalten in Bewegung: die wissenschaftliche Erkenntnis strandet an unüberwindbaren Antinomien und bleibt beschränkt auf Endliches, Erscheinendes. – Jede Vollendung in der Welt bringt alsbald ein Ungenügen hervor. Was in der Zeit zur Erscheinung kommt, muß scheitern.

Dies Scheitern selber aber ist in einer europäischen Polarität Symbol geworden: in dem griechischen *tragischen Bewußtsein*, das den Sinn im Scheitern und den Drang zum echten Scheitern kennt – im *christlichen Kreuz*, durch das das tragische Bewußtsein überwunden oder von vornherein gar nicht betreten ist, das den Sinn des Leidens in einer tanszendenten Versöhnung kennt.

Die Freiheit des Europäers sucht die Extreme, die Tiefe der Zerrissenheit. Der Europäer geht durch Verzweiflung zum wiedergeborenen Zutrauen, durch den Nihilismus zum gegründeten Seinsbewußtsein; er lebt in der Angst als dem Stachel seines Ernstes. –

In der Freiheit wurzeln nun zwei weitere europäische Phänomene: Das Bewußtsein der Geschichte und der Wille zur Wissenschaft.

Geschichte

Aus der Freiheit wächst der Wille zur Geschichte. Denn der Europäer will konkrete Freiheit, das heißt die Freiheit der Menschen im Einklang miteinander und mit der sie erfüllenden Welt.

Einzig im Abendlande ist im Bewußtsein des einzelnen die Freiheit gebunden an die Freiheit der Zustände. Da aber die Freiheit niemals für alle und darum im abendländischen Sinne für keinen erreicht ist, ist Geschichte notwendig, um Freiheit zu erringen, oder bringt der Drang zur Freiheit die Geschichte hervor.

Unsere Geschichte ist nicht bloßes Anderswerden, nicht bloß Abfall und Wiederherstellung einer zeitlosen Idee, nicht die Verwirklichung eines als bleibend gedachten Totalzustandes, sondern eine sinnhafte Folge des Auseinanderhervorgehens, das sich bewußt wird als Ringen um die Freiheit. Solche Geschichte gibt es jedenfalls in Europa, wenn auch die Masse des europäischen Geschehens wie überall in der Welt ist: das Forttreiben des Unheils von einer Gestalt in die andere.

Der Schmerz wird zur Geburtsstätte des Menschen, der Geschichte will. Nur der Mensch, der sich innerlich dem Unheil aussetzt, kann erfahren, was ist, und den Antrieb gewinnen, es zu ändern. Daß er sich nicht abkapselt, nicht nur blind sich vernichten läßt oder wartet, bis es vorbei ist, und dann lebt, als ob es gar nicht gewesen sei, das ist Bedingung der Geburt seiner konkreten Freiheit.

Hierin können die Juden als für das Europäertum beispielhaft gelten. Das einzigartige Unheil der Juden im Altertum und dessen Wirkung auf sie hat Hegel in folgenden Sätzen getroffen: »Das Elend ist hier nicht Stumpfheit in einem blinden Fatum, sondern unendliche Energie der Sehnsucht. Der Stoizismus lehrte nur: Das Negative ist nicht und es gibt keinen Schmerz; aber die jüdische Empfindung beharrt vielmehr in der Realität und verlangt *darin* die Versöhnung.« Die Juden haben die Verlorenheit des Menschen erfahren und zum Bewußtsein gebracht im Mythus vom Sündenfall. Sie haben den Weg beschritten zur Wiederherstellung, aber nicht in einem Jenseits der Welt, sondern in der Welt. In diesem biblischen Gedanken wurzelt eine Grundkraft abendländischer Geschichte.

Nur im Abendland hat der Anspruch der Freiheit zur Geschichte auch als Bewegung zur politischen Freiheit geführt. Weil der Mensch nur frei sein kann, wenn seine Mitmenschen frei sind, muß er die sich isolierende, kommunikationslose Freiheit verwerfen. Überall, und auch in Europa, gab es das Ausbrechen der einzelnen als Eremiten, Philosophen, Heilige, die, von der Welt nicht mehr betroffen, eine hohe, bewunderungswürdige persönliche Souveränität errangen. Aber konkrete Freiheit erwächst nur im Miteinander als Verwandlung des Menschen mit seiner Welt.

Die Größe unserer abendländischen Geschichte sind die Freiheitsbewegungen im Miteinanderreden: in Athen, im republikanischen Rom, im frühen Island, in den Städten des späten Mittelalters, in den Konstituierungen der Schweiz und der Niederlande, in der Idee der Französischen Revolution trotz ihres Abfalls und ihres Übergangs in Diktatur, in der klassischen politischen Geschichte der Engländer und Amerikaner. Wo die Freiheit in einer Abstraktion zum Ziel gemacht wird, da wird sie eine Phrase auf dem Weg zu irgendeiner neuen Gewaltsamkeit. Wo in Freiheit redliche Selbstbezwingung aller, die miteinander handeln, stattfindet, da geschehen konkrete Schritte zur Verwirklichung der Freiheit der Zustände.

Der weitere Gang wird mitbestimmt durch das geschichtliche Bewußtsein. Eigentliche Geschichte kann nie ohne ein Wissen um die Geschichte sein. Daher gibt es nur in Europa universale Geschichtswissenschaft und Geschichtsphilosophie.

Weil es sich aber zeigt, daß der Gang der Dinge so läuft, wie es vorher niemand, kein Forscher und kein Geschichtsphilosoph, weiß und will, weil hinter dem Bewußtsein des Menschen etwas Entscheidendes geschieht, das er doch durch sein Bewußtsein bewirkt, so bleibt unsere Geschichtsauffassung offen und fragend. Je klarer wir geschichtlich erkennen, desto mehr verschwinden die vorwegnehmenden Totalauffassungen. Die Geschichte ist nicht am Ende.

Zur Freiheit gehört es, daß wir uns geschichtlich einsenken und dabei doch keiner totalen Geschichtsdeutung uns unterwerfen. Aber die weltgeschichtlichen Perspektiven, das unablässige Bewußtmachen des Wirklichen und Möglichen, die Steigerung des geschichtlichen Bewußtseins ist mit der Geschichte selber ein Grundzug unseres europäischen Geistes.

Wissenschaft

Freiheit fordert Wissenschaft, Wissenschaft nicht nur als unverbindliche Beschäftigung in der Muße, nicht nur als praktische Technik für Daseinszwecke, nicht nur als Spiel des zwingenden Gedankens, sondern als unbedingtes, universales Wissenwollen des Wißbaren. Die Leidenschaft der Wissenschaft ist ebenso Europa eigen, wie das gewaltige Ergebnis der Wissenschaften in der modernen Forschung.

Europäische Wissenschaft ist schrankenlos allem zugewandt, was ist und denkbar ist. Nichts gibt es, das sich ihr nicht lohne; sie scheint sich ins Endlose zu zerstreuen. Aber, was immer sie erkennt, nimmt sie hinein in Zusammenhänge. Universale Weite vereint sie mit der Konzentration allen Erkennens im Kosmos der Wissenschaften.

Sie duldet kein Verschleiern, sie erlaubt nicht die Ruhe fixierter Meinungen. Ihre erbarmungslose Kritik bringt Tatbestände und Möglichkeiten an den Tag. Ihre kritische Unbefangenheit aber kehrt sie jederzeit auch gegen sich selber. Sie erhellt ihre Methoden, erkennt die Weiten ihres Wissens, den Sinn und die Grenzen ihres Erkennens.

Solche Wissenschaft brachte weit hinaus über die chinesischen, indischen und auch über die alten griechischen Ansätze; die griechische Wissenschaft ist nur eine Voraussetzung und ein Erziehungsmittel. Woher kommt diese neue Wissenschaft, welche Antriebe haben sie hervorgebracht? Sie wäre nicht entstanden ohne die biblische Religion. Der Sinn dieser These ist:

Die Welt als Schöpfung Gottes muß ihrem Wesen nach gut sein. Daher ist alles, was ist, weil Schöpfung, auch wissenswert. Aber das Erkannte widerspricht nicht selten den bis dahin als selbstverständlich gültigen Ordnungen. Wenn diese im umfassenden Logos geschlossen schienen – wie im griechischen Weltbild und Seinsbewußtsein – so durchbricht Wissenschaft als Logos den Logos. Geschlossenheit der Erkenntnis ist preisgegeben zugunsten unendlicher Forschung, die Ruhe der geordneten Einsicht zugunsten nicht aufhörender Fragwürdigkeit. Der Logos der Wissenschaft schließt sich dem Alogon auf und dringt in dieses ein, indem er sich unterwirft. Es ist die Wechselwirkung gedachter Entwürfe und daraufhin gemachter Erfahrungen, die in einem ständigen Ringen um die Wirklichkeit vorantreibt. Dabei ist aber ein noch tieferer Antrieb wirksam als dieser Kampf mit der Erscheinung um die Enthüllung des Seins. Daß Gott die Welt geschaffen hat, scheint ihn haftbar zu machen für das, wie sie ist. Erkenntnis wird zu einem Angriff auf Gott. Weil aber solche Erkenntnis sich ihrerseits gründet auf die Forderung Gottes zu unbedingter Wahrhaftigkeit, so entfaltet sich im Ursprung der Wissenschaft ein Antrieb, bei Gott gegen Gott zu fragen. Das ist ein Antrieb, der aus dem Hiob her durch das europäische Denken geht. Diese Leidenschaft beschwörend verhaltenen Anklagens in Verbindung mit der Liebe zu allem, was Gottes Schöpfung ist, hat die europäische Wissenschaft hervorgebracht – die dann auch ohne solche Antriebe noch eine Zeitlang weitergeht.

Wissen macht frei. Geistig ist nicht entscheidend die äußere Freiheit, welche auf begrenzten Gebieten das Wissen zur Herrschaft über Naturkräfte bringt. Entscheidend ist vielmehr die innere Freiheit. Diese liegt schon darin, daß ich, wo ich durchschaue, nicht mehr nur abhängig bin von einem Fremden. Aber sie vollendet sich erst in der liebenden Einigung mit der Wirklichkeit. Diese ist das Ziel des Wissens. Aber auf dem Weg dahin geht das Wissen nicht nur aus von dem Häßlichen, Verderblichen, Unerträglichen; es steigert auch das Bewußtsein davon. Nicht nur Liebe, auch Haß führt zum Wissen. Wo Wissen sich entfaltet, sind unsere Leidenschaften wirksam; wo es gelingt, haben wir unsere Leidenschaften suspendiert. Wo aber die Freiheit des Wissens sich vollenden könnte, da wäre das Sein dem liebenden Erkennen bis in den Grund offenbar. –

Was Europa ist als Drang zur *Freiheit*, als eigentliche *Geschichte*, als Quelle universaler *Wissenschaft*, das bedeutet seine grundsätzliche Unvollendbarkeit. Denn Freiheit, Geschichte, Wissenschaft erreichen nie ihr Ziel. Daher ist Europa nicht fertig und daher muß, was wir aus unserem Grunde sein können, sich immer noch zeigen. Jene Wesenszüge müssen, gerade weil sie kein Besitz werden können, uns stets neue Chancen eröffnen. Die Zeitlichkeit ist in Europa ernst.

Das geistige Prinzip des Abendlandes kann sich nur verwirklichen in der je gegenwärtigen Welt. Wir können unseren weiteren Weg nur finden, wenn wir um dieses Zeitalter wissen, um den Augenblick und die Lage in ihm.

2. Wie steht Europa in der veränderten Welt?

Europas Lage in der Welt ist heute äußerlich und innerlich mit einer unerhörten Geschwindigkeit anders geworden.

Zunächst *äußerlich*: man muß leben mit dem Globus vor Augen. Europa ist klein geworden. Das Schwergewicht der Industrie bringt die Überlegenheit der großen Kontinente Amerika und Asien. Raum, Rohstoffe und Menschenmassen sind unumgängliche Realität der Macht.

Was einst Kolonie war, wird Herr über Europa. Die beiden großen neuen und letzten Gebilde des Abendlandes, Amerika und Rußland, werden die Herren der Welt. Würde es heute die vereinigten Staaten des kleinen Europa geben, so wären sie vielleicht noch eine gegenüber Amerika und Rußland gleichwertige Macht. Aber abgesehen von dem Zweifel an der Wünschbarkeit dieser Macht würde auch dann die Entwicklung Europa diese Stellung bald nehmen, weil das natürliche Wachsen der Kräfte der kontinentalen Weltmächte das kleine Europa immer kleiner werden läßt.

Vorläufig noch wird die politische Entwicklung der Welt von den Abendländern, das heißt von Amerika und Rußland bestimmt. Mit Japans Vernichtung ist die ostasiatische Welt ohne eigene technisch begründete Macht. Aber das wird einmal anders. Schon sieht es so aus, als ob China ein entscheidender Angelpunkt der weltpolitischen Entwicklung werden könnte.

Wie stehen nun Amerika und Rußland zu unserem klein werdenden Europa? Beide sind besiedelt von europäischen Menschen. Russen ergossen sich in den Osten und bevölkerten ganz Nordasien. Europäer aller Nationen wanderten aus nach Amerika und bevölkerten den ganzen Kontinent. Diese Analogie sah Dostojewski, als er in den siebziger Jahren schrieb: »Durch die Wendung nach Asien kann mit uns dasselbe geschehen, was mit Europa geschah, als Amerika entdeckt wurde... Mit der Strömung nach Asien wird sich unser Geist wieder erheben und werden sich unsere Kräfte wieder stärken.«

Aber der Unterschied ist: Rußland blieb eine Einheit seines europäischen und asiatischen Gebietes und seiner Bevölkerung. Amerika, obgleich seine Bevölkerung aus europäischen Völkern stammt, wurde politisch von Europa getrennt. Rußland ist uns räumlich nah und geistig fern, aber für unsere Seele eine durch die Fremdheit und die Tiefe russischen Geistes gesteigerte Anziehungskraft. Amerika ist uns räumlich fern und geistig so nah, daß wir uns fast selber darin wiedererkennen, als ob es uns die eigenen Möglichkeiten zurückbrächte. Rußland ist gewiß unendlich mehr, als die bei uns landläufigen Vorstellungen von Bolschewismus und Diktatur zeigen, Amerika unendlich mehr als Kapitalismus und Massenkonformismus.

Von beiden wird nun Europa von außen gesehen, wird von Bewunderung und Verachtung, von Liebe und Haß getroffen.

Die Lage des klein werdenden Europa wird zur Zwischenlage zwischen großen Mächten, gegen die es politisch sich nicht halten kann, für die es vielmehr einer der Räume der politischen Auseinandersetzungen wird, wenn es Europa nicht gelingt, sich mit einer Föderation seiner Mächte zu bescheiden in der Kraft der Aufrechterhaltung seiner Neutralität in etwa entstehenden politisch-militärischen Weltkämpfen. Wie im Altertum Palästina zwischen Mesopotamien und Ägypten, wie Deutschland zwischen Ost und West, so wird vielleicht bald Europa zwischen den großen Mächten liegen. Dies Schicksal der Zwischenlage ist vergebliches Kämpfen aus zu geringer Macht, ist dann Ohnmacht, Leiden und Demütigung. Dies Schicksal wird entweder zum Verderben oder erzwingt das eigentliche Leben aus einem ganz anderen Ursprung als dem der Macht. –

Der äußeren Verwandlung der Welt geht eine *innere* parallel. Der Horizont, in dem wir uns bewußt werden, ist nicht nur weiter geworden, sondern hat seinen Sinn verwandelt durch das Erlahmen der christlichen Welteroberung und der früher selbstverständlichen absoluten Gewißheit des Christentums. China und Indien stehen als eigenständige geistige Welten vor uns. Sie haben mit uns das gleiche Problem: wie sie und wie wir aus unserer Überlieferung in der technischen Welt unsere neue geistige Gestalt finden. Das europäische Selbstbewußtsein ist nicht mehr das alte. Europa ist nur noch eine Gestaltung unter anderen.

Zugleich ist Europa aus seiner eigenen inneren Entwicklung zu einem Bewußtsein seiner geistigen Einschmelzung und damit zu einer gefährlichen Infragestellung seines Selbstbewußtseins gekommen.

Der Verfall des Christentums, der Glaubensverlust, vermöge dessen das Überkommene ernstlichen Angriffen keinen Widerstand mehr leisten konnte, ging fort bis zum Nihilismus. Die Unruhe der Propheten dieses Zeitalters, Kierkegaards und Nietzsches, wurde vor einem halben Jahrhundert noch nicht verstanden. Ihnen selber war es unfaßlich, wie die Menschen, mit denen sie lebten, so unbetroffen sein konnten und nicht merkten, wie die Europäer des 19. Jahrhunderts mit steigender Schnelligkeit in den Abgrund rasen. Diese lebten in Selbstgewißheit, in zweckhaft rationaler Arbeit, in ästhetisch befriedigter Anschauung der Bildung, aber ohne existentiellen Grund. Sie begriffen nicht ihre großen Warner, verwarfen vielmehr die Unruhe als Zersetzung und ließen eine Entwicklung zu, die zu den Weltkriegen und zu den entsetzlichen Erscheinungen verlorenen Menschseins führte. Andere genossen jene Propheten als Sensation, bewunderten ihre sprachliche Genialität, überließen sich dem literarischen Machen von Dichtung und Schrift, die von daher ihre Nahrung hatten. Es entstand eine Stimmung des Durcheinanderredens, wie in der babylonischen Sprachverwirrung, des verantwortungslosen Behauptens und Verneinens, des Fanatismus und der achselzuckenden Gleichgültigkeit. Diese Verwandlung der Intellektuellen wurde immer unwirksamer und unwichtiger gegenüber den großen Massenerscheinungen, die ihrerseits an Schlagwörter und Dogmen sich banden, aber in ihrem elementaren, eigentlich bewußtlosen Charakter immer leichter dem Zugriff von Despoten sich zur Verfügung stellten. –

Sah man alle diese materiellen, politischen, geistigen Verwandlungen zusammen, so war das Wort vom »Untergang des Abendlandes«, das in Deutschland 1918 fiel, für viele überzeugend. Nicht kraftvoll strahlend, vielmehr in jedem Sinne brüchig und sich selbst in Frage stellend, steht Europa heute in der Welt.

Das ist die große Frage: ist es wirklich der Untergang, oder ist es die Krise, deren Geburtswehen zu einer neuen Gestaltung des uralten europäischen Wesens führen? Ist es Versinken im Bewußtseinsverlust nach dem letzten Feuerwerk schon gehaltloser Intellektualität, oder ist schon die Springfeder europäischen Geistes am Werk, unser Leben neu emporschnellen zu lassen?

Uns ist nicht erlaubt der Enthusiasmus im Zugehen auf schon greifbare Verwirklichungen, nicht der Jubel des fühlbaren Aufschwungs.

Beklommen ist uns zumute. Was uns gelingen wird, kann nur gelingen aus der Entschlossenheit, die aus unserem Ursprung getragen ist, in unbeirrbarer Geduld, in der Unbefangenheit vor den neuen Realitäten, in illusionsloser Bescheidung, damit wir im Hier und Jetzt ergreifen, was möglich ist, und dadurch die substantielle Grundlage der Zukunft gewinnen.

3. Was können wir aus europäischem Selbstbewußtsein wollen?

Was geschehen wird, kann niemand wissen. In den unbestimmten Horizonten der europäischen Zukunft aber kann jeder sich fragen, wo er steht und was er will. Niemand sieht das Ganze. Wir sind immer nur darin, nicht außerhalb und nicht über ihm.

Wenn wir leben in dem Bewußtsein, wie wenig oder nichts der einzelne am Gang der Dinge ändert, so weiß gerade auch das niemand. Niemand braucht zu wissen, wozu die Transzendenz ihn als Werkzeug benutzt. Es ist schon überheblich, danach zu fragen. Unsere menschliche Sache ist es, im Umgreifenden, das wir nie übersehen, das Mögliche zu ergreifen.

Dabei darf folgender Gedanke für uns Europäer eine Ermutigung sein: Was Europa hervorgebracht hat, das muß geistig von Europa selber überwunden werden. Aus dem jahrtausendealten Wesen Europas folgt die Chance, in der gegenwärtigen Weltsituation diese Bewegung zu neuer Schöpfung fortzusetzen.

Aus dem Europa der letzten Jahrhunderte ist das Verhängnis der gegenwärtigen Weltlage erwachsen. Ohne es beständen die großen Kulturwelten noch ruhig nebeneinander wie vor tausend Jahren, gäbe es keine Einheit des Erdballs, keine Weltgeschichte, keine Weltkriege und nicht die Frage nach der Bedrohung und den Möglichkeiten der Menschheit im ganzen. Der Geist, der Wissenschaft und Technik hervorgebracht hat, muß in sich bergen, was das Geschaffene wieder in seine Ordnung bringt.

Denn all unser Wollen steht heute unter der äußeren Voraussetzung, uns in der technischen Welt einrichten zu müssen. Durch die Technik wurde die Arbeitsweise, die Wirtschaft, die soziale Struktur, die Bürokratie bestimmt. Der Einschnitt der Weltgeschichte, der seit hundert Jahren vollzogen wird, ist so tief, daß er mit keinem früheren vergleichbar ist. Nur die Erfindung der Feuerentzündung und der Werkzeuge ist eine entsprechende Parallele. Die gesamte bisherige Geschichte schließt sich. Sie wird zur Erinnerung und ihre Kenntnis zum geistigen Erziehungsmittel. Gleich bleiben nur die endgültigen Grundzüge des Menschen. Alle Bedingungen des Lebens sind derart verwandelt, daß die Geschichte im ganzen einen neuen Charakter gewinnt. Jedes Volk muß mit der Technik und deren Folgen zurechtkommen oder aussterben. Ausweichen gibt es nicht.

Was wir wollen müssen, ist daher in erster Linie wirtschaftlich und politisch. Wirtschaftlich soll Plan und Ordnung die Gerechtigkeit schaffen in der materiellen Grundlage unseres technisch bedingten Daseins; das ist eine unendliche Aufgabe in dem Kampf um das Werden des Rechten. Politisch wird die Sicherung der friedlichen Form dieser Verwandlung und der Ordnung der Staaten zur Bedingung alles anderen, das wir wollen können. Gewalt und Terror dagegen, heute in entsetzlichen Realitäten, die in dieser besonderen Gestalt besiegt sind, die Schrecken der

Menschheit, führen am Ende ins Nichts. Aber wenn sie Verbrechen sind, deren Täter unschädlich gemacht werden müssen, so können sie doch in aller Welt zweideutig zugleich der Ausbruch der Verzweiflung sein, wenn unter den Formen des Rechts das Recht durch Gewalt unerträglich und hoffnungslos vorenthalten wird. Was in der ständigen Bewegung der Dinge hier getan und unterlassen wird, trägt die Verantwortung für die Zukunft Europas. Aber das alles ist das Feld der Politik und nicht unser Thema.

Wir fragen nach dem, was im Menschsein zu den Voraussetzungen auch des politischen Handelns gehört, nach dem *Geiste*. Der Geist hat seine Möglichkeiten zwar stets unter Bedingungen des Daseins, aber er ist eigener unabhängiger Ursprung. Er ist durch Freiheit. Daher lebt er aus dem Selbstbewußtsein des einzelnen. Über den einzelnen, jeden einzelnen führt der Weg in die Zukunft.

Dabei gilt, was dem Europäer zum vollen Bewußtsein gekommen ist: Jeder Mensch ist der Möglichkeit nach er selber. Menschen sind nie nur Material, daher nicht verwandelbar in Maschinenteile oder in Zuchttiere. Massen sind nie nur Masse, sondern in ihnen jeder ein Einzelner, ein Mensch, er selbst. Dagegen steht die Menschenverachtung mit der vernichtenden Überzeugung, daß der Mensch nicht frei sein könne.

Versuchen wir nun zu klären, was wir geistig aus europäischem Selbstbewußtsein im technischen Zeitalter wollen können, so sehen wir erstens aus der Erweiterung der europäischen Idee zur Menschheitsidee *Wege zur Weltordnung*, finden wir zweitens aus der Beschränkung auf lokaleuropäische Aufgaben *Wege zum Humanismus* eines europäischen Museums, suchen wir drittens in unserem geschichtlichen Ursprung die Möglichkeit unserer Existenz aus der *Verwandlung der biblischen Religion*.

Zur Weltordnung

Nirgends ist der Menschheitsgedanke mit der Energie wie in Europa aufgetreten. Die Bibel sieht einen einzigen Ursprung aller Menschen. Jeder, der Mensch ist, ist als Mensch anzuerkennen.

Obgleich Europäer sich der größten Schandtaten schuldig gemacht haben, haben doch auch Europäer am unbefangensten verstehen können, was die anderen sind. Der frühere Drang nach draußen ist umgewandelt in ein Verstehenwollen des anderen und in die Kommunikation mit dem Menschen in universaler Aufgeschlossenheit.

Die Befreiung der Welt liegt in diesem Gedanken. Wir können als Europäer nur eine Welt wollen, in der Europa seinen Platz hat, aber in der weder Europa noch eine andere Kultur über alle herrscht, eine Welt, in der die Menschen sich gegenseitig frei lassen und in gegenseitiger Betroffenheit aneinander teilnehmen.

Wir leben nicht aus einer europäischen, sondern abendländischen Idee, denn sie schließt Amerika und Rußland ein. Es ist eine Idee, die zur Menschheitsidee werden will.

Dazu sagen uns alle Staatsmänner, daß machtpolitisch für Europa kein Sinn mehr zu fassen ist als nur in der Weltordnung, die allen den Frieden und Europa seine Aufgabe und Chance gibt. Die Kriegsgefahr, die heute mit der Zerstörung der abendländischen Menschheit droht, steigert die Leidenschaft, eine Weltordnung zu finden, durch die ein Krieg nicht nur für jetzt, sondern auf lange Zeiten, wenn nicht für immer, ausgeschaltet würde.

Ist nun das Mühen um eine Weltordnung nichts anderes, als was die früheren Bemühungen um den ewigen Frieden im Zeitalter der europäischen nationalen Großmächte und ihrer Kriege waren? Ist die Weltordnung auch heute nur eine nicht ernst genommene Phrase als Beschwichtigungsmittel?

Vielleicht müssen wir leben mit der Bereitschaft zum Äußersten, aber wir brauchen es nicht für unentrinnbar zu halten. Wie es kommt, das bleibt eine Sache der Freiheit des Menschen. Wer die Unentrinnbarkeit behauptet, sagt mehr, als er wissen kann, und leistet Vorschub der Leidenschaft des Nihilisten, der nur wartet auf den Augenblick der Katastrophe, die für ihn entweder den erwünschten indirekten Selbstmord oder die absolute Macht durch Gewalt bedeutet.

Wir haben es wiederum nicht mit der politischen Frage zu tun: Wie werden die bedingungslosen Souveränitäten überwunden zugunsten einer übergreifenden Ordnung? Wie die dunklen Eigenschaften des Affentigers (wie Chinesen den Menschen nannten) zugunsten der Verwirklichung menschlicher Vernunft? Nicht mit der sozialwirtschaftlichen Frage: wie wird die Gruppeneigensucht der Interessenten überwunden zugunsten des Anspruchs aller auf Gerechtigkeit? – sondern allein mit der geistigen Frage: welche Möglichkeiten liegen vor uns und wo liegt der Ansatz im Ethos des einzelnen?

Im Schema heißt die Alternative: *Weltimperium* oder *Weltordnung*.

Weltimperium, das wäre der Weltfriede durch eine einzige Gewalt, die von einem Orte der Erde her alle bezwingt. Weltordnung, das wäre Einheit ohne Einheitsgewalt außer der, die aus dem Verhandeln in gemeinsamem Beschluß hervorgeht. Der Knechtung aller von einer Stelle her steht gegenüber die Ordnung aller unter Verzicht eines jeden auf Souveränität.

Frühere Reiche – die vorgriechischen des Orients und Ägyptens, die Reiche Chinas und Indiens, das römische Imperium – waren zwar in ihrer Weise großartige Ordnungen, aber gewaltsame, diktatorische, unfreie. Nur in begrenzten Gebieten, vorübergehend in Athen und Rom, in den spätmittelalterlichen Städten, dann bis heute dauernd in der Schweiz, den Niederlanden, in Frankreich, in England und Amerika erwuchsen aus eigener Kraft mit der Selbsterziehung dieser Völker unter glücklichen Bedingungen, aber unter Einsatz des Lebens, freie Zustände: bisher nur im Abendland, auch hier nie vollkommen, vielmehr mit Mängeln und Widersprüchen, und in ständiger Gefahr. Der Sinn ist: sich unterwerfen unter gemeinsame Gesetze, die nur auf dem Weg der Ordnung geändert werden; sich fügen gegenüber der Mehrheit und Bewahrung der Rechte der Minoritäten; Solidarität aller gegen die Gewalt einzelner. Wo eine Souveränität bleibt, die nicht die der Ordnung der Menschheit im ganzen ist, da bleibt auch die Quelle der Unfreiheit. Denn sie muß sich behaupten gegen Gewalt durch Gewalt. Gewaltorganisationen aber, Eroberungen und Reichsgründung durch Eroberung, führen auch dann zur Diktatur, wenn der Ausgangspunkt eine freie Demokratie war. So geschah es im Übergang der römischen Republik zum Cäsarentum, so im Übergang der Französischen Revolution zur Diktatur Napoleons. Demokratie, die erobert, gibt sich selbst auf. Demokratie, die sich verträgt, begründet die gleichberechtigte Vereinigung aller. Der Anspruch voller Souveränität erwächst der Energie kommunikationsloser Selbstbehauptung, deren Konsequenzen im Zeitalter des Absolutismus, als der Begriff der Souveränität bestimmt wurde, rücksichtslos bewußt gemacht sind.

Der Weg zur Weltordnung führt über den Selbstverzicht Mächtiger, sei es, weil sie ihrer Menschlichkeit folgen, sei es, weil sie in kluger Voraussicht die eigene Macht scheitern sehen ohne Vereinigung mit allen anderen. Europa kann vorangehen in diesem Verzicht, in der Bescheidung durch Unterwerfung unter die Vernunft des Miteinanderredens mit bedingungsloser Geltung der Rechtsidee.

Was aber im großen geschieht, das hat seinen *Grund im kleinsten*. Der Geist des ganzen erwächst dem, was jeder einzelne tut. Die Anschauungen des weltgeschichtlichen Ganges werden zum Betrug um das dem einzelnen Mögliche, wenn sie ihm suggerieren, er könne ja doch nichts daran ändern; so wenig seine Stimme bei der Abstimmung von Millionen bedeute, so wenig auch sein Leben für das Ganze. Diese Lähmung liefert den Menschen der Gewaltsamkeit despotischer Minoritäten aus. Wenn nicht der einzelne sich bewußt ist, daß es gerade auf ihn ankomme, und wenn er nicht handelt, als ob die Grundsätze seines Handelns die Grundsätze einer noch hervorzubringenden Welt sein sollten, dann ist die Freiheit aller verloren. Daher ist die Aufgabe jedes einzelnen, weder abzugleiten in das Dogma einer soziologischen, psychologischen, rassischen Notwendigkeit noch in die Verwirrung des Lebens. Sowohl als bloßer Zuschauer und gehorsamer Mitläufer wie hineingerissen in den Wirbel bin ich verantwortungslos geworden. Ich wirke dann nicht mit am Gang der Dinge, durch das, was ich bin und tue.

Ein Beispiel (für den Zusammenhang des Kleinsten mit dem Größten) ist das Miteinanderreden. So wie wir als einzelne miteinander umgehen, so die Organisationen, Parteien, Staaten im großen. Da alles darin begründet liegt, daß und wie wir uns vertragen, vom zunächst noch äußerlichen Kompromiß in Daseinsfragen bis zum inneren Vertrauen, und da die Weltordnung nur möglich ist, wenn das Grundverhalten des sinnvollen, das heißt durch Solidarität und Liebe geführten Miteinanderredens zur Herrschaft kommt und unter keinen Umständen abgebrochen wird, so ist unser Alltagsverhalten im eigenen Hause in der Tat die Quelle der Weltordnung. Was im ganzen geschieht, wird ermöglicht durch das, was jeder einzelne tut. Der einzelne muß von sich fordern: sich auf den Standpunkt eines jeden anderen versetzen, Wahrheit in Kommunikation an den Tag bringen, sein Herz nicht verhärten, sondern offen bleiben im Hören, in der Bereitschaft zu tätiger Hilfe und zum Revidieren der eigenen Ansichten. Die Möglichkeiten der Kommunikation werden zur Grundfrage des zu sich selbst kommenden Menschen.

Auf dem Wege zur Weltordnung würden zwei geistige Verwandlungen geschehen: erstens die *Reinigung der Politik*.

Die Politik beschränkt sich auf Daseinsaufgaben, sie läßt alles frei in seinem geistigen Kampfe sich entfalten, was diese Daseinsordnungen, das heißt die gesetzliche Ordnung der materiellen Lebensvoraussetzungen nicht stört. Es ist befreiend, daß der Mensch im Politischen seine Daseinsbedingungen sowohl gesichert wie beschränkt sieht, nicht aber seinen Geist. Die Reinigung der Politik durch Scheidung ihrer Aufgaben von allen anderen hebt ihren Totalitätsanspruch auf und damit den Fanatismus. Sie läßt weltanschauliche Parteien verschwinden, die im Glaubenskampf miteinander stehen, zugunsten von Parteien, die bei Gegnerschaft zugleich untereinander solidarisch bleiben. Mit Glaubenskämpfern läßt sich nicht reden. Die Bescheidung der Politik auf ihr Wesen kommt selber aus einem Glauben, dem einzigen, der nicht zum Glaubenskampfe wird, nämlich dem Glauben an Kommunikation selbstseiender Wesen, das heißt, daß zwischen Menschen das echte Miteinanderreden zur Wahrheit und damit zur Einmütigkeit führt. Daher versucht sie in grenzenloser Geduld auch noch mit dem Glaubenskämpfer zu reden, obgleich es nicht möglich scheint. Denn sie setzt voraus, daß kein Mensch nur Glaubenskämpfer, sondern auch Mensch mit Menschen ist.

Die Größe der Bescheidung macht den Beruf des Politikers sittlich nur um so höher. Er weiß, daß er sich um das bemüht, was Bedingung alles anderen menschlichen Lebens ist. Aber er weiß auch, daß er dieses nicht geradezu hervorrufen kann. Das Wesen der Politik, sooft nur gesehen in der Macht, die aller Mittel sich bedient, wird verwandelt in das geistige Miteinanderringen um die Daseinsordnung innerhalb der alle Menschen umspannenden Rechtsordnung. Das aber wird nur gelingen, wenn ihr früheres Wesen, die Machtpragmatik, als ständig noch gegenwärtig erkannt, durchschaut, aber nicht verabsolutiert wird.

Reinheit und Offenheit beherrschen den sich bescheidenden Politiker, der doch den realen Gang der Dinge trägt und bestimmt. Man könnte von einer Subalternisierung der Politik reden, sofern sie bewußt auf den Unterbau aller menschlichen Dinge beschränkt wird. Aber diese Subalternisierung der Sache bedeutet persönliche Steigerung des Politikers, der als Charakter und Vernunft mehr sein muß, als er je war.

Die zweite Verwandlung ist die *Entzauberung der Staatengeschichte*. Das Geschichtsbild, das bezwingt durch die Größe der Staaten, die gewaltigen Ereignisse, und seien es Katastrophen, die Sensation unerhörter Taten, den Mythus von Heerführern und Staatsmännern, den Ruhm, der durch die Jahrhunderte und Jahrtausende trägt, wird verblassen. Der Glanz fällt auf die Aufschwünge des Menschseins.

Zum Humanismus eines europäischen Museums

Wenn die europäische Idee sich weitet zur Menschheitsidee, so würde sie in der Weltordnung Wirklichkeit. Wenn sie sich aber auf sich konzentriert, so möchte sie ihr eigenstes bewahren. Dann handelt es sich um Europa im engeren Sinne, um diese Lokalität einer jahrtausendelangen Entwicklung des abendländischen Geistes, um dieses kleine Gebiet, das als solches auf dem Wege ist, einen musealen Charakter anzunehmen. Der europäische Mensch ruht auf seiner Vergangenheit. Aber er kann sie nicht bewahren als Wirklichkeit, denn sie ist unwiederholbar.

Museum und museales Dasein, das bedeutet Bildung durch das Gewesene, Gegenwart im Wissen und Schauen des Vergangenen, bedeutet Pflege und Wiederherstellung der Werke.

Es liegt darin der Zauber des Geistes als solchen in seiner Losgelöstheit vom Leben, vielleicht mit dem Grauen vor der Realität und mit dem Unwillen gegen den Gang der Dinge. Ist aber solches Sichabschließen von der Welt überhaupt möglich? Zeigen uns nicht Amerika und Rußland den realen Weg in die Zukunft, den unumgänglichen und darum bejahungswürdigen? Bewegen wir uns nicht in romantischen Illusionen, wenn wir es anders wollen, wenn wir einen Naturschutzpark alter Kenntnisse, Sprachen, Werke, Gebärden in Europa konservieren? Ist das nicht in der Tat etwas leblos Museales? Wir hören solche Verachtung; Europa ein Museum! Sie läßt uns übrig ein Dasein als Museumsverwalter und Fremdenführer für die Welt.

Dies zu sein, wäre, sofern es sich ergibt, noch immer ein Beruf. Wir wollen nicht gering schätzen, was hier bleibt: eine Welt der Erinnerung, die für alle Menschen kostbar ist. Das Leben als Deuter, der liebend pflegt, was dem Bewußtsein der Menschheit nie verlorengehen soll, ist nicht schlecht.

Die Verwirklichung eines humanistischen Lebens trägt zwar nicht sich selbst, sondern muß von anderen gewollt werden. Aber sie wird von der gesamten abendländischen Welt in Ost und West gewollt. Die Museen in Amerika und Rußland sind ein Hinweis. Europa ist auf dem Wege, einen Ort einzunehmen, wie Griechenland im orbis terrarum der Antike. Es birgt die heiligen Stätten des Abendlandes, wie es andere heilige Stätten in China und Indien für die asiatische Welt gibt. Noch in wachsender Ohnmacht bewahren wir diese Kleinodien, noch in Ruinen den Ursprung des Abendlandes.

Das Museale wird zum Leben einer geschichtlichen Seele. Wie im Gestühl des Hauses von Urväterzeiten her eine Seele uns anspricht, so in der geistigen Überlieferung. Solche Umwelt erfüllt uns mit Liebe.

Aber es ist dies nur ein Leben der Pietät, nicht ein ursprüngliches Leben eigener Größe. Dürfen wir mehr wollen? Steckt in dem Zorn gegen den musealen Charakter nicht ein Antrieb zu tieferen Möglichkeiten? Das museale Leben kann nie genügen.

Unser europäisches Selbstbewußtsein erwächst zwar dem Bild dessen, was war. Aber entscheidend bestimmt ist es durch unsere gegenwärtige Existenz. Daher drängen wir dorthin, wo wir nicht mehr nur historisch betrachten, nicht nur ästhetisch anschauen, nicht nur liebend erinnern, nicht nur wünschen und sehnen, sondern wo wir wirklich sind, weil wir identisch mit uns selbst werden. Dort werden wir dessen inne, was auch gegenwärtig unser Leben trägt.

Wir dürfen nicht in Masken der Vergangenheit, nicht als Gespenster des Gewesenen operieren. Wir können die Wahrheit des Vergangenen nur ergreifen, wenn wir sie in der Erscheinung verwandeln. Dann erst bindet sich die Tiefe der Überlieferung an die Zukunft. Während wir verläßlich gegründet sind im abendländischen Ursprung, bedürfen wir der Unbefangenheit, um die große Wandlung zu vollziehen, die vor uns liegt. Wagen wir sie auf einen Blick!

Zur Verwandlung der biblischen Religion

Der europäische Humanismus ist von jeher charakterisiert durch seinen Gegenpol. Dieser ist das Ungenügen an der Geborgenheit in einer abgeleiteten Welt, ist die Unruhe, über das Glück der Welt das Wesentliche im Zeitdasein zu versäumen. Der antihumanistische Antrieb ist nicht nur zerstörend, sobald der Humanismus als Bildungswelt im Genusse seines geistigen Reichtums existentiell unwahr wird, sondern ist selber Ursprung.

Der stärkste Gegenschlag ist das Christentum. Wenn dieses sich als christlicher Humanismus auch immer wieder weltlich mögliche Formen schafft, so liegt doch im Christentum, was als Durchbruch sich gegen alles richtet, was zur beruhigten, den Menschen geistig bergenden Welteinrichtung führt.

Heute aber steht Europa nicht nur in einer Phase antihumanistischer Forderungen, die aus den Grenzsituationen der gegenwärtigen Katastrophen entspringen. Auch das Christentum und die biblische Religion werden von vielen bewußt, von anderen in der Tat verneint. Die ganze Polarität von Humanismus und Christentum droht zu versinken.

Stellt man aber die Frage, ob und was Europa ohne Bibel aus seinem vorbiblischen und vorgriechischen Ursprung sein könnte, so zeigt sich immer wieder: was wir sind, sind wir durch biblische Religion und durch die Säkularisierungen, die aus dieser Religion hervorgegangen sind, von den Grundlagen der Humanität bis zu den Motiven der modernen Wissenschaft und zu den Antrieben unserer großen Philosophien. Es ist in der Tat so: ohne Bibel gleiten wir ins Nichts. Wir können unseren geschichtlichen Ursprung nicht preisgeben. Der Weg des Nihilismus als Ergebnis christlicher Entwicklung, also als selber noch christlich bedingt, war das große Thema Nietzsches. Aber Nihilismus kann nur Übergang eines Augenblicks sein. Denn er ist nichts aus sich, sondern nur gegen anderes.

Europa scheint in dem kritischen Augenblick der Vorbereitung zu stehen. Im Zusammenbrechen alles bis dahin Festen wird der Europäer frei für Wege, die wir spüren, ohne sie zu kennen. Es ist die große Freiheit vor dem noch Leeren, die uns Angst macht.

Wir leben, als ob wir pochend vor den Toren ständen, die noch geschlossen sind. Bis heute geschieht vielleicht im ganz Intimen, was so noch keine Welt begründet, sondern nur dem einzelnen sich schenkt, was aber vielleicht eine Welt begründen wird, wenn es aus der Zerstreuung sich begegnet.

Niemand kann sich ausdenken, was sein wird. Es zu entwerfen, würde bedeuten, es zu schaffen. Nur unbestimmt läßt sich sagen: Bibel und Antike in der Gestalt, wie sie bisher für uns sind, genügen nicht. Beide müssen in neuer Aneignung verwandelt werden. Die Metamorphose der biblischen Religion ist die Lebensfrage der kommenden Zeit.

Woraus kann die Verwandlung geschehen? Nur aus dem ursprünglichen Glauben, aus dem schon die Bibel hervorgegangen ist, aus dem Ursprung, der zu keiner Zeit war, sondern immer ist, dem ewig Wahren: Mensch und Gott, Existenz und Transzendenz. Alles andere scheint wie Vordergrund gegenüber diesem, was in der biblischen Religion seinen Grund hat für Juden und Christen und noch für den Islam.

Die biblische Religion war in der Tat in ständiger Verwandlung ihrer Erscheinung, gleichsam ihres Kleides. Was ist das im Grunde immer gleiche? Es läßt sich nur abstrakt aussprechen: Der eine Gott. Die Transzendenz des Schöpfergottes. Die Begegnung des Menschen mit Gott. Gottes Gebot: Die Entscheidung zwischen gut und böse ist schlechthin gültig für den Menschen. Das Bewußtsein der Geschichtlichkeit. Der Sinn und die Würde des Leidens. Die Offenheit für die Unlösbarkeiten.

In der Bibel herrschen Polaritäten bis zu sich ausschließenden Gegensätzen: Kultusreligion und die den Kultus verwerfende prophetische Religion; Gesetzesreligion und Liebesreligion; Religion des auserwählten Volkes und Menschheitsreligion; Christusreligion und Religion Jesu, der sagt: Was nennst du mich gut, niemand ist gut als der eine Gott. Der wahre Glaube entzieht sich der Fixierung in einem der Pole. Die Verwandlung seines Kleides wird von jedem neuen Zeitalter verlangt, um die Wahrheit der Glaubenssubstanz zu retten.

Durch die Bibel geht eine Leidenschaft, die einzig ist, weil sie auf Gott bezogen ist. Sie ist das Depositum eines Jahrtausends menschlicher Grenzerfahrungen.

Was in neuer Aneignung aus der biblischen Religion in den Kirchen und in der Philosophie wird, das kann dem Sinn dieses Glaubens entsprechend jederzeit nur an der Grenze des Äußersten geschehen. Die Verwandlung wird daher nicht gelingen, wenn wir nicht das Äußerste in unserer Seele rückhaltlos zur Wirkung bringen. Heute ist eine große Sorge: Es geht durch die Welt ein schreckliches Vergessen. Die ungeheuren Leiden sind ausgestanden. Wer lebt, freut sich des Daseins. Er streicht aus, was war, es sei denn, daß es ihn noch in die Nerven verfolgt. Die Seele hat das Ungeheure nicht in sich aufgenommen. Die Toten sind nicht mehr. Der Reigen des Lebens drängt sich wieder zu schließen und wird fortgetanzt.

Aber wir versagen, wenn wir die Leiden nur stumpf oder angstvoll erdulden. Ist die Angst vorbei, bemächtigt sich eine falsche Selbstgewißheit dieses zufällig geretteten Daseins. Sie verschleiert, was unerwünscht zu wissen ist. Aus dem Menschen, der sich nicht innerlich dem Leiden aussetzt, wird nichts.

Wir dürfen die Toten nicht vergessen, die Millionen Getöteter, und wie sie den Tod erleiden mußten oder gesucht haben. Wir müssen alles Leid, auch das uns nicht selbst traf, ansehen als etwas, das uns treffen sollte, und vor dem wir nur gerettet sind ohne unser Verdienst. Die Gleichgültigkeit wird um so unwahrer angesichts des furchtbaren Unheils, das uns allen bevorstehen kann und von dem man zwar redet, aber so, daß es nicht in den Seelen Wirklichkeit wird. Sollte Kierkegaard recht gehabt haben, als er sagte: Alle Greuel der Kriege werden nicht ausreichen: erst wenn die ewigen Höllenstrafen wieder Wirklichkeit sind, wird der Mensch aufgerüttelt zum Ernst?

Ich wage zu glauben: Nein, die Höllenstrafen sind nicht der einzige Weg, der Mensch kann menschlich und wahr zu seinem Ernst kommen.

Neben den Religionen in kirchlicher Gestalt und in Polarität zu ihnen wird wie im Altertum die Philosophie eine Form sein, in der Menschen ihren unbedingten Ernst finden, still und ohne Lärm. In mehreren Ländern Europas ist heute unter dem Namen Existenzphilosophie das Denken einer gemeinsamen Lebenspraxis im Werden, zwar verschiedenartig bis zur gegenseitigen Fremdheit, aber vielleicht aus verwandten Antrieben.

Hier erwächst seit dem späten Schelling, durch Kierkegaard entschieden in Gang gebracht, durch pragmatistische Antriebe gefördert, in der Not bewährt, ein Denken, das sich zwar wiedererkennt in dem alten Philosophieren, welches immer Existenzphilosophie war, aber das doch heute sich schicksalsbestimmt weiß durch das Aufgebrochensein des Äußersten im Durchbruch aller früheren Ordnungen.

Der philosophisch ernste Europäer steht heute vor der Entscheidung zwischen entgegengesetzten philosophischen Möglichkeiten. Will er in die Beschränkung fixierter Wahrheit, der am Ende nur zu gehorchen ist – oder will er in die grenzenlos offene Wahrheit? Das heißt: will er einer Gestalt dogmatischen Totalwissens sich unterwerfen – oder will er alle Möglichkeiten des Denkens und Erkennens als Werkzeug seiner Existenz in der Schwebe halten? Will er seine Selbständigkeit verfestigen zur Starre, wie in der stoischen Philosophie als einem refugium beim Versagen der Welt, zufrieden in der Ruhe der Apathie und in der Einsamkeit einer sei es dogmatisch, sei es skeptisch rationalen Haltung – oder will er diese innere Selbständigkeit in der Gefahr der Offenheit gewinnen, wie in der Existenzphilosophie, der Philosophie der Kommunikation, in der der einzelne er selbst wird unter der Bedingung, daß die andern sie selbst werden, in der es nicht einsame Ruhe, sondern ständiges Ungenügen gibt, und in der der Mensch dem Leid sich innerlich aussetzt?

Nicht ein gültiges Menschenbild steht vor uns, wie im trügerischen Ideal des Stoikers, sondern der Menschenweg. Wir trauen der Richtung, wenn wir drei Ansprüche festhalten: 1. Grenzenlose Kommunikation von Mensch zu Mensch, von der Tiefe existentiellen, liebenden Kampfes, in dem Wahrheit hervorgeht, bis hinab zum redlichen Sichvertragen in Kompromissen des Daseins. – 2. Herr unserer Gedanken werden, uns keiner Gestalt abschließenden Wissens unterwerfen, an keinen Standpunkt und keinen -ismus uns binden. – 3. Die Liebe als letzte Führung anerkennen, den unumgänglichen Haß aber unter Bedingungen halten und sobald als möglich wieder verdampfen lassen.

Ob man sagt: die Existenzphilosophie sei Traum und Schwärmerei? Wenn das Traum ist, so wage ich zu antworten, vielleicht einer der Träume, aus denen von jeher geboren wurde, was menschlich war und worum zu leben es sich lohnt.

Wenn uns aber die Bodenlosigkeit schwindlig werden läßt – und das Äußerste scheint uns noch bevorzustehen – so gilt: Wenn alles versinkt, Gott bleibt. Es ist genug, daß Transzendenz ist.

Auch Europa ist nicht das letzte für uns. Wir werden Europäer unter der Bedingung, daß wir eigentlich Menschen werden – das heißt Menschen aus der Tiefe des Ursprungs und des Zieles, welche beide in Gott liegen.

Das Unbedingte des Guten und das Böse

In der Welt scheint alles bedingt. Unbedingtheit ist allein dem Menschen als Existenz möglich. Wo er eigentlich er selbst ist, da wird er sich der Unbedingtheit gewiß, deren seine Freiheit fähig ist. Im Unbedingten ist eine Wahl vollzogen. Ein Entschluß wurde zur Substanz des Menschen. Er hat gewählt, was er in der Entscheidung: gut oder böse? als das Gute versteht.

Gut und böse wird auf *drei Stufen* unterschieden, aufsteigend von natürlicher Unmittelbarkeit bis zu metaphysischer Höhe. Diese drei Stufen sind die folgenden:

1. Als böse gilt *die unmittelbare und uneingeschränkte Hingabe* an Neigungen und sinnliche Antriebe, an die Lust und das Glück dieser Welt, an das Dasein als solches, kurz: böse ist das Leben des Menschen, das im Bedingten bleibt, daher nur abläuft wie das Leben der Tiere, wohlgeraten oder mißraten, in der Unruhe des Anderswerdens, in dem nichts entschieden wird. – Dagegen ist gut das Leben, das zwar nicht jenes Glück des Daseins verwirft, aber all sein Tun und dieses Glück unter die Bedingung des moralisch Gültigen stellt. Dieses *moralisch Gültige* wird verstanden als allgemeines *Gesetz* des moralisch richtigen Handelns. Diese Geltung ist das Unbedingte.

2. Gegenüber der bloßen Schwäche, die den Neigungen nachgibt, auch gegen das Rechte, gilt als eigentlich böse erst *die Verkehrung*, wie Kant sie verstand: daß das Unbedingte der moralischen Forderung zwar gewollt, im Gehorsam gegen das Gesetz des Guten jedoch nur soweit befolgt wird, als es unter der Bedingung einer ungestörten Befriedigung der sinnlichen Glücksbedürfnisse möglich ist; nur unter dieser Bedingung, nicht unbedingt, will ich gut sein. Diese Scheingüte ist sozusagen ein Luxus glücklicher Verhältnisse. Im Falle des Konflikts zwischen moralischer Forderung und meinem Daseinsinteresse bin ich je nach dem Maß dieses Interesses uneingestandenerweise vielleicht zu jeder Schandtat bereit. Um nicht selbst zu sterben, begehe ich auf Befehl jedes Verbrechen. Durch die Gunst meiner Lage, die mir diesen Konflikt erspart, lasse ich mich täuschen. In den kleinen Abweichungen vom Rechten lasse ich mir die schon

darin sich zeigende Bedingtheit meines gesamten moralischen Verhaltens nicht bewußt werden. – Dagegen ist gut das *Sichherausholen aus dieser Verkehrung des Bedingungsverhältnisses*, die aus der Unterwerfung des Unbedingten unter die Bedingungen des Daseinsglücks erwächst. Es ist die Verwandlung aus ständigem Selbstbetrug in der Unreinheit der Motive zu dem Ernst des Unbedingten.

3. Als böse gilt erst der *Wille zum Bösen*, das heißt der Wille zur Zerstörung als solcher, der Antrieb zum Quälen, zur Grausamkeit, zur Vernichtung, der nihilistische Wille zum Verderben von allem, was ist und was Wert hat. – *Gut* ist dagegen das Unbedingte, das die *Liebe* und damit der *Wille zur Wirklichkeit* ist.

Vergleichen wir die drei Stufen: Auf der ersten Stufe ist das Verhältnis von gut und böse das *moralische*: die Beherrschung der unmittelbaren Antriebe durch den Willen, der den sittlichen Gesetzen folgt. Es steht – mit Kants Worten – die Pflicht gegen die Neigung.

Auf der zweiten Stufe ist das Verhältnis das *ethische*: die Wahrhaftigkeit der Motive. Es steht die Reinheit des Unbedingten gegen die Verkehrung des Bedingungsverhältnisses, in der faktisch das Unbedingte vom Bedingten abhängig wird.

Auf der dritten Stufe ist das Verhältnis das *metaphysische*: der substantielle Gehalt. Es steht Liebe gegen Haß. Liebe drängt zum Sein, Haß zum Nichtsein. Liebe wächst aus der Wirklichkeit der Transzendenz, Haß sinkt zum selbstischen Punkt in der Loslösung von Transzendenz. Liebe wirkt als stilles Bauen in der Welt, Haß als laute, Dasein und Sein im Dasein in Gefahr bringende Katastrophe.

Jedesmal zeigt sich eine Alternative und damit die Forderung der Entscheidung. Der Mensch kann nur das eine oder das andere wollen, wenn er wesentlich wird. Er folgt der Neigung oder der Pflicht, er steht in der Verkehrung oder in der Reinheit seiner Motive, er lebt aus dem Hasse oder aus der Liebe. Aber die Entscheidung kann er aussetzen. Statt zu entscheiden, schwanken und taumeln wir durchs Leben. Schon diese Unentschiedenheit ist böse. Es erwacht der Mensch erst, wenn er gut und böse unterscheidet. Er wird er selbst, wenn er in seinem Tun klar entscheidet, wohin er will. Wir alle müssen ständig von neuem uns wiedergewinnen aus der Unentschiedenheit. Wir sind so wenig fähig, uns zu vollenden, daß vielmehr die Kraft unserer uns hinreißenden Neigungen im Dasein unerläßlich ist für die Helligkeit der Pflicht; daß wir nicht umhin können, wenn wir wirklich lieben, gerade dann auch zu hassen, nämlich das, was das Geliebte bedroht; daß wir in die Verkehrung der Unreinheit gerade dann geraten, wenn wir uns allzu gewiß für rein halten.

Die Entscheidung heißt der *existentielle Entschluß*. Er ist unbedingt. Die Entscheidung hat auf jeder der drei Stufen ihren eigenen Charakter. *Moralisch* meint der Mensch seinen Entschluß denkend als den richtigen zu begründen. *Ethisch* stellt er sich aus der Verkehrung durch eine unbegreifliche Wiedergeburt seines guten Willens wieder her. *Metaphysisch* wird er sich bewußt, sich selbst geschenkt zu sein in seinem Liebenkönnen. Er wählt das Richtige, wird wahr in seinen Beweggründen, lebt aus der Liebe. Erst in der Einheit dieses Dreifachen geschieht die Verwirklichung des existentiellen Entschlusses.

Die drei Stufen sind aneinander gebunden derart, daß die früheren in ihrer Verwirklichung von den späteren abhängen. Die Richtigkeit des Guten hat ihren verläßlichen Grund erst in dem Gehalt der Liebe der dritten Stufe. Erst von daher kann die Unbedingtheit, welche für sich nur eine Form bliebe, erfüllt werden. Denn ohne den Gehalt der Liebe keine Reinheit der Motive und keine inhaltliche Erfüllung des moralischen Gesetzes.

Ohne die Reinheit der zweiten Stufe wird die Pflichterfüllung der ersten Stufe gewaltsam, äußerlich, zu einer Selbsttäuschung, dann weiter zu einem Mittel des Kampfes, des Hasses und der Vernichtung, zum Richtertum gegen andere. Es ist wunderlich, wie der Moralismus eine Gestalt des Bösen ist.

Ohne die Liebe der dritten Stufe wird weder die Reinheit der zweiten noch der Gehalt der ersten Stufe verwirklicht, weil nur die Substanz der Liebe die Kraft des Entschlusses ermöglicht.

Aber es ist uns Menschen unmöglich, etwa allein aus der Liebe, der Kraft der dritten Stufe, zu leben. Es ist der taumelnde Enthusiasmus, somit der Hochmut des Menschen, der solches versucht. Wir sind in ständigen Abgleitungen, Verführungen, Verwechslungen. Daher dürfen wir uns auf unsere Liebe nicht ohne Prüfung und nicht für jeden Augenblick verlassen. Die Disziplin des Zwanges, mit dem wir aus Pflicht unsere Neigungen in der Gewalt haben, das Mißtrauen gegen uns selber wegen der Unreinheit der Motive in der Verkehrung des Verhältnisses von Unbedingtem und Bedingtem sind unumgänglich für uns endliche Wesen, die, wenn sie sich sicher fühlen, gerade in die Irre gehen. Nur aus dem Irren kommen wir zur Wahrheit.

Der existentielle Entschluß verwirklicht sich durch alle drei Stufen in eins. In Beschränkung auf eine Stufe geht er verloren. Seine Unbedingtheit ist die eigentliche Unbedingtheit des Guten. Ihr entströmt die Kraft, welche den Vernichtungswillen des Hasses aufzulösen vermag, uns zur Reinheit läutern kann, die Pflicht mit Gehalt erfüllt.

Der Grund der Liebe, auf dem alles Wollen des Guten wächst, ist eins mit dem Willen zur Wirklichkeit. Was ich liebe, von dem will ich, daß es sei. Was eigentlich ist, das kann ich nicht erblicken, ohne es zu lieben. Die Fülle der gegenwärtig werdenden Wirklichkeit ist die Fülle der Liebe. Daher ist das Gute gebunden an das Seinsbewußtsein im Ganzen.

Wie mir Wirklichkeit aus dem metaphysischen Grunde fühlbar wird, das ist die Weise, wie ich liebe, und ist der Gehalt meiner Liebe.

Aber nun ist das Erstaunliche, daß die *absolute Alternative von gut und böse zweideutig* werden kann. Hier liegt eine gefährliche Frage. Denn wenn hier kein verläßlicher Boden ist, so schwankt alles. Es ist zu versuchen, diese Frage angesichts der Tatbestände zu stellen und doch die Klarheit von gut und böse zu bewahren.

Das Seinsbewußtsein im Ganzen ist als das Umgreifende der Liebe der Grund alles Ergreifens des Guten. Weil aber unser Seinsbewußtsein im Ganzen in Bewegung ist und in der Zeit nicht zum abgeschlossenen und nicht zum endgültigen Besitz wird, so wird eine Zweideutigkeit von gut und böse fühlbar überall dort, wo an der Grenze des je gegenwärtigen, immer unzureichenden Ganzen der Blick auf das reale Dasein offen bleibt, und ich nicht befangen bin in der eigenen Selbstgewißheit, und wo der Entschluß zum Guten seines zeitlichen Charakters des Suchens sich bewußt bleibt. Dann mache ich die Erfahrung, daß die Alternative zwischen Gutem und Bösem unwahr werden kann, wenn sie in allgemeingültigen Behauptungen in bezug auf konkrete Tatbestände, insbesondere im richtenden Urteil über andere Menschen absolut gesetzt wird. Vor allem aber: das Auge der Vernunft, geführt durch Liebe, sieht nicht nur das Gesetz des Tages (das moralische und ethische Gesetz), sondern auch die Leidenschaft zur Nacht (den Drang ins Nichts [1]), nicht nur die Liebe, sondern eine Verlorenheit sich verkehrender Liebe, sieht beide in ihrer radikalen Trennung, aber trotzdem realen Bezogenheit. Dieser Vernunft wird offenbar, was unüberwindbar in der Zeit ist: Daß das metaphysisch Böse

1 Über die »Leidenschaft zur Nacht« und das »Gesetz des Tages« meine »Philosophie«, Band III, Seite 102–116.

nicht nur Negation des Guten, nicht nur Nichtsein zu sein scheint, sondern daß es eingewebt ist in den Teppich des Lebens als ein Grundphänomen menschlichen Daseins. Darum wird die Fixierung des Guten und Bösen in dem allgemein für Alle identisch Aussagbaren so leicht eng und lieblos. Das Gute ist nicht auflösbar in die moralischen Gesetze, wenn es auch ohne sie sich nicht verwirklichen kann. Es ist vielmehr nicht wirklich ohne die durch Existenz getragene grenzenlose Bewegung der Vernunft. Die Wahrheit des Unbedingten, die sich durch umgreifende Vernunft erhellt, verwirklicht sich zwar nur in der Kraft der für sich selbst entschiedenen Wahl, aber auch zugleich in der Demut an der Grenze, wo die Geschichtlichkeit dieser Wahl als meiner Existenz bewußt bleibt. Erst die Offenheit für das Ganze der menschlichen Wirklichkeiten macht fühlbar, daß das Menschsein im guten Handeln des unbedingten Einzelnen noch nicht vollendet ist. Beides ist vielmehr unlösbar in eins: das Unbedingte und das Ungenügen des eigenen Unbedingten vor der Leidenschaft zur Nacht.

Daher darf ich mir der Unbedingtheit des Guten nie als eines Besitzes gewiß sein. Der Mensch ist nur auf dem Wege. Um ihn in der Welt und in ihm selber liegen die Verstrickungen, aus denen der in der Zeit nie überflüssig werdende Aufschwung zum Guten geschehen kann und in der Zeit unabschließbar geschehen muß. Unabschließbar vor allem darum, weil der Aufschwung im isolierten Menschen nicht wahrhaftig bleiben kann. Der Weg des Aufschwungs verlangt vom Menschen, die Realitäten der Welt der anderen Menschen nicht zu umgehen, sondern zu ergreifen, durch sie hindurch, in ihnen und mit ihnen die Verwirklichung zu vollziehen. In der Bindung an die Realitäten in mir und um mich erwachsen die Fragen, die für den Willen zum Guten keine endgültige Lösung finden.

Daß das Gute und Böse im Aussagbaren zweideutig wird, läßt zwar nicht die Wahl erweichen, wohl aber die Zufriedenheit mit sich und das richtende Urteil über den anderen Menschen. Die Bescheidung vor dem Bösen stellt der Vernunft die nie zu vollendende Aufgabe.

Diese Bescheidung aber bedeutet nicht, daß der Grundsatz preiszugeben sei, die Unbedingtheit sei allein Unbedingtheit des Guten. Es ist ein Irrtum, das *Unbedingte vor der Unterscheidung von gut und böse* antreffen zu können. Dieser Irrtum ist der ästhetischen und unverbindlichen Anschauung eigen, die seit der Romantik ein verhängnisvolles Element deutscher Bildung wurde. Im Blick auf das »Dämonische« scheint dieser Anschauung eine Stellung möglich, die sich des Urteils über das dämonisch Gesehene und das als dämonisch in sich selbst Gefühlte enthält. Man ist wie gebannt von einer Macht, vor der in eins die realistische Anerkennung und etwas wie Ehrfurcht verlangt wird. Statt das Urteil durch die Bewegung der Vernunft in ständiger Prüfung zu halten, wird es preisgegeben zu Gunsten dieses vermeintlich Unbedingten jenseits von gut und böse. Es gilt als Wahrhaftigkeit und Tiefe, sich hinreißen zu lassen vom Dämon, an ihm zu leiden und ihm zu trotzen. Es gilt gar als Heroismus, im Blick auf dieses Dasein, wie es ist, furchtbar gemischt aus gut und böse, das Antlitz der Gorgo ertragen zu können. Man fühlt nur die Größe des Ungeheuren, sei es gut oder böse, und bejaht es als Größe. Man sucht sein Selbstbewußtsein in der Kraft des Ertragens, die doch nur ästhetische Anschauung ist trotz aller Affekte. Nicht die Transzendenz Gottes, sondern eine zwischen Transzendenz und Immanenz unentschieden schwankende dämonische Wirklichkeit wird, täuschend, der haltlose Seinsgrund.

Diese Denkungsart verwandelt sich in eine Lässigkeit des alltäglichen Daseins. Man will zu allem Realen – statt in ihm die Wirklichkeit aus der Transzendenz Gottes unterscheidend zu ergreifen – zuletzt sagen dürfen: es ist gut, daß es da ist, – daß es geschieht. Man geht mit dem »Leben«, mit den realen Erfolgen, der realen Macht, dem was tatsächlich geschehen ist und geschieht. Man rechtfertigt das Böse durch die Güte des Ganzen, durch die Herrlichkeit der Welt. Man verlangt das Zulassen und das Inkaufnehmen des Bösen in der Welt, das man nicht ändern kann, ja den Mut, selber Böses zu tun, das sich in solchem Zusammenhang als »notwendig« ergibt. Diese Denkungsart verführt durch den Reiz ästhetischen Reichtums. Sie macht das Leben reich durch Unverbindlichkeit und durch das Widersprüchliche, das am Ende alles zu tun gestattet. Diese Erleichterung wird zwar verschleiert. Man nimmt die Haltung ausdrücklichen Schwernehmens ein, zeigt die Gebärde des inneren Ringens mit sich. Sogar die Unbedingtheit soll gewollt und zu einem Gegenstand der Erkenntnis und damit zu einem verfügbaren Etwas gemacht werden. Gegen diese Verwirrung aber ist die einfache Wahrheit der beiden Sätze festzuhalten:

Unbedingtheit kann nur Unbedingtheit des Guten sein und:

ein Jenseits von gut und böse gibt es für den Menschen nicht, sondern nur für die Gottheit.

Erstens: Unbedingtheit kann nur Unbedingtheit des Guten sein. Die Unbedingtheit des Bösen ist wie eine schaurige Umkehrung des Guten, die sich in der Geistigkeit des Bösen selber durchschauen zu können scheint. Wie Existenz sich im Unbedingten des Entschlusses gründet, so gründet dieses Böse das Dasein auf eine Niedertracht, welche nun als der eigene Grund übernommen und bewußt gewollt oder vergessen wird und als Gift aus dem Unbewußten wirkt. In einer Mimikry der Unbedingtheit zieht dieses Böse verzweifelt die Konsequenz. Gegenüber der existenzlosen Unentschiedenheit, der Schwäche und Lauheit kann der Mensch im Bösen wenigstens gleichsam existentiell, eine in der Welt ungeheure Energie sein. Shakespeare hat dies Böse in unvergeßlicher Klarheit gezeigt.

Macbeth weiß nach seiner Tat – der Ermordung des Königs – mit einem Schlage sein Leben als bis in den tiefsten Grund verwandelt. Er spricht die Worte:

> Wär ich gestorben, eine Stunde nur,
> Eh dies geschah, gesegnet war mein Dasein!
> Von jetzt gibt es nichts Ernstes mehr im Leben:
> Alles ist Tand...
> (II, 2)

Ein Leben auf solche Tat gegründet, ist im Nichts gegründet. Er wird König. Aber dies Leben muß sich fortsetzen, wie es begann. Es wird sich im Vernichten zur Selbstvernichtung vorantreiben. Macbeth ergreift die Notwendigkeit, deren Anfang mit dem Verbrechen gesetzt ist:

> Was schlecht begann, stärkt sich durch neue Schuld.
> (III, 2)

Als die Königin, seine Gemahlin, tot ist, er selber aber im Erfolg der königlichen Machtbehauptung sich noch sicher fühlt, ist doch schon dieses Leben leer. Macbeth vermag die Schalheit dieses bodenlos gewordenen Daseins überlegen – aber fälschlich sein Leben für das Leben überhaupt haltend – auszusprechen:

> Ein Schatten, der vorbeizieht, ist das Leben,
> Ein armer Komödiant, der auf der Bühne
> Sich eine Stunde bläht, und dann verschwindet;
> Ist eine Mär, erzählt von einem Tollen,
> Voll Klang und Raserei, und nichts bedeutend.
> (V, 5)

Macbeths Wille zum Verbrechen des Mords hatte sich gegründet auf die Wahrsagung der Hexen. Denn seine Selbstsicherheit, die nicht auf Verantwortung vor Gott, sondern im Bösen gegründet wurde, konnte sich nicht auf sich verlassen, brauchte vielmehr die Stütze einer objektiven Garantie. Während der Mensch, der glaubend in der Unbedingtheit des Guten seinen Grund sucht und die Unsicherheit wagt, im Scheitern noch Vertrauen zum Sein haben kann, kommt dem bösen Tun alles allein auf den Erfolg im Dasein an. Er braucht daher eine Garantie des Gelingens. Daher verliert Macbeth seine Entschlossenheit, als er ahnt, wie die Hexen ihn betrogen haben. Wieder kann er an dieser Grenze nur verfallen, nicht sich aufschwingen. Seine Überlegenheit zeigt jetzt ihre ursprüngliche Brüchigkeit. Angesichts seines drohenden Untergangs steigert sich sein Wesen nur dahin, daß er mit sich auch allem andern Sein das Nichtsein wünschen muß:

> Ich fange an, der Sonne müd' zu werden
> Und wollte, alles ging' zu Grund auf Erden.
> (V, 5)

Rafft er sich einen Augenblick auf, das Spiel auszuhalten, weil er noch hofft, die Weissagung könne sich vielleicht doch noch bewähren, gegen alle Einsicht und allen Augenschein, verzweifelt doch noch auf Erfolg rechnend, wie es fast jeder verantwortungslose Bankerotteur tut, – so sinkt er vollends zusammen, als er aus Macduffs Worten endgültig erkennen muß, daß der Zauber, der ihn zu schützen schien, hinfällig ist. Als er mit Macduff, seinem Todfeind, jetzt kämpfen soll, will er nicht. Das Heldentum ist vorbei. Er hat nichts als Angst:

> Kein Glauben mehr den hinterlist'gen Teufeln,
> Die uns mit doppelzüng'gem Sinn belügen.
> ... Ich will nicht fechten mit dir.
> (V, 7)

Nur angesichts der Aussicht, gefangen als ein »seltnes Tier« dem Volk zum Schauspiel dienen zu sollen, in der Angst vor einem unerträglichen Dasein, ermannt er sich. Er will nicht mehr leben, wenn er gepeinigt werden und das Fürchterlichste leiden soll:

Ich ergeb mich nicht, ...
Wag ich das Letzte doch. Macduff, komm her,
Verflucht sei, wer zuerst ruft: Halt, nicht mehr!
(V, 7)

So behauptet Macbeth, im Trotz des Endkampfes den Tod erleidend, in der Mimikry eines Aufschwungs die Würde des Bösen, das sich auflöst in der Verlorenheit der Wut vernichtenden Nichtseinwollens. –

Richard der Dritte, vernachlässigt von der Natur und von der Gunst der Umstände, ist entschlossen, durch List und Verbrechen sein Dasein zur Höhe zu bringen:

Bin ich gewillt ein Bösewicht zu werden.
(I, 1)

Es gelingt ihm, durch eine Folge von Verbrechen schließlich das Königtum zu gewinnen. Aber er kann nur vernichten. Er kann zwar bezaubern, aber der Bezauberte, ob Mann oder Frau, ist verloren. Nichts gründet sich zwischen ihm und anderen Menschen.

Er hat nur Freunde, die aus Furcht es sind.
Die werden ihn in tiefster Not verlassen.
(V, 2)

Vor dem drohenden Untergang, kurz vor dem Ende hört er im Traum den Geist zu ihm sprechen:

Du sollst verzweifeln und verzweifelnd sterben.
(V, 3)

Erwacht, reflektiert Richard in der Helligkeit des Bösen so klar wie im Beginn seines Entschlusses, dem Willen zum Bösen, so jetzt, was seine Verzweiflung ist: die Selbstverzehrung des Bösen in der Isolierung des Ich, das Sich-im-Kreise-drehen des Ja und Nein zu sich, das im Ja zu sich auch sich selber noch verneinen muß, das Zweideutige von allem, das schlechthin Bodenlose. Der unvergeßliche Monolog (einer der vielen Höhepunkte konkreten Philosophierens in Shakespeares Dichtung) vollzieht diese Reflexion:

Was fürcht ich denn? Mich selbst? Sonst ist hier niemand.
Richard liebt Richard: das heißt, Ich bin Ich.
Ist hier ein Mörder? Nein. – Ja, ich bin hier.
So flieh. Wie? vor dir selbst? Mit gutem Grund:
Ich möchte rächen. Wie? mich an mir selbst?
Ich liebe ja mich selbst. Wofür? für Gutes,
Das je ich selbst hätt' an mir selbst getan?
O leider, nein! Vielmehr haß' ich mich selbst,
Verhaßter Taten halb, durch mich verübt.
Ich bin ein Schurke, – doch ich lüg', ich bin's nicht!
Tor, rede gut von dir! – Tor, schmeichle nicht!
Hat mein Gewissen doch viel tausend Zungen,
Und jede Zunge bringt verschiednes Zeugnis,
[...]
Jedwede Sünd', in jedem Grad geübt,
Stürmt an die Schranken, rufend: Schuldig! schuldig!
Ich muß verzweifeln. – Kein Geschöpf liebt mich,
Und sterb' ich, wird sich keine Seel' erbarmen.
Ja, warum sollten's andre? Find ich selbst
In mir doch kein Erbarmen mit mir selbst.
(V, 3)

Die Würde dieses Bösen möchte nicht umbiegen in die Daseinsgier um jeden Preis, in irgendein kümmerliches Ja. Es ist ein Sterbenkönnen in das Nichts aus dem Nichts; ein Trotz des Nichtlebenwollens, wenn es nicht das Leben von Macht und Ruhm ist. Ein Reflex des Unbedingten ist in der Wut des Bösen, des Seins im Nichts. Wobei aber im Gang des Geschehens auch diese Würde nicht aufrecht bleibt: Zunächst zwar will Richard sterben aus dem Willen zum Nichts:

Gewissen ist ein Wort für Feige nur, ...
Uns ist die Wehr Gewissen, Schwert Gesetz.
Rückt vor! dringt ein! recht in des Wirrwarrs Völle!
Wo nicht zum Himmel, Hand in Hand zur Hölle!
(V, 3)

Er kämpft mit gesteigerter Energie:

Wohl tausend Herzen schwellen mir im Busen.
(V, 3)

Noch hofft er, glaubt verzweifelt und glaubt doch auch nicht an den Sieg; man sagt von ihm:

Der König tut mehr Wunder als ein Mensch,
Und trotzt auf Tod und Leben wer ihm steht.
Ihm fiel ein Pferd, und doch ficht er zu Fuß …
(V, 4)

Aber seine letzten Worte zeigen wieder den unverwüstlichen Antrieb, nicht nur den schon verlorenen Kampf bis zum letzten möglichen Augenblick fortzusetzen, sondern auch noch an Rettung zu denken, bloß um zu leben:

Ich setzt' auf einen Wurf mein Leben,
Und will der Würfel Ungefähr bestehen …

So war es. Jetzt aber:

Ein Pferd! Ein Pferd! mein Königreich für'n Pferd!
(V, 4)

All seine Macht für ein Pferd, um nur fliehen zu können! Die Macht ist nicht mehr Lebensbedingung. Wie der endgültig geschlagene Napoleon sich mit pathetisch-sentimentalen Redensarten in würdelose Gefangenschaft begibt und seine letzten Lebensjahre auf St. Helena mit Scheingebärden der Würde ausfüllt. Als ob das Böse auch darin sein Wesen zeige, daß es trotz der Haltung heroischen Lebenseinsatzes nicht sterben kann außer – wie Macbeth – in Verzweiflung des im gröbsten Sinne unerträglich werdenden Daseins.

Es scheint eine Gemeinsamkeit des »Ranges« zwischen dem Guten und dem Bösen zu bestehen, sofern das Böse konsequent bleibt, entschlossen ist und sterben kann. Shakespeare zeigt nicht nur die Positivität des Bösen in der Welt, seine ungeheure, wenn auch vernichtende Wirkung, er verbietet nicht nur, das Auge zu verschließen vor dem Bösen. Er zeigt auch, daß es in sich selber wie Unbedingtheit aussehen und in der Tat in seiner Verkehrung gleichsam die Unbedingtheit des Nichts sein kann. Aber Shakespeare verführt nicht einen Augenblick zum Glauben an den Selbstwert des Bösen. Er stellt es nicht nur stets in den Schatten der ordnenden Weltmächte des Guten (Richard in den Schatten Richmonds, Macbeth in den Schatten Macduffs und Malcolms), sondern er zeigt das Böse selber ständig nur in seiner Verkehrung des Guten, nur in seiner Selbstzerstörung.

Indem er die Steigerung des Bösen zum Äußersten an Konsequenz und Helligkeit und damit an Ähnlichkeit mit der Unbedingtheit treibt, zeigt er es in seiner Größe als zugleich Schauriges und Fremdes und zeigt, daß die Unbedingtheit nur eine Mimikry ist, dadurch, daß sie in der Tat versagt. Hier gilt nicht, daß der Zuschauer im tragischen Helden mitleidet, was sein eigenes Schicksal sein könnte, – es sei denn in der Bescheidung, daß in jedem Menschen die Möglichkeiten zu allem liegen, und mein Verborgenstes mir als Fremdes entgegentritt, das mich erinnert und demütig stimmt. Der Zuschauer verfällt nicht in ästhetischer Hingerissenheit dem Bösen, sondern, sofern Impulse erweckt werden, erfährt er erstens: nicht der Täuschung einer Harmonie des Daseins verfallen zu dürfen, vielmehr die Unlösbarkeit im Dasein des Menschen zu spüren, – und zweitens: angesichts der Mimikry der Unbedingtheit im Bösen den Anspruch der einzigen Unbedingtheit des Guten zu hören, die allein diesem Bösen im Dasein gewachsen sein kann; denn das Halbe und Laue, die Bequemlichkeit durchschnittlicher Scheingüte muß vor dem Bösen ohnmächtig versinken.

Die Unbedingtheit ist nur Unbedingtheit des Guten. Sie ist im Unterschied von der Pseudo-Unbedingtheit des Bösen ins Grenzenlose erhellbar derart, daß sie mit der Erhellung sich steigert und verwirklicht. Die Pseudo-Unbedingtheit des Bösen dagegen wird in der Erhellung zum Rasen der Selbstvernichtung, in die sie ihre Umwelt mit hineinreißen will und in der Tat weitgehend hineinreißt. Im Hellwerden der Pseudo-Unbedingtheit des Bösen stößt der Mensch aber auch an die Grenze des Unerhellbaren, das nur da ist als das stumpfe »ich will nun einmal so«, »ich muß so«. Wer so zu sich spricht, in dem spricht zugleich etwas, das eigentlich gar nicht gewollt hat. Mit diesem Erblicken des »Dämons« wird etwas im Menschen gleichsam gerettet, etwas, das dem Dämon verfiel, aber nicht er ist, die Möglichkeit des Guten in ihm selbst, in jedem Menschen. –

Zweitens: Ein wirkliches Jenseits von gut und böse wäre nur der Gottheit eigen. Der Mensch in der Welt kann sich nur fälschlich zu einem Gotte machen, der, erhaben über die Gegensätze, aus dem ganzen wirkte. Der Mensch muß in die Gegensätze eintreten und Stellung nehmen. Nur Gott ist, für uns unvorstellbar, ohne Wahl, weil über allen Entscheidungen. Er ist weder notwendig noch frei. Nur der Mensch ist frei und daher die Möglichkeit seines Aufschwungs und die Gefahr seines Verlorenseins.

Es ist ein verführender Irrtum für den Menschen, jenseits von gut und böse leben, mehr als gut und böse, einfach groß sein zu können. Aber in diesem Jenseits wird er nur weniger. Das Jenseits von gut und böse läßt ihn vor seiner wirklichen Aufgabe ausweichen, sei es in das Vitale seines nur natürlichen Daseins vor der Unterscheidung von gut und böse, sei es in die Unverbindlichkeit ästhetischer Anschauung, die alles in seiner Weise als gültig ansieht und die Möglichkeit vollzieht, sei es in ein inneres Scheinringen erbsündiger Verlorenheit, die »tapfer Böses tut«, weil sie in einem nunmehr selber bösen Gottesglauben auf Gnade rechnet.

Auf diesen Wegen wird der Kampf zwischen gut und böse verschleiert, den der Mensch führen muß, solange er lebt. Dann erlahmen die hohen Ideale von Güte und Gerechtigkeit, die nur im Kampf sich verwirklichen. Es verschwindet das Bewußtsein der Mitverantwortung für das, was geschieht.

Für den Menschen stehen daher die aktiven Weltanschauungen, die für die Praxis immer dualistisch sind, als wahre Deutung des in ihm möglichen Unbedingten, das immer Unbedingtheit des Guten ist, gegen das vitale Sichgehenlassen, gegen den bloßen Rausch des Lebensjubels, die Leidenschaft der Macht, gegen ästhetische Unverbindlichkeit, gegen verschleiernde Harmonie, gegen den Fehlglauben des Sicheinlassens auf das Böse aus Gnadenbewußtsein. Es ist für den Menschen verderblich, das Unbedingte in sich jenseits von gut und böse zu suchen oder zu sehen.

Der Mensch als Einzelner muß seine Stellung wissen. Er muß wissen, wohin er gehört, weil er sich dahin wählt, muß wissen, in welcher Front er steht. Seine mögliche Würde liegt in der Unerbittlichkeit seines in seinem Handeln – nicht im Richtertum – sich verwirklichenden Urteils über gut und böse.

Anmerkung: Shakespeares »Macbeth« ist (bis auf die Stelle aus dem zweiten Aufzug, die in der Schlegel-Tieckschen Fassung gegeben ist) nach der Übersetzung Friedrich Gundolfs, »Richard der Dritte« nach derjenigen von August Wilhelm Schlegel zitiert.

Über Bedingungen und Möglichkeiten eines neuen Humanismus

Was Humanismus genannt wird, hat einen sehr verzweigten Sinn. Gemeint ist ein *Bildungsideal* als Aneignung der klassischen Überlieferung, dann die *Wiederherstellung* des gegenwärtigen Menschen aus dem Ursprung, schließlich die *Humanität* als Anerkennung der Menschenwürde in jedem Menschen.

Man fragt in Antithesen:

Gilt im Humanismus die Bindung an die Überlieferung oder vielmehr eine ungebundene, neue, nur gegenwärtige Idee?

Geht er auf einzelne große Ausnahmen oder auf die Lebensform ganzer Bevölkerungen?

Meint der Humanismus eine bestimmte Wirklichkeit des Menschen oder die unbestimmte Chance dessen, was als Menschsein nie vollendbar ist?

Suchen wir den kommenden Humanismus, so orientieren wir uns an solchen Gegensätzen, in denen offenbar je auf beiden Seiten Wahrheit getroffen wird.

*

Wir suchen unseren kommenden Humanismus aus der Sorge um uns selbst, um den *gegenwärtigen Menschen*. Die seit einem halben Jahrhundert gegebenen Beschreibungen des modernen Menschen lassen das Erschreckende sehen:

Der Mensch bricht die Brücken ab zum Vergangenen. In bloßer Augenblicklichkeit gibt er sich hin an die Situation und den Zufall. Er lebt zwar noch zwischen Kulissen, die aus der Vergangenheit stehen. Aber sie bilden nicht mehr die Szene seines Lebens, sondern sehen aus wie ein Haufen von Gerümpel. Er durchschaut sie als Fiktionen.

Der Mensch scheint ins Nichts zu gehen. Er ergreift das Nichts in Verzweiflung oder im Triumph des Zerstörens. Seit Nietzsche wird es immer lauter: Gott ist tot.

Menschliches Dasein wird Massendasein. Der Einzelne verliert sich an Typen, die sich aufzwingen aus Propaganda und Kino und aus dem nivellierenden Alltag aller. In seiner Verlorenheit drängt er zu einem Selbstgefühl im Wir durch Teilnahme an einer gewaltigen Macht.

Andere aber, in einer Kontinuität ihres geschichtlichen Lebens, glauben an Gott. Sie fühlen sich gemeinschaftlich sicher in der Wahrheit, die geoffenbart ist, werde sie nun geglaubt in ursprünglicher Ergriffenheit oder im gewaltsamen Glaubenwollen, im Protest gegen das Nichts.

Und es gibt die großen Macher, die an die Weltgeschichte denken, sie im bloßen Gedanken total zu übersehen oder mit einer faktischen despotischen Macht total in die Hand zu nehmen meinen, sich dabei wähnen am Hebel der Geschichte, wo der Mensch geformt wird für die Zukunft.

Und es gibt die Gehorchenden, die ihr Dasein opfern, in ungeklärtem Fanatismus des Glaubens einem Führer oder einer Partei dienen, es aushalten, in einer Atmosphäre der Unwahrhaftigkeit zu leben, auf Befehl gar zu jedem Verbrechen bereit sind.

Heute meint man im Menschen das Chaos zu erblicken, sieht das Triebhafte fessellos hervorbrechen. Das nur scheinbar Gebändigte zerreißt die Decke der geschichtlich erworbenen Zivilisation. Die moderne Psychologie begreift die Hölle dieses Untergrundes, indem sie sie öffnet. Sie vollzieht, indem sie sie zu erkennen meint, unwillkürlich eine Art von Rechtfertigung.

Über den Fluten dieser Niederungen aber wird der Mensch sich bewußt in dem, was nie ganz zu vernichten ist, in dem Menschsein, das über sich hinausdrängt, das nur Ruhe findet in etwas, das es sucht, aber nicht ist.

Doch aus diesem Über-sich-hinaus-drängen des Menschen erwächst auch die tiefe Friedlosigkeit, wird zur Empörung und zum Haß, sinkt in die Verachtung von allem, ist gequält in der Langeweile, wird fortgetrieben von der Angst, ist Verzweiflung, welche Rettung sucht. Nur scheinbar erlischt sie in dem gedankenlosen Vergessen bloß vitalen Dahinlebens.

Es gibt die Schweigenden, wirkliche Menschen, Unzeitgemäße, von denen man nur erfährt, wenn man ihnen persönlich begegnet.

Wie man aber die heute lebenden Menschen auch schildert, sie bleiben vieldeutig und sind nicht auf einen Typus zu bringen. Große Massen liegen noch wie im Schlaf. –

Soweit eine Reihe von Aspekten modernen Menschseins. Die Frage nach unserem Wege in diesem Chaos zu einem kommenden Humanismus versuchen wir nun auf dreifache Weise zu beantworten.

Erstens fragen wir: was ist der Mensch überhaupt?

Zweitens: unter welchen faktischen Bedingungen steht das Menschsein heute?

Drittens fragen wir nach unserem Wege des Humanismus, wohl wissend, daß er nicht der einzige ist.

Erste Frage: Was ist der Mensch überhaupt?

Nicht ein Bild des Menschen ist die Frage, sondern wie wir uns seiner weitesten, noch bildlosen Möglichkeiten bewußt werden. Nur die Weite dieses Rahmens läßt alle möglichen Erfüllungen offen. Jedes Bild des Menschen beschränkt ihn schon.

1. Zunächst die Frage: ob der Mensch grundsätzlich erschöpfbar ist im *Gewußtsein*, oder ob er *Freiheit* ist, die sich gegenständlicher Wißbarkeit entzieht.

Der Mensch wird *Gegenstand der Forschung* als Leib in der Physiologie, als Seele in der Psychologie, als Gesellschaftswesen in der Soziologie. Wir wissen von ihm als Natur und als Geschichte.

Aber der Mensch kann sich *seiner selbst bewußt* werden vor aller Natur im Ursprung seiner Herkunft, quer zur Geschichte in der Ewigkeit, – und er wird sich dann gewiß, als Produkt der Natur und der Geschichte nicht erschöpft zu sein. Der Mensch ist mehr als er von sich wissen kann.

Daher machen wir den Unterschied zwischen dem Wissen vom Menschen *als Gegenstand*, der ins Unendliche in seinem Objektwerden erforschbar ist, und dem Innewerden des Menschen *im Umgreifenden*, das wir sind und sein können auf dem unendlichen Wege unserer Freiheit.

Nur wenn wir diesen Unterschied festhalten, bleibt unserem Menschsein der Raum, unserer Freiheit der Atem, unserem Bewußtsein die Weite. Der Sinn der Aussagen über den Menschen ist dann grundsätzlich von zweierlei Art:

In einem Falle sage ich über einen Gegenstand aus, was er ist und was mit ihm notwendig geschieht. Im anderen Fall spreche ich von dem, was kein Gegenstand wird und was nicht erkennbar notwendige Geschehnisse zeigt. Aber von dieser ungegenständlichen Freiheit des Menschen kann ich sprechen, indem ich für sie gültige Normen zur Klarheit bringe, indem ich erinnere, aufmerksam mache.

Was der Mensch sei, ist nicht abzuschieben auf ein Gewußtes, sondern ist, durch alles von ihm Wißbare hindurch, allein im Ursprung ungegenständlich zu erfahren.

Schließe ich den Menschen ein in das Gewußtsein von ihm, so verfüge ich in meinem Planen über ihn, ob vermeintlich von ihm Bescheid wissend oder unmenschlich ihn vergewaltigend. Lasse ich ihn dagegen offen in seinen Möglichkeiten aus dem Ursprung, so bleibt er mir als er selbst durchaus unverfügbar.

Sehe ich den Menschen nur als gegenständlich erkennbare Natur, so verzichte ich auf den Humanismus zugunsten eines Hominismus (*Windelband*). Ich sehe ihn nur als natürliches Gattungswesen. Alle Einzelnen sind nur endlos viele, an sich gleichgültige Exemplare dieser Gattung.

Sehe ich ihn aber in seiner Freiheit, so sehe ich ihn in seiner Würde. Jeder Einzelne und ich selber sind unersetzbar, stehen gemeinschaftlich unter hohen Ansprüchen.

2. Dann ist die andere Frage: ob der Mensch im Ursprung *sich selbst hervorbringt* durch seine Freiheit, Selbstschöpfer aus Nichts, oder ob er im Ursprung *sich durch Transzendenz gegeben* wird als das, was er sein kann.

Es ist unabweislich:

Erstens: Wir haben *uns nicht selbst geschaffen*, sondern sind in der Welt durch etwas, das nicht wir sind. Das wird uns bewußt durch den einfachen Gedanken, daß es möglich wäre, wir wären gar nicht.

Zweitens: Wir sind nicht frei durch uns selbst, sondern im Grunde der Freiheit durch das, worin *wir uns geschenkt werden*. Das wird uns erfahrbar, wenn wir uns ausbleiben, und nicht schon frei sein können allein dadurch, daß wir es wollen. Auf der Höhe der Freiheit ist das Bewußtsein des Sichgeschenktwerdens in unserer Freiheit, aus der wir leben, die wir aber nicht selbst erzwingen können.

Was wir nicht aus uns selbst gewinnen können, – weder im »prometheischen Trotz«, noch in der Absonderung des eigenen Ichs zur Mitte des Seins, noch im Heraufziehen aus dem Sumpf an dem eigenen Schopf wie Münchhausen – woher soll uns das zukommen, woher die Hilfe?

Wir merken sie nicht als einen Vorgang in der Welt. Sie kommt nicht von außen. Denn wir selbst sind es, aus deren tiefstem Grund wir spüren, wenn wir zu uns selbst kommen. Die Transzendenz spricht nirgends direkt, sie ist nicht da, ist nicht greifbar. Gott spricht nur durch unsere eigene Freiheit.

Hier liegt die Grundentscheidung in der Weise, wie wir uns als Menschen bewußt werden. Wir sind uns als Menschen nie selbst genug, sind uns nicht das einzige Ziel, sondern bezogen auf die Transzendenz. Durch sie werden wir selbst gesteigert und werden wir zugleich uns durchsichtig im Bewußtsein unserer Nichtigkeit.

*

Freiheit und Transzendenz bewirken ein Grundbewußtsein: Kant hat es in folgender Form ausgesprochen. Ich müsse auf eine unbegreifliche *Hilfe* rechnen für die Umwandlung aus dem radikal bösen in den guten Willen, sofern ich alles tue, was ich kann. Das *Verdienst* des Menschen fällt ganz dahin, wo er gutartig ist aus angeborener Neigung. Aber auch da, wo er, alles Angeborenen Herr, aus Freiheit den rechten Weg ergreift, da ist doch das, was er sich selbst verdankt, im Ganzen gerade wieder nicht in der Kraft des Menschen allein gelegen.

Ist etwa ein jeder so, wie er nun einmal ist? Nein, die Freiheit erlaubt jeden Augenblick die Umkehr zum guten Willen. Es ist nie zu spät. Und umgekehrt: wer auf rechtem Wege ist, ist jeden Augenblick in Gefahr des Abfalls und kann alles zunichte werden lassen, wenn er sich sicher fühlt.

Aber gegen solches Denken hören wir den Einwand: ist dieses ganze Erdenken der Freiheit nicht nur der Versuch der Legitimierung guter angeborener Anlagen und günstiger soziologischer Situationen, so daß Menschen zu ihrer guten Mitgift auch noch das Verdienst dafür in Anspruch nehmen?

Wir scheinen vor der Alternative zu stehen: ist der Mensch durchaus nur in der Welt nichts als Welt, ist er so, wie er geboren ist und seine Umwelt ihn prägt, und ist er als solcher durch psychologische Naturnotwendigkeit beherrscht von ihm wünschenswerten Illusionen, wie der der Freiheit, und ist das alles? – oder ist er selbst aus anderem Ursprung, der ganzen Welt gegenüber stehend und nicht aus ihr begreiflich?

Der Mensch ist in der Tat beides, das eine für sein gegenständliches Wissen von sich, das andere für sein philosophierend gewonnenes Selbstbewußtsein. Und da er beides ist, ist es möglich, daß er philosophische Gedanken aus ihrem ursprünglichen Sinne verdreht, zu Illusionen der Glücklichen oder zu Fiktionen der Schlechtweggekommenen macht, die Philosophie sich spalten und entarten läßt in eine Philosophie des Glücks und des Unheils. Aber mit dieser Verkehrung im Zusammenhang psychologisch-soziologischer Vorgänge hört die ursprüngliche Wahrheit nicht auf.

Als erforschbares Dasein und als Freiheit, in beiden Fällen ist der Mensch *endlich*. Aber Freiheit und Transzendenz machen die Endlichkeit des Menschen im Vergleich zu den anderen endlichen Dingen in der Welt zu einer einzigartigen:

Der Mensch findet sich bestimmt in seiner konkreten Umwelt, in seinem Volk, in der Menschheit, im Erdleben, im Weltall. Während er sich seiner Endlichkeit bewußt wird, gewinnt er im Endlichen Teil an der Unendlichkeit. Er ist das einzige Wesen, das umfassend auf alles gerichtet ist, und das in seiner verschwindenden Winzigkeit alles, was ist, auf irgendeine Weise sich zur Gegenwärtigkeit bringen kann. Er ist so in seiner Endlichkeit gleichsam alles. Er vermag seine Endlichkeit zu überschreiten, indem er sie ins Unendliche hinein mit neuen Inhalten erfüllt.

Der Mensch kann sich im Ernste nie dessen erwehren, daß etwas an ihm selber liegt, daß er mit seinen Entscheidungen über sich selbst entscheidet, über dieses Selbst, das keiner Forschung zugänglich ist.

*

Daraus ergibt sich, was die *Zukunft des Menschen* bedeutet. Niemand übersieht die Möglichkeiten des Menschseins, immer ist dem Menschen noch mehr und anderes möglich, als irgend jemand erwartet hatte. Der Mensch ist unvollendet und unvollendbar und immer noch offen in die Zukunft. Es gibt keinen totalen Menschen und wird ihn nie geben.

Daher gibt es zwei Weisen, an die Zukunft des Menschseins zu denken. Entweder sehe ich es als ein Geschehen, wie das eines Naturobjekts, und entwerfe Wahrscheinlichkeiten. Oder ich entwerfe Situationen, die sich ergeben werden, ohne zu wissen, wie der Mensch auf sie antworten, wie er in ihnen aus seiner Spontaneität zu sich kommen wird.

Im ersten Falle erwarte ich ein zwingend Notwendiges, das ich grundsätzlich wissen könnte, wenn auch nicht weiß. Im zweiten Falle kommt die Zukunft nicht kausalnotwendig als das Geschehen des Seienden, sondern durch das, was jetzt aus Freiheit getan und gelebt wird. Die Bedeutung der zahllosen kleinen Handlungen, jedes freien Entschlusses und jeder Verwirklichung der einzelnen Menschen ist unabsehbar.

Im ersten Falle nehme ich hin, was nicht in meiner Macht steht. Im zweiten Fall frage ich nach dem Ursprung in menschlicher Freiheit. Ich appelliere an unser Wollen.

Wir gehen in eine unwißbare, als Ganzes nicht entschiedene Zukunft. Was wir uns von ihr vorstellen, wird ständig korrigiert durch die Erfahrung. Ein Wissen vom Sein im Ganzen ist für uns unerreichbar. Unser Wissen von der Fülle des Seienden ist nie am Ende. Unser Bewußtsein ist stets auf dem Wege. Gegen das sich für endgültig haltende Bewußtsein steht die Wirklichkeit des Seins, das unaufhaltsam in den herankommenden Erscheinungen sich neu, sich anders zeigt, und unser Bewußtsein in seine Verwandlung zwingt.

Was aus dem Menschen werden wird, wahrhaft vorauszusagen, das würde es auch schon verwirklichen. Voraussagen heißt hier Hervorbringen.

Gelingt uns die Vergewisserung des Menschseins im umgreifenden Rahmen seiner Möglichkeiten, so können wir nie endgültig am Menschen verzweifeln. Im Symbol: der Mensch ist von Gott geschaffen nach seinem Bilde, – das kann in aller Verlorenheit nicht ganz verschwinden.

Zweite Frage: Unter welchen faktischen Bedingungen steht das Menschsein heute?

Die Frage, durch welche faktisch gegebenen Bedingungen das Menschsein heute bestimmt werde, erhält die Antwort: durch Technik, durch Politik, durch den Zerfall des verbindenden abendländischen Geistes.

*

1. Das *technische Zeitalter* und dessen Folgen für Arbeitsweise, Arbeitsorganisation und soziologische Ordnung ist im einzelnen immer klarer, im Ganzen seines Sinns ein immer größeres Rätsel geworden. Technik ermöglichte die gewaltige Vermehrung der Menschenmassen, und für diese solche Lebensbedingungen, daß Lesen und Schreiben, Lernen und Können allgemeiner Besitz und zugleich Bedingung des Fortbestandes der technischen Welt werden konnten.

Aber mit der Technik ist verknüpft eine unnatürliche Arbeitsweise, gemessen an Handwerk und Bauernwirtschaft und an den alten humanistisch durchdrungenen Berufen. Nur wer Spezialist wird, kann heute etwas Rechtes leisten, zumal auch in den modernen Wissenschaften. Die Zwangsläufigkeit des sich nur identisch wiederholenden Arbeitens bis zu der Grenze, wo der Mensch eine Funktion in der Maschine ist, auswechselbar wie Maschinenteile, ist ein Grundzug des Zeitalters. Dieser überträgt sich auf jede Weise der Beschäftigung bis zur Art des Vergnügens. Eine Selbstvergessenheit des Menschen scheint möglich zu werden: das Sichverlieren und Zufriedensein im Unpersönlichen. Wir sind auf dem Wege zur Funktionalisierung aller im Apparat.

Die Technik ist unumgänglich. Ihr vorher ging der Schlaf der Welt, aus dem sie die Massen grausam erweckt. In der Zukunft würde bei ihrem Versagen unerhörtes Unheil die Folge sein, zuerst das Massensterben, der Zerfall der planetarischen Verkehrseinheit, die Verwüstung des Planeten, dann neue Zerstreuung der Menschen, die noch überleben, schließlich wieder Bodenständigkeit dieser Wenigen, die mit ihrem fast aller Gehalte beraubten Bewußtsein noch unter der Nachwirkung des technischen Zeitalters leben würden, aber ohne den uralten, geschichtlich in unvordenklicher Überlieferung gegründeten Glauben.

Das Sträuben gegen diese Entwicklung des technischen Zeitalters kam zum Ausdruck in dem schlechten Gewissen mancher Forscher in vergangenen Jahrhunderten, im Zögern vor dem Unheimlichen. Goethes Abwehr ist ein verehrungswürdiges Zeugnis.

Heute ist die Frage: Sehen wir im technischen Zeitalter zwar ein Verhängnis, aber zugleich eine Chance des Menschseins, – sehen wir in der größten Gefahr doch die Ermöglichung einer neuen Höhe der Menschheit, – oder sehen wir in ihm nur das Unheil, in dem die Menschheit zugrunde gehen wird, verwerfen wir es daher grundsätzlich, ganz und endgültig, uns gleichsam zum Richter der Geschichte aufwerfend, und leben in trotziger Hoffnungslosigkeit, für die Menschen nach uns nichts als Verderben sehend? – Ein kommender Humanismus kann hier nicht unentschieden bleiben.

Es scheint dem redlichen Menschen angemessen, das Gewordene und das darin Mögliche zu übernehmen, – heute das Schicksal der Menschheit in der Technik zu sehen, das zum Heil oder Unheil werden kann und noch nicht entschieden ist, – dieses Schicksal als Aufgabe zu ergreifen. Bedingung eines kommenden Humanismus ist das unendliche Mühen um Aneignung und Beherrschung der Technik, ein unabsehbares Feld menschlichen Ringens.

Es ist die Frage, wie die Unersetzlichkeit des einzelnen Menschen doch wieder durchbricht und fordert, und der Mensch wieder er selbst wird, statt nur in den Geleisen der Funktionen zu laufen.

Nicht aufhören dürfen die schon erfolgreichen Bemühungen um die Gestaltung der technischen Arbeit, ihre Verteilung und ihre Begrenzung, die teilweise Überwindung der schrecklichen Prinzipien des *Taylor*-Systems, des *Stachanow*-Systems und ähnlicher Methoden der rücksichtslosen Ausbeutung menschlicher Arbeitskraft unter verschleiernden Rechtfertigungen.

Weiter aber ist die innere Haltung zu allem Technischen, die Erweiterung des Bewußtseins im Umgang mit der Natur unerläßlich. Die Aufgabe ist, durch die Möglichkeiten der Technik das Leben in der Natur nicht verkümmern, sondern sich vertiefen zu lassen.

*

2. Technik ist heute ein Hauptelement des *politischen Zustandes*. In der Welt, in der Gott als tot galt und der Nihilismus triumphierte, konnten bedenkenlose Menschen gerade durch ihren faktischen Nihilismus zur Führung gelangen, »Neandertaler mit Technik«. Durch sie wurden ungezählte Menschen, dem Anspruch der Gewalt mit rätselhaftem Unterwerfungsdrang entgegenkommend, unter uneingeschränkte Vergewaltigung gebracht. Terror, Foltern, Deportationen, Ausrottungen, das gab es zwar seit Assyrern und Mongolen, aber ohne das Ausmaß der heutigen technischen Möglichkeiten. Die Staatenlosen, Internierten, die Herumgewirbelten, die von heute auf morgen leben müssen, ohne Horizont eines Lebensplans und ohne Kontinuität eines Lebensgehalts, die sich einen Augenblick anschließen und dann wieder losgerissen werden, die auf der ganzen Welt und nirgends zu Hause sind, sie alle scheinen ein Symbol für den Weg der Menschenwelt in die Bodenlosigkeit. Sie sind preisgegeben an die politischen Apparate, die etwa so aussehen: Es operieren Funktionäre einer erbarmungslosen Bürokratie; der Mensch ist das Papier, das als Ausweis, Legitimierung, Verurteilung, Klassifikation ihm seine Chancen gibt, ihn beschränkt, ihn auslöscht; Widerstände häufen sich bis zur Sinnlosigkeit und lösen sich einmal plötzlich; unberechenbare Eingriffe verfügen über Dasein, Arbeit und Lebensweise der Menschen. Will man wissen, wer es befiehlt, so ist keine Stelle zu erreichen. Es scheint niemand da zu sein, der die Verantwortung trägt.

Vor der Drohung für alle, in solchem Apparat zermahlen zu werden, gibt es kein Entrinnen. Es ist heute nicht nur sittlich, sondern faktisch unmöglich, in die Einsamkeit zu gehen, in die Wälder, in die Wüste, man kann nicht auswandern in andere Länder, um eine neue, bessere Gemeinschaft zu begründen. Was aus dem Menschen wird, das hängt von ihm selber ab in der ihn umgebenden Wirklichkeit, aus der er nicht heraus kann, und aus der durch sein Handeln der kommende politische Zustand stabilisiert wird. Man kann nicht mehr gleichgültig gegen Politik sein. Jeder, der wirklich mitlebt, muß sich entscheiden im Ringen um die kommende politische Wirklichkeit.

Denn Freiheit ist nie wirklich als Freiheit bloß Einzelner. Jeder Einzelne ist frei in dem Maße, als die Andern frei sind.

Darum wird der lebendige Humanismus im Bunde sein mit den Kräften, die wahrhaftig das Schicksal und die Chancen Aller fördern wollen. Die Menschenrechte sind Voraussetzung der menschlichen, nicht bestialischen Politik.

Denn Politik ist das Handeln, das orientiert ist an der Macht und an der Möglichkeit der Gewalt. Menschsein aber ist gebunden an die Selbstbegrenzung der Macht durch Gesetz, Recht und Vertrag. Wo die Macht keine Einschränkung mehr zuläßt, da ist ihr nur zu begegnen durch ebenso restlosen Einsatz aller eigenen Kräfte. Daß man im Kampf mit dem Drachen nicht selber zum Drachen werde und doch nicht an Kraft verliere, den Drachen zu bändigen, das ist die Schicksalsfrage der Menschheit heute.

Denn heute wird Politik für viele Menschen absolut. Wenn sie hineingerissen werden in den Drang zur Gewalt, so gelten sie sich selbst nur, wenn sie einer großen Macht angehören, und achten sie andere nur nach dem, was als Macht hinter diesen steht. Alles andere gilt als Geschwätz. Sprache kennen sie wesentlich als Mittel, Macht über andere zu gewinnen oder zu bestätigen, ihr Denken ist advokatorisch, sophistisch, selber immer nur eines der Mittel um Macht. Ihr Lebensschwung ist bis in Gebärde und Ton hinein mit dem Bewußtsein der Macht verbunden.

Beflügelnde Kräfte dieses Machtwillens in den Massen sind Schwärmereien, die in ihrer Unwahrheit nur durch nüchternen Humanismus aufzulösen sind, zum Beispiel eine furchtbare Illusion: Seit Marx gibt es in geistigem Zusammenhang mit früheren Chiliasmen einen Glauben: Wenn nur erst alles Bestehende zerstört sei, dann werde aus der Vernichtung mit einem Schlage die neue Schöpfung hervorgehen. Diese Erwartung rechnet auf eine Magie: wenn nur erst das Nichts erreicht sei, dann werde sogleich die Herrlichkeit wahren Menschseins erwachsen, – oder wenn erst die Diktatur des Proletariats errichtet sei, so werde die klassenlose Gesellschaft alsbald mit dem neuen Menschen den freien und gerechten Zustand hervorbringen. Dieser absurde Glaube, durch Zerstörung die Schöpfung zu vollbringen, aus der aktiven Vernichtung das Heil, aus dem Nichts die Wiedergeburt hervorzutreiben, ist ein unheimlicher Faktor heutigen Geschehens, zumal er aller Wildheit und Wütigkeit, allem Haß und dem Triumph der Grausamkeit ein gutes Gewissen gibt. Er hat zum faktischen Ergebnis nur die vollendete Sklaverei aller im Namen eines Götzen – nämlich des immer zukünftig bleibenden endgültigen Heils der Menschheit in der Welt –, unter Verkehrung des Sinns der Worte, in vollendetem Betrug.

Die große Alternative scheint zu liegen zwischen despotischen Zuständen und der Freiheit offener Chancen – zwischen terroristischer Scheinstabilität chaotischen Fortwälzens unveränderter Sklaverei und den Wegen, auf denen durch verwandelnde Reform Schritte zur Freiheit möglich bleiben, – zwischen der Preisgegebenheit an Willkür und der Sicherheit rechtlicher Zustände. Aber keine richtige, endgültige Einrichtung der Welt steht vor Augen, denn es gibt sie nicht. Der Weg ist zu finden, auf dem immer neu in neuen Situationen Freiheit und Ordnung sich einen, um Willkür und Anarchie einzuschränken.

Der Humanismus wird nicht mehr abseits sich entfalten können. Er sieht sich unter die politische Bedingung gesetzt, und vor allem unter diese eine Alternative: Freiheit des öffentlich ringenden Geistes oder gelenkter Geist. Er lebt nur auf der einen Seite und ist verloren auf der anderen.

Macht und Gewalt waren jederzeit ungeheure Realitäten, heute sind sie wie losgelassen in ihrer Nacktheit. In dieser politischen Lage haben Menschen, die im Humanismus leben, für die Zukunft ihres Menschseins nur eine Chance, wenn sie auch zu kämpfen und zu sterben bereit sind.

*

3. Technik und Politik haben den bisher durch Jahrtausende bestehenden geistigen Zustand fast ausgelöscht. *Es gibt nicht mehr die gemeinsame abendländische Welt*, keinen gemeinsam geglaubten Gott, kein gültiges Menschenbild, nicht mehr das in allen Gegnerschaften, noch im Kampf auf Leben und Tod eine Solidarität Stiftende. Das heute gemeinsame Bewußtsein läßt sich nur durch Negationen charakterisieren: den *Zerfall der geschichtlichen Erinnerung*, den *Mangel eines herrschenden Grundwissens*, die *Ratlosigkeit in bezug auf die ungewisse Zukunft*.

*

Der *Zerfall der geschichtlichen Erinnerung* ist die Folge der gegengeschichtlichen Tendenzen moderner Technik und Politik. Zwar bleiben Überlieferungsfetzen, schon allein durch die Sprache. Mit der Preisgabe der geschichtlichen Kontinuität wird das Bewußtsein des Abendlandes, wird Heimat, Herkunft, Familie gleichgültig, wird selbst in Freundschaften die Verläßlichkeit des Lebenwährenden sinnlos, wird das je eigene

Leben gelebt ohne Erinnerung. Durch Ausbleiben der Überlieferung, durch Beschränkung der Erziehung auf das Nützliche und die propagandistisch geformten Auffassungschemata scheint die Geschichte gleichsam abzureißen.

Aber kann der Mensch die Geschichte abbrechen, seine Wurzeln abschneiden? Kann er aus dem geschichtlichen Nichts, aus seiner nur noch biologisch eingeborenen Natur sich entfalten, ein Menschsein verwirklichen, das allein auf dieses Geborensein, dieses Sosein, diesen Augenblick pocht und das nichts weiter sieht und will als eine imaginäre Zukunft des Heils?

Nein, der Mensch muß sich erkennen in dem, was er war, um gegenwärtig zu sich zu kommen. Was er geschichtlich gewesen ist, ist ein unumgänglicher und gründender Faktor dessen, was er sein wird.

Menschlicher Wille hat die Entscheidung. Es graut uns vor der Möglichkeit, daß furchtbare Despoten die Geschichte auslöschen wollen als unerwünschte Quelle menschlicher Selbständigkeit, und daß sie sie ersetzen durch ein dogmatisches Schema, das, unwahr und sakrosankt zugleich, allen eingeprägt wird, und daß ihnen dabei eine Neigung der Massen zur Legende zu Hilfe kommt.

*

Zu den Bedingungen des Menschseins gehört die Gestalt des *gemeinschaftlichen Grundwissens* als eine geordnete Totalität von Begriffen und Symbolen.

Das größte Beispiel eines durchgearbeiteten, von sublimster Fülle bis zur einfachen Form einheitlichen Geistes ist der Katholizismus, diese in Jahrtausenden gewachsene Synthese der geschichtlichen Lebenskräfte von Urzeiten her, die selbst das Widersprechende zu vereinen vermag. Von ihm sind die in ihm Geborenen getragen. In ihm wird der Mensch, der ganz zu verkommen scheint, nie ganz fallen gelassen. Er bleibt der Hafen für die Gescheiterten und mutlos Gewordenen. Er bleibt noch da als wieder auftauchender Felsen, wenn die Fluten schöpferischen Lebens sich verlaufen. Aber diese Bedingung des Menschseins steht ihrerseits unter der Bedingung der verläßlich funktionierenden Autorität der Kirche, ihrer Herrschaft über die Geister. Diese Welt befriedigt heute nur noch einen Teil der in ihr geborenen Menschen. Für die Mehrheit der Menschen ist sie unannehmbar. Sie hat keine solche Autorität mehr über die Massen, daß ihr im Ernstfall eine entscheidende Macht bliebe.

Heute gibt es nichts anderes ihr Entsprechendes und sie Ersetzendes. Das Bewußtsein ist zerstreut und zerkrümelt, verwandelt sich kaleidoskopisch und bleibt darin doch gleich als ordnungslose Mannigfaltigkeit. Innerhalb dieser Zerstreuung sind zwar gewaltsame Formen eines simplifizierten Bewußtseins möglich, die in Verbindung mit politischer Macht einen Augenblick Geltung gewinnen können, aber kein geistiges Menschsein zu prägen vermögen.

Ein neues herrschendes Grundwissen wird nicht schnell entworfen. Es muß zusammenwachsen aus Schauen, Denken, Sprechen der Zeitgenossen. Heute ist das Erregende, daß zwar niemand es hinstellen kann, daß es aber doch fühlbar in aller Zerstreutheit sich herandrängt. Das kommende Menschsein wird geprägt durch die Gestalt dieses Grundwissens, die es gewinnt aus den Kräften der Einsamkeit in der freien Form öffentlichen Miteinanderdenkens.

Noch aber läßt heute das zerfallende Bewußtsein unser Menschsein chaotisch erscheinen, sich pulverisieren in immer leerere Atome der Einzelnen, die als Massen wohl Funktion der Gewalt, aber nicht Inkarnation eines Geistes sind.

Der Anspruch der Massen aber wird in Zukunft noch mehr als heute gelten. Keine geistige Wirklichkeit bleibt, die nicht von Massen getragen ist. Die Verwirklichung hohen Ranges wird zwar immer die Sache Einzelner, Weniger, und Sache sich selbst erziehender Eliten sein. Der kommende Humanismus wird jedoch mit dem Erringen der Gipfel zugleich die einfachsten Formen finden müssen, die für jedermann zugänglich und überzeugend werden. Ein wirksamer Humanismus wäre ein Humanismus grundsätzlich für alle.

Aber die Verwirklichung wird um so wahrer sein, je höher Einzelne steigen, deren Gesichte, Gedanken, Symbole die Maßstäbe errichten. Und in den Massen wendet sich der kommende Humanismus doch wieder an den Einzelnen, an alle Einzelnen, weil jeder Mensch eine Seele und kein Atom, er selbst und nur als solcher ein menschlich wirkendes Glied der Gemeinschaft ist.

*

Die *Ratlosigkeit in bezug auf die Zukunft* entspringt dem Bewußtsein der totalen Bedrohung. Es ist, als ob wir uns immer wieder vergeblich ansiedeln auf einem Vulkan, dessen Ausbrüche sicher sind, nur unbestimmt wann und wie und wo.

Kulturen sind versunken. Heute ist aber das Neue, daß die Menschheit im Ganzen in der Bedrohung steht, daß diese Bedrohung akuter und zugleich bewußter ist als je, daß sie nicht nur Gut und Leben, sondern das Menschsein selbst in ihre Gewalt zieht. Wem das Kurzfristige aller Unternehmen vor Augen steht, der Zustand der Galgenfrist, in dem wir leben, dem scheint vor der Zukunft alles sinnlos zu werden, was er jetzt tut.

Man hält es für möglich, daß der Mensch verloren geht oder als Lebewesen so sehr anders wird, daß keine Brücke mehr ist zu dem, was wir sind, was wir wollen, lieben und hervorgebracht haben.

Die Hoffnungslosigkeit des Elends von Millionen, das Nachdenken über das nach unseren Maßstäben Wahrscheinliche haben eine Stimmung erzeugt, die nur Verwüstung und Ende sieht. Dichtungen der Verzweiflung haben den stärksten Widerhall.

Wer möchte wagen, angesichts der Tatsachen unseres Zeitalters einen Optimismus zu entwickeln! Es ist alles so entsetzlich richtig, was vom Unheil der Gegenwart und von dem möglicherweise zu Erwartenden gesagt wird.

Aber entscheidend ist dagegen zu setzen: Es gibt kein Bescheidwissen um die Zukunft im Ganzen. Gegen die uns durch unser vermeintliches Wissen drohende innere Lähmung setzen wir zwei Einsichten:

a) Die gegebenen Bedingungen des Menschseins – heute die Technik, Politik und das zerfallende gemeinschaftliche Bewußtsein – bedeuten zwar Einschränkungen, aber zugleich Chancen. Sie haben nicht nur zwangshafte Folgen, sondern erwecken zugleich die Spontaneität. Die Möglichkeiten des kommenden Menschseins sind nicht abzuleiten aus den Bedingungen, unter denen es heute steht, wenn sie auch niemals ohne diese Bedingungen und nur in ihrer Aneignung zu verwirklichen sind.

b) Es gibt heute nicht nur das Furchtbare, sondern auch große Wirklichkeiten des Menschseins, zumeist in der Verborgenheit: Liebeskraft, Heldentum, Tiefe des Glaubens. Wenn Voraussehen des Kommenden Wahrnehmen von schon Gegenwärtigem ist, darf uns das ermutigen.

Nie ist ein Wissen um den Ruin gewiß. Sich aufraffen vor dem schrecklichen Wahrscheinlichen, um für das Unwahrscheinliche zu wagen, das wird zu einem Grundzug menschlichen Schaffens.

Dritte Frage: Welchen Weg unseres Humanismus halten wir für möglich?

Bei jeder unserer bisherigen Erörterungen haben wir die Forderungen formuliert, die sich für einen kommenden Humanismus ergaben: den Blick im weitesten Rahmen der menschlichen Möglichkeiten, die Durchdringung der technischen Welt, die politische Entscheidung für die öffentliche Freiheit des Geistes, den Willen zum Festhalten der Überlieferung, die Arbeit am gemeinsamen Grundwissen, die Erfüllung des Anspruches der Massen, das Standhalten in der Ungewißheit.

Jetzt versuchen wir, die zwei Wege ins Auge zu fassen, die untrennbar scheinen: das Leben in der Aneignung des *abendländischen Humanismus*, als unersetzlichen Ausgang, und das *Ringen um die Unabhängigkeit des Menschen* als die Voraussetzung aller kommenden Möglichkeiten.

*

1. Eigentliches Menschsein ist jederzeit ursprünglich, aber wird um so tiefer, je entschiedener es aneignet, woher es kommt. Unser Humanismus ist *abendländischer Humanismus*. Er enthält zwei Momente: den Bezug auf die *griechisch-römische Antike* und den Willen zum *eigentlichen Menschsein*, und zwar das eine durch das andere.

Der Humanismus hat die ehrwürdigste Überlieferung. Ohne ihn sind Dante, Michelangelo, Shakespeare und Goethe undenkbar, – in seinem Boden wuchsen auch Hölderlin, Kierkegaard und Nietzsche, – ohne ihn wären nicht einmal seine radikalen Gegner, wie Karl Marx, geistig möglich gewesen. Wie sollten wir diesen Namen des Humanismus verleugnen! In Nähe zu den abendländischen Menschen, zu ihnen aufblickend, können wir unseren eigenen Weg suchen. Zu keiner erlauchteren Schar von Geistern können wir uns gesellen.

Lassen wir uns nicht einschüchtern durch die übermütigen Behauptungen, daß unser Zeitalter den Humanismus überwunden habe, daß er zu den Resten dekadenten Bürgertums gehöre. Solche Scheinerkenntnis gewinnt nur dann Geltung, wenn eine despotische Gewalt gegen die wirklichen geistigen Ansprüche des Menschen ausmerzt, was ihr nicht gefällt.

Der Humanismus ist wesentlich eine Erziehungsfrage. Er bringt der Jugend die tiefsten menschlichen Gehalte in reinster Form und in einfachster Fassung. Es ist gar nicht unzeitgemäß, die humanistischen Gymnasien zu pflegen und den dazu begabten Kindern das Beste durch die alten

Sprachen zukommen zu lassen, was auch heute nur auf diesem Wege zu geben möglich ist. Alle Kinder des Abendlandes aber sollten außer mit der Bibel auch mit der Geschichte des Altertums und mit Schriften der Antike in Übersetzungen und mit der Kunst jener einzigen Zeiten vertraut werden.

Doch die Propaganda für den Humanismus ist heute nicht selten irreführend:

Wird der römische Humanismus, diese Aneignung des späten Griechentums aus der Kraft des römischen Ethos, zum Vorbild für allen Humanismus, so wird dieser eng. Der erste Humanismus ist nicht der römische, sondern die griechische *Paideia* selbst.

Gilt das Wissen von der Antike, die Kenntnis ihrer Sprachen und die Beherrschung der philosophischen Methoden schon als Humanismus, so wird er hochmütig und inhuman, schätzenswert nur noch durch seine philosophischen Leistungen.

Will ein kulturkonservativer Humanismus das geistige Leben sehen in den überlieferten *Topoi*, so kann er auch zur Rechtfertigung mancher Niedertracht werden durch Beispiele humanistischer Überlieferung. Das ist dann der Humanismus der Literaten, die leben in der Entscheidungslosigkeit, vielmehr aus der Entscheidung gegen den Ernst für den Reichtum des kaleidoskopischen geistigen Spiels, ob sie nun den Gelehrten, den Journalisten, den Konvertiten, den Nihilisten, den Philosophen oder andere Rollen ergreifen, hinter denen sie Verwirrungen ungeordneten Menschseins verbergen. Sie sind die neue Gestalt der immer lebendigen Sophistik, dieses bedeutenden Faktors des geistigen Lebens, den man beklagen muß und doch nicht missen möchte.

Das bodenlose Literatentum wurde möglich, weil der Anspruch erhoben wurde, den Menschen allein durch den Geist zu führen, im Humanismus seine Erfüllung zu sehen. Dann wurde vergessen: Der Geist ist in die materiellen Notwendigkeiten des Daseins gebunden, um real zu sein, und der Geist muß von der auf Gott bezogenen Existenz des Menschen getragen sein, um eigentlich wirklich zu sein. Der Humanismus ist nur das Medium, aber nicht die Vollendung des Menschseins. Wird er zum Endziel, so entfaltet sich eine abgesonderte Pflege von Vergangenem in einem sowohl irreal wie existenzlos werdenden Dasein.

Gegen diese Abgleitungen wenden sich nicht nur die Kräfte der Philosophie, um den echten Humanismus zu bewahren, – sondern auch die antihumanistischen Kräfte, um ihn ganz und gar zu vernichten.

Wird von diesen ein »realer Humanismus« (Marx) gefordert als ungeschichtliche Gegenwärtigkeit des Menschen und seine Verwirklichung durch vermeintliche Freiheit, Gerechtigkeit und Glück in Gemeinschaft aller, so gilt der Name für das Gegenteil allen Humanismus, für die Verleugnung der Überlieferung und der griechischen Ursprünge. Das wäre kein Humanismus mehr, vielmehr die Vernichtung des abendländischen Menschen. Zudem ist dieser reale Humanismus eine Fiktion, die aus anfänglicher Schwärmerei schließlich zur Täuschung durch politische Propaganda wird. Ein neuer Humanismus aus einer leeren Idee des Menschen als solchen ohne Geschichtlichkeit ist unmöglich.

Wohl aber ist ein kommender Humanismus denkbar, der die chinesischen und indischen Grundlagen des Humanen abendländisch aneignet und zu einem gemeinschaftlichen menschlichen Humanismus aller Erdbewohner in der Mannigfaltigkeit seiner geschichtlichen Erscheinungen wird, die besser sie selbst sind, weil sie um einander wissen.

*

2. Nun aber das Entscheidende. Der Humanismus ist nicht das Endziel. Er schafft nur den geistigen Raum, in dem jeder um seine *Unabhängigkeit* ringen kann und muß.

Die innere Unabhängigkeit des Menschen ist, solange es Geschichte gibt, erwachsen gegen die Verlorenheit an das Ganze. Vor allem immer dann, wenn sich dieses Ganze als brüchig erwies, wollte der Mensch in dessen Sturz sich nicht hineinreißen lassen. Dann wurde die Grundfrage des Humanen, äußerstenfalls auch als Einzelner auf sich stehen zu können.

Aber als Einzelner kommt der Mensch zu sich nur in unmittelbarem Bezug auf die Gottheit. Von Jesaias und Jeremias, von Sokrates, Jesus, den Stoikern, über Giordano Bruno, Spinoza, Kant gehen die großen unabhängigen Gestalten durch die Geschichte, die es aushalten, durch keine Gemeinschaft gestützt zu sein, und es vermögen, selber der Keim neuer Gemeinschaft unabhängiger Menschen zu werden, gehalten von der Gottheit, so wie sie sich ihnen zeigte.

Nach den neueren Jahrhunderten, deren Freiheit durch unabhängige Menschen begründet wurde, aber so, daß in der Folge das Zeitalter im vermeintlichen Besitz der Unabhängigkeit als Liberalismus ständig unwahrer wurde, haben Millionen von Menschen die errungene Freiheit preisgegeben, ohne es zu wissen.

Wo die äußere Freiheit durch den politischen Zustand gesichert scheint, ist doch diese nur zu halten, wenn ihr Sinn durch die innere Freiheit erfüllt wird, die jeder Einzelne sich in seinem inneren Handeln ständig neu erwerben muß.

Und wo die äußere Freiheit verloren ist, da ist in der politischen Vergewaltigung und der Funktionalisierung durch den Apparat das Ringen um die innere Unabhängigkeit vielleicht schwerer als je, aber auch redlicher, klarer, bewährter.

Wir können durch die Autorität der Macht dazu gebracht werden, das Unsinnige für wahr, das offenbar Irreale für Tatsache zu halten. Der Unterwerfungswille, im trügenden Bewußtsein, einer dämonischen oder göttlichen Macht ausgeliefert zu sein, verwandelt den Menschen. »Ich glaube es nicht, aber man muß es glauben«, das Wort haben wir gehört von Menschen, in denen diese Verwandlung begann. Die Bußfertigkeit in den Schauprozessen, die Bekenntnisse zu Handlungen, die man gar nicht begangen hat, aber vielleicht einmal versuchsweise spielend im Inneren erwogen hatte, sind das Zeichen des schließlich völligen Verlustes der Unabhängigkeit.

Die Aufgabe des Menschen, um seine Unabhängigkeit zu ringen, hört nicht auf. Das Ringen bleibt unter allen Bedingungen möglich, vielleicht in völliger Verborgenheit. Der weite geistige Raum des Humanismus hilft zwar im Kampfe um die Unabhängigkeit, aber bewirkt sie nicht. Der Humanismus seinerseits lebt nur auf dem Grunde menschlicher Unabhängigkeit.

Die Unabhängigkeit ist nun gar nicht einfach faßlich und selbstverständlich. Sie ist voll Gefahr. Oft versteht sie sich selber falsch. Sie ist nie vollendet.

Zunächst: Die Unabhängigkeit ist als solche nie mit sich zufrieden. Denn sie ist wirklich freie Unabhängigkeit erst, wo ihre Leerheit sich erfüllt.

Wenn ihm eine »Welt« verloren geht, kann sich ein Mensch vielleicht aufrecht halten als Einzelner in seiner Unabhängigkeit, aber die Frage ist: wie kann er, statt im Punktuellen seines Ichseins zu verschwinden, den Ursprung der Gehalte, wie kann er statt der leeren Weite eine neue Welt gewinnen?

Wenn in einer versinkenden Welt, in der Überflutung durch selbstvergessene Massen Menschen sich retten gleichsam in eine Arche Noah, in diese Unabhängigkeit, die auf den Fluten einzelnen anderen zu begegnen hofft, wie finden sie aus der Arche heraus zueinander, wie gewinnen sie eine Öffentlichkeit, die nicht leerer Lärm ist, sondern gemeinsame Ziele des gemeinsamen Lebens trägt und steigert? Wie gewinnen sie nach der Sintflut den Boden echter menschlicher Gemeinschaft? –

Weiter kann die Unabhängigkeit sich mißverstehen im Stolz der Kraft, der Vitalität eines blühenden Soseins eines Menschen, der sich durch nichts bedroht fühlt, – oder im vermeintlichen Sichselbstschaffen aus nichts, – oder im Zusehen von einem vermeintlichen archimedischen Punkt außerhalb im verantwortungslosen Betrachten. Immer ist dann verloren der Sinn von Freiheit, die nur in ihrem Sichgeschenktwerden in bezug auf Transzendenz gehaltvolle Erfüllung in der Welt findet und damit wirklich frei wird, sonst aber faktisch an die Zufälligkeiten des materiellen und psychischen Daseins bewußtlos ausgeliefert ist und außerdem nichts bewahrt als die Starrheit eines leeren Ichpunkts.

Tiefer aber als das Wissen um solche Entgleisungen dringt das Bewußtsein der Verlorenheit durch eine Unwahrheit im Menschsein als solchem. Sie erwächst zugleich mit dem Sichselbsthervorbringen des Menschen durch eigene Arbeit.

Mythisch wurde sie angeschaut im Sündenfall. Hegel zeigte die Selbstentfremdung des Menschen. Kierkegaard zeigte die Grundverkehrung des Menschen bis zur dämonischen Verschlossenheit. Nietzsche durchschaute die unübersehbare Fülle der Selbsttäuschungen. Illusionen wurden als ausschlaggebender Faktor im Völkerleben begriffen. Solche Anschauungen sind als Ideologienlehre in der Soziologie und als psychoanalytische Lehren Allgemeingut geworden. Sartre's existentielle Psychoanalyse wiederholt die Einsicht in die Grundtäuschungen des Menschseins.

Es handelt sich um die Phänomene des Verdeckens und Verhüllens, des Verdrängens und Vergessens, der Verkehrung und um die Grundaufgabe zu enthüllen, zu entlarven, aufzudecken, die Wahrheit und Wirklichkeit wiederherzustellen.

So klingt alles noch wie die Erkenntnis einer Krankheit, die zu heilen ist. Aber der moderne Mensch, der sich in das Äußerste hineingewagt hat, ist in einen Wirbel der Falschheit geraten, in das Unheimliche eines Verdrehtseins bis in den Grund, derart, daß Wahrheit und Wirklichkeit überhaupt ihm verschwinden.

Nietzsche erfuhr es: »Zwischen hundert Spiegeln vor dir selber falsch... in eigenen Stricken gewürgt, Selbstkenner, Selbsthenker.«

*

Die Gefahren der Unabhängigkeit sind so groß, daß der Zweifel an ihrer Möglichkeit auftritt.

Die moderne Unabhängigkeit, in der liberalistischen nun zu Ende gehenden Welt nicht mehr gegen Widerstand zu erobern, sondern als Scheinfreiheit jedem mitgegeben, hat in dem letzten Jahrhundert zu der meist verschleierten These geführt: die Freiheit führt ins Nichts, mit ihr geht es überhaupt nicht.

Es sieht in der Tat so aus, als ob viele Menschen nicht frei sein könnten oder wollten. Von da hat die Unzufriedenheit, das Ungenügen und dumpfe Drängen in den Massen vielleicht einen Einschlag. Das Nichtfreiseinkönnen zusammen mit der Not läßt eine gegenwärtige psychologische Realität verständlich erscheinen: Alle Bewegungen, die enthüllen, die die Unwahrheit der Zustände brandmarken, die aggressiv auf Vernichtung des zur Zeit Gültigen gehen, haben eine gewaltige Zugkraft. Sie fangen alle Unzufriedenheit und alle Ratlosigkeit auf, die mit sich und der Welt nichts anfangen kann. Hier liegen die Bahnen für wilde Lust am Zerstören, für den Machtwillen der Ohnmacht. Zugleich damit erwächst die Energie eines fanatischen Glaubens an Erlösung, die bevorsteht, der Drang zur Rettung im blinden Gehorsam.

So wird gerade mit der enthüllenden Wahrhaftigkeit heute eine Fülle neuer Verschleierungen vollzogen (in Marxismus und Psychoanalyse), werden mit der Zerstörung von Fiktionen neue Fiktionen geschaffen, – ähnlich wie durch die Gewalt einer Befreiungsaktion vielmehr die größte Vergewaltigung eingeleitet wird.

Aber alle Interpretationen erstens von der Leerheit der bloßen Unabhängigkeit, zweitens von den mannigfachen Entgleisungen in falsche Unabhängigkeiten, drittens von einer Grundverkehrung im Menschsein können nur steigern den Anspruch an die echte Unabhängigkeit: Die Aufgabe des Menschseins ist das Sichherausziehen aus der radikalen Unwahrheit. Doch wenn selbst aus dem Willen zum Heil gesteigertes Unheil erwächst, und mit der Einsicht in die Verkehrungen der Ruin doch nur immer größer geworden scheint, wie ist dann noch Hilfe möglich, wie eine Wegleitung zum eigentlichen Menschsein durch Bezug auf das Sein selbst, auf die Transzendenz?

Zur Hilfe stehen heute bereit die Offenbarungsreligionen und die Philosophie.

*

Der Naturalismus, oder besser die Denkungsart, die im Objektsein alles Sein, den Menschen als ein solches Objekt unter anderen sieht, erklärt das Denken der Transzendenz für eine falsche Auslegung von etwas, das in Wahrheit nur Weltsein ist. Er kennt keinen Ursprung der Freiheit, nichts, was »von außerhalb der Welt«, »von oben«, »aus der Lichtwelt«, von »Gott« zu uns käme.

Offenbarungsreligion und Philosophie, beide stehen gegen diese Denkungsart. Die große Frage aber ist: *wo* spricht Gott zu uns?

Die Religion antwortet: nur vermittelt durch Offenbarung, die schon geschehen ist, und die in menschlichen Institutionen, wie der Kirche, in Kult und Sakramenten und in Sätzen menschlicher Sprachen, immer also durch Realitäten in der Welt, uns erreicht, durch Autorität und Gehorsam.

Die Philosophie antwortet: die Transzendenz spricht unmittelbar zu einzelnen Menschen in der Wahrheit, welche zu hören uns alles Überlieferte nur erwecken und bereit machen kann; sie spricht in der Freiheit des Selbstseins als dem Organ, in dem der Mensch, jeder Mensch, ohne Ausnahme unmittelbar vor Gott sich geschenkt werden muß, um eigentlich Mensch zu werden.

Die Religion vermittelt durch Garantien gestützte Glaubensgewißheit. Wer in ihr von Gott spricht, kann als Organ einer in der Welt sichtbaren Autorität von Gott zu sprechen meinen, durch das Amt, das ihm kirchlich gegeben oder bestätigt wird.

Dagegen in der Philosophie bleibt der unmittelbare Bezug auf die Transzendenz Gottes zweideutig, ein Hören in der Gefahr, ihn nicht zu verstehen, eine Spannung im Gewahrwerden, eine Gewißheit in bleibender Unsicherheit. Wer von Gott spricht, tut es ohne Amt, auf gleicher Ebene mit jedem anderen Menschen, ohne Anspruch einer Autorität, allein auf die Kraft menschlichen Überzeugens rechnend. Wer sich etwa philosophierend im Dienste eines Auftrags fühlen sollte, wird sich nie darauf berufen. Sokrates wagte es erst am Ende, vor dem Gericht der Polis und vor dem Tode, zu sagen.

Die Offenbarungsreligion will transzendente Wirklichkeit vermitteln, – die Philosophie zeigt Gedankenvollzüge, mit deren Erfüllung der Denkende je seinen Weg sucht. Philosophierend vergewissern wir uns entweder Gottes oder des Nichts. Die Alternative: »entweder Gott oder das Nichts« wird aber durch die Theologie umgesetzt in die ganz andere: »Christus oder das Nichts«. Wobei alsbald Christus verstanden wird in

Gestalt der Lehren einer bestimmten Kirche, der Gehorsam gegen Gott als Gehorsam gegen Kirche und Glaubenssätze.

Die Philosophierenden sehen sich wunderlichen Angriffen gegenüber. Es kommt vor, daß man uns die Gottheit versagt, als ob wir usurpierten, was den Theologen gehöre. Man gesteht die Möglichkeit nicht zu, unmittelbar zu Gott zu leben, erweckt von der Tiefe der Überlieferung derer, die einst Gott zu hören glaubten. Man wirft uns vor den Hochmut des Menschen, der meint, sich selbst helfen zu können, und bezichtigt uns des faktischen Nihilismus, in den man alles zusammenwirft, was nicht einstimmt in den Gehorsam gegen den Offenbarungsglauben.

Angegriffen ist damit nicht nur die große Philosophie, die älter ist als das Christentum und die nicht beschränkt ist auf das Abendland, sondern ihre Tiefe hat auch in China und Indien.

Angegriffen ist auch die Chance des heutigen Menschen, sein Weg durch den Humanismus zur Wahrheit seines metaphysisch gegründeten Ethos. Der Unglaube von ungezählten Millionen ist Tatsache. Die verbreitete Aufklärung macht es fast unmöglich, daß sie zum Offenbarungsglauben zurückkehren. Wenn sie das Absurde – wie Kierkegaard es nannte – auf sich nehmen wollen, ist es ihnen erträglicher in den platten Absurditäten weltimmanenter Heilslehren. Wer die Menschen, wie sie heute geworden sind, zur Wiederherstellung ihres Wesens zunächst in die Knechtschaft eines Gehorsams, und sei es eines Glaubensgehorsams, stürzen möchte, der liefert vielleicht die meisten eher dem Totalitarismus aus als einem konfessionell bestimmten Christentum. Man hegt fragwürdige Erwartungen, solches Christentum politisch zur Ordnung der Geister zu verwenden.

*

Der unabhängig denkende Mensch will sich herausziehen aus der Unwahrhaftigkeit, um eigentlicher Mensch zu werden.

Er sucht in der Kraft der Liebe, in der Offenheit der Vernunft und in der Bereitschaft zum Lesen der Chifferschrift der Transzendenz. Dieser lebenwährende Prozeß bedarf nicht für alle der Hilfe der Kirchen. Aber er ist nur möglich mit Hilfe der Transzendenz. Wenn ich mir wiedergeschenkt werde im unablässigen Bemühen, das allein doch das Wesentliche nicht herbeizwingt, erfahre ich diese Hilfe, ohne sie als Tatbestand objektivieren und beweisen zu können.

Was leistet uns dabei die *Philosophie*? Die große Sache der Entfaltung philosophischer Lehre mag angedeutet sein in drei Sätzen:

a) Philosophie kann die Wahrheit nicht geben, aber sie kann erhellen, gleichsam den Star stechen, aufmerksam machen. Sehen und vollziehen muß ein jeder selbst.

b) Sie kann die Denkungsarten bewußt machen, das heißt durch Kategorien-, Methoden- und Wissenschaftslehre uns zu Herren unserer Gedanken machen, statt uns an gewohnten Gedankenformen ungewußt gängeln zu lassen.

c) Die Philosophie leitet hin zu den gedanklichen Grundoperationen, mit denen wir uns befreien von dem bloßen Objekt eines vermeintlich gewußten Absoluten, zu den Grundoperationen, in denen in Formen des Verstandes unser Denken zugleich Vollzug unseres Wesens wird und wie das Gebet der Offenbarungsgläubigen uns verwandelt und hineinhebt in den Aufschwung.

Wenn wir aber in diesem Sinne philosophieren – und uns vor dem tötenden philosophischen Dogmatismus bewahren –, so kommen wir in folgende Situation:

Da wir das Ganze nicht wissen können, kann unser Leben nur *Versuch* sein. Zuerst das Ganze wissen wollen, das lähmt alles Tun. Man muß hineingehen, es wagen, die Erfahrung seiner selbst und der Dinge zu machen, bei maximalem Wissen entscheidend im Nichtwissen seiner Liebe folgen, mit Zögern zwar und in ständiger Ungewißheit, aber darüber hinaus mit dem erfüllenden Entschluß. In die Zukunft schreiten bedeutet, wenn es nicht ein passives Geschehenlassen ist, Bindung an einen Stern, der uns führt, aber nur durch die Klarheit unserer eigenen Entschlüsse, nicht durch Zeichen oder durch irgend etwas, aus dem als einem Anderen wir berechnend ableiten könnten, was zu tun ist.

Wenn Nietzsche das Leben »ein Experiment des Erkennenden« nannte, so schien sich das Leben aufzulösen in den Versuch. Aber der wahre Versuch ist selber der Ernst der Wirklichkeit, die sich ihrer nicht objektiv gewiß ist. Das ist die moderne Tapferkeit: fortfahren im versuchenden Leben, wenn auch keine Gewißheit ist, – nicht das Ergebnis verlangen, sondern das Scheitern wagen, – das Ja zum Leben vollziehen, als werde in der Tiefe eine Hilfe sich zeigen, welche jedenfalls das bedeutet, daß das gut Gewollte nicht nichts sei, daß es am Ende einströme in das Sein.

So ist die eigentliche Unabhängigkeit nicht ein fester Punkt des Freiseins, sondern dieses Sichgewinnen, das nie am Ziele ist.

*

Unsere Erörterung des Ringens um die innere Unabhängigkeit hatte zuletzt nur den Menschen als *Einzelnen* im Auge. Klingt das nicht, als ob der Einzelne alles sei? Das Gegenteil ist wahr: der Einzelne ist im Gang der Dinge das verschwindende Individuum, und der Einzelne ist er selbst nur in dem Maße, als er es in Kommunikation mit anderem Selbstsein und mit der Welt ist.

Aber zugleich ist wahr, daß alles auf dieses verschwindende Ich ankommt. Denn erst auf dem Grunde persönlicher Wirklichkeit kann ich für das sonst imaginär bleibende Ganze, für die Gemeinschaft im engsten Kreise, in Staat und Menschheit mitleben. Denn der Geist dieses Ganzen ist gegründet auf die Wahrheit der Einzelnen, auf die Unbedingtheit geschichtlicher Entschlüsse in der Verwirklichung des täglichen Lebens ungezählter Einzelner.

Wohl scheint der Einzelne ohnmächtig. Aber wie bei Wahlen zwar jeder sagen kann, daß, wenn er nicht wähle, das Wahlresultat sich nicht ändere, er aber doch wählt, weil er weiß, daß alle Einzelnen zusammen das Ergebnis bringen, – so ist die sittliche Kraft des scheinbar verschwindenden Einzelnen die einzige Substanz und der wirkliche Faktor für das, was aus dem Menschsein wird, – diese Substanz liegt nicht in einem objektiven Heilungsprozeß oder einem metaphysischen Totalgeschehen des Seins oder in dämonischen Kräften oder in einem dialektisch-zwingenden Gang der Geschichte, nicht in Fiktionen hilflos von sich selbst und ihrer Aufgabe weglaufender Menschen.

Wer etwa, was aus dem Menschen werden kann, mit größtem Pessimismus ansieht, der hat doch den Hebel, es zu bessern, an sich selbst, wenn er sich sagt: was ich im Blick auf Transzendenz selbst bin und tue, soll mir zeigen, was der Mensch sein kann, und läßt vielleicht mein Auge heller werden, zu sehen, was ist. Die Zukunft liegt in der Gegenwärtigkeit jedes Einzelnen.

Anmerkung: Die Probleme dieses Vortrags sind eingehender erörtert in meinen Schriften:

Die geistige Situation der Zeit, 1931, 7. Auflage 1949
Vom Ursprung und Ziel der Geschichte, 1949
Der philosophische Glaube, 1948

Die Situation der Philosophie heute

Wir philosophieren jederzeit in der geschichtlich gegebenen Situation. Aus ihr suchen wir das Ewige im Ursprung. Heute, in der tiefsten Krise der Geschichte, wissen wir vielleicht bewußter als je um das eigene Tun im mitreißenden Strom der Bewegung des Menschseins, von dem wir getragen sind und den wir mitbewirken. Wer philosophiert, will wissen, wo er in diesem Strom sich befindet und mit diesem Wissen das Wahre denken, wie es gegenwärtig erfaßt werden kann.

1. Heute haben wir kein Weltganzes, kein wahres Weltbild, keine gültige Ontologie mehr. Die Philosophien der Vergangenheit, soweit sie solches geben, wie die Stufenordnung des geschlossenen Kosmos, die Monadenlehre und all die großen Seinssysteme, muten uns an wie Märchen und die vergeblichen Wiederherstellungen wie Gespenster.

Einer der Gründe dafür ist die heute gewonnene Reinheit zwingender Wissenschaft. Ein unaufhaltsamer Fortgang der Forschung führt uns, niemand weiß wohin. Wir besitzen heute methodisch sichere Erkenntnis, mehr als Menschen sie je hatten.

In der Naturwissenschaft ist alles Subjektive – von den Sinnesqualitäten über den anschaulichen Raum und die Zeit bis zu den Modellvorstellungen der Materie – aufgehoben zugunsten eines unanschaulichen Wissens in mathematischen Gleichungen in ständigem Bezug auf Meßbarkeiten, welche bewähren oder widerlegen. Es ist eine nie erwartete Erkenntnis und Macht gewonnen. Aber verloren ist darin die Substanz der Natur, der eindeutige Mechanismus oder das Alleben, verloren ist die Welt an sich, um übrig zu lassen die Unendlichkeit der Erforschbarkeiten in der Welt. Alle Erkenntnis ist partikular. Die heute gewonnene universale Einheit der Naturgesetzlichkeit zeigt gerade in ihrer Universalität doch nur partikulare Aspekte des Weltseins, keineswegs Erkenntnis der Welt im Ganzen.

Während in der Geschichtswissenschaft und Soziologie die Substanz eines einzigen Totalgeschehens als Irrtum unkritischer Metaphysik fallen mußte, wurden Zusammenhänge in der Geschichte und Gesellschaft in einer solchen Fülle und Prägnanz erkannt wie kaum früher. Der Name Max Webers als Repräsentant einer Reinigung und Intensivierung der

Forschung bedeutet in den Geschichtswissenschaften eine der großen naturwissenschaftlichen Umwälzung analoge Wende.

Heute fordert die geistige Situation zweierlei: die Reinheit allgemeingültiger, zwingender Wissenschaft nie zu verlassen, ihre Unumgänglichkeit jeden Augenblick gegenwärtig zu haben, und dann auf diesem Grunde die Möglichkeiten zu ergreifen, die philosophisch in neuen Dimensionen des Denkens sich zeigen.

2. Wir sind, gemessen an dem Glauben substantieller Metaphysik früherer Zeiten, ins Bodenlose geraten. Unser selbstverständliches Grundwissen im Ganzen ist zerbrochen. Jetzt ist die Frage, in welchem Sinn wir philosophisch überhaupt wieder Boden gewinnen können.

Jedenfalls nicht durch ein Wissen von Etwas. Denn alles, was wir als Gegenstand fassen und dann als solchen für das Sein halten, ist in der Welt, nicht die Welt, ist im Sein, nicht das Sein. Wir müssen uns in unserer Situation kritischer Einsicht davon lossagen, in irgendwelchen Objekten, in irgendwelchen Systemen das Sein selbst zu haben.

Aber das Lossagen genügt nicht. Wir würden ins Leere fallen, wenn wir nur die wissenschaftliche Erkenntnis hätten. Immer lassen wir uns unbewußt oder bewußt, in der Tat auffangen von einem Grundwissen. Niemand lebt ohne ein Grundwissen, mag dies chaotisch, sich wandelnd wie im Kaleidoskop, nur je für den Augenblick unklar gedacht sein, oder mag es sich bewußt in einer kontinuierlich erworbenen Ordnung innerer Haltung verläßlich klar werden.

3. Dies ist die Aufgabe der Philosophie. Sie bedarf heute einer *Grundoperation*, mit der sie sich herausschwingt aus der objektgebundenen, gegenständlichen Erkenntnis, die der Bereich der Wissenschaften ist. Sie können auch in ihrer Gesamtheit, als Kosmos der Wissenschaften, die Philosophie nicht ersetzen.

Diese Grundoperation vergewissert uns des Umgreifenden, dessen, was Subjekt und Objekt übergreift, was vor und nach der Spaltung in Subjekt und Objekt liegt und in dieser Spaltung zur Erscheinung kommt.

Die Subjekt-Objekt-Spaltung, in der wir meinend auf etwas gerichtet sind, in der wir, was ist, erfassen in Bedeutungen, durch Sprache, auf dem Umwege des Bezogenseins, das ist der Raum, in dem alles für uns ist, was wir denken. In diesem mit den Mitteln des Denkens über ihn hinauszudenken, zu transzendieren, d. h. am Leitfaden der Gegenständlichkeit innezuwerden dessen, was auf keine Weise adäquat Gegenstand ist, das ist der erste Schritt des Philosophierens.

Der zweite Schritt ist das konkrete *Innewerden des Umgreifenden*, das uns, sowie wir es berühren, als eine Weise des Umgreifenden, nicht als das Umgreifende überhaupt, gegenwärtig wird. Philosophie entfaltet das Umgreifende, das wir sind als Dasein, Bewußtsein überhaupt, Geist, Existenz, und als das Umgreifende, das das Sein selbst ist, als Welt und Transzendenz. Umgreifend umgriffen sein ist die Weise, wie wir uns im Sein finden. Dieses in den Gleichnissen der Gegenständlichkeiten zu vergewissern, ist die eigentümlich philosophische Gedankenarbeit, die in Kürze nicht zu berichten ist.

4. Durch Vollzug dieses Denkens wird zugleich die Wahrheit der *überlieferten Philosophien* neu angeeignet. Denn in ihr war das ewig Wahre verborgen, um das wir Menschen von jeher, jetzt und immer uns bemühen unter den jeweiligen geschichtlichen Voraussetzungen. Diese sind das faktische wissenschaftliche Erkennen, die geschichtlichen Lebensformen und die religiösen Mächte.

Heute suchen wir unsere Freiheit im weitesten Raum des Möglichen, suchen die Chance unserer Unabhängigkeit durch das Versuchen aller Standpunkte. Wir wollen Herr unserer Gedanken werden und nicht Knechte bleiben von undurchleuchteten und darum undistanzierten Denkgewohnheiten. Vielleicht ist dieses Herrwerden über seine Gedanken in dieser Radikalität auf Grund der geschichtlichen Erfahrung heute erst möglich geworden und uns eigentümlich. Es eröffnet neue Chancen, wenn es auch faktisch schon von Plato erreicht war, den man von heute her tiefer als früher versteht.

Aber, so hört man, das ist ja der Weg zum Historismus und Relativismus, zum Skeptizismus und Nihilismus, zu der Glaubenslosigkeit. Keineswegs. Dies Unheil unserer Zeit birgt in sich die Wahrheit, daß es aufhebt alle falschen Geborgenheiten, alle verschleiernde Harmonisierung, alle bequeme Menschlichkeit, die unmenschlich wurde.

5. In der aus der Unruhe jener Verführungen des Nichts geborenen Philosophie ist vielmehr jene Forderung, Herr seiner Gedanken zu werden, untrennbar von der anderen Forderung: ganz dabei zu sein im konkreten Gedankenvollzug, nicht ein äußeres Hantieren mit Begriffen sich zu gestatten. Das heißt: die Distanzierung vom Gedachten ist nicht nur wahr in Einheit mit der Ursprünglichkeit des Denkens. Das Denken denkt notwendig Allgemeines. Aber die Wahrheit des philosophisch Allgemeinen ist nur in eins mit der Geschichtlichkeit der Existenz. Die Existenz schlägt in ihrem Fluge gleichsam mit zwei Flügeln, mit dem einen

Flügel das Allgemeine, mit dem anderen die geschichtliche Konkretheit ihres gegenwärtigen unvertretbaren Lebens. Beide Flügel müssen schlagen, einer ermöglicht den Schlag des anderen. Die Existenz und mit ihr das Philosophieren fällt zu Boden, wenn der eine der beiden Flügel erlahmt.

Im Philosophieren, wie wir es durch Sprache mitteilen, erwächst dadurch eine unaufhebbare Zweideutigkeit. Wir treten ganz in den Gedanken ein, sind ganz dabei – und wir vollziehen die Distanzierung, sprechen über ihn, gehen mit dem Gedanken wie mit einem fremden um. Es sieht aus, als ob wir ganz identisch würden mit den Gedanken, und als ob wir in ihnen nur Rollen ergriffen und wie ein Orchester die Musik vergangener Philosophien dirigierten.

Die Zweideutigkeit liegt in der Natur der Sache. Das Gedachte und Gesagte ist nicht mehr das konkrete Denken selber. Es löst sich ab, was nur der eine Flügel ist. Philosophie ist daher ein stetes Wiederherstellen der eigentlichen Existenz aus den Abgleitungen.

6. Die geschichtliche Überlieferung suchen wir anzueignen im Blick auf ihre ewige Wahrheit, unter Verzicht auf ihre besondere geschichtliche Gestalt. Allgemeingültigkeit und damit ungeschichtliche Geltung hat nur, was wissenschaftliche, partikulare Erkenntnis wird und damit aufhört, Philosophie zu sein. Im Philosophieren dagegen ermöglichen wir unsere eigene Geschichtlichkeit, ohne sie zur allgemeinen und absoluten für alle zu machen. Wir wenden uns zwar an alle um Gehör, wie wir selbst betroffen sind von jedem ursprünglichen Philosophieren. In der Kommunikation aber mag dann um so heller erwachsen, was als Wahrheit immer wieder nur in geschichtlicher Gestalt wirklich wird.

Dies macht uns gegenwärtige Menschen zwar eigentümlich bodenlos, aber zugleich gründet es uns in einer der letzten der Menschheit gemeinsamen geschichtlichen Tiefe. Dafür kann unser typisch modernes Dasein ein Gleichnis werden. Menschen sind heute in einer Menge wie noch nie aus ihrem Boden gerissen, in milden, halb freiwilligen und in grauenerregenden, gewaltsamen Formen. Der moderne Mensch muß sich ansiedeln, wo er gerade ist. Wir müssen Fuß fassen, aber können es nur mit dem Wissen um unsere Wanderschaft im Dasein. Das menschliche Leben überhaupt verstehen wir als Wanderschaft, der wir heute nur unausweichlicher, unverschleierter als je, weil durch äußere Gewalt im äußeren Dasein, ausgesetzt sind. So können wir zwar überall bodenständig werden, uns unsere Umwelt schaffen und mitnehmen, und sei es auch nur im kleinsten Maße. Diese selber aber ist dann durch die Ungeborgenheit wie ein Anspruch, der uns eine unzerstörbare Ansiedlung nur in der Tiefe der philosophischen Überlieferung der Menschheit erlaubt, in dem Reich des Gedachten, in den philosophischen Urgedanken, im Ursprung des Menschseins, aus dem das schon Gedachte analog einer Autorität zu uns spricht.

Damit wächst unsere Eignung zum Weltbürger. Wir werden zu Menschen schlechthin in der Gestalt unserer je besonderen Geschichtlichkeit, bis zur Existenz des unvertretbaren Einzelnen.

7. Fasse ich zusammen. Der mit dem Erreichen reiner Wissenschaft verknüpfte Verlust eines objektiven substanziellen philosophischen Wissens, der Weg von Relativismus und Nihilismus, das Preisgegebensein des Menschen in unserer Zeit sollen zu einer neuen Philosophie führen, die die uralte Wahrheit in neuer Gestalt zeigt.

Unser Denken geht durch den Nihilismus, aber gewinnt darin seine Wiedergeburt. Der Sturz wird Schwebenkönnen, – was Abgrund war, wird Raum der Freiheit –, das Nichts verwandelt sich in eine Welt.

Über Gefahren und Chancen der Freiheit

Unter Freiheit des einzelnen Menschen verstehen wir das Selbstdenken und das Handeln aus eigener Einsicht und damit die Führung des Lebens in der Kontinuität des eigenen Wesens. Der freie Mensch wird sich geschichtlich hell in den ihm gegebenen Situationen seines Schicksals, das sich durch seine Entschlüsse und deren Folgen erfüllt.

Unter politischer Freiheit verstehen wir den Zustand der Gemeinschaft, in dem die Freiheit aller Einzelnen die größte Chance hat.

1. Tendenzen zur Vernichtung der Freiheit

Die These, Freiheit sei nicht möglich

Gegen die Möglichkeit der Freiheit sprechen niederschlagende Erfahrungen:

Der Alltag scheint zu lehren, daß viele Menschen nicht wissen, was sie eigentlich wollen, wenn es ihnen nicht gesagt wird. Die meisten scheinen nicht aus sich selbst zu leben, sondern durch Nachahmungen, aus augenblicklicher Lust, aus unerhellten Gewohnheiten und gelenkt von Suggestionen. Es ist, als ob sie in sich selbst gleichsam einen leeren Abgrund fänden, vor dem sie nach außen fliehen, entweder in eine Geltung für andere durch Gebärden und Veranstaltungen oder in den Gehorsam gleich welcher Art, wenn sie nur gehorchen können im Bewußtsein, Teil zu sein einer unwiderstehlichen Macht. Freiheit bedeutet ihnen die Gewaltsamkeit, an der sie teilnehmen, sie erleidend und weitergebend. Besonnenheit und Urteilskraft zeigen sich selten.

Dazu kommt ein Drang, die eigene Freiheit preiszugeben an ein sie im Wesen Vernichtendes, an das Absurde, das nicht nur undenkbar, sondern Zerstörung des Denkens selber ist. Die Geschichte scheint zu lehren, daß alle wirksamen Religionen und religionsartigen Mächte irgendwo das schlechthin Absurde in sich schließen, das nicht abstößt, sondern gerade anzieht, ja unerläßlich scheint für den wirksamen Glauben. Es fragt sich nur, welche Weise des Absurden jeweils die wirkungskräftigste ist, die dann alle anderen Weisen in ihrer Absonderlichkeit verachtet und ausschließt.

Die Unmöglichkeit der Freiheit scheint weiter aus folgender Erfahrung sich zu ergeben. Freiheit fordert Gemeinschaft im Wahren. Diese Gemeinschaft fordert die Kommunikation des schaffenden und prüfenden Denkens, das nicht in der Verborgenheit wirkungslos verschwinden, sondern sich öffentlich treffen soll. Daher will auch jede auf Wahrheit gegründete politische Macht die unbeschränkte öffentliche Diskussion. Sie ist der einzige unumgängliche Weg, wenn Wahrheit wachsen soll. Was aber dann als öffentliche Diskussion verwirklicht wird, kann wie eine ungeheure Täuschung aussehen, in der der Versuch der Freiheit gescheitert ist. Denn die öffentliche Diskussion scheint zumeist nicht das Gespräch innerlich freier Menschen zu sein, die gemeinsam das Wahre suchen, nicht die Aufrichtigkeit der Sprechenden und Hörenden, sondern eine Kampfmethode für ganz andere Zwecke als die der Wahrheit. Man will gelten, will bezaubern und niederschlagen. Die freie Presse verbirgt ihre Abhängigkeit von Mächten der Wirtschaft und der politischen Gewalt und von weltanschaulichen Institutionen. Nicht Wahrheit, sondern List beherrscht das öffentliche Reden. Freie Öffentlichkeit, das scheint zu bedeuten Bestechlichkeit, zynisches Dirigieren der Massenmeinungen, Verantwortungslosigkeit der Redenden und Schreibenden. Diese gehorchen immer, ob die Zustände frei oder despotisch sind.

Die Geschichte des Abendlandes zeigt nur einzelne Lichtinseln versuchter Freiheit. Die meisten Versuche sind gescheitert. Diese Geschichte geht ihren Gang keineswegs als Geschichte wachsender Freiheit. Die Gegenwart schließlich vollzieht den rasenden Sturz in die Unfreiheit. Mehr noch als in der bisherigen Geschichte scheint Freiheit heute unmöglich zu werden in der Vermassung durch die technische Welt. Das Leben fast aller im bloßen Moment, ohne den zweiten Horizont der Zukunft, ohne Grund in der Tiefe der eigenen Vergangenheit und in der gemeinsamen Geschichte, geordnet nur durch Bürokratie, Arbeitszwang und organisierte Freizeit, läßt Freiheit verschwinden. Was heute menschlich echt ist, bleibt verborgen. Es scheint wirkungslos und ungehört zu versinken im Schlammstrom der alles und sich selbst sogleich wieder vergessenden Öffentlichkeit mit ihren Sensationen.

Denken wir schließlich nicht nur an uns Abendländer, sondern an die Milliarden Menschen, die den Erdball bevölkern und die Träger der kommenden Geschichte sind! Diese Menschen sehr verschiedener Art und Herkunft haben in ihrer Vergangenheit niemals Freiheit gekannt – im Unterschied von den seltenen Augenblicken und Orten des Abendlandes. Sie sind heute ohne Ausnahme in den Strudel der modernen Technik und deren Folgen hineingerissen worden. Dem Blick auf diese Milliarden stellt sich die bange Frage: wie sollen diese Milliarden für ein Dasein in Freiheit geneigt sein? Sie wollen gehorchen im blinden Glauben.

Alle diese Erfahrungen scheinen dasselbe zu sagen: Freiheit ist nicht möglich.

Die Verführung zur Verwerfung der Freiheit

Jeder, der mit echter Leidenschaft um Freiheit sich müht, macht im Umgang mit Menschen persönlich Erfahrungen, in denen er Freiheit aufgeben muß. Die Verführung, auf sie zu verzichten, geht dann aus vom Erbarmen und von der Ungeduld.

Erbarmen schreckt angesichts des einzelnen Menschen, der im Grunde ratlos ist und daher in sich selbst keine Führung aus Freiheit findet, davor zurück, Freiheit vorauszusetzen. Im Bewußtsein der Grausamkeit, sie von ihm zu verlangen, kann das Mitleid sich dazu verstehen, ihn an die Hand zu nehmen und zu führen.

Ungeduld erwächst angesichts von Dummheit, Trägheit und bösem Willen. Zum Beispiel unterbricht ein Wissender etwa ein sinnlos werdendes Gespräch durch eine autoritative Erklärung. Das Miteinanderreden hört dann auf – oder es bleibt nur ein wirkungsloses Spiel in der Muße –, der Mensch wird zum Gehorsam gezwungen durch sein eigenes Versagen, sei es durch die Situation, sei es durch Befehl.

Solches Verhalten ist Symbol für den Abbruch der Verständigung bei dem Gang der Dinge im Großen, für das Spiel der Mächte der Politik. Hier hat der Mißbrauch der Freiheit in verantwortungslosen Meinungen und trotzigem Eigenwillen *vieler* am Ende die Versklavung *aller* zur Folge. Denn wo sich nicht durch Freiheit eine Welt erbaut, sondern ursprungslose Willkür zur Anarchie führt, da findet die Gewalt keinen Widerstand mehr.

Ungeduld kann selbst einen freien Menschen verführen, angesichts des Gestrüpps unsachlicher Schwierigkeiten und der wachsenden Hemmungen durch die eigensinnige Willkür der Einzelnen, nach der Gewalt zu greifen, um das Ganze in die Hand zu bekommen und das Wahre, wie es ihm scheint, zur Geltung zu bringen. Er kann aber dieser Verführung erliegen nur um den Preis, mit der Vernichtung der Freiheit *aller* auch die *eigene* Freiheit zu verlieren.

Dieser Weg, die Verführung der Ungeduld des freien Menschen in bedrängender Situation, würde von ihm selbst kaum beschritten werden, sähe er voraus, wohin er führt. Wohl kann es ihm geschehen, daß er von der ratlosen Masse mit Beifall empfangen wird. Der allgemeine Zustand der Unverläßlichkeit und der endlosen Störungen des Lebens ohne eigentliches Leben bewirkt eine Angst, die am Ende nur noch den Drang kennt: es muß anders werden. Dann unterwirft sich den Versprechungen eines Erretters und Heilandes die Mehrzahl mit Enthusiasmus. Es geschieht, was Tacitus nannte: *ruere in servitium*. Man erwartet eine magische Wirkung. Man wirft die Freiheit weg im Rausche des die Herrlichkeit erwartenden Gehorsams. Folgt dann die schreckliche Enttäuschung, ist alles zwar anders geworden, aber viel schlimmer noch als es vorher war, so ist es zu spät. Die Tore des Gefängnisses sind zugeschlagen.

Für diesen schaurigen Vorgang scheint die Geschichte mit menschlich subalternen Tyrannen vorlieb zu nehmen, denen es Freude macht, über Sklaven zu herrschen, Männern von tigerhafter Geistesgegenwärtigkeit oder eiserner Intelligenz oder hysterischer Betrügerbegabung. Vielleicht waren Julius Cäsar oder auch Cromwell großartige Ausnahmen, Männer hoher Freiheit.

In einer für die Freiheit *aller* hoffnungslos scheinenden Welt gibt es für *den Einzelnen* die umgekehrte Verführung. Er sucht wenigstens seine eigene Freiheit zu retten, d. h. sich in der Welt zu tarnen und durchzukommen mit Rollen und Masken. Er hält sich in der Isolierung, fatalistisch im Hinnehmen, zynisch im Umgang mit den Realitäten, anarchisch in der Gesinnung. Aber Freiheit gelingt nur als gemeinschaftliche Freiheit. Sie für sich allein zu retten, heißt schon, sie preisgegeben zu haben.

Der Krieg

Wenn Freiheit das Werden des eigentlichen Menschseins bedeutet durch die Kommunikation im Wahren, so ist der Todfeind der Freiheit der Krieg. Denn der Krieg ist die Gewalt, mit der das Miteinanderreden aufhört und die Wahrheit als verbindendes Element endgültig verschwindet. In der Situation, töten zu müssen oder getötet zu werden, wird dann allen einzelnen Kämpfenden durch das ihre Gewaltsteigerung erzwingende Ziel, den Krieg zu gewinnen, immer mehr von ihrer persönlichen Freiheit genommen, bis alle Freiheit zugunsten wirksamster totaler Gewaltanwendung vernichtet ist. Was im Krieg als vorübergehend gilt, das wird unter Kriegsdrohung zum Dauerzustand.

2. Möglichkeiten der Freiheit

Das Versagen des Glaubens an die mögliche Verwirklichung der Freiheit auf Grund von Erfahrung – die Verführung zum Verzicht auf Freiheit durch Erbarmen und Ungeduld, zur vermeintlichen Rettung der eigenen Freiheit ohne die Freiheit der anderen – die Realität des Krieges, der ein immer wiederkehrendes, in seiner freiheitsvernichtenden Auswirkung sich steigerndes Element aller bisherigen Geschichte ist –, all diese Vergegenwärtigungen können hoffnungslos stimmen. Diese Bilder können das Unheil, das Erlöschen der Freiheit, als unausweichlich erscheinen lassen.

Trotzdem: richtig sind sie nur in bezug auf viele einzelne Zusammenhänge der Realität und als ständige Gefahr. Als vermeintliche Einsicht in das Ganze der menschlichen Möglichkeiten werden jene Bilder falsch.

Sie zeigen gleichsam die Materie als die eine Seite des Lebens, aus der der Mensch stammt, und in die er zurücksinken kann, wenn er die andere Seite, seine Möglichkeiten und eigentlich menschlichen Aufgaben versäumt. Dieser Materie bedarf er zwar, solange er lebt, aber aus ihr ist das Menschsein weder zu begreifen noch darf es für immer an sie verloren gehen. Wir vergegenwärtigen uns unsere Chancen.

Die Zukunftsaussicht

Ungeheuerliches ist möglich. Infolge eines neuen Krieges können weite Länderstrecken für lange unbewohnbar werden, kann die Menschheit hingemordet werden, daß nur ein Drittel oder weniger übrig bleibt, kann für diesen Rest das Leben so mühselig werden, daß es, aus dem Zustand unserer Zivilisation gesehen, unerträglich scheint.

Aber der Rest wird leben, der Erdball weiter kraft des Sonnenlichtes gedeihen. Irgendwelche Überlieferungen, Werke, Bücher, Werkzeuge und Maschinen werden gerettet sein. Bei allem Vergessen und bei dem Abreißen der Überlieferung wird einiges Können bleiben. Vor allem der

Mensch selbst, in jeder neuen Generation neu geboren, neu versuchend, in ursprünglicher Reinheit jedes Einzelnen wieder beginnend, wird in seinen Möglichkeiten unvorhersehbar reich sein können.

Angesichts der unheilvollen Möglichkeiten in jeder Prognose muß man der Übertreibung widerstehen. Was nicht gewußt und überhaupt nicht wißbar ist, darf nicht als Wissen behandelt werden. Ein vermeintliches Wissen von der Weltgeschichte im Ganzen können wir stets kritisch zersetzen. Als Wissen kann es uns nur dann niederschlagen, wenn wir unkritisch unser Nichtwissen verleugnen.

Das Ganze der Geschichte ist für uns ein unendlich Offenes. Die Zeit ist unabsehbar. Die 6000 Jahre bisheriger Geschichte sind nur ein Anfang, ein Augenblick an dem Maß der wirklichen Zeit.

Wir sollen die Weltgeschichte im Ganzen nicht zum Gegenstand unserer Sorge machen. Sie ist nicht unsere Aufgabe. Denn niemand steht über ihr, hätte sie zu gestalten in der Hand. Wir müssen gegenwärtig leben in Sorge um das, was wir sind und wirklich tun können im unendlichen Horizont der Möglichkeiten: klar erkennen, was in unserer Macht liegt und was nicht, das schafft uns den Raum unserer wirklichen Freiheit. Und dieser liegt immer zuerst und zuletzt in dem, was wir als unser Leben alle Tage verwirklichen. Darin liegt das Wesentliche des Menschseins auch für die Zukunft gegründet.

Wenn uns das Bewußtsein überkommt, mit allem, was uns wert ist, nur noch eine Galgenfrist zu haben, so soll uns das nicht lähmen. Es ist stets noch ungewiß, was kommen wird. Was wahrscheinlich aussieht, braucht keineswegs – wir haben es oft erfahren – wirklich zu werden. Dann aber kann gerade die Wahrscheinlichkeit des Unheils uns kräftigen in dem Bewußtsein, daß es auf jeden einzelnen ankommt, sein Dasein durchstrahlen zu lassen von Ursprung und Ziel. Die höchste Spannung des Möglichen kann auch die ganze Kraft des vernünftigen Menschseins in uns steigern, zu tun, was wir können, in den Anstrengungen um das Wesentliche.

Der Kampf gegen den Krieg

Die nach bisheriger historischer Erfahrung gewaltigste, die Freiheit immer einschränkende und schließlich vernichtende Realität ist der Krieg. Der Freiheitswille sucht mit unendlicher Geduld den Krieg unmöglich zu machen. Aber es bleibt unsere Situation, daß dies Ziel nicht in sicherer Aussicht steht.

Es ist unser menschliches Verhängnis, daß in uns allen jene Gewaltsamkeit liegt, die zur Folge hat, daß wir nie ohne Kriegsdrohung leben. Selbst bei einer vielleicht einst zu gewinnenden rechtlichen Weltordnung wird diese Drohung nie völlig aufhören. Wer sie irgendwann für verschwunden halten wird, wird durch das Vertrauen in die Sicherheit der Weltordnung Mitursache für eine um so schrecklichere Überrumpelung werden.

Den Krieg als unüberwindbare Realität anzuerkennen, ist für den frei werdenden Menschen ebenso unmöglich wie seine Realität als eine beiläufige Teufelei zu bagatellisieren und mit pazifistischen Wendungen wegzureden. Der Krieg hat seinen Ursprung im Menschsein, und zwar in einer Tiefe, die weder mit Charaktereigenschaften noch durch objektiv unlösbare Konflikte zwischen Menschen und Menschengruppen genügend begriffen wird. Und doch bleibt der ewige Friede eine Idee der Menschheit.

Der Krieg wäre nicht möglich, ohne ein allgemein verbreitetes Verhalten zwischen Menschen, das ihn vorbereitet. Daher beginnt die Gegenwirkung gegen den Krieg von der kleinsten Zelle der Gemeinschaft aufsteigend zu den höheren. Das alltägliche Verhalten, in dem ein jeder durch Mitverantwortung zur Freiheit kommen soll, verbietet trotzigen Eigenwillen und sucht ihn aufzuheben im Miteinanderreden. Daher ist das Alltagsethos die erste Bekämpfung des Krieges. Wenn nicht, dann ziehen irgendwann die am Steuer Sitzenden die Konsequenz und lassen den Krieg, der überall im kleinen vorgeübt wurde, im großen ausbrechen.

Der Kampf gegen den Krieg geschieht weiter durch geduldige Staatsmänner, die, trotz Kriegsatmosphäre in der Seele so vieler gewaltsamer Menschen, wenigstens jetzt den Ausbruch des Krieges im großen verhindern wollen oder hinauszuschieben suchen. Es ist schon viel, solche Atempausen zu schaffen, von denen allein bisher die Geschichte gelebt hat.

Aber heißt das: um keinen Preis Krieg?

Wer Freiheit will, will einen solchen Zustand der Gemeinschaft, in dem die Freiheit des Einzelnen die größten Chancen hat. Das ist der politische Zustand, in dem durch mögliche spontane Mitwirkung aller in gesetzlichen Formen ständig die Korrektur des Bestehenden gesucht und dies durch öffentliche Diskussionen, Freiheit der Nachrichten, das höchstmögliche Maß von Bildung und Selbstdenken gefördert wird. Wo diese Möglichkeit eines freien politischen Lebens, das notwendig in sich vom Friedenswillen getragen ist, von außen her vernichtet werden soll, da ist Widerstand und ist das Rechnen mit der Möglichkeit des Krieges eine Verantwortung der Freiheit selbst, die den Krieg als solchen nicht wollen kann.

Wenn es sich darum handelt, gegen unseren Raubtiercharakter in Gestalt gewaltsamer Machtbildungen den Zustand der eigentlichen Menschheit zu retten, der Freiheit ermöglicht, so ist die Gesinnung der Freiheit selbst das Motiv, die Waffen zur Abwehr zu ergreifen.

Es bleibt für das Abendland ein ewig denkwürdiger Augenblick, als gegen den asiatischen Koloß des Perserreiches, der seine unausgesetzten Eroberungen auf Griechenland auszudehnen im Begriffe stand, Athen angesichts der gewaltigen Unterschiede der Kräfte, vorbereitet durch die Voraussicht des Themistokles, selbst die eigene Stadt der feindlichen Zerstörung preisgab, um bei Salamis die griechische Freiheit und damit die abendländische Freiheit überhaupt zu retten.

Es hat noch manche solcher Kämpfe gegen erobernde freiheitslose Imperien gegeben, die Kämpfe der Schweizer, der Holländer, den Kampf Wilhelms III. gegen Ludwig XIV., den der europäischen Nationen gegen Napoleon, des freien Abendlandes gegen Hitler. Es liegt auf diesen Kämpfen etwas von dem Glanze jener ersten Rettung.

Aber schon das erste Mal zeigte sich die Gefahr solchen Krieges auch für die Freiheit der Freiheitskämpfer. Der Kampf mit dem Drachen läßt selber zum Drachen werden. Das siegreiche Athen ging den Weg imperialistischer Gewalt. Auch wenn wir seiner Ausbeutungspolitik die Akropolis und die Herrlichkeit Athens verdanken, so ist hier doch der Grund gelegt zu den Geschehnissen, die schon bald hernach die griechische Freiheit zerstörten. Sie blieb nur als Erinnerung im Abendlande, die zu Auferstehungen der Freiheit ermutigte.

Das Entscheidende: das Unbedingte

Unsere Betrachtungen, die bisher dem Willen zur Freiheit Realitäten und objektive Möglichkeiten zeigten, haben einen gemeinsamen Charakter. Sie haben die Tendenz, durch ihre unheilvollen Perspektiven uns zu entmutigen, durch ein scheinbares Wissen uns zu lähmen und dann unmerklich mit dem Fatalismus uns in Selbstvergessenheit gleiten zu lassen. Wenn wir dagegen kritisch einsehen, daß solche Erkenntnisse zwar einzelne Realitäten richtig sehen lassen, aber nie das Ganze zum Gegenstand des Wissens gewinnen, so ist diese Kritik doch nur negativ wirksam: sie befreit uns vom Scheinwissen und hebt damit die lähmende Wirkung mißverstehenden Totalwissens auf. Das aber ist zu wenig. Wir suchen mehr, um der Freiheit zu vertrauen.

Zunächst erinnert uns unsere Geschichte. Die Idee der Freiheit wurde in der Tat gelebt und gedacht, nicht oft, nicht in der Menge, aber in einzelnen großen Erscheinungen. Es sind nicht nur verschwindende Lichtinseln. Wir werden durch sie erweckt und hören den Anspruch. Wer ihn gehört hat, für den ist das Leben anders geworden.

Dann aber werden wir einer Umkehr unserer Denkungsart uns bewußt. Eine Grunderfahrung des Erkennens lenkt uns auf den Weg: Wir können zwar durch keine Forschung, kein wissenschaftlich zwingendes Wissen, keine empirische Untersuchung den Nachweis erbringen, daß es Freiheit gibt – aber wir können auch ihr Nichtsein nicht beweisen.

Der Nachweis der Freiheit erfolgt nicht durch ein Wissen, sondern durch die Tat, aber nicht durch irgendeine einmalige Tat, sondern durch das Tun aller Tage, durch die Existenz des einzelnen Menschen, der dadurch erst mit dem anderen in eine echte, freie Gemeinschaft gelangt.

Entscheidend dafür, uns des Ursprungs unserer Freiheit unverlierbar gewiß zu werden, ist die Umkehr unserer Denkungsart aus dem im Gegenständlichen verlorenen Denken in das Denken aus dem Umgreifenden. Wir beschreiten, wo es sich um Freiheit handelt, eine andere Dimension im Tun und Denken zugleich.

In dieser Dimension sind wir eins mit einem Unbedingten, aus dem wir wollen. Nur scheinbar unbedingt ist der Fanatismus eines blinden, gewaltsam lenkenden und gehorchenden Willens. Dieser ist vielmehr bedingt und Gegenstand psychologischer und soziologischer Erkenntnis, die uns seine Herkunft, seine Erzeugbarkeit und Verwandelbarkeit zeigt. Das eigentlich Unbedingte wird sich fortdauernd heller, setzt sich jedem Lichte und jeder Frage aus, hat seinen Ort in der umfassenden Vernunft und bringt uns in die Gemeinschaft des sich entfaltenden Unbedingten.

Freiheit, Hellwerden des Unbedingten, Gemeinschaft selbstseiender Wesen – das ist dasselbe.

Ist dies Umgreifende offenbar gegenwärtig geworden, dann liegt alles Erkennen innerhalb seiner. Wohl ist der Inhalt der Erkenntnis zwingend richtig, aber wir sind im Anerkennen dieser Richtigkeit nicht als ein Ganzes von ihr beherrscht, weil das Ganze selbst nie zu ihrem Inhalt werden kann.

Dann kann, nach Kants Worten, «nichts Schädlicheres und Unwürdigeres gefunden werden als die pöbelhafte Berufung auf vorgeblich widerstreitende Erfahrung«, wo der Gegenstand der Erfahrung erst durch unsere Freiheit wirklich werden soll. Hier vermögen »rohe Begriffe, eben darum, weil sie aus Erfahrung geschöpft werden, alle gute Absicht zu vereiteln«.

Freiheit ist die Führung aus dem Unbedingten. Diese Führung wird sich im Philosophieren klar, in jenem Philosophieren, das zum Menschen als Menschen gehört.

Erkenntnis und Philosophie

Es ist zweierlei: die betrachtende Erkenntnis soziologisch-historischer Kausalverkettungen – und das erweckende Denken, das in uns zum Bewußtsein bringt, was wir eigentlich wollen und an jedem Tage verantwortlich tun.

Die Prozesse, die wir soziologisch-kausal erkennen, sind die Bewegungen der Unfreiheit oder zur Unfreiheit. Die Spontaneität der Freiheit dagegen ist nicht ableitbar. Sie ist nicht Gegenstand der Erkenntnis. Denn Erkenntnis erfaßt die Geschehnisse nur in ihrer gegenständlichen Objektivierung nach dem Gesichtspunkt der einsichtigen Notwendigkeit. Obgleich die Erkenntnis Bedingungen zeigen kann, unter denen Freiheit möglich ist, geht diese selber aus solchen Bedingungen keineswegs hervor.

Politisches Handeln gründet sich auf beides, auf Erkenntnis und Freiheit.

Die Erkenntnisse soziologischer und ökonomischer Art werden – mehr oder weniger angemessen, verstrickt im Irrtum – zu Leitfäden für die planenden Entschlüsse der Staatsmänner.

Die Freiheit spricht zur Freiheit, geht auf Erweckung des Anspruchs an Menschenwürde, auf die Erhellung des Denkens des Möglichen, horcht auf die Sprache der Transzendenz.

Erkenntnis ist Sache der Wissenschaften, Freiheit zu denken und an sie sich zu wenden, ist Sache des Philosophierens.

Die Erkenntnis wendet sich an den allgemeinen Verstand, worin alle identisch sind, der Anspruch der Freiheit aber an jeden Einzelnen, der im inneren Handeln er selbst werden soll, um damit in sich die Führung zu gewinnen, durch die er all sein Wissen und seine Zwecksetzungen umgreifen und unter die Bedingung stellen soll, welche ihnen den Sinn gibt.

Politik empfängt von der Erkenntnis den Raum voraussehenden Planens, vom Philosophieren den Sinn des Ursprungs aus dem Willen der menschlichen Existenz.

Die große moderne Täuschung ist der Schein, durch soziologisches Wissen und pseudowissenschaftliche Mythen den Geschichtsverlauf zu übersehen und diese Übersicht zum Mittel und zugleich zum Ziel des Handelns zu machen.

Wahrheit ist, daß, solange Menschen leben, es immer noch am Menschen selber liegt, was aus ihm wird. Seine Freiheit ist in kein Wissen einzufangen. Es ist nicht zwingend vorauszusehen, ob und wie Freiheit sein und wirken wird.

Erscheinung der Freiheit

Von Freiheit und ihren Erscheinungen zu sprechen, ist das Feld der Philosophie und der philosophischen Interpretation der geschichtlich-soziologischen Wirklichkeiten des Menschseins. Für solche Interpretationen diene ein Hinweis auf drei eng zusammenhängenden Erscheinungen: Freiheit behauptet sich erstens gegen den Anspruch auf den Besitz der einen absoluten Wahrheit durch den Willen zur Kommunikation von Selbst zu Selbst; sie behauptet sich zweitens gegen Menschenvergötterung durch öffentliche Diskussion; sie behauptet sich drittens gegen die Leugnung der Freiheit durch das Vertrauen zum Menschen.

a) Der Anspruch auf den Besitz der einen absoluten Wahrheit hebt die Freiheit auf. Denn wenn ich die Wahrheit besitze, kann ich sie nur verkünden – der andere kann sie annehmen oder ablehnen –, eigentlich miteinander reden können wir so nicht. Der Ausschließlichkeitsanspruch einer Wahrheit vernichtet die menschliche Grundsituation: daß wir in Kommunikation der Wahrheit uns vergewissern. Freiheit ist in dem Maße, als Kommunikation tief und aufrichtig ist.

b) Menschenvergötterung und rückhaltlose öffentliche Diskussion dulden sich gegenseitig nicht.

Die Menschen, die an politisch entscheidenden Stellen den realen Gang der Dinge und das Ethos der Gemeinschaft bestimmen, sind für die Völker wie ihr Schicksal, das sie selbst hervorbringen durch ungewußte Bahnung der Wege, auf denen sie jene an die Macht gelangen lassen. Von diesen Menschen geht der eigentümliche Glanz aus, der mit der Rolle der alles andere bestimmenden Entscheidungen verbunden ist.

Aber wie ausgezeichnet ihre Art, wie bedeutend ihre Leistungen, wie ernst ihr Charakter in den günstigsten Fällen auch sei, es sind immer Menschen. Mögen sie im Namen Gottes, von seinen Gnaden, im Namen der Geschichte, in deren Auftrag sie handeln, die höchsten Ansprüche erheben, es ändert nichts an dem Faktum, daß sie Menschen sind und bleiben. Ihr hoher in jenen Formen erhobener Anspruch macht sie verdächtig, aber kommt entgegen einem Anbetungsbedürfnis der Massen.

Menschenvergötterung pflegt einen einzigen zum alleingeltenden Menschen zu erheben, den Führer oder den Dichter oder den Weisen oder den Heiligen: nur dieser und kein anderer ist der über alle anderen erhabene Mensch und mehr als Mensch. Die Vergötterung macht ihn unantastbar. Eine Kritik an ihm gilt als ein Angriff auf ein Unangreifbares und ist als solche empörend. Sobald die Macht dazu da ist, wird solche Kritik verboten.

Vertraut man sich, endgültig gehorsam, Einzelnen an, so gibt man die Freiheit auf. Es ist eine fast unwiderlegliche Neigung in uns, in ehrfürchtiger Selbsthingabe uns so statt Gott einzelnen Menschen zu unterwerfen. Die Menschenvergötterung ist eine ungeheure Tatsache. Aber es gibt die Menschen, die weder solche Neigung haben, noch Lust empfinden, über unfreie Menschenmassen zu herrschen, die vielmehr nüchtern sehen, was Menschen sind und was auch das adlige Wesen des besten Menschen noch bleiben muß. Es gibt die Menschen, die an Gott glauben und dadurch vor Menschenvergötterungen geschützt sind.

Die öffentliche Diskussion, in der ohne Einschränkung Tatsachen, Sinngehalte, Forderungen erörtert werden, durch die der Geist in lebendiger Bewegung bleibt, schafft dagegen eine jene Menschenvergötterung in Frage stellende Atmosphäre, macht sie zwar nicht unmöglich, drängt sie aber in Verschleierungen und zerstäubt sie in eine Vielfachheit von Vergötterungen, so daß sie in ihren Auswirkungen an Kraft verliert.

c) Die Leugnung der Freiheit bedeutet den Verlust des Vertrauens zum Menschen. Blinder Gehorsam und Tyrannis gehören zusammen. Suche ich beide – vielleicht es mir selbst verschleiernd –, so gerate ich unfehlbar auf den Weg der Menschenverachtung, wenn ich nicht schon von ihr ausgegangen bin. Die Ausnahme des einen Vergötterten steigert nur die allgemeine Menschenverachtung.

Wer nicht an den Menschen glaubt – sei es als eigenen Ursprung, sei es als Geschöpf der Gottheit –, der muß, was er auch tut, daran mitwirken, den Menschen zu vernichten.

Wir zeigten drei Alternativen: Anspruch auf den Besitz der absoluten ausschließlichen Wahrheit – oder Freiheit der Menschen im Suchen der Wahrheit, die im Miteinanderreden die Selbstdenkenden zugleich überzeugt und verbindet. Ferner: Menschenvergötterung – oder öffentliche Diskussion. Schließlich: Leugnung der Möglichkeit der Freiheit, damit Drang zu Gehorsam und Tyrannis – oder Vertrauen zum Menschen.

Diese drei Momente hängen zusammen.

Will ich Freiheit, so kann ich sie nicht geradezu wollen und planen. Sie ist nur zu verwirklichen im Miteinander. Niemand kann wahrhaft frei werden, wenn nicht alle frei werden. Wir sind an Gemeinschaft gebunden nicht nur für die Lebenszwecke, sondern für unser Wesen selbst. Ich bin nicht ich selbst, außer in Kommunikation mit dem anderen Selbst.

Das Wachsen der Freiheit fällt daher zusammen mit dem Wachsen des uns verbindenden Ethos, das nicht gemacht wird, aber sich verwirklicht aus dem Grunde eines jeden Menschen, der er selbst ist. Dieser Grund ist immer in Gefahr. Er muß sich ständig zeigen, indem er sich neu hervorbringt. Er ist die Spontaneität des guten, sich selbst durchsichtig werdenden Willens.

Im Entscheidenden kann der Mensch nicht das, worauf es ankommt, abschieben auf andere, auf die Zustände, auf die Geschichte, sondern zuletzt spricht es aus dem Grunde des Selbstseins eines jeden. Von da wird am Ende auch bestimmt, was gemeinschaftlicher Zustand und öffentliches Ereignis wird.

Hört aber die Führung aus der Freiheit auf, so sinken mit dem Einzelnen die Zustände der Gemeinschaft ab in die gewaltsame Lenkung durch Tyrannen nach der Pragmatik der Macht.

3. Die Aufgabe der geistigen Menschen

Wir sagten: Erkenntnis, welche methodisch sich auf partikulare Gegenstände bezieht und in der Diskussion zu zwingenden Ergebnissen führt, und Philosophie, welche methodisch an den Grund aller Dinge drängt, den Menschen an seine höchsten Ziele bindet und in der Diskussion zur Helligkeit und zum Aufschwung führt – beide sind wesensverschieden und zugleich untrennbar aneinander gebunden, beide sind Sache aller Menschen.

Aber das Wahre wird mitteilbar und wirksam erst durch die sogenannten Geistigen, das heißt die Forscher und Philosophen, die Kritiker und Dichter, die Politiker, die Literaten, die Intellektuellen und die Akademiker.

Einschätzung ihrer Bedeutung

Unser Zeitalter steht ihnen nicht selten mit geheimer Verachtung gegenüber. Hohe Schätzung genießen nur solche, die direkt oder indirekt dem technischen Fortschritt dienen. Die anderen Geistigen erscheinen als Menschen, die nur schwatzen und nichts tun, als eine Art Komödianten, geeignet für die ernsthaft Arbeitenden zur Belustigung mit geistigen Dingen in freien Stunden, in denen man zu Besserem keine Frische hat. Hegel aber schrieb: »Die theoretische Arbeit bringt mehr zustande in der Welt als die praktische; ist erst das Reich der Vorstellung revolutioniert, so hält die Wirklichkeit nicht aus.« Diesen Satz werden wir kaum mit der Hegelschen Zuversicht wiederholen. Wie von Plato bis Hegel die Denker gewirkt haben dadurch, daß sie mißverstanden wurden, wie das Reich der Vorstellungen zwar revolutioniert wurde, aber in Verkehrungen des ursprünglich Gedachten, das ist ein Feld trübsinnig stimmender Forschungen, zumal man selbst nie gewiß weiß, ob man recht versteht.

Aber im Hegelschen Satz liegt eine Wahrheit, die uns ermutigt, indem sie uns die Verantwortung für unsere Wahrhaftigkeit auferlegt. Die Arbeit an wahren Vorstellungen, an nüchterner Auffassung der Realitäten, an kritischer Scheidung, am Raum für die vernünftigen Antriebe ist unberechenbar in ihrer Wirkung. Sie schafft mit an einer Welt, die nicht durch Summierung vieler Einzelleistungen, sondern durch Integration von Wechselwirkungen entsteht, derart, daß in ihr plötzlich aus einem bis dahin fast Verborgenen her etwas Außerordentliches für viele und alle wahr werden kann.

Die Öffentlichkeit

Die Freiheit aller Menschen fordert die öffentliche Sprache und damit die Wirkung der Geistigen. Ihre Arbeit selber, ihr Auftrieb ist gebunden an Freiheit. Diese Arbeit ist angewiesen auf die Zündung durch das Miteinander und Gegeneinander im begründeten Sprechen. Ohne Freiheit verliert sie ihren schaffenden Charakter, das wußten schon Tacitus und Pseudo-Longinus.

Darum ist nicht eine Erscheinung unter anderen, sondern der Lebensnerv aller Menschen die Freiheit, daß uneingeschränktes öffentliches Sprechen und Diskutieren stattfindet, eingeschränkt allein durch das für alle gültige Gesetz gegen Verleumdung und Erpressung, die, falls in ordentlichen Gerichtsverfahren festgestellt, geahndet werden, niemals aber auf dem Verwaltungswege getroffen werden dürfen.

Alle Niedertracht der Öffentlichkeit ist gerade durch die Öffentlichkeit selber und allein durch sie korrigierbar. Dirigierte Öffentlichkeit, und im höchsten Maße die staatlich-terroristische Weise, erzwingt die Lüge, setzt an die Stelle korrigierbarer Entgleisungen jeweils unkorrigierbare Absolutheit, die durch den Willen der Tyrannen sich ändernde Propaganda. Diese Unfreiheit lähmt das geistige Leben.

Wer Freiheit nicht will, will auch diese Öffentlichkeit uneingeschränkter Diskussion nicht, denn sein Todfeind ist Wahrheit. Wer diese uneingeschränkte Öffentlichkeit nicht will, will die Freiheit zerstören.

Aber keineswegs ist nun diese Öffentlichkeit der Raum nur für freie Menschen. Was wir als Korruption der öffentlichen Diskussion charakterisieren, liegt in der Natur der Sache, aber nur als ein Moment. Denn die ganze Öffentlichkeit kann gerade als freie diese Korruption ständig korrigieren. Das ist der einzige mögliche Weg der Wahrheit im Dasein. Er ist zu zeigen.

Die Zweideutigkeit des Geistigen

Der Geist als solcher ist keineswegs schon das Wahre. Er ist richtig oder irrend, wahr oder falsch, gehaltreich oder leer. Er kann luziferisch ein Licht bringen, das in das Dunkel führt, befreiend oder verführend, gut oder böse sein.

Die Geistigen sind als solche durch keine objektive Instanz in der Welt autorisiert. Sie tun auf je eigene Verantwortung, was sie sagen und schreiben. Sie haben ein begründetes Selbstbewußtsein in dem Maße, als sie die Schärfe des Gewissens spüren, ihr Dasein in verzehrender Arbeit an ihre geistige Leistung setzen und mit ihrem Tun ein Echo erfahren von Menschen, die sie lieben und achten können.

Aber sie können verantwortungslos beliebigen Mächten dienen. Sie können nicht nur Ursprung, sondern auch Werkzeug sein. Denn sie tragen in sich beide Möglichkeiten, sowohl die des freien Schaffens auf dem Wege zur Wahrheit als auch die Bereitschaft, unter dirigierenden Mächten im Dienst jeweiliger Lügen zu stehen.

Diese letzte Alternative bleibt meist verschleiert. Der Verrat der Geistigen am Geist aber wird vorbereitet durch eine Weise geistigen Scheinlebens, welches nicht der Freiheit, sondern der gewissenlosen Willkür der Einzelnen Raum gibt. Das geschieht durch alle solche Geistigkeit, welche nur spielt und ohne innere Bindung um jeden Preis geistreich ist, welche mit Imaginationen die durch Leerheit begierigen Köpfe mystifiziert, welche den gottverlassenen ästhetischen Lebensgenuß bewirkt, und welche mit all dem eine Atmosphäre von Gleichgültigkeit und Fatalismus schafft, im Lärm der Sensationen jeden Boden ruiniert, dann ratlos, nihilistisch und zynisch oder am Ende bigott macht. Es entwickelt sich eine Seelenverfassung, die ein geeignetes Objekt für die hier vieles richtig treffende Psychoanalyse ist, eine Welt, in der die Zehn Gebote – hochmütig als primitiv bezeichnet – keine Geltung mehr haben.

Mit all dem wird ein Zustand geistig lärmenden Scheinlebens geschaffen, der in seiner Nichtigkeit durch einen Diktator mit seinem Terrorapparat ohne Widerstand weggewischt wird.

Hoffnung und Kampf

Die Aufgabe des Geistes ist es, das Wahre offenbar werden und Sprache finden zu lassen. In der Arbeit des Geistes liegt alle Hoffnung. Der Geist, das Unrealste, das Empfindlichste, das wie ein Nichts scheinbar nur Mitschwebende birgt in sich und erwirkt vielleicht auf die Dauer unberechenbar das Beständigste. Aber er gewinnt zeitliche Wirklichkeit nur im Kampf.

Der Geist verrät sich selbst, wenn er zum endgültigen Besitz der einen absoluten Wahrheit gelangt zu sein glaubt. Denn er schreitet auf dem Wege, ihr näherzukommen in der grenzenlosen, niemanden grundsätzlich ausschließenden Kommunikation. Seine Arbeit geschieht aus der Sorge um den Menschen, um das, was wir aus uns selber machen, herausholen aus unserem Seinsgrunde und dadurch als das Sein selbst berühren. Das hat seinen Ursprung in der Verborgenheit liebenden Kampfes Einzelner, aus dem alles nach außen Tretende den Grund seiner Gehalte hat.

Öffentlich aber ist der Kampf notwendig, um die Weite des Horizonts zu gewinnen, die Erfahrung vieler zu vereinigen, am Schaffenden teilzunehmen, vor allem um die Verwirklichung des Wahren zu fördern. Denn was wahr ist, setzt sich keineswegs automatisch durch.

Notwendig ist der Kampf gegen Unwahrheit und falsche Sprache. Denn der Geist kann den Ursprung verraten haben und doch blühen kraft vitaler Begabung. Er kann bezaubern und täuschen, wenn ihm der Grund der Freiheit fehlt und die Kraft der Aufrichtigkeit.

Daher wird vom Willen zur Wahrheit die uneingeschränkte freie Öffentlichkeit bedingungslos gefordert. Nur so gewinnt der Geist die vollen Chancen. Aber die in diesem Raum mitsprechen, sind als Intellektuelle keineswegs schon auf der Seite der Freiheit. Diese Öffentlichkeit ist auch für die Gegner der freien Öffentlichkeit da. In ihrem Raum stellen sie sich schon in den Dienst totalitärer Mächte. Sie werden mit ihrem Tun wie alle Lügen entlarvt. In der freien Öffentlichkeit sind sie der Kritik ausgesetzt und grundsätzlich korrigierbar. Nur im totalitären Staat sind dirigierte Lügen unkorrigierbar, außer durch die Tyrannen selber.

Der Kampf spielt sich, solange politische Freiheit ist, mit geistigen Mitteln ab. Was hier sich freundlich begegnet, das wird getragen von Kräften, die mitwirken, Frieden und Freiheit zu gewinnen, aber auch von solchen, die am Ende dahin drängen, Blut fließen zu lassen.

In diesem Kampfe wird die Propaganda entwickelt und mit einem technischen Raffinement ersten Ranges betrieben. Propaganda, zuerst das Mittel der List, um vorteilhaft scheinende Unwahrheit zu verbreiten, ist nun auch das unerläßliche Mittel geworden, um Wahrheit zur Geltung zu bringen. Wie nicht nur das Unrecht, sondern auch das Recht den Advokaten verlangt, wenn es nicht unterliegen will, so bedarf die Wahrheit der Propaganda.

Die Hauptsache aber bleibt die eigentliche Arbeit des Geistes selber. Der Gedanke muß klar und rein und einfach gedacht werden, um die immer dringender werdende Abwehr zu ermöglichen gegen alle Bezauberungen, gegen die täuschenden Imaginationen, gegen gnostische Mystifikationen, gegen all diese Vernebelungen, und gegen die dunklen, unerhellbaren Dogmatismen. Diese heute, wie es scheint, immer noch wachsenden geistigen Verwirrungen sind das Vorspiel der Unfreiheit, sie sind schon diese selbst im Raum der Freiheit, charakterisiert weniger durch die Inhalte als durch die Denkungsart. Sie sind geneigt, im Ernstfall sogleich mit dem Absurden und dem Terrorismus mitzumachen.

Man muß wissen, wo man in diesen Kämpfen um die Freiheit und ihre Gehalte steht. Dann wird die Arbeit an den Vorstellungen, an der Erhellung der Motive, an der Erkenntnis der Realitäten, am Seinswissen, am Entwurf von Bildern und vor allem an der Denkungsart aus der umgreifenden Vernunft mit der beschwingenden Gewißheit vollzogen, daß wir alle ohne Ausnahme in der Möglichkeit freie Menschen bleiben, die im Grunde fähig sind und danach drängen, aus der Tiefe ihres Wesens miteinander zu reden, um sich in der Wahrheit zu verbinden.

Freiheit und Autorität

Nach den Kämpfen gegen die Autoritäten des Mittelalters ist im 19. Jahrhundert in Europa ein Maß von Freiheit für alle erreicht worden, wie es vielleicht in der Geschichte noch nicht da war.

Das Ergebnis aber schien zu sein, daß mit der gewonnenen Freiheit viele nichts anfangen konnten. War es noch die rechte Freiheit? In manchen Gebieten Europas schien der Sinn für das kostbare Gut der Freiheit verloren zu gehen. Die Erinnerung, was ihr Erwerb die Ahnen gekostet hatte, schien zu verschwinden. Die Freiheit verdarb zu Willkür. So wurde schließlich statt des Kampfes gegen Autorität die Anerkennung wahrer und wirksamer Autorität das Problem.

Aber die Wiederherstellung verlorener Autorität ist künstlich wie die Aufstellung von Kulissen. Sie wird nicht geglaubt. Da geschah das Ungeheure. In einigen Staaten Europas traten Menschen und Parteien auf, die die Anarchie des Zeitalters aufhoben durch die Errichtung einer totalen Gewalt. Sie warfen die Kulissen um und setzten eine bis in jedes Haus, in jeden verborgenen Winkel dringende, auch alles geistige Leben dirigierende und dadurch lähmende Gewaltherrschaft als ihre neue Autorität. Sie verwirklichten bis in die letzten Konsequenzen ohne Gewissenshemmung die totale Planung. Sie verkündeten die Gewaltherrschaft als die nun erst erreichte Freiheit aller. Der Terror war an die Stelle von Autorität getreten.

Im Rausche des Neuen bemerkten breite Bevölkerungsmassen gar nicht, daß sie die Freiheit mit einem Schlage und vollständig verloren. In ihrer Ratlosigkeit, im Drang zum Gehorsam und zur Menschenvergötterung schien ihnen natürlich, unter dem Namen der Befreiung in die Knechtschaft zu stürzen. Sie lebten in Gedankenlosigkeit, in einer Befriedigung blinden Gehorsams, aber zugleich auch selber in der Leidenschaft der Gewalt, an der man teilhat, indem man sie erleidet und weitergibt.

Was bisher in noch beschränkten Gebieten geschehen ist, der Verlust der echten Freiheit und Autorität zugleich, das ist zur Frage an alle geworden. Angesichts der Milliarden von Menschen auf dem Erdball, ihrer schnell wachsenden Bedeutung durch ihre schließlich erdrückende Übermacht, ist es für die Zukunft eine Grundfrage, wie die Freiheit gerettet werde. Diese Frage hat heute die Form, wie Freiheit durch wahre Autorität gerettet werde gegen Gewalt und Terror.

Entgegengesetzt zu den Zeiten, wo man mit Recht nach Freiheit rief gegen mißbrauchte Autorität, rufen heute verantwortliche Menschen gegen schlechte Freiheit nach Autorität. Nicht mehr lautet es wie früher zuversichtlich: Autorität und Freiheit, sondern besorgt: Freiheit und Autorität. Die Frage ist, was die Autorität für die Freiheit selbst bedeute.

Aber wir wissen, daß es vergeblich ist, Kulissen aufzustellen. Was können wir denn tun?

Mein Thema ist, philosophisch zu entwickeln, wie Autorität und Freiheit zu denken möglich ist. Erst in der Klarheit solchen Denkens ist zu sehen, welchen Sinn die Frage: »was tun?« hat.

*

Freiheit und Autorität werden beschrieben in soziologischen und psychologischen Begriffen. Wir hören z. B. bei Max Weber von den drei soziologischen Typen der Herrschaft. Die legale Herrschaft ist rational begründet auf dem Glauben an die Legalität gesetzter Ordnungen. Die traditionelle Herrschaft beruht auf dem Glauben an die Heiligkeit von jeher geltender Überlieferungen. Die charismatische Herrschaft beruht auf dem Glauben an außeralltägliche Heiligkeit, Heldenkraft oder Vorbildlichkeit einer Person. In der ursprünglichen legalen Ordnung gibt es den Vorgesetzten im Amt. In der traditionellen Ordnung gibt es den Herrn, dessen Person durch Tradition berufen und selbst an sie gebunden ist. In der charismatischen Herrschaft wird dem einen Führer gehorcht kraft des Glaubens an die von ihm offenbarten Ordnungen.

In psychologischer Betrachtung schildert z. B. Sebastian Franck, warum die Welt ihr Papsttum haben will. Jederzeit bringen es die Menschen in irgendeiner Gestalt hervor aus dem Drang zum Gehorsam, dem Drang zur Unterwerfung unter einen Menschen, zur Knechtschaft und zur Gewalt.

Soziologische und psychologische Analysen sagen Richtigkeiten aus. Beide sind unumgänglich. Vor allem die soziologischen Idealtypen schaffen eine begriffliche Klarheit. Aber die Grenze solcher objektiven Wißbarkeit ist, daß sie das Wesen nicht treffen und damit nicht die Wahrheit des Gehaltes.

Für die Wirklichkeit der Herrschaftsformen, die Max Weber behandelt, bedarf es nach seiner Aussage des Glaubens: des Glaubens an den Weg zur Wahrheit durch Abstimmungen und Majoritäten, des Glaubens an die Wahrheit des Überkommenen und Gewohnten, des Glaubens an die neue Wahrheit eines Führers. Dieser Glaube ist das Entscheidende. Er glaubt in Hinsicht auf Majoritäten an den im Grunde guten und vernünftigen Menschen, in Hinsicht auf Tradition an den Grund in der Tiefe der bestimmten einmaligen Geschichte, in Hinsicht auf das Charisma an diesen bestimmten außergewöhnlichen Menschen. Die soziologische Form ist eine bloße Funktion. Die Majoritäten können in massenpsychologisch zu verstehenden Irrsinn geraten. Die Tradition kann bornierte Unaufgeschlossenheit geistigen Todes werden. Der Führer kann ein Rattenfänger von Hameln sein. Um Wahrheit von Falschheit zu unterscheiden, muß innerhalb jeder Form der Gehalt aus ganz anderem Ursprung erblickt werden als dem, der durch soziologische und psychologische Begriffe getroffen wird.

*

Versuchen wir, die Autorität selbst zu umkreisen, wenn auch unter Zuhilfenahme psychologischer und soziologischer Begriffe:

1. Wort und Begriff der Autorität entstammen dem römischen Denken. Der auctor ist der Urheber, der Förderer und Mehrer, die auctoritas die hervorbringende, helfende und steigernde Macht.

Im Begriff liegt je ein Doppeltes. Mit dem Hervorbringen ist verbunden ein Bestand-geben –, mit dem Wirken ein Gelten –, mit dem helfenden Unterstützen ein Anspruch.

Der Grund der Autorität in den mannigfachen Autoritäten der Ämter und der Gesetze, des Familienvaters und der Matrone, der verdienten Persönlichkeiten des Lehrers, des Arztes ist der Seinsgehalt, der in ihr spricht und anerkannt wird.

2. Woher kommt dieser Seinsgehalt? Er ist durch die geschichtliche Überlieferung bezogen auf den Grund aller Dinge, auf die Transzendenz.

Aus dem Grunde, der von Anfang gelegt ist, umfängt uns Autorität als das geschichtlich Gewesene im Gegenwärtigen, sprechend in Bildern und Symbolen, in Ordnungen, in Gesetzen und in Denksystemen. Die Autorität ist also in ihrem Ursprung rational unzureichend begründet. Wir wachsen in sie hinein und kommen durch sie zu uns selbst. Wenn wir uns ihrer bewußt werden, dann leben wir schon in ihr. Sie steht unendlich, undurchschaut vor uns. Unser Reifwerden ist die wachsende

Klärung der Gehalte der Autorität. Dem wir in seiner Einfachheit als Kinder gehorchten, das zeigt sich selber wachsend, unerschöpflich. Durch ein Leben hindurch stellt es sich in sich vertiefender Bedeutung immer wieder her.

Die Autorität gelangt als Führung zu uns aus dem tiefen Grund der Geschichte, noch in mildester Gestalt, noch als Pietät, welche nicht ohne Not verletzt. Vom Glauben an Autorität sagt Jakob Grimm: »Er ist ein angeborenes Erbgut, das seit undenklichen Jahren die Eltern mit sich getragen auf uns fortgepflanzt haben, das wir wiederum behalten und unseren Nachkommen hinterlassen wollen... Sucht man aber nach diesem Ursprunge hin, so weicht er immer wieder in die Ferne zurück und bleibt wie etwas Unerforschliches und darum Geheimnisreiches in der Dunkelheit zurück.«

Der Ursprung aber dieser zusammenhaltenden Autorität ist die Transzendenz: wie die Gottheit gedacht wird und wie der Glaube an sie gegenwärtig alles formt und durchwirkt, das gründet die Kraft der Autorität.

Das geschichtlich Unvordenkliche und die Gegenwart des Göttlichen halten die Autorität durch das Bewußtsein einer Ordnung, der ich mich einfüge. Das zweckfreie Zuhausesein vor allem Tun ist der Grund der Autorität. Von da erst geschieht die Führung für alles, was ich in der Welt unternehme, die Lenkung all der Zwecke, die als solche nie Selbstzweck sind.

Der wahren Autorität, die von außen kommt, begegnet ein von -innen, das ihr glaubt, Rang und Wahrheit dieses von -innen ist gebunden an den Seinsgehalt dessen, was zu ihm spricht.

3. Das heißt anders formuliert: Freiheit ist nur gehaltvoll durch Autorität, der sie folgt. Autorität ist nur wahr durch Erwecken der Freiheit.

Im Verstandesdenken trennen wir Freiheit von Autorität. Sie werden wie zwei Parteien. Jede Seite bekommt ihre Rechte. Die eine wird ohne die andere gedacht. Es gibt die Möglichkeit des Siegs einer Seite: Freiheit, die endlich die verworfene Autorität überwunden hat – Autorität, die der Freiheit Herr geworden ist.

Jedoch gehören Freiheit und Autorität zusammen. Die eine wird wahrer, reiner, tiefer nur mit der anderen. Gegner werden sie erst, wenn Freiheit zur Willkür, wenn Autorität zur Gewalt wird. In dem Maße als sie Gegner werden, verlieren beide ihr Wesen. Der Einzelne ohne Autorität, in Willkür geraten, weiß nicht, was er soll. Die Autorität ohne Freiheit läßt Gewalt zum Terror werden.

Daher gilt: Wer wirklich frei wird, lebt in Autorität – wer wahrer Autorität folgt, wird frei. Freiheit wird durch Autorität gehaltvoll.

4. Der Seinsgehalt der Autorität erscheint in Gestalten der Sachkunde. Autorität durch Sachkunde, heute gültig als die der Fachleute, Spezialisten, beruht auf der Forderung der eigentlich Kundigen, nicht allein auf dem Besitz des allgemeingültigen Einsehbaren. Sie umgreift alles Wißbare, braucht es als ein Mittel, aber ist nicht mit ihm identisch. Der bloße Techniker genießt keine Autorität. Bloße intellektuelle Überlegenheit wirkt als ein das Vertrauen verwehrender Zwang.

Autorität ist weiter verbunden mit einer wirksamen Daseinsmacht, die Gehorsam beansprucht und geleistet erhält. Sie hat Macht durch am Ende physische Gewalt.

Autorität durch Macht als bloße Gewalt aber ist ungenügend, um Glauben an sie zu begründen. Wenn ich einer übermächtigen Gewalt gehorche, ist sie darum noch nicht Autorität.

Wo aber Autorität auf Glauben beruht, da fällt alle Gewalt fort. Die Autorität im reinen Ideal wäre machtvoll, aber gewaltlos, beständig, aber ohne Zwang. Je mehr Zwang, desto weniger Autorität. Das Maß der Gewaltanwendung ist ein Maßstab für das Schwinden einer Autorität. Das Ideal gewaltloser Autorität ist entgegengesetzt dem autoritätslosen Terror.

Daß in unserem Dasein Autorität mit Herrschaft verknüpft sein muß, ist ihr Verhängnis. Unser Drang zur Macht mißbraucht die Autorität für ihre Zwecke und zerstört damit ihre Wahrheit. Restlos wahre Autorität bedeutet Absage an alle Gewalt. Jesus am Kreuz ist unser abendländisches Symbol: Die Bereitschaft zur vollendeten Ohnmacht, zu Leiden, Scheitern und Tod, zum Verzicht auf jede Macht, die nicht Liebe ist. Aber wie schnell ist in der historischen Folge aus dieser heilenden Autorität der liebenden Ohnmacht der Glaube geworden als Inhalt eines Bekenntnisses, des Machtkampfes um ihn, der getragen von allen menschlichen Leidenschaften auf Biegen und Brechen Autorität als Macht verlangt.

*

In zweifacher Weise habe ich von Autorität gesprochen. Es wurde hingewiesen auf das soziologische und psychologische Erkennen, das gleichsam Kleider oder objektive Realitätsgrundlagen oder Funktionen der Autorität, aber nicht ihren Kern und ihre Wahrheit trifft. Und dann wurde von der Autorität selbst umkreisend gesprochen, um sie in ihrem Wesen fühlbar zu machen, ohne sie zu erkennen.

Die erste Denkweise ist die gegenständlich forschende. Sie scheint Wege zu öffnen, um mit dem Bescheidwissen planmäßig etwas einzurichten, was erwünscht ist. Die zweite Denkweise ist die philosophisch erhellende. Es wird eigentlich nichts erkannt, sondern im Falle des Gelingens wird in uns etwas klarer und selbstgewisser. Die Gedanken zeigen keine technisch verfügbaren Mittel, sondern erwecken und befestigen unser Wirklichkeitsbewußtsein im Unverfügbaren.

Diese beiden Denkweisen gehören zu aller philosophischen Einsicht: Wir denken gegenständlich, und es öffnet sich die Welt endlicher Dinge; wie denken durch das Gegenständliche in das Umgreifende, und es geschieht im Verschwinden des Gegenständlichen die Erfüllung vom Sein selbst. Beides ist Denken.

Dieses denkende Erhellen der Philosophie ist unerläßlich. Mit bloß rationaler Diskussion zerstreuen wir uns in die Endlosigkeit des Endlichen. Mit philosophischem Denken gewinnen wir die Weite des Raums und den Boden zugleich im Unendlichen. Aber es vollzieht sich im Bewußtsein, nicht im Wissen. Es ändert mich selbst, aber nicht meinen Besitz an Kenntnissen. Es kann uns heller und gegründeter werden lassen, ruhiger in der unaufhebbaren Unruhe. Es kann uns ermutigen. Wir werden gewisser, während die Sicherheit des Erkannten ausbleibt.

Mit diesem Denkproblem ist ein zweites verbunden. Auf die Frage, was wir tun sollen, erwarten wir durchwegs Antwort durch Angabe von Zweck und Mitteln. Entweder wollen wir wissen, was wir machen sollen, oder wir wollen uns passiv fügen, wo Machen und Herstellen nicht angebbar sind.

Das Entscheidende aber ist ein Drittes, durch das sowohl der Bereich des zweckhaft Herstellbaren wie das Bewußtsein der Bescheidung vor der Grenze unter eine übergreifende Führung kommen. Das ist die Verantwortung des Menschen im inneren Handeln, die Selbsterhellung mit der Folge nicht einer immer vordergründlichen psychologischen Einsicht, sondern der Selbstverwandlung. Es ist eine Aktivität ohne gesetzten Zweck, eine Verantwortung ohne bestimmbare Sache. Es ist der Gang unseres menschlichen Selbstseins, der nicht als ein anderes in Distanz zu beobachten ist, sondern sich vollzieht im Identischsein mit meiner eigenen, unobjektivierbaren Wirklichkeit.

Es ist also der zweifache Fehler: als definierbaren Gegenstand zu erkennen meinen, was in der Tat umgreifend ist – und: in Plan und Absicht zu verwandeln, was in dieser Form gerade seinen Sinn verliert. Dieser doppelte Fehler verführt uns, als nicht existent zu behandeln, was weder als gegenständlich faßlich noch als machbar in die Hand zu bekommen ist. In unserer Zeit behandelt man, wenn dieser Fehler fühlbar wird und korrigiert werden soll, die Sache gern als psychologische. Das Unbewußte, das Irrationale, das Dasein, die Triebe – oder wie man es nennen mag – soll durch psychologische Erkenntnis faßbar und das Heil der Seele durch entsprechende Psychotechnik und Psychagogie machbar werden. Mir scheint, daß man in bedeutenden Erscheinungen diese Grundirrung philosophischen Denkens beobachten kann, zum Beispiel:

Huizinga versteht in seinem Homo ludens die großen Kulturerscheinungen als Spiel, er berührt ständig in seinen historischen Beispielen die Gehalte, aber er verkennt in seinem übrigens so schönen und lehrreichen Buch den unbedingten Ernst in dem Spiel, das nicht nur Spiel ist.

Die Pädagogik sucht unter Nutzung der Psychologie die Erziehung in ein zweckhaftes psychologisches Tun zu verwandeln. Aber das Entscheidende aller Erziehung ist der Gehalt, zu dem und in dem erzogen wird, die im Glauben als sinnvoll gegründete Bildungswelt, das Bild des Menschen, all das, was nicht geradezu gelehrt, sondern in der Lehre durch Vorbild und durch die Auswahl des Lern- und Übungsstoffs verwirklicht wird. Die Erziehung ist immer gut, wenn die Kinder aufgenommen werden in einen großen Glauben, wenn sie erfüllt werden von lebenwährenden Idealen, wenn sie leben mit den überlieferten Symbolen. Selbst eine unzureichende Psychologie schadet nicht allzu viel, wenn jene Hauptsache in Ordnung ist, aber auch die beste Psychologie kann diese Hauptsache nicht herstellen.

In der Politik ist die Redeweise oft, als ob durch Wissen und Planen ein überlegen wissender Mensch die Sache richtig machen könnte. Ihm hilft ökonomisches und juristisches und soziologisches und militärwissenschaftliches und verfassungskundliches und noch viel anderes Wissen. Aber das Entscheidende aller Politik ist das, wovon all das getragen sein muß, wenn es sinnvoll verwendet wird, das Ethos der Gemeinschaft, das von großen Staatsmännern erfüllt und wiederum geprägt wird und das bei guter Politik in der Bevölkerung verläßlich wirkt.

Entscheidend ist doch allein der Gehalt.

Von welcher Wirklichkeit etwa das Spiel des religiösen Kults ergriffen wird, welche Wirklichkeit in ihm wiederholend hervorgebracht wird –

von welchem Bildungsgehalt die Erziehung geführt wird und aus diesem zweckfreien Grunde ihre einzelnen Erziehungszwecke wählt –

von welcher Idee der Gemeinschaft die Politik ihre Prinzipien und Vorstellungen erhält, von welcher Zweckfreiheit der Ursprung ihres Sinns kommt.

Jedesmal entscheidet ein Unbedingtes. Dieses Unbedingte wird wirklich in einem Ganzen aus Freiheit und Autorität. Diese als bloße Funktionen können in soziologischen und psychologischen Bestimmungen gedacht werden. Was in ihnen eigentlich liegt, entzieht sich bei solcher Vergegenständlichung. Man muß sagen: für ein empirisches Wissen gibt es eigentlich weder Freiheit noch Autorität. Was beide sind, öffnet sich einem anderen in uns.

Wollen wir von ihrem Gehalt ergriffen sein, so brauchen wir jenes andere Denken, das im Gegenständlichen das Ungegenständliche berührt –, das erhellt, nicht erkennt –, das appelliert, aber keine Anweisungen gibt –, das erweckt, aber nicht erzwingt –, das innewerden läßt, aber nicht verfügbar macht.

Der Fehler der rationalen Verkehrung des eigentlichen Seins in das nur Gegenständliche und Zweckhafte scheint nun ein Grundzug unseres menschlichen Daseins zu sein von Beginn an des menschlichen Denkens: etwa die Verwandlung der symbolischen Wirklichkeit in magisches, zweckhaftes Tun, der Gemeinschaft in Gesellschaft, des Seins der Seele in ein Haben von Etwas. Es ist die Verwandlung des ursprünglich uns Ergreifenden in ein von uns Ergriffenes, des umfassend Erfahrenen in ein partikular Gewußtes, des lebendig Vollzogenen in ein Gemachtes, des Ursprungs der erfüllenden Schöpfung in Zweck, der von der Zukunft her erfüllten Gegenwärtigkeit in ein Zukunftsversprechen, des wissenden Inneseins in ein gegenständliches Gewußtsein. Der Irrtum ist unumgänglich. Er kann nicht vermieden, er muß durchschritten und immer von neuem überwunden werden.

Die moderne Wissenschaft verführt, durch ihre Erfolge die Wege der uralten falschen Rationalisierung zu vermehren. Sie wird Wissenschaftsaberglaube und gibt der Verkehrung ein neues gutes Gewissen. An ihrem Beginn hat Descartes diese Verdrehung zugleich mit seinem Mißverständnis der an sich so großartigen, modernen Wissenschaft vollzogen.

Doch kein Verstand kann durch Einrichtung und Machen im Raum des Umgreifenden das Haus bauen, in dem wir wirklich existieren. Unser Denken kann uns erinnern. Es ruft uns aus der Vergessenheit zum Wiedererkennen.

Es handelt sich um etwas ganz Einfaches und doch unendlich Schwieriges: um die Befreiung aus der Verstandesbefangenheit, ohne den Verstand zu verlieren –, eine Umwendung, in der unser Wesen erst zu sich kommt nicht durch Preisgabe des Denkens, sondern durch gesteigertes Denken.

*

Wir kehren zurück zur Frage des Anfangs: Wie steht es mit der Autorität heute? was tun?

Wir wissen nun, daß darauf keine Antwort im Sinne einer eindeutigen Diagnose und eines heilenden Rezepts möglich ist.

Die Diagnose ließe sich etwa wie folgt entwerfen:

1. Wir leben in einer Welt sich ständig aufhellenden Bewußtseins. Es ist der uns als Vernunftwesen aufgegebene Weg. Aber die Wirkung des Bewußtseins ist zweideutig:

Das Bewußtsein als unterscheidendes Wissen, hoch entwickelt in den Wissenschaften, durchschaut Täuschungen, es entzaubert. Aber damit läßt es auch die Welt des Mythos und der erfüllenden Seinsgegenwart Gottes versinken. Mit dem Wachsen des Wissens scheint also ein ungeheurer Bewußtseinsverlust einherzugehen, als ob nichts übrig bliebe als ein Rest von technischem Können und des dazu gehörenden Wissens.

Der Verlust vollzieht sich in der politisch freien Welt durch Konvention, Nivellierung, Herrschaft des Menschen als Massentypus, in der Gestalt der Simplifikationen, der Reduktion auf Tatsachen und Machbarkeit.

Unter totalitären Regimen vollzieht sich dieser Verlust durch methodische Vernichtung der Überlieferung von Religion, Metaphysik, Philosophie. Während hier der gesamten Bevölkerung mit Lesen und Schreiben zugleich alle Lernbarkeiten vermittelt werden, wird sie doch nur zur Verwendung im modernen technischen Arbeitsprozeß brauchbar gemacht. Eine partikulare, gesteigerte Bewußtseinserhellung wird durch die Schulen überliefert, während geschichtlich ein totaler Bewußtseinsverlust stattfindet.

2. Seit Nietzsche heißt es »Gott ist tot«. Wie man dieses Wort – selbst bei Nietzsche ein Schrei der Verzweiflung – deuten mag, jedenfalls besteht heute die Tatsache eines kühl ausgesagten und praktisch vollzogenen Atheismus von Millionen.

Aber der Atheismus ist den Meisten unerträglich. Der Mensch kann nicht in vollem Bewußtsein, ohne Selbsttäuschung auf sich allein stehen. Er kann es zwar sagen, es begehren, es behaupten. In der Tat ist er alsbald überwältigt von dem, was für ihn an Gottes Stelle tritt. Die Kultstätte mit der Leiche Lenins, die Schuldbekenntnisse in Schauprozessen, die Hingabe an die Gewalt des Dikators sind Formen, in denen, wenn Gott verleugnet wurde, elementar wirklich wird, was für Menschen unumgänglich bleibt: irgendeine Ausfüllung des Ortes des Absoluten.

3. Alle Menschen auf dem Erdball rufen nach Freiheit und jeder hält sich für frei. Aber es scheint, als ob die Freiheit leer geworden sei. Diese Leere erzeugt den Drang nach Abhängigkeit im Geführtwerden. Es ist, als ob der Mensch nicht aufgerufen werden wolle zu seiner Verantwortung in der Freiheit seiner Entschlüsse, sondern als ob er nur an die Hand genommen und auf dem Wege geführt werden wolle.

Daher ein Grundzug unseres Zeitalters: daß zwar alle die Freiheit begehren, und daß selbst despotische Verfahren unter dem Namen der Befreiung auftreten müssen, daß aber zugleich so viele Menschen die Freiheit nicht ertragen. Sie drängen dahin, wo sie unter dem Namen der Freiheit von der Freiheit befreit werden.

4. Es ist ein Versuch unserer Zeit, rein weltliche Autorität zu begründen. Sie ist die Macht derer, die sich auf Sachkunde, Wissen und persönliche Qualität und auf Wahl durch Abstimmung berufen, nicht auf Gott. Diese Autorität, für den Glaubenslosen faßlich, ist, wenn sie sich absolut setzt, d.h. keine Bedingungen ihrer Geltung anerkennt, gebunden an Wissenschaftsaberglauben, weiter an den Glauben richtiger Welteinrichtung durch Menschen, und an den Glauben an die durch sich selbst gegründete Vitalität und Vernünftigkeit des menschlichen Daseins.

Weil aber der Mensch dem Menschen im Eigentlichen nicht entscheidend helfen, sondern nur sein Schicksalsgefährte sein kann, wird jede rein weltliche Autorität unglaubwürdig.

Dem transzendenzlosen Beanspruchen von Autorität entspricht ein transzendenzloser Gehorsam. Es gibt in dieser Lage keine Hingabe an die Autorität, sondern nur die begründete oder die gedankenlose Unterwerfung. In anarchischen Zuständen wird Autorität künstlich gemacht durch Errichtung einer Befehlsgewalt gegenüber Ermüdeten und Ratlosen. Jetzt wird vollends die Gewalt in der Durchführung von Befehlen verwechselt mit der inneren Macht der Autorität. Die Verwandlung in die Äußerlichkeit maschineller Einordnung durch Terror tritt an die Stelle des Anspruchs des freien Menschen, in der Autorität die Tiefe des Ursprungs als überzeugende Gegenwärtigkeit zu finden.

Doch alle Charakteristiken der Gegenwart treffen nur Aspekte. Sie steigern, was heute sichtbar ist, als ob es das Ganze wäre. Aber das Zeitalter birgt gewiß viel mehr in sich, als wir sehen und wissen, an Möglichkeiten und an Gefahren, wir brauchen uns keinem Aspekt zu unterwerfen als einer absoluten Einsicht, die uns sage, was heute sei.

*

Der Diagnose sollte die Angabe des Heilverfahrens folgen.

Wenn die geschichtliche Autorität zerrissen ist in ein Vielerlei, wenn sie selber verworren wurde und die Geborgenheit nicht mehr bereitet – wenn uns, gefangen von den Endlichkeiten des Tages, überwältigt von dem Lärm des Gegenwärtigen, verschleiert ist, was wir durch unseren Bezug auf das Umgreifende, die Transzendenz, sind und sein können –, wie können wir uns denn zurückfinden?

Wir wollen Autorität, weil wir uns überzeugen, daß keine Freiheit sich selbst genügt, sondern sich erst findet in der Autorität.

Außerordentlich viel können wir rational planen und herstellen, Kontinente kultivieren, vielleicht die Sahara fruchtbar machen, vielleicht einst das Raumschiff erfinden, mit dem wir zunächst bis zum Monde gelangen, Gesetze und Verfassungen eines föderativen Weltstaats erdenken. Seit Wissenschaft und Technik ständig neue Möglichkeiten eröffnen, scheint keine Grenze für das absichtliche Hervorbringen zu sein. Menschen meinen am Ende, den Menschen selbst durch Züchtung nach ihrem Willen verwandeln, einen neuen besseren Menschen hervorbringen zu können. Es ist manchen selbstverständlich, daß grundsätzlich, wenn auch noch nicht heute, der Mensch alles kann. Dem entspringt die Haltung, die die Frage: was soll ich tun? sogleich als die Frage meint: wie soll ich es machen?

Aber Autorität läßt sich nicht machen. Wir wissen, daß wir sie nicht wollen können im Sinn von Absicht. Was wir von der Autorität zu sagen vermögen, schließt ihre Nichtherstellbarkeit ein. Die Frage: was tun? wird ohne direkte Antwort bleiben. Daß eine vergangene Gestalt der Autorität unverändert, ohne ständige Wiedergeburt aus ihrer Verfallenheit, wieder hergestellt werden könnte, ist ausgeschlossen. Die Erscheinung der Autorität in neuer Gestalt wird auch in Kontinuität mit dem Vergangenen bleiben, aber nichts vom Vergangenen wird ohne Verwandlung sich durchhalten.

*

Hier nun scheint mir für unser Verhalten zur Autorität und für die Zukunft ihrer Wirksamkeit folgende Überlegung wichtig:

Alle Autorität gründet zuletzt in der Transzendenz. Wenn aber die Autorität die Gottheit selbst ist, und wenn Autorität nur im Gehorsam gegen sie sprechen darf, dann ist die Frage: wo spricht Gott? spricht er eindeutig?

An Gottes Stelle zu stehen, haben immer wieder Menschen, Staaten, Institutionen in Anspruch genommen. Aber kein Mensch und keine menschliche Einrichtung darf für sich gegen andere in Anspruch nehmen, die Wahrheit Gottes zu wissen, während sie den anderen nur zu verkünden sei. Autorität, die selber in Dienst und Gehorsam vollzogen wird, bleibt im Hören, in der Verfassung der Ehrfurcht und des Sichfügens. Daher ist an aller überzeugenden Autorität in der Welt zu sehen:

Erstens: Die Autorität bleibt in geschichtlicher Bewegung und Verwandlung. In jeder Objektivierung verengt sie sich und gerät auf den Weg des Verfalls. Sie ist in der Spannung des um sich Ringens und sich Findens. Sie kann in keiner Gestalt zeitlos absolut sein. Jede festgewordene Gestalt muß auch wieder durchbrochen werden.

Zweitens: Es gibt nicht eine, sondern mehrere Autoritäten. Alle sind geschichtlich. In jeder ist der Bezug auf Transzendenz, in keiner der einzige und ausschließliche.

Aber wo spricht Gott selbst? wo höre ich ihn? im Gewissen? – das Gewissen kann täuschen. – In eigener Einsicht? – sie kann in den Irrtum geraten. – In übernatürlichen Stimmen? – sie sind für jeden, der sie nicht selber hört, unglaubwürdig. – In heiligen Büchern, in Offenbarungen? – aber es gibt auf der Welt andere heilige Bücher und andere Offenbarungen, und es hat sich gezeigt, daß aus den heiligen Büchern sich scheinbar alles begründen läßt.

Jedesmal handelt es sich um den Anspruch der Gottheit in einer Gestalt, die doch schließlich auf die Entscheidung von Menschen, daß dies Gottes Wort sei, zurückgeht. Irgendwo ist der »Sprung«, wo ich nicht mehr zeigen kann, woher und warum, sondern wo der unbedingte Anspruch erfolgt, unbegründbar. Hier zeigen sich zwei Möglichkeiten.

Die erste Möglichkeit: Die Endgültigkeit des als wahr Ergriffenen beschränke ich auf meine geschichtliche Verwirklichung. Ich übernehme mich selbst in meiner Herkunft und Überlieferung, durch die ich mir im Dasein gegeben bin. Ich hafte für das, was ich getan habe. Ich ergreife den

Beruf mit der Idee, an die ich mich unbeirrbar binden will. Ich entscheide mich im Streit um das, was jetzt und hier zu tun sei. Aber ich verzichte überall auf die Verallgemeinerung als Anspruch an alle, wenn ich mich in meinem Tun der Autorität beuge. Ich weiß, daß dies unsere menschliche Situation ist: Die Wahrheit, der ich unbedingt folge, kann nicht in Aussagen die Allgemeingültigkeit für alle gewinnen. Sie ist geschichtlich, sofern ich selbst mit ihr identisch, durch sie ich selbst bin. Die Wahrheit dagegen, die ich als allgemeingültig für alle erkenne (in den Wissenschaften), hat nie den Charakter der Unbedingtheit, sondern ist relativ auf Methoden und Standpunkte. Sie ist allgemeingültig für jeden Verstand.

Die andere Möglichkeit: Ich ergreife eine in der Welt vorhandene Autorität nicht nur geschichtlich als die meine, sondern als die absolute Autorität für alle. Ich glaube, die Gottheit spreche eindeutig in der Welt. Es gibt hier die Instanz, die ihrem Anspruch nach nur eine Einzige für alle ist. Es gilt als Eigenwille, Trotz, Hochmut, böser Wille, Verstocktheit und Verderben, sich dieser einen Autorität nicht zu beugen.

Solche Charakteristik spricht schon aus, welche Möglichkeit mir allein gangbar scheint, wenn wir an alle Menschen denken. Die Gottheit spricht nicht eindeutig. Um sie zu hören, und nicht zu verwechseln, um sie nicht in irgendeiner gemeinten Gestalt für sich zu usurpieren, bedürfen wir der Kommunikation von Mensch zu Mensch. In jeder menschlichen Autorität liegt eine Grenze, in jedem Amt eine Beschränkung der Befugnisse. Gott ist nicht leibhaftig in der Welt. Daher darf ich keinem Menschen, keiner Institution, keinem Ort, keiner Realität mich anders anvertrauen als nur im geschichtlichen Willen zu gemeinsamem Gedeih und Verderb. Ich darf nichts Irdisches für allgemeingültig absolut halten, wenn ich selbst geschichtlich unbedingt in ihm stehe.

Wahre Autorität muß offen bleiben. Sie steht im Wandel durch tiefere Selbsterfassung und in Kommunikation zu anderer Autorität. Falsche Autorität bricht Kommunikation ab, hat Interesse nur für sich selbst, weiß sich im Besitz der Wahrheit, der einen ausschließlichen, redet mit anderen zum Schein, will nur ihre Wahrheit verbreiten. Die anderen sollen hören, aber nicht prüfen. Wo aber Kommunikation abbricht, da steht am Ende Gewalt und Krieg.

In der Alternative zwischen der Autorität, die im Wandel ihrer Erscheinung und in mehrfacher geschichtlicher Gestalt, daher in grenzenloser Kommunikationsbereitschaft bleibt, und der anderen Autorität, die als die ausschließend eine Wahrheit die Kommunikation abbricht, scheint mir zugleich der Unterschied zu liegen echter, die Freiheit steigernder und unechter, die Freiheit vernichtender Autorität.

*

Nach unseren Erörterungen ist es unmöglich, eine neue Autorität zu planen. Aber in unserer Situation läßt sich vielleicht von Bedingungen und Tendenzen sprechen. Wir können darüber nachdenken, unter welchen Gefahren und mit welchen Chancen die Autorität in einer entzauberten Welt sich zeigen mag.

1. Die charakteristische Forderung der Politik unserer Zeit, bewußt geworden angesichts des Totalitären, scheint mir die Abtrennung der Politik vom Glauben zu sein. Politik bezieht sich auf jene Daseinsfragen, in denen Menschen sich verständigen können, weil sie etwas der Sache nach Gemeinsames, die materiellen Lebensnotwendigkeiten, betreffen. Das Trennende ist hier nicht der Glaube, sondern der Kampf um den Platz im Dasein bei der Enge des Raumes und der Begrenzung der materiellen Daseinsmittel im Zusammenhang mit der beliebig freigegebenen Fortpflanzung. Hier herrschen ursprünglich bedingungslose Daseinsbehauptung und Daseinserweiterung, Gewalt und List.

Ordnung ist hier allein durch die Autorität der Legalität, welche das Zusammen und Miteinander des Daseins ermöglicht.

In dieser Daseinsordnung ist unmöglich nur ein Glaube, der sich nicht nur ausschließlich für die alleinige Wahrheit erklärt, sondern dazu den Anspruch macht, zum Herrn der Welt zu werden, und der daher zur Herrschaftsgewinnung die Politik verwendet, d. h. die Machtmittel des Daseins, nicht nur die gewaltlose, geistige Verkündigung. Mit Glaubenskämpfern läßt sich nicht reden. Der Wille zur Gewalt kann nur durch Gewalt, die Drohung nur durch Drohung gebändigt werden.

Die Trennung von Politik und Glaube ist selber nur durch Glauben möglich, durch jenen Bezug zur Transzendenz, die jedem geschichtlichen Glauben eignet und auf dem Felde des Daseins alle sich verbinden läßt gegen den Nihilismus des Beliebigen.

Die Legalität der Daseinsordnung ist eine sehr reduzierte und für das Leben im Ganzen unzureichende Autorität, aber doch Autorität. Denn die Bindung an die Methoden der Legalität ist unlösbar von einer Grundhaltung des Vertrauens, die sich fügt, auch wo sie widerspricht. Es herrscht in der Abwendung von der Gewalt zur Ordnung eine Ehrfurcht, bis hinab zur Gemeinschaft der Konventionen. Der Gehorsam gegen das

Notwendige geschieht ohne Zwang, aus Einsicht und Selbstüberzeugung, im Glauben an die Möglichkeit freien Einverständnisses im fortdauernden Prozeß zum Besseren.

Versagen die Methoden im Einzelfalle, so sind sie selber imstande, zu korrigieren. Die Methode des gemeinschaftlichen Findens des Rechten, das die Daseinsordnung zu möglichster Freiheit und Gerechtigkeit bringen soll, ist verläßlich nicht im einzelnen Falle, aber als Weg.

Unserem Zeitalter können Autorität und Freiheit nur gerettet werden bei Freigabe des Glaubens, der Lebensweise, des geistigen Hervorbringens in ihrer Mannigfaltigkeit der Gestalten zu freiem Wettkampf in der Kommunikation.

2. Eine große Chance scheint mir in der Entwicklung der Denkformen zu liegen. Die partikulare Bewußtseinserhellung der Wissenschaften hat zur Entzauberung geführt. Dieses ursprünglich richtige Denken hat durch Verkehrung Fehler zur Folge, die einsehbar sind. Dieses Denken durchschaut nie das Ganze, sondern ergreift Gegenstände im Raum des Ganzen. Indem es diese stets endlichen Gegenstände für das Sein selbst hält, setzt es an die Stelle umgreifender Seinsgegenwärtigkeit die sei es mechanisch einlinige oder mechanisch dialektische Rationalität von Begriffen. Indem es sich abwendet von der ursprünglichen, umgreifenden Erfahrung, geschieht zugleich die Auslöschung der zweckfreien Gegenwart zugunsten allein des zweckhaften Machens.

Nur die unbeschränkte, aus der Verfangenheit in das Objekt sich befreiende Bewußtseinserhellung kann zum Aufschwung bringen. Dann wird das Unerhellte im Erhelltwerden nicht vernichtet, sondern gesteigert. Das Unbewußte wird in der Helle reicher aus neuer Ursprünglichkeit. Das Sein wird nicht verloren, sondern tiefer ergriffen. Erst in der Entzauberung durch Befreiung von Illusionen vermag der wahre Schauer, des Wunders des Seins selbst gewiß zu werden, wie erst im Verwerfen des Aberglaubens der Glaube rein wird.

Eine Welt, die die Mittel des Verstandes durch die Wissenschaften gewaltig gesteigert hat, fällt ab in die Verstandesmechanismen. Aber sie könnte ihren Verstand führen und überbieten durch Vernunft.

Eine Welt, die nicht mehr in der leibhaftigen Realität der Mythen lebt, nicht mehr eingeschlossen ist in das geheimnisvoll Bergende und Offenbarende, fällt ab in wissenschaftliche Pseudo-Mythen. Aber sie könnte vielleicht die alten Mythen verwandelt hören als Sprache in Symbolen, zwar beraubt jener falschen Realität, aber als Chiffern der Wirklichkeit.

Mir scheint, daß die Wiederherstellung der Denkformen für unsere Zukunft entscheidend sein wird: ob es gelingt, in der wirksamen Philosophie den Weg zu finden, der nicht nur heraushebt aus der Befangenheit in der Bindung an das Objekt in Gestalt einer kollabierten Wirklichkeit, sondern der im Medium unseres gegenwärtigen Wissens zur Selbstüberzeugung von den ewigen Gehalten und damit von Freiheit und Autorität führt.

Wenn wir von deren Erscheinungen nicht nur soziologisch und psychologisch wissen, sondern auch ihr umgreifendes Wesen philosophisch erhellen, so kann die Praxis anders als früher werden. Kritik, für falsche Freiheit und Autorität tödliche Gefahr, wird für die echte zur Rettung.

Es ist heute die Frage, wie weit die Erhellung des Bewußtseins nicht nur in Kenntnisfülle als Verarmung, sondern durch Denkklarheit als Steigerung über die Arbeit der Schulen allen zugänglich wird. Daß jene Grundverkehrungen, die durch ein falsches Denken die Wurzeln der Einsicht und des Glaubens zugleich abschneiden, zur alleinigen Herrschaft kommen, das zu erwarten, zwingt uns keine Notwendigkeit. Die Chance liegt darin, die Denkformen in die einfachste und klarste Gestalt zu bringen durch die öffentliche Auseinandersetzung, in der sie entfaltet und eingeübt werden.

Aber wie illusionär mag dies klingen! Wer die Macht des philosophischen Gedankens an sich selbst erfahren hat und zugleich das Wunder sieht, daß in dieser Welt seit Beginn der Geschichte doch immer der vernünftige Gedanke, der transzendierende Gedanke, die freie Tat des Opfers wiederkehrt und einen Einschlag in die sonst so sinnlose Geschichte gebracht hat, der kann nicht anders als hoffen. Den Unheilsvisionen widersteht der Glaube an den Menschen, dem bei allen Verirrungen im Innersten bleibt, was nach dem biblischen Worte geschaffen ist als Ebenbild der Gottheit.

3. Doch sieht nicht unser Zeitalter, anders als früher, wirklich hoffnungslos aus?

Ein Symptom unter vielen und Symbol zugleich sind die Millionen Vertriebener in Europa, China, Rußland. Glücklich, wer in Heimat und Herkunft, in Staat und Religion die geschichtliche Autorität findet, durch die er zu sich kommt, um in sie hinein und über sie hinaus den Weg zum Ursprung zu finden! Wie aber, wenn, wie heute, immer mehr Menschen losgerissen werden vom Boden, eine zerrüttete Herkunft haben, ständig abgeschnitten werden, wo sie gerade Wurzel fassen wollten, hin und her getrieben, sich ihrer selbst und ihrer Welt ungewiß werden, wenn alles zusammenzuschrumpfen scheint zum bloßen Augenblick ohne Vergangenheit und Zukunft, zum bloßen Dasein ohne Horizont und Perspektive? – Gibt es dann noch eine Geschichtlichkeit der Menschheit im Ganzen? ein Geborgensein in einer Autorität, die nirgends aufhören kann? eine Wurzel, aus der neue Säfte steigen, wenn ein Ast und viele Äste verdorrt sind?

Für den Verstand ist die Bedrohung alles dessen, was uns Abendländern heute noch wert und Grund und Gehalt unseres Lebens ist, so ungeheuer, daß sich die Schatten eines vollkommenen Pessimismus über uns zu senken scheinen.

Demgegenüber steht ein phantastischer Optimismus anderer, die die Zerstörung mit Jubel ergreifen und nicht zweifeln an der glänzenden neuen Geburt des Menschen, die aus vollkommener Vernichtung hervorgehen wird.

Aber diese Urteile des Pessimismus und Optimismus sind in ihrer Verabsolutierung mit unseren Erkenntnismitteln zu widerlegen. Dazu verstoßen sie gegen die Scheu, die uns endlichen Wesen zukommt angesichts der Welt in ihrer unendlichen Vieldeutigkeit und unserer Aufgabe, darin die uns führende Weisung zu vernehmen und uns ihr im Nichtwissen zu beugen.

Statt sich den Stimmungen von verzweifeltem Pessimismus und gewaltsamem Optimismus zu überlassen, gilt es in der Ungewißheit unserer Welt nicht nur die ungeheure Gefahr, sondern auch die Chancen zu sehen. Die größte und eigentliche Chance aber liegt in der Verantwortung der Menschen, jedes Einzelnen. Es liegt an ihm selbst, was aus ihm wird.

Heute haben wir wie jederzeit die Aufgabe, gegenwärtig zu verwirklichen, was möglich ist. Die Zukunft wird dadurch mitbestimmt, ohne geplant zu sein. Wir dürfen nicht erwarten, wofür wir nicht selber mithelfen. Was wir heute versäumen, ist für immer verloren.

Dann aber haben wir die Aufgabe: über Zeit und Geschichte hinaus jederzeit gegenwärtig auf die Gottheit bezogen zu bleiben unmittelbar durch unser liebendes Leben. Wir sollen uns nicht preisgeben an Geschichte, sondern der ewigen Gegenwart teilhaftig werden in der Wirklichkeit der Spannung von Freiheit und Autorität, die auch in verfallenden Zeiten jeder Einzelne noch zu erfahren vermag.

*

Sie haben mich aufgefordert, vor Ihnen über Freiheit und Autorität zu sprechen. Ich konnte Ihnen nichts Neues sagen, sondern Sie nur erinnern an das, was Sie wissen.

Ich sollte eine Frage unseres Zeitalters erörtern. Sie werden von mir nicht erwartet haben, daß ich von der Schweiz spreche, dieser in den stürmischen Fluten der Weltgeschichte noch stehenden Insel, auf der Freiheit und Autorität und die Autoritäten untereinander durch Selbsterziehung immer wieder zu einem lebendigen Gleichgewicht gebracht worden sind. Ich sprach nur von der Frage des Zeitalters, dessen reißende Bewegung, wenn sie sich nicht fängt, auch dieses einzig kostbare Eiland von außen bedroht.

Die Aufgabe der Philosophie in der Gegenwart

Welche Aufgabe hat die Philosophie heute? Man hört die Antwort: keine, denn sie sei ohne Wirklichkeit, sei abseitiger Betrieb von Fachleuten einer Zunft. Diese Philosophen auf Lehrstühlen, deren Existenz aus dem Mittelalter stamme, träfen sich vergeblich auf Kongressen, die die moderne Form des Sich-zur-Geltung-bringens seien. Eine umfangreiche Literatur zeuge von ihren Monologen, werde kaum gelesen, wenig gekauft, abgesehen von einigen wenigen Modeerscheinungen für Snobisten. Die Presse als Ausdruck der öffentlichen Meinung nehme von diesen in Bibliotheken verstaubenden Büchern und Zeitschriften zwar Notiz, jedoch ohne eigentliches Interesse. Alles in allem: die Philosophie sei überflüssig, ein Petrefakt aus vergangenen Zeiten, das darauf warte, zu verschwinden; sie habe keine Aufgabe mehr.

Gegen solche Verwerfung dürfen wir zunächst sagen: Was alles den Namen der Philosophie trägt, sollte nicht mit der Philosophie selbst verwechselt werden. Philosophie ist überall, wo Menschen sich ihres Daseins denkend bewußt werden. Sie ist allgegenwärtig, ohne als solche benannt zu sein. Denn der Mensch, der denkt, philosophiert auch, wahr oder verkehrt, oberflächlich oder tief, kurzatmig oder in langsamer Gründlichkeit. Wo immer eine Welt ist, wo Maßstäbe gelten, wo beurteilt wird, da ist Philosophie. Sie ist im zusammenhaltenden Glauben der Kirche nicht weniger als im Glauben einer auf sich stehenden bewußten Philosophie, sie ist noch im Glauben des Nichtgläubigen, ist in der nihilistischen Auflösung, ist im Marxismus, in der Psychoanalyse und in den vielen heute verbreiteten Lebenslehren, wie der Anthroposophie und anderen. Die Verwerfung der Philosophie erfolgt selber aus einer sich als solcher nicht bewußten Philosophie. Die Aufgabe des auf den Lehrstühlen vertretenen berufsmäßigen Philosophierens ist, diese überall gegenwärtige unentrinnbare Philosophie hell werden zu lassen, zumal durch die Überlieferung der großen geschichtlichen Gestalten der Philosophie. Das ist eine dienende, nicht zu verachtende Arbeit.

Aber wie harmlos klingen solche Erörterungen, wenn wir an die Grundrealität der gegenwärtigen Menschheit denken.

*

Heute sind die beiden auf dem Erdball herrschenden gewaltigen Mächte die Welt der Freiheit und die des Totalitarismus. Beide im Auge zu haben, ist unumgänglich für unser philosophisches Bewußtsein. Denn durch sie ist heute auch die Wirklichkeit der Philosophie bestimmt. Das philosophische Denken hat den Gang dieser Realitäten mit hervorgebracht und wird durch Kraft oder Schwäche ein Grund der Weise unserer Zukunft sein.

Auf der einen Seite die Freiheit der Möglichkeiten, auf der anderen die absolute Macht des einen Geistes, – auf der einen Seite Forschung und Diskussion und ständiger Kampf der Geister und Sachen, auf der anderen Totalwissen und Kampf der Intrigen, – auf der einen Seite partikulares Planen mit dem Grenzbewußtsein des Unplanbaren, auf der anderen Totalplanung ohne Grenzbewußtsein, – auf der einen Seite Mannigfaltigkeit bis an die Grenze von Anarchie, auf der anderen Einheitlichkeit bis an die Grenze des Ameisenstaates nicht mehr sie selbst seiender Menschen, die als an sich gleichgültiges Material in einer Apparatur der Partei, der Bürokratie, der Polizei, der Armee verzehrt werden.

*

Totalitäre Regime verfahren nach der Voraussetzung, daß sie Bescheid wissen über Geschichtsverlauf und Naturgeschehen. Auf Grund dieses Totalwissens können sie total planen. Da aber kein Mensch, weder wissend noch handelnd, das Ganze wirklich in die Hand bekommen kann, vermag, wer dies trotzdem zu unternehmen meint, vielleicht mit Gewalt die Welt zu erobern, aber er nimmt sie in Besitz wie der Mörder den Leichnam, nicht wie der Mensch, der mit Menschen in Schicksalsgemeinschaft tritt zur Gestaltung der gemeinsamen Welt.

Wer mit seinem vermeintlichen Totalwissen das Ganze ergreift, philosophiert in einer gleichsam umgekehrten Philosophie. Er denkt mit logisch-dialektischer Intensität in formalen Konsequenzen, aber kritiklos. Denn er ist nicht berührt von der Wirklichkeit, daher durch sie nicht widerlegbar, und er klärt nicht die Voraussetzung seines eigenen Glaubens, etwa des Glaubens an das künftige Heil, an dies ganz Unbestimmte, für dessen Verwirklichung die Lüge noch ein als notwendig begriffener

Faktor ist, während es selbst automatisch durch den magischen Prozeß der dialektischen Geschichte erzeugt wird.

Im Bereich des Totalitarismus ist öffentlich die Philosophie am Ende. Der Nationalsozialismus erklärte sie für eine erledigte Angelegenheit. Sie wurde ersetzt durch rassisch denkende Anthropologie und politisch gelenkte Wissenschaft. Im Bolschewismus wird sie entsprechend ersetzt durch die Marxistische Doktrin. An den ostdeutschen Universitäten ist daher nicht Philosophie, sondern die marxistische Soziologie das Grundstudium für alle. Nationalsozialismus und Bolschewismus erheben den absoluten Wahrheitsanspruch für ihre Lehren. Wer dieser Wahrheit widersteht, ist zu vernichten. Der Grund des Nichtglaubens kann nur böser Wille, minderwertige Artung, falsche Klassengesinnung, falsches Bewußtsein sein.

Welche Aufgabe kann der philosophierende Mensch unter diesem Terror der Gewalt ergreifen? Die Geschichte kennt die Märtyrer und kennt die Einsamen, die in Wüsten und Wälder gingen. Aber bisher waren diese sichtbar in ihrem Tun, noch getragen von einer Welt, die sie kannte. Heute ist das grundsätzlich Neue: daß Menschen in großer Zahl einfach verschwinden, nie hört jemand wieder etwas von ihnen. Die Ohnmacht des Einzelnen ist vollkommen. Solange sein Dasein bleibt, kann er sich in die absolute Verborgenheit des Intimsten zurückziehen, wenn es ihm vergönnt ist, den Freund, die Gattin, den Gatten in Verläßlichkeit zu finden im Sinne des Nietzsche-Wortes: Die Wahrheit beginnt zu zweien. Denn in völliger Verlassenheit des Einzelnen kann das Zutrauen zu sich selber aufhören, kann der Zweifel beginnen an der offenbaren Wahrheit, wenn nur er allein sie sieht, ohne Sprache mit den Anderen bleibt. Der Einzelne scheint das Absurdeste für wahr halten zu können, wenn eine übermächtige Umwelt es ihm durch Dauer und Einwirkung aufzwingt. Unter diesem suggestiven Zwang und unter der Drohung der lautlosen Vernichtung bleibt für sein Philosophieren die Wirklichkeit dessen, was auch bei Unsichtbarkeit das Eigentliche ist, das, was den sogenannten Realisten als Illusion, Wunschbild, Traum gilt, die Transzendenz der Gottheit. Und bleiben kann das Bewußtsein des Sichbewahrens, des Bereitseins für den in aller Unwahrscheinlichkeit immer noch möglichen befreienden Augenblick. Die Aufgabe der Philosophie ist es, durch ihre Denkungsart die innere Widerstandskraft zu stärken gegen den Zynismus der Propaganda einer eintönig gewordenen Öffentlichkeit, gegen das Verfallen an den Glauben des Absurden, das in den Schuldbekenntnissen der Schauprozesse einen seiner schrecklichen Höhepunkte erreicht.

*

Ganz anders im Bereich der Freiheit. Hier hat niemand die Welt des Menschen, wie außerhalb stehend, in der Hand. Hier sucht der Mensch mit dem Menschen sich in den Besitz seiner Welt zu setzen. Hier ringt er im Rahmen gesetzlicher Ordnungen durch Wettstreit um sein Dasein und seine Wirkung. Er versucht den Gang durch die Zeit, die schaffende Kraft aller vereinigend, ohne eine vom Menschen errichtete und usurpierte oberste, total wissende und planende Instanz. Die immer noch bleibenden ungerechten Bedingungen sucht er durch bessere Gesetze zu gerechteren Chancen für alle umzubilden. Er bleibt auf dem Wege, in ehrfürchtiger Unzufriedenheit voranschreitend. Entsteht in dieser Welt der Freiheit die Vision des Endes im Totalitarismus, so scheint dieser als Bestand unausdenkbar: er selbst müßte explodieren, eine Wüste hinterlassen, aus der aber nicht die Vergangenheit sich wiederherstellen, sondern ein unabsehbar Anderes, Neues folgen würde.

Hier im Bereich der Freiheit geschieht das Philosophieren unter sehr verschiedenen Bedingungen in der Vielfachheit der Möglichkeiten. Auch hier gibt es heute das Gefühl der Ohnmacht des Einzelnen, einer unter Milliarden zu sein, verschwindend mit der Wirkung des eigenen Tuns. Aber dieses Ohnmachtbewußtsein ist grundsätzlich anders als unter der Gewalt des Totalitarismus. Wie bei echten Abstimmungen die einzelne Stimme in ihrer Wirkung vermöge ihrer Geringfügigkeit als Wirkungslosigkeit erscheint und doch das Ergebnis der Abstimmungen aus diesen Stimmen, deren jede nur eine einzelne ist, erwächst, so scheint alles Tun des Einzelnen im Bereich der Freiheit von verschwindender Gleichgültigkeit für den Gang der Dinge. Der Machtwille wendet sich unlustig von diesem Tatbestand ab. Dagegen ergreift der humane Wille, im Bewußtsein der Verbundenheit mit allen, feierlich und verantwortlich die Abgabe der eigenen Stimme als in der Winzigkeit unerläßliche Mitentscheidung, und so lebt er sein gesamtes Dasein als die winzige Substanz, die das Ganze mitträgt. In dieser Ohnmacht ist die Freiheit lebendig.

In der Welt der Freiheit gibt es nun aber all die geistigen Mächte, die die Freiheit ohne Willen zerstören oder bewußt zerstören wollen. Es gibt manchen, der gegen Totalitarismus schreit, aber ihn selbst durch sein Denken fördert, weil seine eigene Geisteshaltung nicht in der Wahrheit seiner verläßlichen Existenz wurzelt, sondern verborgen zu Gewalt und Gehorsam drängt und im Ernstfall wie selbstverständlich sich ihnen anschließt. Plötzlich fallen dann die Schleier und der Mensch zeigt, wer er ist.

Schon mancher Philosophieprofessor hat die Meinung gehabt, nur ein einziger Vertreter der Philosophie an einer Universität sei gehörig, durch mehrere werde Verwirrung unter den Studenten gestiftet, – einige haben sogar nur einen Philosophen, natürlich sich selbst, für die ganze Nation gewünscht; nur eine Philosophie sei wahr. Mag der Inhalt der Philosophie derer, die solchen Anspruch erheben, noch so heterogen sein, ihrer aller Denkungsart ist die gleiche. Sie bahnen den Weg zum Totalitarismus.

Eine große Aufgabe des Philosophierens ist heute, dieser Mächte ansichtig zu werden, die es selber überrumpeln und vernichten wollen, dieser Mächte, die so verführerisch auftreten, so indirekt wirken, Wahrheit in sich bergen, aber ständig verdrehen, großer Begabungen sich bemächtigen. Man kann sie luziferisch nennen. Denn ihre gänzliche Unverläßlichkeit, der alles möglich ist, kann glänzen durch Geist, zumal in Dichtung und Kunst, durch zugleich treffende und vernebelnde Ausdruckskraft. Sie können bezwingen durch einen extremen Zynismus, ob sie nun in einem Naturmythus der hemmungslosen Vitalität, ob in den wilden Benennungen des Schrecklichen, ob in der Sprache einer radikalistischen Wahrhaftigkeit sich ergehen. Am Grunde sitzt die Verlogenheit, die noch die Wahrheit zur Lüge benützt. Sie gebrauchen den Verstand, um die Vernunft zu zerstören. Sie fordern Freiheit, um alle Freiheit zu nehmen. Die Unaufrichtigkeit verdreht den Wortsinn und macht die Sprache selbst unwahr, indem sie spricht ohne mitzuteilen, aber um zu düpieren. Sie erregt, aber führt mit disziplinierter Technik in das Nichts, wo mit dem Schauer vor dem Ungeheuren die Gedankenlosigkeit unterwerfungsbereit macht. Alle diese Erscheinungen sind wie Einübungen der Bereitschaft, sich dem Totalitarismus zu ergeben.

Aufgabe der Philosophie ist es, diese Mächte geistig zu bekämpfen. Von jedem von uns wird die Freiheit des Denkens nur gewonnen in ständiger Überwindung dieser Gegner in uns selbst und in der öffentlichen Begegnung. Daher ist heute mit jedem geistigen Akt die Verantwortung für die Freiheit des Menschen verbunden. Diese Verantwortung aber verwirklicht sich nur mit der Freiheit des Urteils eines jeden in der öffentlichen Auseinandersetzung ohne die Anmaßung einer Zensur als auswählender und verbietender Instanz. Aber der Kampf, der gegen die Unphilosophie des Totalitären geführt wird, hat in sich selbst eine große Gefahr: Der Gegner, gegen den ich kämpfe, zwingt mir Waffen in die Hand, die der eigenen Gesinnung ungemäß sind. Im Kampfe gegen den Geist der gewaltsamen, verkündigenden Denkweise kann die liberale, kommunikative Grundhaltung in die Lage geraten, nicht mehr tolerant zu bleiben gegen die totale Intoleranz. In dem Willen zur Kommunikation sieht sie sich vor den faktischen Abbruch der Kommunikation dann gestellt, wenn der andere ständig ausweicht, schweigt, etwas anderes redet, ablenkt und hintergeht. Der Gegner zwingt die Kampfmethoden auf. Durch sie wird das Wesen des Kämpfenden selber verändert. Die Freiheit würde noch in ihrem Siege den Kampf verlieren, wenn sie diese Verwandlung in sich geschehen ließe.

Die Idee des ritterlichen Kampfes bewahrt die Verbindung noch der Kämpfenden unter gemeinsamen Maßstäben. Der totale Kampf aber sieht in den Gegnern nur Dummköpfe, Betrüger, Verbrecher und zwingt diese wiederum, solche Kategorien auf die Funktionäre der Totalität anzuwenden. Der totale Kampf kennt keine Verpflichtung, die von einer übergeordneten Instanz der Gemeinsamkeit ausgeht. Was damit zwischen Menschen zerreißt, hat furchtbare Folgen: der Zustand bedingungslos um das Dasein kämpfender Bestien wird wiederhergestellt. In der Weise des geistigen Kampfes wird dieser Zustand vorbereitet und vorweggenommen. Bei solchen Erfahrungen überfällt uns wohl der Schrecken. In der Harmlosigkeit von Diskussionspartnern und der Weise ihrer Polemik fühlen wir die Begegnung von potentiellen Propagandisten und Mördern des Totalitarismus, ohne daß wir doch wissen, ob von ihnen selbst solches zu erwarten wäre.

*

Ein wesentlicher Faktor dieses geistigen Unheils heute ist die Beherrschung durch ein unklares Wissenschaftsdenken. Man glaubt an Wissenschaft. Wissenschaft ist die Autorität, auf die man sich beruft.

Einige Beispiele: Russell, der bedeutende englische Philosoph und Logistiker, erwartet am Ende seines Gesamtbildes der abendländischen Philosophie die Einigung der Menschheit durch Wissenschaft. Jedoch es ist merkwürdig: Menschen sind durch Wissenschaft einig nur als Verstand überhaupt, nicht als lebendige, geschichtlich gegründete ganze Menschen. Die Einigkeit im Wissenschaftlichen bringt etwa in bezug auf die Wirksamkeit physikalischer Einsicht dazu, die gemeinschaftliche Erkenntnis, vom Steinbeil bis zur Atombombe, als Waffe gegeneinander zu gebrauchen. Übereinstimmung in wissenschaftlicher Erkenntnis stiftet mit der Einigkeit der Meinung noch keine Einmütigkeit der Gesinnung. Die Wissenschaft ist falsch beansprucht, wenn sie das leisten soll.

Im Modernisteneid von 1910 findet sich der Satz: »Ich bekenne, daß Gott durch die sichtbaren Werke der Schöpfung wie die Ursache aus der Wirkung mit Sicherheit erkannt und auch bewiesen werden kann.« Merkwürdig: Die Beweisbarkeit des Daseins Gottes soll geglaubt werden. Was aber beweisbar ist, das bedürfte nicht des Glaubens. Denn ein Bekenntnis wäre nicht notwendig, wo der Verstand dessen Inhalt zwingend begründet.

Ein drittes Beispiel ist das Denken der totalitären Regime. Sie gründen sich auf Wissenschaft, fordern aber für diese Wissenschaft Glauben. Etwa: Es gibt nur die Welt und was der Mensch vermag. Statt auf Offenbarung soll er sich auf Wissenschaft gründen. Aber merkwürdig: diese Wissenschaft ist in ihren Grunderkenntnissen endgültig, sie weiß das Ganze. Ich soll dies glauben, darf also nicht mehr Einwände machen, zweifeln, prüfen, also nicht mehr wissenschaftlich untersuchen, außer in technischen Erfindungen, die materiell sofort zu brauchen sind.

Aber Russell und die Verfasser des Modernisteneids und die Denker der totalitären Wissenschaft haben etwas anderes als Wissenschaft im Sinne. Sie meinen ein Denken, das selber schon Glauben ist. Russell glaubt an die Kraft der Redlichkeit in den Wissenschaften als an die eine allverbindende Vernunft des Menschen. Der Verfasser des Modernisteneids hat einen philosophischen Glauben, der sich in Denkformen vergewissert, die keine Sache erkennen, aber das glaubende Bewußtsein erhellen. Der marxistische Dogmatiker glaubt den notwendigen Gang der Geschichte, der nationalsozialistische das Naturgesetz des Überlebens der Tüchtigen zu kennen. Beide wollen nur beschleunigen, was ohnehin geschieht, und zwar durch Ausrotten der dem Gang der Dinge widerstrebenden, zur Vernichtung vorbestimmten, minderwertigen Menschen, Klassen und Rassen. Beide unterwerfen sich in glaubendem Gehorsam unter eine für Wissen gehaltene Voraussetzung.

Diese Beispiele, so verschieden sie sind, weisen auf einen Punkt, von dem her das moderne Bewußtsein in Verwirrung gebracht wird. Der unwillkürliche Anspruch ist: durch Wissen als Wissen zu haben, was Glaube ist. Glaube aber ist das unumgängliche Grundwesen des Menschen, das nie durch Wissen ersetzt werden kann, hier jedoch sich fälschlich als Wissen gibt. Ich soll von der Wissenschaft erwarten, was sie nie leisten kann. Ich soll auch noch glauben, was ich vermeintlich als Wissen schon einsehen kann. Absurde Glaubensinhalte werden als Wissenschaftsergebnisse behauptet. Alle sprechen etwas aus, das mehr ist als wissenschaftliche Erkenntnis, so als ob es wissenschaftliche Erkenntnis sei. Sie stehen unter dem Druck der modernen Überschätzung der Möglichkeiten der Wissenschaft, des Wissenschaftsaberglaubens.

Es ist die große, keineswegs erfüllte Aufgabe der Philosophie heute, das Verhältnis von Philosophie und Wissenschaft, d. h. überhaupt die Weisen des Denkens und Erkennens, zur Klarheit zu bringen. Diese Aufgabe ist in ihrer gründlichen und umsichtigen Verwirklichung eine Sache der Fachleute, in der Auffassung ihrer einfachen Lösung die Sache aller. Diese Lösung würde zur Befreiung von Wissenschaftsaberglauben führen und damit sowohl zur Begründung von Sinn und Grenzen der großartigen, unumgänglichen modernen Wissenschaften als auch zur Selbstvergewisserung in den Möglichkeiten eigentlichen Philosophierens.

*

Die Wissenschaftsfrage ist eine der großen Aufgaben sachlicher Untersuchung seitens der Philosophie. Eine ganz andere Aufgabe ist der Philosophie heute durch den neuen gesellschaftlichen Zustand in der freien Welt gegeben, durch den Tatbestand, daß heute die Massen nicht bloß durch Eingesetztwerden ihrer Kräfte seitens eines ihnen fremden Willens, sondern durch ihr eigenes Wissen und Wollen eine in den Abstimmungen entscheidende Rolle spielen. Die Wirkung der philosophischen Gedanken in der Welt ist heute nur möglich, wenn sie die Mehrheit der Einzelnen erreicht. Denn gegenwärtig ist der Zustand: die Massen der Bevölkerung können lesen und schreiben, ohne doch den vollen Umfang abendländischer Bildung zu gewinnen. Aber sie sind die Mitwissenden und Mitdenkenden und Mithandelnden. Sie können dieser neuen Chance um so mehr genügen, je mehr sie in den vollen Umfang der hohen Anschauungen und der kritischen Unterscheidungen gelangen. Es ist für die Stunden der Besinnlichkeit aller Menschen daher notwendig, das Wesentliche so einfach, so klar wie möglich, ohne Einbuße an Tiefe, mitteilbar zu machen. Heute ist es noch so, daß viele Menschen nicht eigentlich wissen, was sie wollen. Die Propaganda bemächtigt sich durch Interessen und Mächte ohne Rücksicht auf Wahr und Falsch der nicht selbst denkenden widerstandsarmen Seelen. Es ist unausweichlich, daß das Wahre selber heute in die

Gestalt der Propaganda gelangen muß, um die Ohren der Menschen zu erreichen. Die große Aufgabe schaffenden Denkens ist daher die Erarbeitung der einfachen Gestalten des Wahren, damit es Widerhall findet in der jedem Menschen ursprünglich eigenen Vernunft. Wesentlich sind die einfachen Gedanken, die den Nachvollziehenden mit der Klarheit der Operation an jenem Punkte treffen, wo er nicht nur weiß, sondern innerlich handelt, das heißt, wo die Vernunft im ganzen wach wird.

*

Gegen die anfangs gezeigte Position, die das Ende der Philosophie behauptet, meine ich auf einige Aufgaben hingewiesen zu haben, die die Philosophie heute zu einer Sache des Menschen als Menschen machen. Gegen das vermeintliche Totalwissen hat die Philosophie die Aufgabe, das Selbstdenken und dadurch das Selbstsein des Einzelnen, das unter den totalitären Mächten erlöschen soll, wachzuhalten. Sie hat jeden Einzelnen zu erinnern, daß er er selbst sein kann, und daß er aufhört Mensch zu sein, wenn er darauf verzichtet. Für unsere gemeinschaftliche Zukunft ist entscheidend, daß das Denken durch Vernunft in der Helligkeit des Willens aus der tiefsten Verantwortung zur Wirklichkeit gelangt.

Wir, die wir beauftragt sind, beruflich die Philosophie als Lehrgegenstand zu pflegen, leisten heute nicht annähernd das, was die Aufgabe in dieser Situation verlangt. Das Wenige, was von zahlreichen Männern mit bestem Willen versucht wird, sollte jedoch nicht für nichts gehalten werden.

Das Kollektiv und der Einzelne

Kann es in der Massengesellschaft noch Individualitäten geben? Ist es möglich, daß in der kollektivierten Gesellschaft der Einzelne sich behauptet?

Diese heute oft und besorgt gestellte Frage fordert zu ihrer Beantwortung zunächst eine Klärung des Gegensatzes von Einzelnem und Kollektiv. Der Mensch ist immer beides, ein Einzelner in einem Ganzen. Der Einzelne ist durch seine menschliche Umwelt und diese nur dank der Kraft des Einzelnen. Es kann weder das Ganze – nennen wir es Gemeinschaft, Gesellschaft, Kollektiv – noch den Einzelnen für sich geben. Denn der Mensch geht weder in einem Ameisenstaat als einem sich geschichtslos wiederholenden, in sich vollendeten Ganzen zu bloßer Funktion verloren, noch läuft er als Vereinzelter durch die Welt. Ohne Überlieferung, die ihm durch Menschen zuteil wird, kann der Neugeborene nicht einmal Mensch werden. Er wächst nicht, wie alle Tiere, durch die biologischen Erbsubstanzen von selbst in ständiger Wiederholung des Gleichen durch Generationen, sondern durch die Erziehung in geschichtlichem Wandel. Taubstumm geborene Menschen entbehren mit dem Gehör auch der Sprache. Sie wurden in früheren Zeiten mit Schwachsinnigen verwechselt. Seitdem ihnen durch planmäßiges Erlernen einer Gebärden- und Zeichensprache ein Ersatz für die gehörte und gesprochene Sprache geschaffen wurde, haben sie sich als vollwertige Menschen erwiesen, da ihnen die Überlieferung geistig zugänglich wurde, die sie zu Menschen macht.

Nun ist der Grundtatbestand des Menschseins, der es von allen Tieren unterscheidet, daß das Verhältnis des Einzelnen zum Kollektiv nicht in eine vollendete Form gebracht werden kann. Daher hat der Mensch Geschichte. Er bringt durch seine Werke, durch die Ordnung der Arbeit in Gemeinschaft hervor, was im Unterschied von dem biologisch Vererbten als Gebilde stets brüchig und leicht zu ruinieren ist. Die gewordene Gemeinschaft bleibt für ihn in jeder Gestalt ungenügend, macht ihn daher unzufrieden. Er muß weitergehen. Dies geschieht in höchstem Maße durch die moderne Technik. Wenn der Mensch durch Erfindungsgabe, mit wachsender Beherrschung der Natur, diese Natur verwandeln will, so macht er die Erfahrung, daß in der reißenden Bewegung die von ihm geschaffene Umwelt keine bleibende Gestalt finden kann.

Diese Bewegung, die er mit der modernen Leidenschaft ergreift, das Bessere suchend, seine Macht vergrößernd, seine Welt ins fast Unermeßliche ausweitend, ist doch zugleich für ihn ein schreckliches Geschehen. Er sträubt sich, er möchte das Bleibende. Dieses Bleibende ist in der vortechnischen Geschichte in großen wirksamen Gestalten gedacht und gelebt worden: Im chinesischen Universum wußte der Mensch sich eins mit der ewigen Ordnung der Dinge, dem Tao, alle Abweichung galt als vorübergehende Störung, das menschliche Leben im Ganzen als ständige Wiederherstellung des ewig Gleichen, in der platonischen Ideenwelt wurden die bleibenden Gestalten und Verhältnisse gedacht als ein Sternenhimmel über dem an sich ziellosen und sinnlosen Werden, das selber nur durch Teilnahme an jenen Ideen eine Weise des Seins gewinnt – die stoische Weltvernunft durchdrang alles Geschehen als ewige Notwendigkeit und Unveränderlichkeit –, vom christlichen Gottesreich her war die Welt nur eine Stätte der Bewährung und Prüfung der Menschenseele, sie selbst aber, als der Zwischenzustand zwischen Schöpfung und Sündenfall einerseits, Weltuntergang, Endgericht und Auferstehung andrerseits, hatte keine eigentliche Entwicklung.

Das sind, von heute her gesehen, eine Reihe herrlicher Träume von Völkern und Kulturen. Heute ist jene Grundbeziehung des Einzelnen und der Gemeinschaft durch die schnelle Verwandlung des gesamten menschlichen Daseins infolge der gewaltigen und in ihrem weiteren Gange unabsehbaren technischen Naturbeherrschung anders als früher, radikaler, zerrissen und fragwürdig geworden.

Denn mit den Folgen der Technik ist die Gemeinschaft selber in neuer Gestalt da. Die umfassende Gemeinschaft, die früher ineins sich bewegte, ist gespalten. Diese Spaltung ist unter dem Namen des Gegensatzes von Gemeinschaft und Gesellschaft bewußt geworden. Jene substantielle Gemeinschaft ist geschichtlich, ja besonders einzig, getragen von einer unergründlichen Vergangenheit, auf die sie hört, die durch mündliche Lehre und Bücher, durch Sitten, Gebräuche, Gewohnheiten, Gehörigkeiten, vor allem durch Familie und gemeinsamen Glauben überliefert wird. Sie ist gewachsen, nicht zu planen, sie wird bewahrt, ist nicht zu machen. Das technische Kollektiv der Gesellschaft dagegen geht im Augenblick auf, ist beliebig übertragbar, identisch wiederholbar, hat keine Vergangenheit, die es in der Erinnerung trägt, ist restlos geplant, übersehbar und zu machen. Es kann jeden Menschen ersetzen, ohne sich zu ändern, es behandelt ihn nur als Mittel, als Teil und als Funktion. Es hat keine Zukunft als nur die nicht gefühlte, sondern gehaltlose des quantitativen Mehrwerdens, des Verbesserns der Maschinen, des Ersatzes des Verschlissenen an Menschen und Material.

Dieser Gegensatz ist heute aufgebrochen, so als ob substantielle Gemeinschaft und technische Gesellschaft sich ausschlössen. Aber er ist von jeher da gewesen in der Spannung von traditionellem Wiederholen und rationalem Verändern, von im technischen Sinne gedankenlosem Sichfügen und von planmäßigem verbesserndem Denken. Es handelt sich um eine Polarität, die als Ganzes zum Menschen gehört. Wenn eine Seite überwiegt, so bedeutet das auch für diese einen Mangel. Das nur Substantielle wird als Weltwirklichkeit dürftig, bleibt hilflos in der Natur, ohnmächtig. Das nur Geplante gibt zwar gewaltige Macht, aber mit der Tendenz, den Menschen, für den diese Macht Sinn hätte, zum Erlöschen zu bringen. Wo der Mensch der substantiellen Gemeinschaft in Hilflosigkeit gegenüber der Natur, in Not und erschöpfender Arbeit sich verloren fühlt, ergreift er enthusiastisch die technische Welt im mechanischen Kollektiv, zunächst nichts als Befreiung erblickend. Wo aber der Mensch von diesem technischen Kollektiv sich aufgerieben fühlt, wo er nicht mehr atmen kann, sehnt er sich nach der substantiellen Gemeinschaft.

Wir haben, sehr vereinfachend, gesehen: Der Mensch gehört einer zweifachen Polarität an, der vom Einzelnen und Kollektiv, und innerhalb des Kollektiven der von substantieller Gemeinschaft und planender technischer Gesellschaft.

Das Wesen des Menschen steigt mit der Fülle der in Gemeinschaft gegenwärtigen Substanz, von der auch die schöpferische Persönlichkeit der, im Widerhall sich selbst erkennende, Repräsentant ist. Die Macht des Menschen aber steigt mit der durch Plan unter Mitarbeit aller gewonnenen Herrschaft über die Natur durch Produktion der technischen Umwelt. Doch jenes Wesen und diese Macht fallen nicht zusammen. Das Wesen hat Kraft in der Welt nur durch die Macht; die Macht hat Sinn und Befriedigung nur durch das Wesen.

Die Bewegungsrichtung in den beiden Polaritäten scheint nun heute eine Tendenz zu haben, die alles versinken läßt zugunsten des einen technischen Apparats. Was das Spezifische der modernen Technik gegenüber aller früheren Technik ist, kann hier nicht beiläufig erörtert werden. Es muß genügen, zu wissen, daß hier etwas historisch schlechthin Neues, aber erst seit zweihundert Jahren zunächst langsam, schnell seit hundert Jahren, reißend schnell seit achtzig Jahren wirklich geworden ist. In dieser Wirklichkeit liegt der Grund des Zerreißens der Polaritäten: von Einzelnem und Gemeinschaft, von Gemeinschaft und Gesellschaft.

Im Extrem verschwindet die Gemeinschaft zugunsten der alle vergewaltigenden, aber nicht durchseelenden Maschinerie. Von dem reichen, lebendigen Kollektiv, in dem der Mensch sich selber fand, ist nur noch der Betrieb geblieben, in dem er Funktion, ersetzbar und als er selbst überflüssig ist. Selbstverlust und Gemeinschaftverlust gehören zusammen, wo der technische Apparat zugleich im Äußeren die unerbittliche Arbeitsordnung und im Inneren der Menschen das Chaos erzeugt.

Das ist sichtbar besonders an den Grenzen. Einerseits werden die zu mörderischem Verbrauchtwerden verurteilten Zwangsarbeiter in Konzentrationslagern zu unmenschlichem Dasein bloßer Kreatur vergewaltigt. Andrerseits werden die durch Schutz der Arbeit und Verkürzung der Arbeitszeit freien Menschen ratlos, da sie wegen verlorener Gemeinschaft nicht mehr sie selbst werden und daher nichts mit sich anfangen können. Allein durch kollektive Gestaltung der Freizeit werden sie von ihrer leeren Freiheit erlöst. Aus dem Arbeitsbetrieb gelangen sie in den anderen Betrieb des Vergnügens.

*

Solche Schilderungen sind Konstruktionen. In Wirklichkeit kommt es nur an Grenzen so weit. Diese Konstruktionen sind wie alles bisher Vorgetragene bloße Betrachtung. Wir sehen nur zu, was geschieht. Diese Haltung des Erkennens hat aber dort ihre Grenze, wo der Gegenstand der Erkenntnis wir selber sind. Wir erkennen uns nicht wie Naturvorgänge, die ablaufen, gleichgültig, ob wir sei erkennen oder nicht, sondern wie wir unser Dasein erkennen, das wirkt ein auf uns selbst und die Ereignisse. Wir sind immer mehr, als wir von uns erkennen. Und dieses Mehr ist nicht ein dunkler Hintergrund, nicht ein trübes Unbewußtes, sondern es ist unsere Freiheit, das Hellste, wenn auch gegenständlich ganz und gar nicht Erkannte, das wir selbst sind. Es liegt an uns, was wir tun.

Erkenntnis unserer selbst, wenn sie sich der Naturerkenntnis gleichsetzt, hat die Tendenz, unser Handeln in bezug auf uns selbst von einem imaginären Punkt außerhalb, einem vermeintlichen Wissen von dem, was notwendig mit uns geschieht, zu lenken. Das bedeutet aber in Wirklichkeit, uns vom Handeln zu entlasten, das eigentliche Handeln aufzugeben, uns von der Freiheit zu befreien zugunsten einer vermeintlich erkannten Notwendigkeit.

Die Folge ist, daß wir entweder von jenem imaginären Punkt außerhalb her unsere Allmacht behaupten oder darin stehend unsere Ohnmacht. Alles, was als Erkenntnis in einem relativen Sinn genommen wird, und wovon wir einige Schemata vortrugen – von Technik und Betrieb, die das, was früher Staat, Familie, politische Freiheit war, und den Einzelnen verzehren –, dient dann dazu, der Verzweiflung die Argumente an die Hand zu geben, die eigene mögliche Initiative zu lähmen, sich selbst preiszugeben in Erwartung des scheinbar Unabänderlichen.

Zur Erlösung bieten sich moderne Mythen an, die das Schreckliche verklären und damit zu einem Herrlichen machen.

Es wird der neue, unpersönliche, von der Idee des technischen Daseins geprägte Mensch gesehen. Dieser weiß sich als Typus, nicht als Einzelnen, als unüberbietbare Geschicklichkeit und Sicherheit seines Funktionierens, als gehorsam, weil ohne jedes Begehren eines privaten Daseins, als groß und allem Persönlichen überlegen, weil es sein Bewußtsein steigert, durch andere beliebig ersetzbar zu sein. Er verabscheut die Einsamkeit, lebt bei offenen Türen, kennt keinen Raum für sich, ist stets zur Verfügung, immer wirkend und immer gehalten vom Typus, zwar verloren, wenn allein sich selbst überlassen, aber unverwüstlich, weil die, die an seine Stelle treten, ständig nachwachsen. Persönlichkeit ist ein altmodischer, lächerlich gewordener Begriff. Das Typussein gibt Stärke, Zufriedenheit und das Bewußtsein der Vollendung.

Es gibt andere moderne Mythen, die in der Preisgabe des Selbstseins die große sittliche Tat sehen: So den Mythus von der fortschrittlichen Bewegung der Geschichte, ihrer unerbittlichen Notwendigkeit, der bedingungslos sich aufzuopfern das Glück des Daseins, weil das allein Sinnvolle, ist. Der Einzelne hat keinen Wert außer im Dienste der Geschichte, gegen deren kolossalen Gang sich zu sträuben die Vernichtung als eines Kranken bedeutet. Dieser Geschichtsgang kann gedacht werden als der ökonomische Arbeitsprozeß auf die vollendete Ordnung des sich nunmehr erhaltenden Ganzen hin, oder als der Rassenprozeß auf die reine, gesunde, vollendete Rasse hin, oder als das Leben der Nation, deren Vorteil der absolute Maßstab ist, auf das Ziel eines einzigen, auserwählten Volkes hin, dem alle anderen sich anverwandeln, oder das über die anderen herrscht.

Hier liegt die große Entscheidung jedes Menschen. Jene Mythen sind falsche Mythen, ohne Wirklichkeit einer Transzendenz, Irrlichter auf dem Wege zu zeitlicher und ewiger Vernichtung des Menschen. Sie verdecken die Realität, erzeugen vorübergehende, scheinbar gewaltige, aber sich in Nichts auflösende Realitäten in totalitären Staatsgebilden. Jene Mythen sind falsch, weil sie das verhindern, worauf es für die Verwirklichung des Menschen ankommt: das klare Denken, die vernünftige Prüfung, den verantwortlichen Weg in die Zukunft. Die jenen Mythen folgenden Menschen erschrecken uns. Sie blicken uns eigentlich nicht an, sondern wenden uns in ihrem stechenden Blick oder in der Blicklosigkeit ihre leeren Augen zu. Sie sind als sie selbst gar nicht da. Es redet durch sie, sie selbst sprechen nicht. Es ist eine Gewaltsamkeit des Fraglosen oder ein Lächeln der Geläufigkeit. Es bietet sich eine jederzeit austauschbare, persönlich gänzlich unzuverlässige Kameradschaft an. Man unterwirft sich im Terror dem, was als Linie befohlen wird, oder in der Konvention dem, was alle tun und zu glauben scheinen.

Die Einsicht in die Falschheit jener Mythen ist zwar zwingend, soweit die Mythen Erkenntnis zu sein vorgeben. Ihr Charakter als Chiffer des Seins aber, mit dem als dem eigentlich Wirklichen gelebt wird, ist nur durch die existentielle Entscheidung des Einzelnen zu ergreifen oder zu verwerfen. Der eine spürt sofort, daß er im Glauben an sie auf den Weg des Bösen gerät. Der andere ist hingerissen von ihnen als wie von seinem eigentlichen Leben. Es ist die Entscheidung, ob der Einzelne sich selbst preisgibt oder er selbst sein will. Hier handelt es sich zunächst um geistigen, dann um den gewaltsamen Daseinskampf. Die Träger jener Mythen sind von vornherein gewillt, zur Gewalt zu greifen.

Auf der einen Seite steht die Welt, die grundsätzlich den Einzelnen restlos verzehrt in das Kollektiv, das einem totalen Plan untersteht, dem Mythus in Gestalt einer Pseudowissenschaft. – Auf der anderen Seite steht die Welt, deren Gang nicht vorweg übersehen, daher auch niemals als Totalplan in die Hand genommen werden kann. Sie gibt grundsätzlich den Einzelnen zu spontaner Entfaltung frei. Und sie ist auf die Initiative der Einzelnen angewiesen, auf jene seltenen, einsichtigen, verläßlichen, verantwortlichen Menschen, die, gerade weil politische Freiheit als Zustand aller hervorgebracht werden soll, die Chance haben.

Denn mag das Verhalten der Mehrzahl ein gewaltiger Druck für den Gang der Ereignisse sein, jederzeit sind doch wenige Menschen entscheidend. Was ein einziger Mann vermag, ist nicht abzusehen, wenn er an der Stelle steht, wo er das Steuer in der Hand hat. Krieg und Frieden und der

Gang der Dinge können wesentlich durch ihn bestimmt sein, aber wiederum nur so, daß er ergreift, was Massen wollen, wenn es ihnen gesagt wird und wenn sie es sehen.

Und wie im Großen, so im Kleinen: Früher war es eine Elite im Sinne von Stand, heute ist es eine soziologisch nicht mehr bestimmbare Auswahl Einzelner, die sich selber wählen. Jeder zum Beispiel kann Ehe und Familie ernst nehmen, Treue, Verantwortung, Einverständnis, das Glück des Füreinander, des Geborgenseins in der Herkunft, die Instanz des Rechten in ihr finden, – trotz der Statistiken über den Zerfall der Familie und der Schilderungen über deren Verwahrlosung. Wenn der Kinsey-Report den Tatbestand aufweist, daß in Amerika 75 % der Männer nach außerehelichem Geschlechtsverkehr begehren und 50 % ihn auch haben, so ist die Statistik weder Ausdruck einer Norm des Seindürfenden oder Seinsollenden, noch Feststellung dessen, was »natürlich« für den Menschen sei.

Wenn politische Abstimmungen erfolgen, so ist die Mehrheit nicht die Stimme Gottes, sondern eine technische Funktion für die augenblickliche Willensbildung, in der Folge korrigierbar. Das Kennzeichen der Demokratie ist, daß man Achtung für die Minderheiten hat. Es ist nicht selten, daß die Besten in der Minderheit sind. Jederzeit besteht die Menschheit dadurch, daß eine Minderheit durch höheren Rang ihrer Normen und ihrer Wirklichkeit anderen zum Vorbild dient. Menschen, die das Rechte tun und sind, üben einen Einfluß, der um so größer ist, je weniger er gewollt ist.

Daher geht in der großen Tendenz des Zeitalters, in diesem Verzehrtwerden der alten Polaritäten des Einzelnen und der Gemeinschaft, der substantiellen Gemeinschaft und der rationalen Gesellschaft, der große Appell an den Einzelnen. Denn in allem Ruin bleibt die Möglichkeit des Menschen selbst. Von Einzelnen, ob in der Öffentlichkeit oder der Verborgenheit, kann allein die Neubildung eigentlicher Gemeinschaft ausgehen, die die technische Betriebswelt einst vielleicht wieder durchseelen wird.

Es ist nicht wahr, daß der Einzelne verschwunden sei. Es ist nicht wahr, daß er unter schrecklichen, äußersten Bedingungen mit Notwendigkeit ganz und gar verlorengehen müsse. Es hat sich erwiesen, daß in der Welt des Totalitarismus Einzelne einen inneren Panzer umlegen, keineswegs den Täuschungen verfallen, verborgen aber entschieden urteilen, den falschen Göttern keinen Glauben schenken.

Aber der Einzelne bleibt auch da er selbst nur mit dem Anderen. Aus dem in den Riesenapparat des Terrors abgesunkenen Kollektiv kann er wieder Ursprung echter Gemeinschaft werden. In der Verlorenheit gilt das Nietzsche-Wort: Die Wahrheit beginnt zu zweien. Es stehen nicht mehr Parteien gegeneinander, sie sind zu bloßen Schemen geworden, sondern Substanz gegen Substanzlosigkeit. Dem Einzelnen wird Außerordentliches aufgeladen, nur im Verborgensten lebt noch der Mensch, der die Zukunft trägt und der gegenwärtig als Selbstsein die Ewigkeit des Wahren spürt.

Jedes Problem des Menschen steht heute im Schatten der Untergangsdrohung. Denn nun ist, was Jesus und die Urchristen irrtümlich erwarteten, der Weltuntergang, zur real gewordenen Perspektive der Selbstvernichtung der Menschheit geworden – zwar nicht als Weltuntergang, aber als Vernichtung des Lebens auf der Erde. Es sieht aus, als ob dem Menschen die Wirkungsmöglichkeiten seiner technischen Schöpfung aus der Hand seiner Berechnungen glitten. Der gegenwärtige Schritt der Technik ist wie der am Anfang, als die Feuerentzündung gefunden wurde. Aber eine Feuersbrunst war nur im Besonderen, nicht im Ganzen vernichtend. Eine Energiebrunst wäre total vernichtend.

Die einen reagieren gedankenlos, als ob es sie nichts anginge. Andere überlassen sich dem Klagen.

Wohl wird es sehr wichtig sein, daß man Verträge macht, und daß man Einrichtungen trifft, die das äußerste Unheil verhüten sollen. Aber all das würde doch eines Tages versagen, wenn die Menschen nicht da sind, deren Verantwortung den Gang der Dinge hält.

Wenn nicht alle, wenn nicht viele, wenn nicht einige Einzelne, deren Dasein vorbildlich wirkt, den Gang der Dinge tragen, dann wird das Ende in wenigen Jahrzehnten gewiß sein. Wenn aber der Mensch als Einzelner sich behauptet, darf er hoffen, mit der ihm wieder neu werdenden Gemeinschaft dem Untergang der Menschheit zu widerstehen, aber vielleicht nur so, daß er sittlich-politisch ein Anderer wird in dem Maße, daß es wie eine Umkehr ist.

Philosophie

Im hohen Mittelalter hatten die Philosophen, die zugleich Theologen waren, mit ihrem lehrmäßig geordneten Stoff einen wesentlichen und klaren Platz im Unterricht der eben entstandenen Universitäten. In den neueren Jahrhunderten dagegen entwickelte sich die Philosophie außerhalb der Universitäten, deren lehrhafte Tradition die schrittweise Aufnahme der neuen Gedanken in Auswahl und Anpassung zuließ. Von Kant bis Hegel und Schelling waren die großen Philosophen wieder auch die großen Lehrer an den Universitäten. Noch einmal war damals die Philosophie eine gemeinsame öffentliche Sache. Sie bewegte die Jugend aller Fakultäten. Zum letzten Male war 1841 Schellings Auftreten in Berlin ein schnell verwehtes öffentliches Ereignis.

Seit einem Jahrhundert ist die Philosophie nicht mehr die Königin der Wissenschaften. Sie ist vielmehr für die Wissenschaften praktisch gleichgültig geworden. Einst selbstverständlich die erste Wissenschaft der Fakultät, die noch heute von ihr ihren Namen trägt, ist sie, da sie keinen Ort hat, für sich selber und die Fakultäten fast eine Verlegenheit. Sie gibt sich zwar wie eine Fachwissenschaft unter anderen, wird äußerlich als solche behandelt, ist es aber nicht. Keiner Wissenschaft in der nach ihr benannten, heute in Geschichte und Naturwissenschaften gespaltenen Fakultät gilt sie als fachverwandt, vielmehr allen als fremd.

Das scheint mit Recht zu geschehen. Die Philosophie leistet nicht mehr, was sie einst vermochte. Ihr gemeinsames mit den anderen verbindendes Sachinteresse und ihre gemeinsame Sprache sind dürftig geworden. Ihr Charakter wurde esoterisch und blieb daher ohne Wirkungskraft in die Breite. Sie bringt keine sichtbaren Folgen, weder Ergebnisse noch menschliche Wirklichkeiten.

Gegenstand eines Fachstudiums ist sie für eine winzige Zahl von Studenten, die sich Hoffnung machen, einen philosophischen Lehrstuhl zu gewinnen. Man konnte fragen: Was tun sie eigentlich, ohne Wurzel in den Wissenschaften und in der Wirklichkeit des Zeitalters, vielleicht irregeführt durch Illusionen, durch eine Lust an der Geistigkeit als solcher und am Studium schöner Bücher?

Seit einem Jahrhundert wiederholen sich die Fragen: Ist die Philosophie nicht verflüchtigt in Erkenntnistheorie und Logik, noch geduldet als Magd der Wissenschaften? Hat sie sich nicht verwandelt in ein Wissen von ihrer Geschichte, die vom Standpunkt der Wissenschaften eine Geschichte von Irrtümern, Phantomen, falschen Fragestellungen ist? Gründet sie noch eine Lebenspraxis? Ist sie überhaupt eine Wissenschaft? Ist sie nicht eine überflüssige Angelegenheit geworden, aus einer großen Vergangenheit her noch da?

Trotz der Richtigkeiten in solchen Aspekten stimmen sie im ganzen nicht. Der Wille zur Philosophie gehört untilgbar zum denkenden Menschen, und dies auch dann noch, wenn er die Philosophie verachtet, sich für »unphilosophisch«, die Philosophie als für ihn »zu hoch« erklärt. Wer die Philosophie zum Beruf macht, möchte etwas am Leben erhalten, was allen Menschen von Bedeutung ist. Daß philosophische Vorlesungen von frei interessierten, an keinen Zweck denkenden Studenten wie früher aus allen Fakultäten besucht werden, ist eine Tatsache.

Das Begehren nach Philosophie ist im letzten halben Jahrhundert gewachsen. Noch war der öffentliche Wille, die Philosophie solle, auch wenn Forscher und Gelehrte in der Mehrzahl nicht geneigt waren, sich um sie zu kümmern, an den Universitäten nicht aussterben. Philosophische Lehrstühle, mehrere an jeder Universität, wurden nach wie vor besetzt. Im Übergang eines Zeitalters, das nach Philosophie rief, während es sie praktisch verleugnete, konnte die Philosophie an den Universitäten wenigstens Platzhalter ihrer Möglichkeiten bleiben.

In diesem ganzen Zeitalter hat Basel der Philosophie gegenüber eine ungewöhnliche Freiheit gezeigt, in drei Richtungen:

Freiheit war bei den Berufungen. Es wurde kein Schulzusammenhang festgehalten, sondern ohne Rücksicht auf die Vorgänger die unter den Erreichbaren als beste erscheinende Persönlichkeit gesucht. Es galt nicht, eine Tradition zu bewahren. Daher ist nie eine Basler durch Generationen sich haltende philosophische Schule entstanden. Hier waren je für begrenzte Zeit Männer wie Dilthey, Teichmüller, Eucken, Vokelt. Eine langjährige, als gesegnet empfundene Lehrtätigkeit hatten Männer wie Steffensen, Joël. Ein durch seine Schriften heute noch eindrucksvoller Philosophiehistoriker, Hans Heußler, wirkte infolge seiner Erkrankung nur kurze Zeit. Der größte von allen, Nietzsche, gehört in Basel der Philologie. Wer das Glück hat, in diesen großen Kreis eigenständiger Persönlichkeiten als Nachfolger berufen zu werden, steht unter einem hohen

Anspruch. Aber er folgt keinem Vorbild. Jeder ist frei, weil niemand verherrlicht wird.

Freiheit wird jedem Dozenten gewährt. Man will den Neukommenden, wenn man ihn einmal gewählt hat, seine Sache treiben lassen, wie er es will, und ist bereit, abzuwarten, was sich dann zeigt. Diese Situation ist die günstigste in dem Übergang dieses Zeitalters, in dem die Philosophie ebenso fragwürdig wie unerläßlich geworden ist.

Freiheit gilt in der Zusammenarbeit der Philosophiedozenten. Sie geschieht nicht nach einem gemeinsam aufgestellten Plan unter Aufteilung von Lehrgebieten, sondern in gegenseitig sich nicht hineinredender, freundlicher Kollegialität. Die Studenten gewinnen den Einblick in die außerordentlichen Verschiedenheiten dessen, was als Philosophie auftritt. Sie sind aufgefordert zum freien Gebrauch ihrer Urteilskraft. Sie können einen Dozenten durch den anderen sich ergänzen lassen, wobei das Ganze, was es eigentlich sei, offenbleibt.

In der Lage der Philosophie heute muß ihr Dozent seine Lehre nach Inhalt und Methode auf eigene Verantwortung bestimmen. Es ist eine unheimlich werdende Freiheit und ein für die Verwirklichung der Philosophie vielleicht gefährlicher, aber großartiger und unumgänglicher Anspruch. An der Universität wird dem Lehrer der Philosophie die Stätte geboten, an der alles in seine eigene Hand gelegt ist. Daher ist ein Bericht über Forschung und Lehre nur so möglich, daß der Einzelne sagt, was er geplant und in einem bescheidenen Maße vielleicht verwirklicht hat. Sein persönlicher Bericht ist nicht eine subjektive, private Darstellung des Zufälligen, sondern sagt, wie in der geistigen Lage heute sich ihm die Aufgabe sachlich gezeigt hat. Ich hebe einige Gesichtspunkte heraus:

Ich setzte mir die für moderne Philosophie unerläßliche Bedingung, in Wissenschaften zu Hause zu sein und mich an wissenschaftliche Wahrheit zu binden, während ich die Philosophie aus ihrem eigenen Ursprung vor und über aller Wissenschaft wirksam werden lassen wollte.

Die Geschichte der Philosophie gehört zur Philosophie selber. Aber gegenwärtiges Philosophieren ist die Voraussetzung, um ihre Geschichte überhaupt verstehen zu können. Ich wollte für die Jugend durch Anschauung der großen Philosophen im Mitdenken ihrer Gedanken eine Ahnung lebendig erhalten von dem, was eigentlich Philosophie sei. Wenn wir auch in unserer Zeit nicht die erzeugenden Gedanken und nicht die beschwingende Sprache gefunden haben, die die Existenz des Menschen durch den Einzelnen zu weltverwandelnder Wirkung bringt, so ist doch dieses Minimum möglich: zu sehen, was war und was wir unter den neuen Daseinsvoraussetzungen unseres Lebens noch nicht wieder sind. Wir können die Antriebe erwecken, von den Großen uns erziehen zu lassen. In der Dürftigkeit dieser Zeit können wir im Blick auf sie nach Kräften einen Ort gewinnen, an dem wahres Philosophieren wieder einsetzt.

Meine Lehrtätigkeit hatte kein sich wiederholendes Programm eines Kursus. Ich wählte die Themata nach meinem jeweils stärksten Interesse. Der Sinn des Vortrags ist nicht eine lehrmäßige Vollständigkeit, die es ohnehin nicht gibt. Historische und systematische Vorlesungen waren bei mir nur scheinbar getrennt. In den historischen ist das Ziel, die bleibende Wahrheit fühlbar werden zu lassen; das Historische soll aufgehoben werden in der Gleichzeitigkeit, als ob die Jahrtausende eine einzige Gegenwart wären. In den systematischen Vorlesungen werden ständig Texte und Denker aus allen Zeiten herangezogen; das Systematische soll als ewige Wahrheit, die Philosophie als Philosophia perennis sich zeigen.

Seminare unterscheiden sich von den Vorlesungen: Einzelne Teilnehmer legen Referate vor. Ich stehe zur Beantwortung von Fragen und Einwürfen und Anliegen zur Verfügung. Mein Vortrag ist lockerer, je nach Situation durch das von der Jugend Entgegengebrachte. Ein Sinn des Seminarunterrichts ist, anläßlich des bloß zu Lernenden doch zu der Erfahrung anzuleiten, daß Meinungen nichts gelten. Es soll eine Verantwortung fühlbar werden für die eigene Vergegenwärtigung, für das Ursprüngliche im Denken, für den Zusammenhang, für das Erfassen des Wesentlichen.

Forschung und Lehre, schriftstellerische Arbeit und mündlicher Vortrag stehen in Zusammenhang. Der Student soll Einblick in die Arbeit des Lehrers gewinnen. Der Lehrer prüft sein Denken durch den bei der Lehre erfahrenen Widerhall. Obgleich ich auch vorgetragen habe, was nie publiziert wurde, und publiziert habe, was nie vorgetragen wurde, geht doch der Zusammenhang zwischen Lehre und Schrift so weit, daß meine Veröffentlichungen ein Bild meiner Lehre geben. Was ich darin versucht habe, ist in kurzen Formeln: die Philosophie als Weltorientierung, die an den Grenzen des Wißbaren in die Schwebe bringt –, als Existenzerhellung, die in der Bewegung des Denkens an Freiheit appelliert –, als Metaphysik, die die Transzendenz beschwört; dann die Philosophie als das Medium grenzenloser Kommunikation in der philosophischen Logik, die den Sinn von Wahrheit in allen Weisen des Umgreifenden zeigt; schließlich die Vergegenwärtigung unseres Zeitalters, seiner Ausweglosigkeiten und Möglichkeiten und Aufgaben.

Wo stehen wir heute?

Die Antwort wandelt sich, wenn die Frage voranschreitet: von dem sichtbaren äußeren Geschehen zu dem eigentlichen Tun des Menschen, von deutscher zu europäischer, abendländischer, menschheitlicher Perspektive. Wir versuchen die Aspekte, um am Ende die Zweideutigkeit der Frage selbst aufzuhellen.

Vor 1914 fühlte Europa sich sicher als Mitte der Welt, die es beherrschte. Dem Einzelnen konnte es zwar vergleichsweise schlecht gehen, er konnte innerlich revoltieren und die Zustände ändern wollen, aber er brauchte nicht zu verhungern und hatte Chancen in der Welt, die ihre rechtliche und humane Ordnung für immer zu haben schien. Nur wenige sahen und sagten, welche Verlogenheit diese glanzvolle Welt durchdrang. Die größten Denker der Zeit, Kierkegaard und Nietzsche, wurden nicht ernst genommen, oder sie wurden Verführung zum aggressiven Schmähen, zum Lebensrausch, zu einer nur vermeintlichen Wahrheit, in der Tat zu einer anderen, tieferen, schwerer durchschaubaren Verlogenheit.

Seit 1914, innerhalb einer einzigen Generation, wurde zunächst der äußere Zustand der Welt ganz anders. Staaten brachen zusammen. Europa, zerrissen, wurde schwach und zu einem Glacis zwischen den beiden heute einzigen neuen Weltmächten Amerika und Rußland. Der Erdball war nicht mehr Handels-, Reise- und Forschungsgebiet für Europäer, sondern trat selber als Ganzes in seine Geschichte, in die nun beginnende Weltgeschichte.

Seit 1918 waren die ersten Erscheinungen, von Deutschland her gesehen, folgende:

Der Wechsel der Regime verlangte von Beamten und Offizieren Eidbrüche und neue Eide. Beamtenmoral und Offiziersehre verloren an Ernst. Der Geldwert zerrann in Inflationen. Die Demokratie schien die Freiheit zu versprechen, machte aber unter der neuen bürokratischen Allmacht des Staates, in dem nur ungeordneter, zufälliger, ungewisser werdenden Zustand, den Einzelnen unfreier als je. Der Staat selber, noch im Scheine überkommener Rechtsstaatlichkeit, wurde zum Betrüger nach innen und außen. Sein Tun wurde aus rhetorisch vorgetragenem patriotischem Willen gerechtfertigt. Die Intellektuellen, Professoren, Journalisten, Dichter erwiesen sich zu einem nicht geringen Teil als beifallzollende Diener der je gegenwärtigen Mächte nacheinander monarchistischer, demokratischer, nazistischer und wieder demokratischer Zustände. Derer, die noch fragten und staunten (nicht wenige in allen Volksschichten), bemächtigte sich ein Grundgefühl: nicht nur der Staat betrügt, es ist ein universaler Betrugszustand, in dem wir leben, ohne daß wir den Gegner, den Betrüger, fassen könnten, denn dieser begegnet uns überall, in den Ämtern, im allgemeinen Verkehr, im persönlichen Umgang, in mir selber.

Folge war jene Daseinsangst, die nur Rettung will und sie in dem Gehorsam gegen die bedenkenlosesten, die in sich selbst verlogensten, virtuosen Betrüger fand. Der Betrüger sagte: die frechste Lüge wird am ehesten geglaubt; der betrügend Betrogene: unser einziges Gesetz ist der Wille des Führers. Ursache und Schuld für die Ereignisse liegt weniger in den fast außerhalb der Menschheit sich stellenden Betrügern als in den vielen, die sich betrügen ließen. Sie fanden sich bezaubert von den Schaustellungen der Massenmacht. Sie gewannen teil an ihr im eigenen Machtgefühl durch ihr die Befehle weitergebendes Dabeisein. Sie berauschten sich in großen Worten und stürzten sich blind hinein in einen »Idealismus«, den sie in ihren objektiv niederträchtigen Handlungen und ihrem lächerlichen subjektiven Machtgefühl zu erfahren meinten. Aber das Teuflische in uns ist am Ende auch immer dumm. In ihrer Dummheit folgten sie dem Rattenfänger in den Abgrund (die Widerstandskämpfer sind ein Zeichen des anderen Deutschland, für uns die einzig ermutigende Erinnerung aus jenen Jahren, blieben aber ohne Wirkung auf den Gang der Ereignisse). Was geschah, in Zusammenwirken von Führerkumpanen und Masse, war nicht ein politischer Irrtum politisch Schwachsinniger, sondern ein Wesensakt. Die Heilung konnte daher nicht mehr nur in der Erkenntnis eines Irrtums liegen, sondern erst in der Umkehr, die ein neues Leben gründet, in etwas, das heute für alle unumgänglich wird.

Das Nazideutschland mußte (zuerst durch seine Erpressungen und Vertragsbrüche, denen die anderen Staaten, sich täuschend, nachgaben, dann durch den lange schon geplanten mutwilligen Krieg, schließlich durch die Ermordung der Geisteskranken, der Millionen Juden, der unerwünschten Gruppen in den vergewaltigten Ostvölkern) der Menschheit als der Teufel auf Erden erscheinen. Gegen ihn wandte sich die Welt, lange zögernd, bloß beurteilend und verachtend, dem ihr aufgezwungenen Kampf widerstrebend, in dem sich selber täuschenden Wunschdenken sich beruhigend. Dann aber, aufgerüttelt durch die vernichtende Gefahr, erhob sie sich machtvoll, mit gewaltigem Einsatz aller Kräfte, nun zu jedem Opfer bereit, und vernichtete dieses Deutschland. Und dann nach dem Sieg? Ist nun die Wahrheit auf Erden durchgedrungen? Der heroische Augenblick, in dem die Menschheit einen ihrer Widersacher niederschlug, war – so sieht es heute aus – eine Episode. Der Zustand der Welt im Ganzen scheint heute schlimmer als vorher. Sehen wir zu:

Ökonomisch ist in abendländischer Perspektive etwas falsch. Die im wirtschaftlichen Handeln zugelassenen Grundmotive offenbaren das Schwinden eines eigentlichen Wirtschaftsethos. Wir sehen die langsame Inflation als Folge des ständigen Ausweichens der Staaten und Wirtschaftsmächte vor der wirklichen Lösung von Problemen.

Seit der Zahlung mit Noten statt mit Gold und seit der Allmacht des demokratisch-bürokratischen Staats, kann dieser die Währung manipulieren. Dazu läßt er sich zwingen, weil er die Ansprüche der Manager, Arbeiter, Angestellten, Beamten, Bauern usw. durch finanzielle Zugeständnisse befriedigt, für die das Geld nicht da ist. Motiv ist die Sorge vor Streiks, Revolten, sozialem Umsturz, und die Rücksicht auf die Stimmen bei der nächsten Wahl. Was der Staat in solcher Situation sozialpolitisch leistet, wird um den Preis der Währungsverschlechterung, in katastrophalen Kriegssituationen um den Preis der totalen Geldentwertung, verwirklicht. Indem für den Augenblick Probleme gelöst zu sein scheinen, werden für die Zukunft schwerere herbeigeführt.

Der Betrugszustand ist allgemein: Von allen Punkten her wird die bekannte Lohn-Preis-Spirale in Gang gesetzt. Man investiert mehr, als erspart wird, was nur durch inflatorisch wirkende Geldschöpfung möglich ist. Man kauft, statt zu sparen, auf Abzahlung, und verausgabt damit vorweg erst zukünftig zu erwartende Einnahmen. Sparen ist eine Dummheit geworden. Als Wirtschaftsblüte gilt das Produzieren unter Vernichtung alles Dauernden; der Haltbarkeit und Qualität der Massenwaren, der bleibenden Kaufkraft des Geldes, der Ansiedlung des Einzelnen und der Familie in einer für Dauer gestalteten Umwelt. Das Leben ist Produzieren und Verzehren für den Augenblick, ohne Horizont der Vergangenheit und Zukunft. Diese ökonomische Realität, deren Zustand vom Grunde her mit einem betrügerischen Prinzip durchsetzt sein muß, ist außerordentlich verwickelt. Sie kann nur durch eine sachkundige ökonomische Analyse ganz offenbar werden.

Dieser Zustand einer Unwahrhaftigkeit im Grunde hat zur Folge: Während die Einzelnen heute noch so fleißig und erfolgreich arbeiten, wird durch den Gesamtzustand das Arbeitsergebnis vernichtet. Damit aber weiter: Die Zerstörung aller Dauer zerstört die Treue, die Familie, die Gestaltung einer Welt. Wir scheinen ökonomisch in der Erscheinung gewaltigen Arbeitens und verschleudernden Konsumierens, in einem leeren Umtrieb uns zu bewegen, in dem die Unfähigkeit zum eigentlichen Glück wächst und eine verdrängte Angst das Leben beherrscht.

Es gibt heute ein ökonomisches Denken, das diesen leeren Umtrieb als Wirtschaftsblüte theoretisch rechtfertigt, ein Denken, das den Blick abwendet von allem Menschsein und geblendet auf den Umtrieb als solchen starrt. Das alles aber wird erkannt. Keineswegs geht das Verderben seinen unausweichlichen Gang. Wir sehen die Gegenkräfte der Wissenden ständig am Werk. Sie möchten das Unheil abwenden und sie verzögern es in der Tat durch ihr Bremsen. Ökonomen und Staatsmänner fordern vom Staat, nicht zu bewilligen, wenn nicht klar ist, wo das Geld zur Verfügung steht. Der Staat darf nicht mehr leisten, sagen sie, als durch Steuern aufgebracht wird. Den Forderungen der Parteien und Interessenten antworten sie mit der Frage: durch welche Steuern soll das Geld aufgebracht oder welche alten Ausgaben sollen zugunsten der neuen gestrichen werden? Ohne Betrug kann der Staat nicht mehr ausgeben als einnehmen. Die Unwahrhaftigkeit der die politische Moral korrumpierenden Methode, mit Rücksicht auf Wählerstimmen im Fordern von Ausgaben großzügig, in dem dazu gehörenden Vorschlag der Ausgabenstreichung oder Steuererhöhung schweigsam zu sein, ist eines der vielen Symptome des betrügerischen Zustands im Ganzen.

Das Ökonomische ist nur ein Beispiel des gegenwärtigen Zustandes. Ein anderes Beispiel wäre die Demokratie. Sie ist für uns heute der einzige praktisch gangbare Weg zur politischen und persönlichen Freiheit des Einzelnen, demgegenüber als Alternative nur die totale Herrschaft steht. Was aber die Idee der Demokratie ist, steht nicht eindeutig, sondern in mannigfachen Vorstellungen vor Augen. Die faktische Demokratie hat sehr abweichende Gestalten angenommen. Nur in altfreien Gebieten (Schweiz, Holland, England, USA) ist die Bevölkerung vom demokratischen Ethos durchdrungen. Die der Französischen Revolution entsprungene Demokratie war zwar großartig in ihren ersten Impulsen, aber ist der historische Ursprung jener demokratischen Kräfte, die die Demokratie zugunsten von Diktatur und schließlich totaler Herrschaft umwerfen. Die so vieldeutige reale Demokratie hat, zumal unter den Folgen des technischen Zeitalters, unter dem Namen der Freiheit die Unfreiheit der Einzelnen gegenüber einem übermächtigen Staatsapparat gesteigert. Daher ist die Demokratie weit entfernt davon, auf sich stolz sein zu dürfen. Sie ist bisher nur eine Chance und wird überall dort falsch, wo sie nicht als der Anspruch jedes Einzelnen an sich selbst wirksam ist. Die Analysen der Demokratie seit Tocqueville zeigen die Antinomien, in denen sie existiert, die Unwahrhaftigkeiten, denen sie ständig unterliegt, und die Gefahren, die sie bedrohen.

Wo stehen wir heute? Ökonomische und politische Antworten genügen nicht. Da es für die Lösung dieser Probleme auf die Motive ankommen wird, die den Einzelnen bewegen, und da für die Lösung Wahrhaftigkeit Voraussetzung ist, so ist die Antwort auf die entscheidende Frage zu finden: Was glauben wir? Was ist heute wirksam als Religion und Philosophie und Ethos? Man spricht von Verlust an Glaubenssubstanz, an Autorität, an Geschichte. Der Zustand ist in unserer abendländischen Literatur seit langem beschrieben und durch sie selber dokumentiert worden.

Nur ein Symptom dieses Substanzverlustes sei herausgegriffen. Die Familie ist bedroht. Kinder sehen das Unheil der Ehekonflikte und Scheidungen und fühlen dabei ihr eigenes Preisgegebensein, spüren ihre Bodenlosigkeit und sehen sich angstvoll dem Nichts gegenüber. Das ist die Folge, wo Eltern die Verantwortung für ihre Kinder nicht mehr übernehmen, sich nicht bewußt sind der Verpflichtung, die Kinder in eine Welt zu bringen, in der als gemeinsamer zu leben ist, weil sie erfüllbare Aufgaben stellt und von seinem Glauben getragen wird. Aber die Familie, die im Versagen der Welt eher eine gesteigerte Bedeutung als einzige Zuflucht erhalten hat, stellt sich heute auch wieder her. In der allgemeinen Auflösung wird durch sie noch Geborgenheit, Verläßlichkeit und Treue gefunden. Heute können es Kinder sein, die nach der Bindung rufen. Wenn Eltern ihr eigenes Leben anders wollen als so, daß es zugleich Vorbild für die Kinder sein kann, und wenn sie dadurch das zerstören, woraus, immer in neuem Anfang, der Mensch erwächst, dann wird die Opposition der Kinder gegen die Eltern die tiefen Ansprüche des Menschseins vertreten, ohne zu wissen wie und warum.

So lassen die schlimmen Aspekte des Glaubensverlustes durchweg auch ihre entgegengesetzten Möglichkeiten sichtbar werden, aber zerstreut, verborgen doch als das, was heute faktisch das menschliche Leben in Gemeinschaft noch zusammenhält. Ist die Substanz wirklich verloren oder hat sie nur ihre Erscheinung gewandelt?

Wo wäre der Ursprung dieses Verlustes? Ungenügend ist die für Europa geläufige historische Antwort: Seit Renaissance und Reformation habe der Mensch sich im Übermut auf sich selbst gestellt, sich losgerissen von Gott. Es gebe nur die eine Rettung, diesen Prozeß rückgängig zu machen, zurückzukehren in die Autorität von Kirche und Offenbarung. Aber erstens ist, wenn man die Vorstellung eines solchen geistigen Totalprozesses des Verderbens einmal annehmen will, dieser Prozeß verbunden gewesen mit hohem Ethos, verwirklichter Glaubenskraft und mit den größten schöpferischen Erscheinungen in Kunst, Dichtung, Philosophie. Zweitens ist das menschliche Versagen vorher nicht geringer gewesen, sondern nur unter anderen Bedingungen des Daseins: die schaurigen Unmenschlichkeiten, Vernunftwidrigkeiten und Bosheiten auch der mittelalterlichen Jahrhunderte dürfen nicht vergessen werden. Drittens ist der Mensch heute keineswegs so völlig verloren, wie es in den geläufigen Vorstellungen scheint; die meist anonyme Liebeskraft, Menschlichkeit, Treue ist zerstreut in Einzelnen, ohne sichtbare öffentliche Wirkung.

Die Vorstellung der Zersetzung überlieferter Glaubenssubstanz als eines gleichsam geistigen Naturprozesses oder eines totalen Seinsgeschehens ist keine Erkenntnis, ihr Inhalt ist von einem mythischen Charakter (und dann als Chiffre von einer Bedeutung, die wir hier nicht erörtern). Die Frage ist vielmehr: wie unter den Bedingungen des technischen Zeitalters das an sich unveränderte Menschsein in seinen Möglichkeiten zu neuen Gestaltungen auftritt. Die Realität der schnellen Veränderung der gesamten Daseins-, Arbeits- und Lebensweise hat noch nicht hervorgebracht, was unter ihren Bedingungen möglich ist.

Die Frage: Wo stehen wir heute? würde voraussetzen die Antwort auf die Frage: Wo steht von seinem Ursprung her der Mensch? Was ist die menschliche Grundsituation? Was ist überhaupt der Mensch? Welches ist seine Stellung im All? Welche Aufgabe hat er? Seit Jahrtausenden war die heute wie je gültige Antwort: Der Mensch ist das Wesen, das zur Wahrheit fähig ist, zu ihr drängt, durch sie seine Aufgabe erfüllt, in ihr die Bedingung seiner Würde findet, mit ihr den Weg findet, das Gute zu tun.

Die Erinnerung an die Geschichte unseres Denkens, an das, was Menschen erfuhren, erlitten, vermochten, zeigt uns das Gleichbleibende im Wandel. Wo Menschen eigentlich dachten, haben sie aus demselben Ursprung gedacht, dem wir alle entspringen, ohne daß er je auf eindeutige Weise für immer klar würde. Wir staunen vor dem Wandel der Erscheinungen des Denkens, ergriffen von dem Einen, das uns um so gegenwärtiger wird, je besser wir die Geschichte verstehen, und das aus ihr uns anspricht wie eine Gleichzeitigkeit allen Menschseins. Wir erkennen uns wieder im Gewesenen.

Zur Frage nach der menschlichen Grundsituation drängt heute die neue Tatsache, daß durch die Verkehrseinheit des Erdballs die Menschheit sich als reale Einheit bewußt wird. Unsere bisherigen Darlegungen, aus deutscher, dann aus europäischer Perspektive, sind unzureichend. Denn alles ist zur Weltfrage geworden, weil die Staaten und Völker in täglicher gegenseitiger Allgegenwärtigkeit von sich hören, soweit nicht politsche Regime den Nachrichtenverkehr beschränken. Nicht deutsch, nicht europäisch, nicht abendländisch, nur menschheitlich kann der Horizont sein, wenn wir fragen, wo wir heute stehen.

Die Situation eröffnet die höchsten Chancen. Aber für heute zeigt sie zunächst sehr beunruhigende Aspekte. Wir Abendländer sind nicht allein auf der Welt, sind die Minderheit der Menschheit. Keineswegs sind unsere Probleme die allgemeinen Probleme, obgleich alle Welt heute in europäischen Begriffen zu reden scheint. Der Zustand der Welt wird nicht mehr vom Abendlande bestimmt. Über alle ökonomische Rationalität, über alle demokratische Tendenz zur Menschenwürde des Einzelnen, über alle politische Vernunft im Aufbau einer gemeinsamen Welt hinaus sind ungeheure Kräfte in der Menschheit am Werke. Sie sind in uns selber, scheinen gebändigt. Unter dem Mantel vernünftiger Sprechweisen, ständig verschweigend, scheinen sie auf etwas ganz anderes zu gehen, das kaum vorweg zu verstehen ist.

Die Bevölkerungsvermehrung auf der ganzen Erde, in China so groß, daß sie der Regierung selber Bedenken macht, bringt, wenn die technischen Mittel gewonnen sind, eine für uns angesichts der Menge der Menschen und ihrer Bodenschätze unheimliche, weil dann uns überlegene Gewalt. Man sieht den elementaren Willen der Russen und Chinesen und ihre technische Entwicklung. Man sieht die völlig bedenkenlose Machtpragmatik ihres Handelns.

In dieser Weltsituation gelten zwei voneinander untrennbare Aufgaben: die Selbstbehauptung der freien abendländischen Welt und das unablässige Bemühen um das, was uns alle als Menschen einigt im Hinblick auf die Ordnung der Welt. Für beides ist entscheidend die Wahrhaftigkeit im Verhalten zu uns selbst und zu den anderen.

Unwahrhaftig ist es, sich nicht einzugestehen, in welcher Bedrohung wir uns befinden, und daraus die Konsequenzen unserer Solidarität zu ziehen, unwahrhaftig, die Verletzung der Solidarität aus nationalen Motiven und partikaluren Interessen und widervernünftig gewordenen Souveränitätsansprüchen zu verschleiern. Im Bunde mit den Bequemen und mit den »Idealisten« und den »Friedliebenden« und deren Wunschdenken gelingt es der in ihrer faktischen Klarheit und konsequenten Lügenhaftigkeit bewunderungswürdigen russischen Politik, die grandiose Einschläferung des Westens zu bewirken. Die Solidarität des Westens wird schwächer. Die zahllosen unsolidarischen Handlungen und Forderungen gelten nicht als verächtlich. Unsichere Koalition soll die bindende Konföderation ersetzen. Erschreckend ist der Eindruck der allgemeinen Ratlosigkeit bei der unwahrhaftigen Beruhigung, im Augenblick drohe keine Gefahr.

Im Verhältnis zu den nicht abendländischen Völkern und zu ihren Staaten, die mächtig von uns fordern, verlangt die Wahrhaftigkeit erstens, nicht aus den falschen Voraussetzungen zu handeln, alle Völker seien ihrer Natur nach in ihrer Denkweise demokratisch, alle seien unmittelbar fähig, durch Arbeit und Initiative am technischen Zeitalter gleichmäßig teilzunehmen. Sie verlangt zweitens, mit der Kraft des Geistes allen Erscheinungen der Lüge, der Sophistik, des Betrugs zu begegnen, mit der unablässigen Mühe, sie aufzuhellen; das gelingt nur bei eigener Wahrhaftigkeit und Furchtlosigkeit, nur bei völliger Ruhe ohne Schelten und Verachten; der Umgang mit der Unwahrhaftigkeit gelingt vor allem nur dann, wenn er die eigene Wahrhaftigkeit wirklich in unbegrenzter Selbstkritik herausarbeitet.

Wo stehen wir also heute? In der Situation, in der in Kürze zur Frage wird, ob wir Abendländer innerhalb der Menschheit uns behaupten können; und in der Situation, in der diese Selbstbehauptung am Ende nur gelingen kann in der Atmosphäre der Wahrheit, die das Mißtrauen schließlich verdampfen läßt und die friedliche Gemeinschaft der Menschheit ermöglicht.

Denn gemeinsam ist uns, die wir alle Menschen sind, daß wir der Unwahrhaftigkeit verfallen, aber der Wahrheit bedürfen, um eigentliche Menschen zu werden. Gemeinsam ist uns, daß wir aufeinander angewiesen sind: Es gibt keine abgeschlossene, lokale Geschichte mehr, die sich selbst trägt und Genüge leistet, vielmehr steht unser aller Leben in der Weltgeschichte. Gemeinsam ist uns, daß die Erscheinungen, die als Auszehrung überlieferter Glaubenssubstanz aufgefaßt werden, durch das technische Zeitalter überall hindringen. Bei uns in Europa langsam entstanden, kommen sie plötzlich und mit gesteigerter Wucht über alle Menschen auf der Erde, soweit ihr Leben ganz in das technische Zeitalter eintritt. Mit den Indern, Chinesen, Japanern, deren große hinduistische, buddhistische, konfuzianisch-taoistische Überlieferungen an metaphysischer Tiefe den biblischen Religionen gleichwertig sind, stehen wir heute in Schicksalsgemeinschaft. Überall im Osten und Westen sind es die Einzelnen, über die Erde hin sich zurufend, an denen es liegt, wo Boden in dem hereingebrochenen geistigen Chaos gewonnen wird. Die sittliche Verfassung der Menschheit, Religion und Philosophie, ist überall ins Wanken geraten und scheint unaufhaltsam zum uneingestandenen, in Empörung, Wut, Rausch und Fanatismus sich verbergenden Nihilismus zu führen.

Die allen Menschen nun gemeinsam werdenden neuen Daseinsbedingungen des technischen Zeitalters stehen trotz des verwirrend schnellen Fortschritts noch am Anfang. Darin aber ist das allen Menschen unmittelbar Drohende, den Menschen zum Besinnen und Einhalten Drängende die Existenz der Atombomben. Die Situation ist unwiderruflich: Der Mensch kann die Menschheit und alles Leben auf der Erde durch sein eigenes Tun auslöschen. Der bloße Verstand sagt ihm, es sei wahrscheinlich, daß dieses Ende in den kommenden Jahrzehnten vollzogen werde.

Diese Situation zwingt alle Menchen, der Gefahr zu begegnen durch ihr Menschsein selber. Das kann nur in Gemeinschaft aller oder gar nicht gelingen. Das denkbar gröbste Faktum führt uns Menschen zusammen in unserem elementarsten Interesse, leben zu wollen. Was das bedeuten mag, läßt sich in folgendem Aspekt vergegenwärtigen:

Im Werden zum Menschen sind wir, durch unsere technischen Hervorbringungen in diese neue Situation, ohne jemandes Absicht, geraten, fähig, das Ende nicht nur wie schon immer des Einzelnen durch Selbstmord, sondern der Menschheit herbeizuführen. Die Frage: wo stehen wir? erfährt heute die Antwort: vor dem Abgrund, vor dem dann unwiderruflichen Ende der Menschheit, oder die andere Antwort: im Anfang der eigentlichen Menschwerdung. Unsere Grundsituation ist zum Äußersten gekommen.

Wir stehen dort, wo die Entscheidung durch den Menschen selbst über sein bloßes Dasein fällt. Seine Geschichte erscheint wie die Vorbereitung auf diesen Augenblick: ob die nun erst beginnende Weltgeschichte ihren Fortgang nehmen oder ob mit seinem Dasein auch alle Geschichte zu Ende gehen soll. Diese Entscheidung erfolgt nicht durch ein dunkles Verhängnis, nicht in dem unentrinnbaren Gange der Naturkausalitäten, nicht durch eine verborgene Seinsgeschichte, sondern durch den Menschen selbst.

Wie kann das geschehen? Wir stehen in der Situation, in der das, was von jeher Forderung an den Menschen war und dessen Erfüllung seinen Wert ausmachte, nun zur Bedingung nicht nur seines eigentlichen Menschseins, sondern auch der bloßen Fortsetzung seines Daseins geworden ist. Wir stehen dort, wo Wahrheit und Wahrhaftigkeit nicht nur Bedingung der Menschenwürde, sondern Voraussetzung des Wandels ist, der der Bedrohung durch die Atombombe Herr werden könnte.

Voraussetzung ist in jedem Einzelnen das, was immer für Menschen seit Jahrtausenden die Voraussetzung ihres Menschwerdens war: die innere Umwendung der Denkungsart, die eine Umkehr des Lebens ist, vollzogen vom ersten Augenblick der erwachenden Freiheit und des Schauers der Verantwortung (mythisch ergreifend im Ereignis der göttlichen Mitteilung der Zehn Gebote an Moses auf dem Sinai) und immer wiederholt als der Akt des Sichbefreiens aus der selbstverschuldeten Unmündigkeit, aus der selbstverschuldeten Verkehrung der Motive.

Der Weg ist klar. Diese Umwandlung der Denkungsart aus der Verkehrung ist nur möglich durch Wahrhaftigkeit. Wir wissen uns erst als Menschen, wenn wir sie unablässig suchen, von den einfachen Richtigkeiten des Alltags bis an die Grenzen der sich selbst in Frage stellenden Wahrheit. Die Lüge ist der Ursprung alles Bösen, von der bewußten Lüge bis zur noch schlimmeren Verlogenheit des Wesens selber, von der Vergeßlichkeit des Treulosen bis zur Unredlichkeit der Gefühle und zum sophistischen Argumentieren.

Unsere Freiheit erfahren wir in diesem Wahrheitswillen; und nur durch Wahrheit ist Freiheit möglich. Nur auf diesem Wege der sich gegenseitig erzeugenden Wahrheit und Freiheit kann die innere Unabhängigkeit entstehen, die in der Gegenseitigkeit der verbindenden Wahrheit den Untergang der Menschheit verwehren könnte. Nur wenn der Mensch, seinem Ursprung getreu, zum eigentlichen Menschen wird, vermag er das heute noch Unwahrscheinliche. Die Umkehr, durch die er seinen Aufschwung nimmt, der in seiner Geschichte immer von neuem ansetzte, ist heute Bedingung seines Fortlebens. Wenn nicht die Menschheit überhaupt als Dasein untergehen soll, muß der Mensch erst eigentlich Mensch werden. Dann wird die von ihm errungene Wahrheit und Freiheit den Frieden zur Folge haben, der die Atombomben nicht mehr zur Wirkung kommen läßt. Aber die Möglichkeit der Atombomben wird als ständige Drohung bleiben; der Mensch darf nicht mehr zurückfallen. Die weitere Folge der Umkehr der Denkungsart wird sein, daß er, im Fall des Überlebens der Menschheit, die bevorstehende ungeheure Umwälzung der Daseins- und Arbeitsbedingungen mit ihren noch undurchschauten, wahrscheinlich unermeßlichen Schwierigkeiten meistert zur Verwandlung in beherrschte Daseinsbedingungen, in denen nunmehr freier Raum für die Entfaltung der ungekannten menschlichen Möglichkeiten gewonnen wird.

Ist Wahrheit aber heute im Wachsen? Werden die ersten Schritte getan, um durch sie als bessere Menschen zu leben? Man kann wohl zweifeln, wenn man die nicht seltene Hoffnungslosigkeit wahrnimmt. »Im Grund genommen sind wir alle miteinander ratlos und wissen nicht, was wir tun sollen«, ist diese heute typische Stimme etwa Wahrheit? Nein, die Ratlosigkeit im Ganzen, so billig ausgerufen mit dem Ton: es hilft ja doch nichts mehr, ist selber ein Akt der Unwahrheit. Die Wahrheit wäre leicht und nur negativ, wenn sie erreichbar wäre mit solchen Sätzen, in denen so einfach, so direkt, so total mehr zu wissen behauptet wird, als Menschen wissen können. Dieses Negative verbaut den Weg zur Wahrheit. Es verschleiert das eigene Tun im faktischen Betrieb des technisierten Lebens. Es erlaubt, diese Ratlosigkeit praktisch zu vergessen (es ist ja noch nicht so weit, daß das Ende morgen bevorsteht), statt sie wirksam werden zu lassen. Wer wirklich auf dem Weg zur Wahrheit geht, weiß, daß nicht mit einem Sprung, nicht mit einem bestimmten Gedanken, nicht mit einem Vorschlag ohne weiteres die Rettung gefunden werden kann, sondern nur auf dem schweren Wege des täglichen inneren Handelns des Einzelnen. Jeder kann wissen, in jedem seiner Gedanken und Gefühle und Handlungen, ob er mit ihnen auf den Weg der Wahrheit gelangt oder nicht. Jeder weiß es, wenn er sein Gewissen nicht verstummen macht. Was jeder Mensch an seinem Ort in Wahrheit zu denken und zu tun vermag, wird erdrückt durch jene bequeme, schnelle, nur negative und fertige Scheinwahrheit im Ganzen.

Die Hoffnungslosigkeit fordert: sage mir, was zu tun ist, bestimmt und ausführbar, wenn du das nicht kannst, ist nichts zu machen, und jedes deiner Worte ist zuviel. Schon in dieser Forderung liegt aber eine Grundverkehrung der Denkungsart. Sie beherrscht uns heute, als ob gar nicht anders gedacht und gehandelt werden könnte: An erster Stelle steht das Verlangen, für alle Probleme die rationale Anweisung zu erhalten, was zu tun sei. An erster Stelle sollte aber der Natur der Sache nach das Denken stehen, das im inneren Handeln den Menschen zu sich selbst bringt. Das machende Denken verdrängt das zu sich bringende Denken. Das zweckhafte Denken wird zum absoluten Denken.

Das ist unsere geistige Situation: daß das technische Zeitalter unsere Denkungsart selber hat technisch werden lassen. Von den fabelhaften Leistungen im Bereiche des Machbaren geht die Suggestion aus: worauf es eigentlich ankomme, sei auf eben solche Weise zu machen. Durch die täglichen Lebensbedingungen wird uns diese Denkungsart eingeprägt und eingeübt, unter Schwächung und schließlicher Vernichtung aller anderen, nun überhaupt nicht mehr verstandenen Denkungsart.

Wir scheinen alles zu können, weil wir es machen können. Daß aber diese ganze Welt unseres Machenkönnens heute unter keiner Führung steht, die uns Menschen in ihr verbindet, das wird bewußt bei einzelnen in klarer Einsicht, bei vielen in der täglichen Unzufriedenheit trotz allen Arbeitsfleißes und allen im Zweckhaften erreichten Leistungen, in dem dumpfen Zustand der verdrängten Angst, in dem Drange nach etwas ganz anderem. Man fühlt: in allem Gelingen nicht weniger als im Mißlingen stimmt etwas im Ganzen Entscheidendes nicht.

Die heute in wachsendem Maße eingerichteten Verbesserungen der technischen Arbeitsbedingungen, die Bekämpfung von schädlichen Wirkungen (Lärm, Luftverpestung, Vergiftung der Gewässer usw.) sind, soviel auch von ihnen zu erwarten ist, noch nicht jene Führung, die den Menschen selbst wieder in seine Rechte einsetzt und nicht bloß ihn als Funktion und Lebewesen und Arbeitskraft in Gang hält.

Nennt man das Unheil Mangel an Religion, an Glauben, an Autorität, und meint man, dem Mangel sei abzuhelfen durch Herstellung des Verlorenen, es sei also auf andere Weise zu »machen« durch kirchliche, moralische, sektiererische Organisation – dann entsteht heute eine neue technische Illusion: Organisieren soll das verwirklichen, was, wenn es wirklich ist, vor aller Organisation ist (aber solche vielleicht hervorruft); Glaubenslose wollen durch Organisation einen Glauben machen. Das aber, was nicht zu machen ist, das Ursprüngliche selber, sollte nicht in den Bereich des Machbaren gezogen werden. Wer das einsieht, dem öffnet sich das Reich der Philosophie, von dem an dieser Stelle in Kürze nicht gesprochen werden kann.

Zum Abschluß befragen wir den Sinn unserer Frage: Wo stehen wir heute? Sie kann meinen: Wo stehen wir im Ganzen einer erkennbaren Weltgeschichte? Oder sie meint: Wo stehen wir im undurchdringlichen

Horizont des Geschehens, dessen Gang sich unserem Blick entzieht. Die erste Frage will den Standort auf dem zu erkennenden Wege wissen; die zweite Frage will die Situation erhellen, in der wir uns finden, ohne deren Herkunft und Ziel im Ganzen und ohne den Weg zu kennen.

Der Sinn der Frage hat eine in beiden Fällen verschiedene Motivation des eigenen Handelns zur Folge. Will ich den Standort auf dem an sich vorgegebenen, zu erkennenden Weg wissen, so möchte ich mit meinem Tun auf diesem einzigen allein möglichen und wirklichen Wege mitgehen, meine Sicherheit in der Hingabe meines Daseins an die erkannte Notwendigkeit des Ganzen haben. Will ich dagegen die Situation, in der wir uns finden, erhellen, so weiß ich selber mich als noch mitverantwortlich für das keineswegs als notwendig vorgegebene Geschehen; es liegt auch an mir, was aus der Welt wird.

Im ersten Fall habe ich nur die Wahl entweder des Mitmachens, das mir Daseinsberechtigung gibt, oder des Gegenagierens, das mich nichtig werden läßt. Dort wachse ich als lebenswürdig mit der Macht des Ganzen, hier werde ich ausgelöscht als lebensunwert, werde zugleich vernichtet und verachtet. Daher gehorche ich und wage nichts auf eigene Verantwortung. Wage ich mein Dasein, gehorsam im Dienst, so gelte ich für den Befehlenden und dadurch für mich selbst als »Held«, denn ich sterbe als Glied der als notwendig erkannten Geschichte.

Im zweiten Fall dagegen will ich wirken für das, was ich aus eigener, sich ständig prüfender, in Kommunikation mit meinen Freunden reifender Einsicht als gut begreife, ohne das Ganze zu wissen. Ich bin gewiß, daß sein und getan werden soll, was ich nach meinem Gewissen für recht erkenne, ohne es darum in der Welt als das notwendig Siegreiche beurteilen zu dürfen. Ich stehe im Kampf der Mächte, die ich nicht übersehe: Ich habe weder die Ruhe, die das trügende Bewußtsein gibt, in jedem Fall bei der siegenden Sache zu sein, noch die Ruhe durch die Anerkennung seitens der faktischen Macht, der ich gehorche. Vielmehr kann ich nun, wenn es vergönnt wird, nur mit der ganz anderen Ruhe leben, die der Gewißheit der Wahrhaftigkeit entspringt, welche unabhängig werden kann, so daß sie keiner Bestätigung bedarf, unbeirrbar noch in der Einsamkeit einer von Menschen erzeugten Wüste vielleicht standzuhalten vermag. Diese Ruhe liegt in der alten Idee des Helden, dessen Charakter es ist, auch die Einsamkeit zu ertragen, zu sich selbst gekommen in der Freundschaft, immer bereit, teilzunehmen an der Gemeinschaft des Weltwirkens, aber seines Sinns gewiß noch im Scheitern.

Dieser zweite Fall scheint die Aufgabe des Menschen als Menschen zu sein: der Idee des Helden zu genügen nicht als des notwendigen Gliedes einer erkannten Geschichte, sondern als des durch Wahrheit in Freiheit geschichtlich ungewiß wirkenden Menschen. Aber niemand kann in seiner doch nie ganz erreichten Unabhängigkeit auch gewiß sein, die Aufgabe erfüllt zu haben. Gewiß aber ist, daß, wer diese Aufgabe anerkennt, die Frage: wo stehen wir? wahrhaftigerweise nur als Forderung zur Erhellung der Situation, nicht als Bestimmung des Standorts in dem totalen Geschichtsgang auffassen darf.

Wo stehen wir heute? Frage und Antwort haben Wahrheit nur in der Bewegung zum Entschluß des eigenen Tuns.

Freiheit und Schicksal in der Wirtschaft

Sie haben mich, einen in der Wirtschaft Sachunkundigen, aufgefordert zu sprechen. Daher denke ich: Sie wollen hören, wie die Dinge aussehen können, wenn einer aus weitem Abstand nur die Umrisse des fernen Gebirges der Wirtschaft wahrnimmt und wie er es in die bewegte Landschaft eingefügt sieht, die heute unser Menschendasein ist.

Das Schwinden des Geldwerts

Sohn eines Bankdirektors, habe ich als Knabe Ende des vorigen Jahrhunderts etwas von Bankluft gespürt. Mein Vater, einer der drei Direktoren einer Depositenbank in meiner Heimat Oldenburg, war Amtshauptmann gewesen. Er dachte als Bankdirektor wie ein Beamter. Das Bankgeschäft war Geldverwaltung. Spekulation war der Ausdruck für etwas, das man meiden sollte. »Wie kann man mit so viel Geld nur so wenig verdienen«, sagte der Chef einer Bremer Privatbank angesichts einer Bilanz dieser Oldenburgischen Spar- und Leihbank. Als ein Kunde bei einer neuen ihm zu gewährenden Hypothek höheren Zins erwartete, sagte mein Vater: »Diese kurzfristigen Schwankungen machen wir nicht mit.« Bei Beratung der Kunden wurden die Ersparnisse verteilt. Auch einigermaßen übersehbare Aktien wurden für Daueranlage gutgeheißen, vor allem aber mündelsichere Papiere. Nichts Besseres gab es als preußische Konsols.

Diese Zeit ging 1914 zu Ende. Heute mutet sie an wie ein Märchen. Die Stabilität des Geldwertes war so selbstverständlich, daß man gar nicht danach fragte. Begriffe wie Inflation und Deflation kannte man nicht.

Die Münzverschlechterungen von der römischen Antike bis zu den Kippern und Wippern im 17. Jahrhundert, John Laws Unternehmungen in Frankreich, die Assignaten der Französischen Revolution, das waren vorübergehende lokale Ereignisse vom Charakter zum Teil des Betrugs, zum Teil irriger Theorie. Heute ist etwas anderes im Gange. Das bezeugt der universale Charakter der ständig fühlbaren, jährlich festgestellten schleichenden Inflation. In den sieben Jahrhunderten von etwa 1200 bis

1890 sind in Europa die Preise (in Gold) unter Schwankungen nur um das Viereinhalbfache gestiegen, ohne daß die Zeitgenossen es merkten. Heute hat die Inflation das Verhältnis zum Gelde verändert. Der Sparer muß, durch jede Anlage seines Ersparten, faktisch spekulieren. Er kann die Kaufkraft des Ersparten nicht festhalten. Das Sparen selber ist in seinem Sinn zweifelhaft geworden. Der Frage, ob die Inflation ein Symptom oder eine Ursache des Prozesses ist, in dem für das Lebensgefühl alles ins Gleiten gekommen ist, gehe ich nicht nach.

Man möchte wissen, welche Ursachen diese Inflation hat. Über die Herkunft des Geldwertes sagt Knapp: »Der Staat setzt den Geldwert. Das Vertrauen zum Staat erzeugt das Vertrauen in die Währung.« Wenn das richtig ist, so hat es doch zwei Grenzen:

Erstens: Der Staat kann den von ihm gesetzten Geldwert nicht festhalten, wenn er selbst betrügt, sei es durch Mißbrauch der Notenpresse, sei es durch Manipulationen wie etwa die seinerzeit berühmten Mefo-Wechsel Schachts. Er kann es auch nicht, wenn in freier Wirtschaft private Banken Buchgeld schaffen über das Maß des von der Volkswirtschaft faktisch Ersparten hinaus.

Zweitens: Er kann den Geldwert nur für sein Territorium festsetzen. Im Verkehr zwischen den Staaten bildet sich ein Geldwert, der nicht auf staatlicher Festsetzung beruht. Dieser Geldwert unterliegt heute der schleichenden universalen Inflation, die infolge staatlich verschiedener Situationen und Maßnahmen nur ihrem Grade nach, allerdings erheblich, schwankt.

*

Solche Überlegungen führen in die Bereiche der imponierenden wirtschaftswissenschaftlichen Erkenntnis, in der nur der Fachkundige sich zurechtfinden kann. Doch man sieht: Die Wissenschaft kann zwar viele Kenntnisse für die Praxis des Wirtschafters und Wirtschaftspolitikers zur Verfügung stellen. Sie vermag aber nicht, wie die Stabilität des Geldwertes wieder herzustellen sei, so anzugeben, daß man nach dem Verfahren das Ziel erreichen könnte.

Die Wissenschaft sagt etwa: Die Inflation beruht auf Methoden banktechnischer Geldschöpfung oder auf der Lohn-Preis-Spirale. Auf Grund solcher Erkenntnis wird beurteilt: Will man die Stabilität des Geldwertes, so dürfen Banken nicht Kredit geben auf Grund künstlicher, über das real Fundierte hinausgehender Geldschöpfung, dürfen Gewerkschaften nicht

Lohnerhöhungen fordern, die nicht aus dem faktisch erreichten Gewinn gezahlt werden können, dürfen Unternehmer die Preise nicht erhöhen, nur um ihren Gewinn zu steigern oder um verantwortungslos zugestandene Lohnerhöhungen auszugleichen.

Aber man hört: Ist die Stabilität des Geldwertes ein unverrückbares Ziel? Geldwert ist nur Mittel. Letztes Ziel ist die Höhe der Produktion und Konsumtion. Auf die Wirtschaftsblüte, nicht auf die Stabilität des Geldwertes kommt es an. Die schleichende Inflation könnte die Bedingung der ständig wachsenden Wirtschaftsblüte sein. Daher die Forderung: Unter der Voraussetzung, daß ihr die maximale Wirtschaftsblüte wollt, haltet euch an diese, nicht an das Geld! Man soll die Inflation verlangsamen, weil Überstürzung Stimmung und Vertrauen verdirbt. Aber man soll sie nicht grundsätzlich verneinen, vielmehr die Stabilität des Geldwerts opfern zugunsten des höheren Gesamtinteresses der Blüte der Wirtschaft überhaupt. Dagegen sagen andere: Ohne festen Geldwert ist die freie und soziale Marktwirtschaft nicht möglich. Auch das langsame Wachsen der Inflation muß irgendwann zum Bankrott der freien Marktwirtschaft führen. Daher sei jene Theorie die Theorie des Teufels, der den Weg zur Katastrophe in den Schein der Blüte verhüllt, nur um dadurch um so sicherer die freie Marktwirtschaft in den Abgrund zu führen. Das zu verhüten, dürfe nicht die maximale Produktion das letzte Ziel sein, sondern sei energische Konjunkturdämpfung zugunsten des Geldwerts nötig. Aber der Widerstand gegen eingreifende Maßnahmen scheint gewaltig.

In dem Wirbel dieser endlosen Argumentationen sehen wir das Ineinander von Erkenntnis und Interesse. Erkenntnis ist partikular und hypothetisch. Sie stellt ihre Forderungen in der Form: Wenn ihr dies wollt, müßt ihr das tun. Sie erkennt nicht das Ganze. Interesse aber setzt sich als ein Ganzes, das sich zum Maßstab macht. Erkenntnis trifft das Allgemeine, das Interesse handelt geschichtlich in konkreter Situation.

Diese geschichtlichen Handlungen macht die Wissenschaft zum Gegenstand ihrer Analyse, ohne sie nach Herkünften und Motivationen und nach ihren Folgen erschöpfen zu können. Wir erlebten die vielen Handlungen, die im letzten halben Jahrhundert den Geldwert haben sinken lassen oder infolge Beiseiteschiebens einfachen Wissens Wirtschaftskrisen herbeiführten. Ich greife heraus: Staaten vollzogen Akte, die im privaten Leben als Betrug gelten, und zwar durch persönlich anständige Menschen. Helfferich finanzierte den Krieg 1914 als Reichsschatzsekretär nicht durch Steuern, sondern durch Anleihen. Als die Preise stiegen, wurde mit Pathos verkündet: Mark ist gleich Mark. Wer es nicht zugab, galt nicht nur als uneinsichtig, sondern als schlechter Patriot. England wertete 1931 durch Abweichung vom Goldstandard das Pfund ab, andere Staaten folgten. Während der Weimarer Republik wurden kurzfristige Anleihen aus Amerika genommen, teils zur Zahlung von Kriegsschulden, teils zu langfristigen Investitionen, so daß 1929 durch Kündigungen plötzlich die Wirtschaftskatastrophe der nicht genügend fundierten kurzen deutschen Wirtschaftsblüte eintrat.

Wissenschaft und Freiheit

Damit kommen wir auf einen wesentlichen Punkt: Ökonomische Erkenntnis sagt, was und warum etwas geschieht. Die Ereignisse des wirklichen Geschehens zeugen von Akten der Freiheit.

Daher stehen wirtschaftswissenschaftliche Erkenntnisse in einer Spannung: Kausalzusammenhänge zeigen, heißt nicht Freiheit erkennen. Wissenschaft will nicht moralisieren, sofern sie es mit dem Menschen als Naturwesen und mit den Situationen und Wirkungen zu tun hat, die ohne sein Wollen und Wissen entstehen und ihm dann wie Naturgegebenheiten begegnen. Aber sie berührt doch dabei ständig den Menschen als handelndes Wesen, das das Gewissen seines Willens hat.

Die Wissenschaft drängt, rein zu werden, aber ihre Theorie ist nicht harmlos. Denn sie ist selber alsbald Faktor und Rechtfertigung von Handlungen.

Freiheit des Menschen, nicht ein Naturgesetz spricht aus dem Wirtschaftsethos. Dieses nicht aus der Wirtschaft selber entspringende, aber sie formende Ethos kann für die Produktivität hemmend oder fördernd, erwerbsstörend oder erwerbssteigernd wirken.

Das berühmteste Beispiel ist das von Max Weber erforschte Wirtschaftsethos des Calvinismus, das in den Anfängen des modernen Kapitalismus eine ihn fördernde Rolle gespielt hat. Die innerweltliche Askese, das heißt der Verzicht auf den Genuß des Arbeitseinkommens und die Forderung strenger Lebensführung wegen des ewigen Seelenheils, führte bei Unternehmern und Arbeitern sowohl zu einer methodischen, kalkulierenden Arbeitsweise wie zu ständigem Sparen, das heißt Investieren. Das industrielle Unternehmen wurde mächtig gefördert. Die Ehrlichkeit zog die Kunden an. Die gläubigen Unternehmer und Geschäftsleute wurden reich, ohne es zu beabsichtigen.

Über den sittlichen Charakter der Wirtschaft entscheiden die übergreifenden Ziele. Die Wirtschaft ist nicht Selbstzweck. Welches sind diese Ziele? Etwa: Man will leben, auf möglichst hohem Lebensstandard, will die vielfachen Genüsse, will sich zeigen, will sein gesellschaftliches Prestige. Alles dieses aber bleibt nichtig, weil es kein Maß in sich hat. Erst die Bindung an ein Übergeordnetes gibt den Sinn durch Erfüllung von einem anderen her.

Wird die Eigengesetzlichkeit des Wirtschaftlichen nicht unter Bedingungen gehalten, so geschieht in ihm dasselbe wie in anderen Bereichen, etwa: Wissenschaft als Selbstzweck, »l'art pour l'art«, ein guter Vers ist ein guter Vers. Aber mit solcher Isolierung zu Eigengesetzlichkeiten geht trotz großer Einzelleistung und verführender Wirkung doch der eigentliche Sinn von Dichtung, Wissenschaft, so auch von der Wirtschaft verloren, vielleicht in einem luziferischen Glanze.

Die Betonung der Eigengesetzlichkeit der Wirtschaft kennt die Wendungen »Geschäft ist Geschäft« und »wenn ich es nicht mache, macht's ein anderer«. Die Freiheit der wirtschaftlichen Handlungen aber wird aus tieferem Ursprung geführt. Er erzeugt in der Wirtschaft erst die Dauer. Er verwehrt dem Menschen, mit der Inflation an die in Produktion und Konsumtion kreisende bloße Gegenwärtigkeit sich zu verlieren, sich in der schnellen Auswechselbarkeit von allem des Bodens zu berauben, schließlich in Treulosigkeit dem Nichts sich preiszugeben.

*

Zu dem aufbauenden und bewahrenden Gang der Dinge genügt nicht schon die Anständigkeit. Sie ist in Gefahr, die Dinge treiben zu lassen, ohne selber Böses zu tun. Erst die Verantwortung, die aktiv die Initiative ergreift, hilft. Wir sind heute in dem gewaltigen Betrieb geneigt, Entscheidungen auf den andern, auf eine Instanz, auf einen Vorgesetzten, auf ein Kollektiv, auf eine Mehrheit abzuwälzen. Man wartet lieber ab, bis die Situation etwas erzwingt, statt in Voraussicht aus Freiheit zu tun, was den Mut der Verantwortung fordert. Ist die Situation da, so sagt man: Es geht nicht anders, das heißt, man beruft sich auf Zwang, nicht auf die Freiheit der rechtzeitigen Vernunft.

Die Inflation ist auch die Folge davon, daß soziale und wirtschaftliche Kämpfe nicht wirklich ausgefochten werden. Man weicht ihnen aus durch Beschreiten der Wege des geringsten Widerstandes. Man macht falsche Kompromisse, die im Augenblick den Beteiligten Vorteile und Ruhe bringen, aber ein Steigen der Inflation zur Folge haben, ohne daß dies sogleich schon fühlbar ist. Die Freiheit hat versagt.

Bedrohung durch die totale Herrschaft

Was geschieht in dem Abgrund, in den die freie Wirtschaft durch Mißbrauch der Freiheit treiben könnte? Woran ich bisher erinnerte, das klang, als ob wir in der freien Welt mit uns allein seien. Aber vor den Toren steht die totale Herrschaft, die Gewalt, die die Welt unterwerfen will. Sie hat sich mit der Heilslehre verbunden, an die heute auch bei uns viele zu verfallen scheinen, die nicht mehr oder noch nicht wissen, was Freiheit ist. Diese Heilslehre bietet vor dem Abgrund den Terror einer Ordnung des Apparats an, wenn diese Ordnung in Freiheit nicht gefunden werden konnte. Der Gegensatz zwischen Ost und West ist nicht ein Gegensatz der Völker. Er ist auch nicht der Gegensatz von Kapitalismus und Kommunismus, denn als bloße Wirtschaftsformen könnten sie sich annähern. Der Gegensatz hat seine furchtbare Bedeutung allein darin, daß politische Freiheit und totale Herrschaft nicht zu versöhnen sind. Nationalsozialismus und Bolschewismus, obgleich ganz verschieden durch Völker und Ideologien und Wirtschaftsformen, sind im Prinzip der Herrschaft und ihrer Methoden identisch. Totale Herrschaft ist ein im technischen Zeitalter möglich gewordenes neues Staatsprinzip. Das Wissen davon ist noch nicht in das allgemeine Bewußtsein gedrungen.

Dieses Prinzip nennt sich heute im Osten Kommunismus. Es klagt den Westen als Kapitalismus an. Was bedeuten diese Worte?

Kommunismus ist die Idee vom irdischen Heil der Menschen durch vollkommene Gerechtigkeit und Freiheit und Gleichheit. Alle stehen unter Arbeitsnotwendigkeit, alle erhalten den gleichen Genuß des Sozialprodukts. Diese uralte Idee hat Sinn als Maßstab der Beurteilung und als Triebkraft, um die Zustände zu verbessern.

Etwas ganz anderes ist der kommunistische Marxismus. Er glaubt als Endziel das Mysterium des verwandelten Menschen, der im Überfluß hervorgebrachter Güter ohne Gewalt, ohne Staat, durch eine natürliche, nicht erzwungene Ordnung leben kann. Wie das frühe Christentum in Verlegenheit kam, weil das erwartete Weltende mit dem Reiche Gottes nicht eintrat, so dieser Kommunismus, weil das irdische Paradies ausbleibt und der nicht aufhörende Übergang dorthin immer größere Schrekken hervorbringt.

Was aber ist Kapitalismus? Wir brauchen nicht von den vielen einzelnen kapitalistischen Erscheinungen in den Jahrtausenden zu sprechen. Der moderne Kapitalismus ist zunächst dadurch charakterisiert, daß die Kalkulation bis zum Äußersten getrieben wird. Sämtliche Kosten, auch der Arbeitslohn, werden als Größen eingesetzt. Aber das Wesentliche ist, daß der Kapitalismus das Mittel zur Befriedigung des Alltagsbedarfs der Massen durch Konsumgüter geworden ist. Das geschah erst seit der Mitte des 19. Jahrhunderts infolge der Herstellung der meisten Güter durch Technik. Bis dahin ließ sich der kapitalistische Sektor aus dem Wirtschaftsleben streichen, ohne allzu große Veränderung des Gesamtzustands. Heute ist der Kapitalismus identisch mit dem Wirtschaftsleben überhaupt. Ihn zu streichen würde Untergang der Wirtschaft bedeuten.

Wirtschaftsgeschichtlich ist nun der Unterschied der kommunistischen und der freien Wirtschaft ein Unterschied innerhalb des modernen Kapitalismus, nämlich der Unterschied von Staatskapitalismus und Privatkapitalismus. Die Totalitären als zunächst unterentwickelte Gebiete holen durch planmäßige Organisation die technische Entwicklung nach, die sie als Ergebnis der Freiheit des Abendlandes vorfinden.

Was im Westen Schritt für Schritt geschah, wird im Osten plötzlich für die gesamte Bevölkerung hergestellt: die Technisierung des Lebens. Das wurde klar in den ersten Jahren der russischen Revolution. Nach der Zeit des gläubigen, aber chaotischen Kriegskommunismus, der das Paradies gleich wollte eintreten lassen, führte Lenin in großer wachsender Not seit 1921 den Kapitalismus unter dem Namen der »Neuen ökonomischen Politik« wieder ein. Geldwirtschaft, Privateigentum, Handel wurden wieder legitimiert. Es wurde eine Kreditorganisation geschaffen. Die neu gegründete Staatsbank gab Noten aus. Aber die Banken hatten nun eine andere Funktion als im Westen. Sie wurden Kontrollstellen für die staatlichen Wirtschaftspläne, Verrechnungsstellen der Wirtschaft. Maßgebend ist nicht die Kreditwürdigkeit von Kunden, auch nicht der Geschäftsgewinn der Banken, nicht einmal in jedem Falle die Rentabilität, sondern die jeweiligen Absichten der Planwirtschaft, die zugleich wirtschaftliche und politische Gründe haben.

Heute ist die Zwangslage der Arbeiter unter der Peitsche des Terrors so erbarmungslos wie in den Anfängen der kapitalistischen Industriewirtschaft durch die Peitsche des Hungers. Der Arbeiter hat unter totaler Herrschaft kein Streikrecht; er kann nicht kämpfen. Im Westen aber ist heute der Arbeiter in einem Maße frei und wohlhabend, daß Chruschtschew bei seinen Amerikareisen die eigentlichen Gegner bei Arbeitern und Gewerkschaften fand. Ihren Fragen wich er aus: »Sie wollen mich beleidigen, ich kann ja gehen.« Dagegen konnte er vorzüglich mit den Unternehmern reden, die mit ihm Geschäfte machten, Kapitalisten mit dem Staatskapitalisten.

Selbsttäuschungen des Westens über die totale Herrschaft

Wir dürfen uns nicht täuschen über die elementare Gewalt der totalitären Drohung.

Die Ähnlichkeiten durch den gemeinsamen Kapitalismus, durch die technischen Arbeitsmethoden, durch die Betriebsorganisation, durch die Bürokratie heben den entscheidenden Unterschied nicht auf: im Westen die Freiheitschance durch vielfache Planungen innerhalb des unüberschaubaren offenen Ganzen; im Osten die Preisgabe der Freiheit an die zentrale Planung des geschlossenen Ganzen.

Gewaltig ist die Kraft des Glaubens bei Kommunisten, das Maß der willig auf sich genommenen Opfer und die Todesbereitschaft. Die Gläubigen sehen nicht die totale Herrschaft, sondern das irdische Mysterium. Täuschen wir uns nicht über die Macht des Absurden? Als Ende der zwanziger Jahre ein Russe – damals kamen noch vereinzelte russische Studenten nach Heidelberg – die Selbstkritik der freien Welt hörte, die ich dann in meiner »Geistigen Situation der Zeit« 1931 veröffentlichte, bedankte er sich: »Es ist alles wahr, was Sie sagten – es sind Eure Probleme –, bei uns in Rußland haben wir sie alle gelöst.«

Wir dürfen uns nicht verschleiern die Radikalität des totalen Herrschaftsprinzips, das durch jenen Glauben sich rechtfertigt. Der Gegensatz zur Freiheit ist politisch unlösbar. Wir sehen nicht klar genug den Wesensunterschied der Ausbildung in Naturwissenschaft, Technik, Medizin von der Ausbildung im Geiste des Abendlandes. Die unterentwickelten Völker finden die Ausbildung in Rußland verknüpft mit der gründlichen für immer prägenden Schulung im Marxismus. Wir gewähren ihnen dieselbe naturwissenschaftliche Ausbildung, aber ohne daß sie (mit sehr wenigen Ausnahmen) Religion, Philosophie, Geisteswissenschaften, Freiheit des Abendlandes suchen oder verstehen.

Verkennen wir die Kraft der Lüge, die Kraft nicht der halben, die im Westen verbreitet ist, sondern der ganzen Lüge? Die Welt hat Respekt nur vor dieser und vor der Gewalt.

Unterliegen wir einer Täuschung über das Maß der heute schon zu erwartenden Vernunft in der Welt und einer Täuschung über das Maß unserer eigenen Vernunft?

Rettung durch den Primat der Politik

Wir haben ein gewohntes Sicherheitsgefühl des gemeinsamen Daseins in den Staaten, Unternehmungen, Arbeitsmöglichkeiten, Versicherungen. Wohl haben wir manchmal das unheimliche Bewußtsein, so könne es nicht weitergehen. Schieben wir es allzu leicht beiseite?

In der Unsicherheit durch die vernunftwidrigen Kräfte ist es notwendig, daß wir insgesamt zusammenhalten. Die besondern Angelegenheiten müßten im Blick auf die Situation des gesamten Abendlandes behandelt werden. Lassen wir unseren vergleichsweise kleinen Streitigkeiten unter uns allzu freien Lauf?

*

Es handelt sich um Politik. Was kann sie zur Rettung der Freiheit leisten? Das Entscheidende: Der Primat der Politik vor der Wirtschaft müßte wiederhergestellt werden.

Der Marxismus behauptet die Abhängigkeit aller Dinge von der Wirtschaft. Die totalitäre Herrschaft sieht frohlockend, daß das in der freien Welt stimmt. Sie selber aber gibt der Politik uneingeschränkt den Vorrang, stellt die Wirtschaft in deren Dienst.

Der Westen vertraut den Weltwirtschaftsverkehr den privaten Interessen an. Er meint, maximale Blüte des Wirtschaftslebens bedeute schon politische Macht. In Umkehrung des Notwendigen stellt er nicht selten die Politik in den Dienst der Wirtschaft.

Im Verkehr mit der totalitären Welt stehen sich als Partner der freie Unternehmer und der totalitäre Staat, privates Wirtschaftsinteresse und politisch gelenktes Machtinteresse gegenüber.

Da die freie Welt sich nur in Gemeinschaft behaupten kann, nicht durch die zerstreute Kraft einzelner Staaten, so würde zur Solidarität gehören, daß der Wirtschaftsverkehr mit der totalitären und neutralistischen Welt sich im politischen Interesse der Gesamtheit der freien Welt vollzöge. Die abendländische Wirtschaft würde ein Ganzes werden aus Freiheit, wie sie im Osten ein politisch handelndes Ganzes ist durch Zwang. Die Wirtschaft, die ohne Blick auf die Forderungen der Politik, unabhängig von ihnen handelt, ist ein Faktor politischer Schwäche.

Die Geschäfte mit den totalitären Staaten haben in den letzten fünfzehn Jahren ihnen zu ihrem großen technischen Aufschwung mitgeholfen. Durch den wirtschaftlichen Verkehr mit ihnen haben wir die Kräfte derer gestärkt, die uns vernichten wollen. Erlauben Sie mir, versuchsweise die Folgerungen zu ziehen. Man könnte denken: Die freie Welt würde, entschlossen zu ehrlicher Koexistenz, zunächst auf Wirtschaftsverkehr mit totalitären Staaten verzichten, dagegen einen Austausch wünschen in Nachrichten und Reisen, in Literatur, Kunst, Musik, Theater, Wissenschaft. Die Koexistenz würde ehrlich als das Nebeneinander nicht im Materiellen sich berührender und nicht mit Waffen kämpfender Staaten sein, und nicht das Schwindelwort zur Verschleierung des kalten Krieges. In dieser Koexistenz könnte der geistige Kampf ohne Gewalt und ohne Zensur (die selber Gewalt ist) stattfinden. Und es fände die freie Konkurrenz des Daseins der in sich geschlossenen Wirtschafts-, Staats-, Lebensverfassungen statt, die die Welt sehen und vergleichen kann. Diese Koexistenz würde so lange dauern, bis der Wille zur Gemeinschaft in Wahrhaftigkeit, und nicht der Wille zur Welteroberung aus einer gewandelten, nicht mehr totalitären Welt zu uns sprechen, und bis – nicht weniger wichtig – wir selber in uns eigentlich frei geworden sind. Bis dahin gibt es einen diplomatischen Verkehr, beschränkt auf Höflichkeit und auf die Einrichtung des geistigen Austausches.

Den vielen Staaten gegenüber, die weder totalitär noch innerlich frei noch mit uns solidarisch sind, würde die freie Welt nicht das Buhlen um sie, im Kampf mit den Russen und Chinesen, fortsetzen. Das wäre vergeblich gegenüber Staaten, die den hohen geschichtlichen Neutralitätsgedanken in ihren opportunistischen und unzuverlässigen Neutralismus verkehren. Sie gebärden sich den von ihnen sogenannten Blöcken gegenüber als sittlich überlegene Parteilosigkeit. Sie erringen von beiden, sie gegeneinander ausspielend, Vorteile, vom Westen viel größere als vom Osten. Heimlich respektieren sie nur die überlegene Gewalt des Totalitären. Zum Westen haben sie das Vertrauen, daß er sich alles gefallen läßt und dennoch weiter hilft. Den sich verströmenden Westen machen sie zum Gegenstand ihrer Ausbeutung. Wenn dieser Westen zu geschlossener Selbstbehauptung gelangen und sich innerhalb seines Bereiches auf die Solidarität aller verlassen könnte, dann würde er bereit bleiben zu Verträgen mit den chaotischen Staaten der chaotischen Welt, hilfsbereit, aber wahrhaftig und sachlich und nüchtern, auf dem gemeinsamen Boden von Vertragstreue und der Gesinnung der ehrlichen Wirtschaftlichkeit und Arbeitswilligkeit. Aber er wäre nicht bereit, diese Staaten, die geistig hilflos vielleicht der totalitären Herrschaft verfallen, als Werkzeuge zu stärken, die sich gegen uns wenden werden. Private Wirtschaftsinteressen ohne Rücksicht auf Politik verfolgt, graben der politischen Freiheit und damit sich selbst das Grab.

Gegenüber der bewunderungswürdigen politischen Konsequenz der totalitären Staaten würde der eigene politische Standort gewonnen. Er würde nicht mehr ständig abbröckeln.

Diese Politik wäre die der Zeit des Übergangs, bis alle Staaten am Ende sich aus Freiheit der Freiheit anschließen.

Solche Vorstellungen sind heute noch utopisch. Denn sie setzen voraus die freie Welt als eine wachsende innere Freiheit, ihre Solidarität, die wirtschaftlich nach außen bewußt gemeinsam handelt, die Preisgabe der Fiktionen, wie zum Beispiel der abstrakten demokratischen Ideologien, des freien Welthandels als absoluten Wertes vor aller Politik. Nur kraft einer Verbundenheit, die noch nicht da ist, könnte der Westen eine rettende Politik wagen, die zwar dem Gedanken so nahe liegt, aber der Realität noch so fern ist.

Ich kann die triumphierenden Worte Hitlers nicht vergessen, die er der Demokratie in einer Koblenzer Rede nachrief: »Ich habe sie mit ihrem eigenen Wahnsinn geschlagen.« Sollte der Augenblick kommen, in dem die Herrscher totaler Regime angesichts der vernichteten Freiheit des Westens dasselbe sagen?

Auch vergesse ich nicht, was Churchill in höchster Not, zu spät, 1940 vorschlug: Alle Engländer und Franzosen Bürger eines Staates; und nicht seine Zürcher Europarede 1946. Wohin ist all das heute!

Manche aber denken: Wozu die maßlosen Sorgen, wozu die Utopien! Die Dinge gehen einen andern, ganz einfachen Weg, wie er immer war. Der Atomkrieg wird nie kommen, denn die Staatsmänner überall haben das Minimum von Vernunft, ihn nicht zu beginnen. Wirtschaftlich wird es Rezessionen, doch keine Katastrophen geben, denn die Wirtschaftswissenschaft ist heute so weit, sie verhindern zu können. Also dürfen wir ruhig sein. Unheil gab es immer. Aber wie die Natur in ihrer Herrlichkeit ständig neu ersteht, so der Mensch. Vertrauen wir auf die Menschen, wie sie sind und waren und immer sein werden überall in der Welt!

Diese Denkart: Glaube, der nicht eigentlich glaubt – Skepsis, die zwar viele Realitäten, aber nicht die Wirklichkeit sieht – Beruhigung, die sich an entscheidenden Stellen blind macht – Gemütlichkeit, die nichts recht ernst nimmt –, scheint mir das Verderben. Sie ist ohne Größe des Willens, ohne Adel der Gesinnung, ohne Offenheit für Transzendenz. Ihr fehlt die Erschütterung bis in den Grund, dem erst das eigentliche Menschsein entspringt.

Freiheit durch Bindung

Auch in der Wirtschaft gilt: Die Rettung der freien Welt kann entscheidend nur von innen kommen. Der Mensch muß bewähren, ob er frei sein kann. Bindet Freiheit nicht sich selbst, so wird sie vernichtet durch Zwang von außen.

Wenn das Privatinteresse gegen das Gemeininteresse sich durchsetzt, die Konkurrenz der Interessen die Konkurrenz der Leistung verfälscht, dann kann die freie Wirtschaft nicht dauern. Sie kann sich nur behaupten, wenn die Menschen ihrer eigenen Freiheit Grenzen setzen. Gemeinschaft stiftende Freiheit würde vielleicht der Inflation ein Ende setzen. Dann würde sie beweisen, daß sie auch hier mehr vermag als der Zwang der totalen Herrschaft.

Das *Verhängnis* der Wirtschaft liegt in ihr selber, wenn sie sich hemmungslos ihren Eigengesetzlichkeiten überläßt. Und es liegt in der Politik, wenn deren Gewalt sie eines Tages wegwischt und totalitär neu gestaltet.

Die *Freiheit* der Wirtschaft dagegen liegt in ihrer Selbstkorrektur durch das übergeordnete Ethos. Und sie liegt in der Bereitschaft, sich im Kampf um die Freiheit der Politik unterzuordnen.

Das *Schicksal* der Wirtschaft aber erwächst der Macht, die es zulassen könnte, daß die Freiheit dem von ihr selbst verschuldeten Verhängnis erliegt, oder die ihr vergönnt, dieses Verhängnisses Herr zu werden. Der Wille der Freiheit wagt sich angesichts der Möglichkeit, in der Welt vergeblich zu sein. Er vertraut, daß er sein und für sich kämpfen soll. Es gibt keine Garantie für seinen Erfolg, aber die unerschütterliche Hoffnung.

Die Frage an uns selbst

Die Weltsituation stellt die Frage: Wird das Ethos der Freiheit uns durchdringen und damit verbinden? Werden wir, statt bloß den leistungsfähigen Verstand zu haben, die mächtige Vernunft gewinnen, die des Verstandes sich bedient, ihn aber überwindet, ohne ihn zu verlieren?

Der Feind in uns selbst ist schlimmer als der von außen. Wenn wir diesen Feind in uns besiegen, kann der von außen uns nicht überwältigen.

Unserer Selbstbehauptung können wir nur vertrauen, wenn wir wirklich zur eigenen Freiheit gelangen. Die innere Umkehr – von den einzelnen Menschen immer wiederholt – erzeugt den existentiellen Grund der politischen Freiheit. Ohne ihn wäre sie ein Kartenhaus.

Wir können denken: Die Gefahr von außen mit der Drohung unseres Untergangs solle unsere Freiheit gleichsam zwingen, sich aufzuraffen. Wir sollen nicht versinken in dem Sumpf, der zugleich mit der Freiheit durch ihren Mißbrauch gewachsen ist. Ohne das Bewußtsein, die Fluten des Totalitären seien uns bis an den Hals gestiegen, würden wir vielleicht der Trägheit des Herzens, den banalen Nichtigkeiten, den Halbheiten, den Selbsttäuschungen romantischen Zaubers, den Unwahrhaftigkeiten, dem sogenannten Glück erliegen.

Aber ein Philosoph kann nicht Prophet sein. Er muß sich bescheiden.

Denn leicht und schnell ist der Gedanke, schwer aber ist und unendliche Geduld fordert der Umgang mit der Wirklichkeit.

Die Kraft der Hoffnung

Als Zeus die Menschen verderben wollte durch Zweideutigkeiten, schickte er ihnen die verführende Pandora. Ihr gab er für die Menschen eine mit Geschenken gefüllte Büchse mit. Pandora, neugierig, hob den Deckel, alle Herrlichkeiten flogen hinaus in die Lüfte. Als sie den Deckel zuschlug, blieb als Besitz des Menschen nur die Hoffnung zurück. Ist sie gut oder schlecht? Auch sie ist zweideutig. Die eine griechische Deutung sagt: Allein die Hoffnung weilt noch unter den Menschen als gute Göttin, während alle übrigen zum Olympos flogen. Die andere Deutung: Die Hoffnung ist eine schlimme Göttin, verführend irreleitend wie Pandora selber.

Die Zweideutigkeit der Hoffnung hören wir aus den Sprüchen aller Zeiten. Hoffnung ist Kraft und beflügelt, sagen die einen – Hoffnung ist täuschender Schein, sagen die anderen. Die Menschen leben schwankend in Hoffnung und Furcht, meint Ovid. Hoffnung ist ein starker Mut und neuer Wille, sagt Luther. Ironisch denkt La Rochefoucauld: Die Hoffnung, so trügerisch sie auch ist, dient wenigstens dazu, uns auf einem angenehmen Wege zum Ende des Lebens zu führen.

Unsere Fragen sind: Ist Hoffnung trügerisch? In welcher Gestalt kann sie wahrhaftig sein und Kraft verleihen?

*

Ich beginne mit einem Beispiel aus der politischen Welt.

Thukydides schildert die Pest, die die Athener mitten im Krieg überfiel: »Das schlimmste war der mutlose Zustand, welchem die Leute sich überließen, sobald sie merkten, daß sie krank wurden. Denn nun gaben sie sogleich alle Hoffnung verloren. Eben deswegen gingen sie noch weit unvorsichtiger mit sich um, ohne sich Mühe zu geben, der Krankheit Widerstand zu leisten.« Mut ist also, meint Thukydides, das erste; Mut handelt aus Einsicht; Hoffnung ist die Folge. In der mutlosen Passivität dagegen liegt entweder die verderbliche Hoffnungslosigkeit oder die trügerische Hoffnung untätigen Wünschens.

Als Perikles die verzweifelten Athener aufrichten will, beruft er sich daher nicht auf Hoffnung. Er sagt: Die Krankheit ist in der Tat das einzige, das schlimmer ausgefallen ist, als es sich jemand hat vorstellen können. Da gilt: »Was die Götter schicken, das muß man mit Geduld tragen, weil es nicht zu ändern ist; und was von einem Feinde herrührt, das muß man mannhaft überwinden.« Der größte Ruhm der Stadt sei, daß sie im Unglück nicht erliegt: »Sollten wir einmal schlechter da stehen (wie denn alles in der Welt sich mit der Zeit zu verschlimmern pflegt), auch dann verzagen wir nicht.« Für die Freiheit und die Größe und den Adel des Lebens in Athen zu kämpfen und in jedem Augenblick mutig standzuhalten, gebietet die Ehre. »Die stärksten sind, die sich im Unglück am wenigsten niederschlagen lassen und den tätigen Widerstand dagegen äußern.«

Der Mut wird im Wissen dessen, was ist und was auf dem Spiele steht, zugleich hell und stark. Er beruht auf dem Selbstbewußtsein der überlegenen Klugheit in der Auffassung der Lage. Darin gründet sich die wahre Hoffnung, die sich selber Grenzen setzt angesichts der Realität. Das unkritische Selbstbewußtsein dagegen wird zum Übermut, wenn es sich auf zufälliges, aber nicht als zufällig verstandenes Glück stützt. So kann auch ein verzagter Mensch, wenn ihm ein dummes Unternehmen glücklich gelungen ist, durch falschen Mut falsche Hoffnungen gewinnen. So verhielt es sich, als nach Perikles' Tod die Athener politisch kopflos wurden. Da ihnen, sagt Thukydides, zunächst die meisten Unternehmungen unerwartet gelungen waren, meinten sie, nichts mehr könne ihnen widerstehen. So wurden sie bei ihrer kriegerischen Stärke besinnungslos ihrer sicher, aber zugleich auch schwankend. Denn wo Hoffnung sich nicht auf überlegene Klugheit gründet, sondern auf beschränkte Mutmaßungen, da werden Menschen am unschlüssigsten. So gingen die Athener durch falsche Hoffnung in ihr politisches Verderben.

Das Verderben bloßer Hoffnung zeigt Thukydides noch einmal in dem berühmten Gespräch zwischen Meliern und Athenern. Als die Athener die kleine Insel Melos kraft ihrer überwältigenden Macht einverleiben wollen, fordern sie sie zu friedlicher Kapitulation auf, wenn sie nicht ihre Insel und das Leben zugleich verlieren wollen. Die Melier antworten, bei augenblicklicher Unterwerfung würden sie aller Hoffnung auf einmal entsagen, beim Wagnis des Widerstandes sei immer noch Hoffnung. Diese gründen sie auf ihr Recht im Vertrauen auf die Gottheit. Die Athener antworten: die Gottheit sei nicht weniger die ihre als die der Melier. Die Athener würden nur nach dem ewigen Gesetz handeln, daß der Stärkere die Schwächeren beherrscht.

Hoffnung sei nur gut, sagen die Athener weiter, wenn man die Mittel in der Hand habe, sie zu verwirklichen. Wenn nicht, dann sei sie Torheit. Solche Hoffnung finde vielleicht gar gegen den Augenschein der Lage in Prophezeiungen und Orakelsprüchen erst recht täuschende Hoffnungsgründe. Zeigt sich dann, daß die Hoffnung getrogen hat, ist die Einsicht zu spät. Wer falsch hoffte, hat gar keine Zuflucht mehr.

Ein Christ, wie der Philologe Nägelsbach, sagt dazu: Die Hoffnung der Griechen mußte diesen trügerischen Charakter haben. Denn sie stützte sich auf keine Grundlage, welche der Christ in der Natur seines Gottes und dessen untrüglicher Verheißung hat.

Da ist plötzlich von etwas ganz anderem die Rede. Worauf gründet sich und worauf richtet sich eine Hoffnung in der Welt, wenn sie nicht allein auf dem Mut und der Einsicht des Helden beruht?

*

Von dieser anderen Hoffnung zeugen zum Beispiel in großartiger Weise die Juden. Als sie im sechsten Jahrhundert vor Chr. ihre kurze politische Selbständigkeit verloren, gaben sie als Volk Gottes, aber nur als solches, sich selbst nicht verloren. Die Propheten hatten das Unheil vorausgesagt, und zwar als die Folge der sittlichen Verderbnis der Juden im Abfall von Gott. Sie hatten recht behalten. Sie werden, so glaubten die Juden, auch recht behalten mit ihrer andern Voraussage: ein Rest von ihnen wird fortbestehen auf Grund der Verheißung Gottes. Sie werden zur sittlichen Wiedergeburt gelangen, und dann wird ihre Knechtschaft aufhören. Die Juden vertrauten der Verheißung, gründeten ihr Leben auf Gottes sittliche Forderungen und lernten warten. Sie haben, ohne die Hoffnung je aufzugeben, Jahrtausende gewartet. Welche Folgen hatte das?

Da sie keinen Staat mehr hatten, gründeten sie sich allein auf den einen Gott. Sie waren politisch stets abhängig, zuerst in der Deportation nach Babylon, dann, zurückgekehrt nach Palästina, als Theokratie im politischen Gehorsam gegenüber der Weltmacht erst der Perser, dann der hellenistischen Herrscher, dann der Römer. Wenn sie das Land verließen, freiwillig oder vertrieben, lebten sie in der Diaspora als Pariavolk unter den Völkern, nur geduldet, zuweilen ökonomisch und geistig erfolgreich, manchmal begünstigt, meistens verachtet, oft verjagt, der Beraubung und Ermordung ausgesetzt, – niemals haben sie die Hoffnung aufgegeben. Die Sterbenden starben mit dem Vertrauen auf Gott. Ihre Erwartung war die Zukunft des Gottesreichs.

Was ist dieses Gottesreich? Die Einheit aller Menschen in Gerechtigkeit, Liebe und Freiheit. Dann werden alle Völker den einen Gott anbeten in Jerusalem, nicht etwa den Juden unterworfen, sondern mit ihnen gemeinsam in der gläubigen sittlichen Verbundenheit aller vor Gott.

Diese große Hoffnung geht also auf ein Reich in der Welt, getragen vom Glauben an den einen Gott. Die Welthoffnung ist zugleich Glaubenshoffnung. Denn dies Reich wird nicht vom Menschen allein aus eigener Kraft erbaut, sondern durch Gottes Fügung. Was können Menschen dazu tun, wie es gleichsam herbeiziehen? Allein dadurch, daß sie die Bedingung erfüllen, unter der Gott dieses Reich verspricht: ein sittlich reines Leben in Gottes- und Nächstenliebe zu führen. Dies soll nach Gottes Willen zunächst durch das jüdische Volk geschehen, das auserwählt ist allein dadurch, daß Gott die strenge Forderung ihm stellt.

Diese Forderung können sie nur erfüllen als ein dieser Aufgabe sich bewußtes Volk, als das Gottesvolk. Sie glaubten sich abschließen zu müssen, bis die Zeit reif ist zum Gottesreich. Daher waren die Juden nicht bereit, bei dem sittlich verwahrlosten Weltlauf sich an die umgebenden Völker zu assimilieren. So wurden sie, was in der Vorstellung vom »Knecht Gottes« im Deuterojesajas vorweggenommen war, was durch Jesu Hinrichtung an einem einzelnen Juden durch die Römer geschah und nun durch zwei Jahrtausende ihr Schicksal wurde. Diese Juden waren politisch indifferent geworden. Sie fügten sich in die Gewalt der Staaten, in denen sie wehrlos leben. Allein die Hoffnung kraft der Verheißung läßt die unendlichen Leiden des Pariavolkes ertragen, in der Liebeskraft ihrer Familien, in der Verbundenheit aller durch den Ernst des Willens zum sittlichen Leben, in der Schönheit ihres Alltags. Den Grund ihres Unheils sahen sie darin, daß sie in ihrer Gesamtheit das gottgewollte sittliche Leben noch nicht erfüllt hatten. In sich selber sahen sie, den Propheten folgend, die Schuld. Die Hoffnung aber gibt ihnen die Ruhe angesichts Gottes, der ist und will und führt. Sie bringt ihnen noch im Schrecklichsten und Unerträglichsten den tiefsten Frieden. Sie vermögen zu glauben mit Jeremias: Gott pflanzt ein, Gott reißt aus; was willst du Großes, wolle nicht! Das heißt: daß Gott ist, ist genug.

Daher konnte ihre Ohnmacht in den Zeiten, in denen sie bis an die Grenze der Vernichtung aller gerieten, sie nicht so erschüttern, daß sie – in Ausweglosigkeit – das ihnen gebliebene Leben und ihre Geschichte als eines Gott dienenden Volkes selbst weggeworfen hätten. Eine Hoffnung dank der Verheißung hielt sie aufrecht, eine Hoffnung nicht zuerst für den

Einzelnen, sondern die gemeinsame: Gott wird die Dinge lenken nach seinem Willen, der unerforschlich ist.

*

Bisher schilderte ich den schmalen Weg des prophetischen Glaubens, der in den Gehäusen der Institutionen und Gesetze verborgen ist, nicht die Verkehrungen, die an alles Große, Edle, Wahrhaftige in der Welt sich anschließen.

Aber im Kontrast möchte ich einen grundsätzlich anderen Weg der jüdischen Glaubenshoffnung kennzeichnen. Er ist dieser: Unbereit, sich den Weltmächten zu unterwerfen, und unbereit, als zerstreutes Pariavolk die nicht aufhörenden Demütigungen und Verfolgungen zu ertragen, handelten Juden politisch und kriegerisch, um wieder ihren unabhängigen Staat zu schaffen: von den Makkabäern über Bar Kochba bis zum heutigen Israel.

Beiden Wegen ist gemeinsam die Hoffnung auf eine Zukunft in dieser Welt. Der eine Weg geht über das sittliche Leben der Menschen im Sichbeugen vor Gott, der andere über politische und kriegerische Gewalt.

Auf diesem zweiten Wege wird der Gehalt der prophetischen Religion schwächer und kann verschwinden. Der Menschheitsgedanke wird zum völkischen Gedanken, das durch den Anspruch an sich selbst auserwählte Gottesvolk zum Volk unter Völkern. Man kann heute gelegentlich einen Israeli sagen hören: ich bin Israeli, aber kein Jude. Das ist die Konsequenz einer Totalassimilation an das Völkerleben. Sie entspricht der heute sich verbreitenden geistigen Assimilation an das gemeine Allerweltsdenken. Israel hat, jüdisch-biblisch gedacht, nur einen Sinn, wenn es kein Staat wie andere Staaten, sondern ein Staat des prophetischen Glaubens wird.

Auch auf diesem zweiten biblischen Wege politischen Glaubens bleibt der Charakter einer Hoffnung, die im Denken des Thukydides nicht vorkommt. Die Kraft dieser Hoffnung ist der Glaube, der den eigenen Gott zum einzigen Gott der Welt werden läßt und doch zum Helfer dieser politischen Macht gegen andere politische Macht in der Welt für sich beschlagnahmt.

Das Merkwürdige ist, daß zugleich mit dem Wege der politischen Gewalt auch eine grundsätzlich andere Hoffnung auftritt. Die Hoffnung wird eine zweifache: auf den Erfolg in der Welt und auf die selige Unsterblichkeit im Jenseits, dieser anderen, zweiten Welt, dieser ewigen Welt leibhaftigen Charakters.

In der reinen Hoffnung auf das Reich der Gerechtigkeit, Liebe, Freiheit der einen Menschheit, auf dieses Reich Gottes als Wirklichkeit dieser Welt gab es keine Jenseitshoffnung, keine persönliche Unsterblichkeit. Jetzt tritt eine neue Erscheinung auf: der Märtyrer, der in der Erwartung seiner ewigen Seligkeit sich opfert und zugleich der mächtige Antrieb für die Kampfesenergien der Überlebenden wird.

Szenen im zweiten Makkabäerbuch nehmen vorweg, was im christlichen Märtyrertum sich fortsetzt: das Bezeugen als Mittel der Macht, die aus ihrer gegenwärtigen Ohnmacht den Weg sucht. Der Märtyrer fühlte sich als Samen des künftigen machtvoll selbständigen jüdischen Staates, wie später als Samen der künftigen machtvoll triumphierenden Kirche. In dem Bewußtsein der Erzeugung künftiger Macht in dieser Welt stirbt er hin zur jenseitigen Welt.

Wir stehen mit hoher Achtung vor den Menschen, die durch die Tat erweisen, daß sie mehr sind als ihr Leben. Herodot berichtet von Völkerschaften, die lieber als Gesamtheit in den Tod gingen als sich zu unterwerfen. Die Indianergeschichten berichten von dem Stolz der Überlegenheit des Gefesselten, der alle Qualen erleidet und noch im Sterben seinem Besieger sich überlegen fühlt, weil er sich nicht unterwirft. Wir hören von den Edelleuten einer indonesischen Insel, die noch im Anfang dieses Jahrhunderts in festlichem Aufzug auf die Gewehre der Holländer zuschritten, um zu sterben, bis die Soldaten nicht mehr schossen, weil es kein Kampf, sondern ein Morden war. Diese Unabhängigkeit ist als solche groß und herrlich, vielleicht um so mehr, wenn keine Hoffnung mit ihr verknüpft ist.

Aber jene erstaunlichen Märtyrer unter Juden und Christen handelten nicht nur aus dem Stolz des Menschen, der sein bloßes Leben nicht mit sich selbst identifiziert, sondern kraft der Hoffnung, vielmehr der Glaubensgewißheit, unmittelbar ins Jenseits zu gelangen zu ewiger Seligkeit, dem Lohn ihrer Standhaftigkeit in Folter und Tod.

Die Kraft der Hoffnung auf das Jenseits und die Kraft der Hoffnung auf ein Reich sittlich und fromm werdender Menschen in dieser Welt sind wesensverschieden. Hoffnung auf das Jenseits hat das fanatische Märtyrertum erzeugt ohne Rücksicht auf die Welt. Hoffnung auf das Werden einer sittlich frommen Menschenwelt erzeugt den nüchternen Ernst im Mitgestalten der Welt, nicht die Vergewaltigung der Welt.

*

An zwei historischen Beispielen habe ich Ohnmacht und Kraft der Hoffnung im politischen Aspekt erörtert. Ich versuche nun allgemein die Hoffnung als Element des Lebens in der Zeit zu zeigen.

Hoffnung geht auf Zukünftiges, ist gebunden an Zeit, erwartet Verwirklichung in der Welt. Zielt Hoffnung dagegen auf ein Jenseits der zeitlichen Welt, auf die Ewigkeit als Zukunft, so zieht sie die Ewigkeit selber in die Zeit.

Vorstellungen übersinnlicher Zukunft können Chiffren sein, um das Unanschauliche der ewigen Gegenwart, die nicht Zukunft oder Vergangenheit oder zeitliche Gegenwärtigkeit ist, aussprechbar zu machen. Werden solche Chiffren leibhaftig, so ist die Ewigkeit verkehrt zur zeitlichen Dauer.

Weil Hoffnung an Zeit gebunden ist, die Zeit nicht überschreiten kann, muß sie in der Zeit sich bewähren. Vertraut sie auf Verheißung von Glück in der Welt, so kann sie enttäuscht werden, wenn sie sich als falsch erweist. Vertraut sie auf ein zeitlich zukünftiges Jenseits, so ist in der Zeit zwar eine Enttäuschung nicht möglich, aber auch nicht die Bewahrheitung dieser Hoffnung.

Aber das Leben der Zeit ist Hoffnung. Ohne Hoffnung leben ist wie nicht leben. Die Hoffnung beschwingt, ist das Glück des Daseins noch in der großen Not. Hoffnungslosigkeit ist wie der Tod des noch Lebendigen. Über das Eingangstor der Hölle als der Welt der äußersten Qualen in der Leibhaftigkeit endloser Zeitdauer setzt Dante die Worte: Laßt alle Hoffnung fahren, ihr, die ihr eintretet.

Durch die Jahrtausende geht daher das Preisen der Hoffnung. »Im Elend bleibt nur die Hoffnung als Heilungsmittel« lesen wir bei Shakespeare und auch: »Hoffnung ist schnell und fliegt auf Schwalbenschwingen«. »Wer immer hofft, stirbt singend« heißt ein Sprichwort. »Noch am Grabe pflanzt er die Hoffnung auf« sagt Schiller. Ein indischer Spruch des Barthripari lautet: »Runzeln bedecken die Wang und silberne Haare den Scheitel. Alt sind die Glieder und schwach, aber die Hoffnung ist jung.«

Hoffnung und Furcht gehören gleicherweise zum Dasein, weil im Dasein, was kommen wird, ungewiß ist. Fällt der Zweifel weg, so bedeutet Sicherheit entweder für die Hoffnung den Übermut, oder für die Furcht die Verzweiflung. In beiden Fällen ist die Offenheit für das Mögliche erloschen, das eigentlich menschliche Leben, sei es im Übermut, sei es in Verzweiflung, gelähmt. So lange der Zweifel ist, ist keine Hoffnung ohne

Furcht und keine Furcht ohne Hoffnung. Wo der Zweifel aufhört, da ist die ausgelassene Freude durch keine Sorge gemäßigt und die verzweifelte Traurigkeit ist durch keine Hoffnung gelichtet.

Immer bleibt der Hoffnung ein, wenn auch noch so enger Spielraum. Ein Beispiel: Mitte der zwanziger Jahre wurde bei einer Kranken die Diagnose der tödlichen perniciösen Anämie im vorgerückten Stadium gestellt. Der Gatte der Kranken, ein Arzt, schien hoffnungslos, aber war es doch nicht ganz: der Spielraum des unbestimmbar Möglichen wurde nicht preisgegeben. Es kam die Lebertherapie aus Amerika. Die Kranke lebt heute noch. Dieser Fall bezeugt die Möglichkeit in jeder Situation. Der berühmte Arzt und Psychiater Reil aus dem Anfang des 19. Jahrhunderts sagte von seiner Behandlung der Kranken: die Unheilbaren verloren ihr Leben, aber die Hoffnung nie.

Weil die Beruhigung in der Hoffnung nicht mehr wahr bleibt, wenn sie zur Sicherheit wird, ist die Kraft der Hoffnung die Kraft im Aushalten des in der Zeit uns verhängten Schwebezustandes. Wir müssen, was die Zukunft betrifft, auf Sicherheit des Wissens verzichten.

Wenn Hoffnung nur die blinde Kraft des an sich selber nicht zweifelnden Lebens ist, dann ist sie ein psychologisches Phänomen, das man etwa als die vitale Gesundheit, als Konstitution oder als medikamentöse Euphorie zu begreifen sucht. Erst wenn auf diesem psychophysischen Boden Hoffnung die existentielle Verfassung ist, die die Grenzen erfährt und weiß, aber den Ernst im Lebenwollen vollzieht, ist sie wahrhaftig. Diese Hoffnung vermag in der Schwebe sich zu bewahren, bleibt tätig, beruhigt sich nicht im Nichtstun und Wünschen.

Sind wir ganz und gar gebannt in die Zeit? Oder überschreiten wir Hoffnung und Furcht? Können wir den Anker werfen im Grunde des Seins und frei werden von Hoffnung und Furcht? Nur in der paradoxen Verfassung, daß wir in der Zeit dies Leben führen von dorther, wo keine Zeit, daher auch nicht Furcht und nicht Hoffnung ist.

Wir können, je kräftiger wir leben, um so weniger der Hoffnung und Furcht entrinnen. Aber über beide vermag sich eine Ruhe zu breiten, wenn es vergönnt ist, daß jener Anker hält. Dann ist die Ewigkeit gegenwärtig als ungegenständliche Gewißheit, von der her wir, im Sturm von Hoffnung und Furcht, noch sprechen können: mag kommen, was da will.

Spinoza sagt: Hoffnung und Furcht sind Affekte und zeigen die Ohnmacht der Seele an. Sicherheit und Verzweiflung sind ihm ebenso wie Hoffnung und Furcht Zeichen unserer Ohnmacht. »Je mehr wir daher nach der Leitung der Vernunft zu leben streben, desto mehr streben wir, uns von der Hoffnung unabhängiger zu machen, uns von der Furcht zu befreien, dem Schicksal, soviel wir können, zu gebieten.«

Hoffnung ist die letzte Kraft, aus der wir in der Zeit leben, auf die Zeit beschränkt. Aber über der Zeit in der Zeit ist, woraus wir liebend des Seins gewiß sein können ohne Hoffnung und ohne Furcht.

*

Nach den geschichtlichen Berichten und nach den allgemeinen Erörterungen möchte ich die Kraft der Hoffnung charakterisieren, die uns heute vergönnt sein kann.

Heroisch ist der Verzicht auf eine Hoffnung, die nicht Folge von Mut und Einsicht ist, in der Erwartung des schließlichen Untergangs. Wenn aber der Heroismus seine Härte lindert durch die Hoffnung eines unbegrenzten Fortbestandes der eigenen Geisteswelt und Denkungsart oder ihrer unbegrenzten Nachwirkung, die doch alle ein zeitliches Ende haben, so verfällt er einer Selbsttäuschung.

Gläubig ist die Hoffnung, die ihre Ziele in der Welt mit der Ewigkeit Gottes verknüpft. Sie will leben und bleibt in dieser gottgeschaffenen Welt. Aber auch sie hat ihre Grenzen. Wenn sie zwar den Untergang jedes Einzelnen, nicht aber der Gott getreuen Gemeinschaft erwartet, dann lebt auch sie im Trug einer unbegrenzten Dauer in der Zeit.

Gibt es eine dritte Weise des Hoffens, die die Wahrheit des Heroischen ohne Milderung, des Gläubigen ohne den Trug der Dauer in der Zeit in sich birgt? Es wäre die Weise des Hoffens, die dem Menschen als Menschen und seiner ihm verliehenen Würde gemäß ist. Sie richtet sich weder auf ein dauerndes Weltdasein, noch auf ein zukünftiges dauerndes Reich im Jenseits, sondern auf das, was uns in unserem Leben hier und jetzt vergönnt sein könnte: die Erfahrung ewiger Gegenwart, zeitfrei, ohne Vergangenheit und Zukunft; die Erfahrung, im Scheitern nicht verloren zu sein, weil, in der biblischen Chiffre zu sprechen, Gott ist.

Ist diese Hoffnung ehrlich nur möglich in der Paradoxie, die in den Chiffren biblischen Glaubens ausgesprochen ist: von Gott verlassen auf Gott vertrauend?

Solche Hoffnung ist nicht durch Einsicht zu gewinnen und nicht durch Willen zu erzwingen. Wer dürfte wagen, zu behaupten, er hätte sie! Aber daß Menschen in ihr den für sie möglichen Gipfel der Unerschütterlichkeit erreichten, die nicht in der stoischen Unbetroffenheit liegt, sondern in der Offenheit für die Erschütterung selber, das kann jedem anderen Menschen zur Ermutigung werden.

*

Kehren wir zum Schluß noch einmal zurück zur Hoffnung des Zukünftigen in der Welt. Hoffnung habe ich für mich und meine Gemeinschaft.

Für den Einzelnen ist beschwingendes Lebenselement die Hoffnung für sich mit seinen Nächsten und für sie auf das Herrliche, Unbestimmte, das noch kommen wird, auf Glück und Erfolg, auf Hilfe in der Not, auf Rettung aus dem drohenden Tod, auf Leben.

Erst durch den Sprung aus dieser Welt der Einzelnen zur Daseinsgemeinschaft des Ganzen wird die Hoffnung geboren auf ein Reich der Gerechtigkeit und der Freiheit und des Friedens. Dies Reich soll ein Zusammenleben aller auf der Erde im nicht abzusehenden Offenbarwerden der Wahrheit des Seins verwirklichen.

Diese Hoffnung, daß Freiheit möglich ist, ist gegründet auf Wahrhaftigkeit. Sie kennt so wenig wie irgendeine andere Hoffnung die Sicherheit. Sie sieht sich ermutigt durch Menschen, die auf dem gleichen Wege gehen. Sie ist ihrer gewiß allein von der Transzendenz her. Die unaufhörlichen schrecklichen Verkehrungen der Freiheit heben die Möglichkeit der Freiheit selber nicht auf.

Aber wie billig werden Hoffnungen, ohne aus ihnen tätig zu leben! Sie trüben die Klarheit. Sie sind verantwortungslos auf trügerische Wünsche gegründet. Sie erzeugen eine falsche Stimmung durch Augenschließen. Dieses Hoffen ohne Kraft auf Grund von Fiktionen, dieses dumme, dieses beruhigende Hoffen, das gerade versäumen läßt, was möglich und notwendig wäre, ist wie eine Hypnose der Welt, in der die Hypnotiseure, die Erpresser, die Gewalttätigen schließlich alles zu ihrer Beute machen.

Erst wenn die Freiheitshoffnung auf weite Sicht zur Kraft wird, um die Entschlüsse der Gegenwart zu führen und dadurch ihnen Sinn zu geben, hat sie Wahrheit.

Hochgemut ist das Wagnis zu leben auf die Möglichkeit der Freiheit hin.

In diesem Wagnis des Menschseins als solchem können drei Hoffnungen uns geschenkt werden:

Erstens: Die Hoffnung auf die Vernunft, indem wir sie selbst verwirklichen.

Zweitens: Die Hoffnung in der Umkehr, die wir selbst vollziehen in ständiger Wiederholung, wenn wir aus unserem Versagen uns wiedergewinnen.

Drittens: Die Hoffnung auf die Erfahrung des Sinns noch im Scheitern, die Transzendenz in Chiffren vor Augen.

Diese drei Hoffnungen bleiben in der Welt. Sie sind aber eine einzige dadurch, daß sie sich gründen in der Unerschütterlichkeit von dort her, wo nicht Raum und Zeit und Welt, wo ewige Gegenwart, nicht Vergangenheit und Zukunft ist – in diesem, das nicht anderswo, sondern in der Zeit selber gegenwärtig ist, sie überschreitend, indem es sie erfüllt.

TEIL II

Vom lebendigen Geist der Universität

»Dem lebendigen Geist«, so lautet die Inschrift über unserem Kollegiengebäude, die dort bis 1933 stand und bald wieder stehen wird. Sie stammt von Gundolf.

Leben und Geist wurden schon längst in eines gesetzt, sei es, daß der Kern des Geistes als Leben, oder daß der Kern des Lebens als Geist galt. »Des Geistes Wirklichkeit ist Leben« –, sagt Aristoteles, und die Umkehrung: Goethe läßt Suleika in ihrem Glück, vom Dichter geliebt zu werden, singen:

»Denn die Liebe ist das Leben
Und des Lebens Leben Geist.«

Wir machen uns Gundolfs Wort zu eigen. Die Idee der Universität ist der lebendige Geist.

Ständig fällt die reale Universität ab von ihrer Idee. In keiner Zeit war sie vollendet. Sie muß unruhig sein, wenn sie sich an dem Maßstab sieht, dem sie nicht Genüge tut. Wir dürfen zuversichtlich sein nur aus der Kraft unseres geistigen Aufschwungs und in dem Maße unserer Anstrengungen für die jederzeit notwendige Wiederherstellung.

Vom lebendigen Geist der Universität spreche ich daher in drei Abschnitten: *erstens* in einer allgemeinen Charakteristik, *zweitens* im Blick auf die Geschichte der Universität, *drittens* in der Erörterung der Aufgabe, die Universität zu erneuern.

Charakteristik des lebendigen Geistes der Universität

Unsere Aufgabe sind die Wissenschaften. Es gilt als selbstverständlich, daß diese Wissenschaften mit ihren in Lehrbüchern dargebotenen Ergebnissen gelernt und in den Examina geprüft werden, – daß sie nützlich sind für eine Reihe von Berufen, die akademischen Berufe, – und daß jeder sich seinen Beruf und die dazu gehörende Lehre wählen kann. In einem geordneten Studienplan lernt man in der gehörigen Reihenfolge, was man braucht. Um das übrige kümmert man sich nicht. Die Universität ist ein Aggregat von Fachschulen.

Dieser Zustand nun, obgleich er eine Realität ist, und diese Auffassung, obgleich sie verbreitet ist, sind der Tod des lebendigen Geistes der Universität.

Zwar ist es unumgänglich: Wir werden in den Wissenschaften nur dann heimisch, wenn wir uns spezialisieren, wenn wir irgendwo das Handwerk bis zur Meisterschaft lernen, wenn es ein, und sei es noch so kleines, Gebiet des Erkennens gibt, von dem wir sagen dürfen: hier weiß niemand besser Bescheid als ich. Wir müssen daher in unserem Studium nicht sofort, aber bald wählen, an welcher Stelle wir mit Gründlichkeit uns einarbeiten wollen. Aber all dieses Bemühen wird für das eigentliche Erkennen vergeblich und in der Praxis zu bloßer Routine, wenn es nicht im Zusammenhang bleibt mit dem *Ganzen des Erkennens*. Dieses Ganze treibt uns voran, ist als Keim in uns von Anfang an, ist das geistige Leben, ist der lebendige Geist, der sich entfaltet auf den Wegen der Spezialisierung.

Daher der Anspruch an Sie: Sie müssen dahin kommen, wo Sie hingerissen werden von dem Geist des Zusammenhangs von allem mit allem, von der Wahrheit, die keine Wissenschaft sich isolieren läßt, – wo das Zusehen bei den anderen Wissenschaften nicht bloße Neugier ist, sondern der Weg zum Ergreifen der wesentlichen Grundzüge im Bau unseres Erkennens, dadurch auch zum vollen Erfassen der eigenen Wissenschaft.

Dann erfahren Sie die *Einheit der Universität* in der vielfachen Gliederung ihrer Institutionen. Sie treten ein in eine große Überlieferung. Die Universität bewahrt und erneuert die geistigen Grundlagen in den großen Lebensbereichen des Menschen für die Berufe, die auf Erkenntnis gegründet sind, in den vier Fakultäten, die bis auf eine aus dem Mittelalter stammen. Es sind die Theologie, Jurisprudenz, Medizin und Technik (diese letztere bisher nur in der gesonderten Gestalt der Technischen Hochschule). Vergegenwärtigen wir sie kurz:

1. Die *Theologie* pflegt die Überlieferung der biblischen Religion zum Heil der Seele.
2. Die *Jurisprudenz* dient dem bürgerlichen Wohl in der Ordnung der Gemeinschaft.
3. Die *Medizin* dient der Gesundheit, dem Leibeswohl der Einzelnen und der Hygiene der Zustände der gesamten Bevölkerung.
4. Die *Technik* dient der Daseinsgestaltung in der Beherrschung der

Naturkräfte mit der Aufgabe, eine von Not entlastende und Schönheit ermöglichende Gestaltung der Umwelt des Menschen zu finden.

Für diese Pflege der Zwecke in vier Bereichen unserer Lebenswirklichkeit ist der Boden die Gesamtheit der Grundwissenschaften, die in der *philosophischen* Fakultät zusammengefaßt sind. Diese Fakultät (heute aus Geistesvergessenheit gespalten in philosophische und naturwissenschaftliche Fakultät) dient durch ihre Erkenntnis den anderen vier Zwecken, aber sie ist über diese hinaus durch ihr zweckfreies Suchen der Wahrheit in allen greifbaren Richtungen, in Natur- und Geisteswissenschaften, jene mehr der Medizin und Technik, diese mehr der Theologie und Jurisprudenz zugewandt. Die Fakultät repräsentiert den einen Kosmos der Wissenschaften, zusammengehalten im philosophischen Bewußtsein. Sie bildet sinngemäß die Lehrer.

Der lebendige Geist der Wissenschaft läßt es nicht zu, daß die Wissenschaften, daß die Fakultäten beziehungslos nebeneinander hergehen. In jeder Wissenschaft wirkt der Mensch, der als Einzelner zwar seinen besonderen Ort einnimmt, aber nicht ohne um das Ganze zu wissen und nach allen Seiten seine Zusammenhänge zu ergreifen.

Das Ganze aber ist nirgends fertig da, weder in den einzelnen Wissenschaftsgebieten und ihren Fakultäten, noch in der Gesamtheit der Universität. Es lebt überall durch *ungelöste Spannungen*.

Die theologische Fakultät lebt in Spannungen der Konfessionen, aus denen die verborgene Einheit aller biblischen Religion hervorleuchtet, die schließlich auf die Solidarität allen echten Glaubens der sich zur Transzendenz aufschwingenden geschichtlichen Menschheit führen müßte.

Die juristische Fakultät entfaltet den Rechtsgedanken im positiven Recht ihres Staates und geht auf die übergreifenden Ideen von Naturrecht und Völkerrecht. Die Spannung liegt zwischen dem positivistischen Satz, jeder habe nur soviel Recht als er Macht habe, und der Idee, daß nur was in der Macht auch Recht sei, wahr und beständig bleibe.

Die medizinische Fakultät lebt in der Spannung der Auffassung des Menschen als Leib, der mit naturwissenschaftlichen Mitteln vollständig zu begreifen ist und dem allein mit diesen geholfen werden kann, und der Kommunikation mit dem Menschen als Freiheit der Existenz, dem ich als Arzt Schicksalsgefährte, nicht mehr nur naturforschender Helfer bin.

Die technische Fakultät lebt in der Spannung zwischen den technischen Möglichkeiten und menschlichen Lebensordnungen. Sie ist in einer Wertneutralität ebensogut zur Zerstörung wie zum Aufbau zu nutzen. Sie ist an Naturwissenschaften gebunden, aber in ihrer Verwirklichung zu führen von der Freiheit des Menschen, der weiß, was er kann und will, oder es nicht weiß.

Das Ganze der Universität aber in allen Fakultäten könnte leben in der tiefen Spannung von Theologie und Philosophie, die, beide aufeinander angewiesen, in ihrer Polarität ebenso Bundesgenossen wie Gegensätze sind.

Der lebendige Geist nun ergreift überall die Spannungen, steigert sie und bringt sie zu fruchtbarer Bewegung. Sie erlahmen zu lassen und in fertigen Gesamtanschauungen als vermeintlich absoluter Wahrheit in der Tat zu verschleiern, ist der Tod des Geistes.

Das Ganze in seinen Spannungen weiter hat Gehalt allein durch Tiefe und Umfang der *Erfahrungen*. Erfahrung nennen wir alles, was dem Menschen gegenwärtig werden kann. Innerhalb der Erfahrung aber liegt folgender Gegensatz: Auf der einen Seite die Selbsterfahrung des Geistes im Hervorbringen der Bilder und Entwürfe, mit denen er ideale Wahrheit entdeckt, auf der anderen Seite die Erfahrung der undurchdringlich außen da seienden Natur im Hinnehmen des leibhaftig Gegebenen. Dieser Gegensatz hat zur Folge die Scheidung in Geistes- und Naturwissenschaften.

In den *Geisteswissenschaften* ist Erfahrungsgrundlage das geistige Leben selber. Der Geist beschäftigt sich mit sich im Medium seiner Geschichte. Wir erfassen deren Gehalte in dem Maße, als wir selbst religiös sind, als der sittliche Entschluß uns trägt, als wir in künstlerischer Anschauung und in politischer Leidenschaft leben, gleichgültig ob in aktiver Teilnahme oder in schmerzvoller Entbehrung, ob aus der Fülle oder aus dem Bewußtsein des Mangels. Diese Wissenschaften werden armselig, wenn die menschlichen Erfahrungen zusammenschrumpfen. Unbetroffenheit läßt das geisteswissenschaftliche Wissen und Forschen kollabieren. Was ist eine Theologie, wenn kein religiöses Leben die Grundlage ist, wenn im Studium der Quellen, der Geschichte, der dogmatischen Gehalte nicht ständig die innere Auseinandersetzung, die Aneignung und das Abwehren geschieht! Was ist Geistesgeschichte, wenn eigene geistige Wirklichkeit fehlt! Wie kann man den »Faust« noch verstehen, wenn etwa die Gretchentragödie bei banaler Unbekümmertheit des eigenen sexuellen Verhaltens kein Problem mehr ist! Wie überhaupt die Dichter verstehen, wenn deren Erlebnisgrundlage fremd geworden ist! Daher ist der Ernst persönlichen Lebens Bedingung eines sinnvollen Studiums.

Auch die *Naturwissenschaften* gedeihen nicht bei Beschränkung auf Sinneswahrnehmung und Verstand. Ihr Wesen ist so geistig wie das der Geisteswissenschaften. Ein Instinkt für Mächte und Kräfte der Natur, ein visionärer Blick ermöglichen auch hier gleichsam ein verborgenes Vorherwissen und führen zum Beachten des bis dahin Unbeachteten, zur Entdeckung. Die großen Entwürfe naturwissenschaftlicher Anschauung entspringen aus einer Verwandlung des Weltbewußtseins.

In allen Wissenschaften also ist es die Seele des Menschen, seine Empfindlichkeit, sein Horchen in der Stille, wodurch die Erfahrungen entstehen. Erfahrung ist nicht einfach da. Nur soweit unser Geist lebendig ist, machen wir überhaupt Erfahrungen.

Der Grundzug geisteswissenschaftlichen Erfahrens heißt das *Verstehen*. Wir verstehen auch das, was wir nicht selber sind. Man kann, so ist gesagt worden, Cäsar verstehen, ohne Cäsar zu sein. Kann man es wirklich? Das ist das Rätsel geisteswissenschaftlicher Forschung: das Verstehen trifft einerseits in dem verstandenen Menschen etwas, was diesem gar nicht bewußt war; hat Cäsar etwa sich selbst verstanden, ist er sich selbst durchsichtig gewesen? Und andererseits verändert das Verstehen den Verstehenden in seinem geistigen Leben, das dadurch in sich Voraussetzungen zu neuem Verstehen gewinnt. Er tritt ein in die grenzenlose Bewegung des Hellwerdens, vollzogen am Stoff der Geschichte.

Es ist das Bild vor allem deutscher Denker, daß sie in der Verborgenheit ihrer Studierstube dem Weltgeist durch die Jahrhunderte ergriffen zusahen und Visionen geistiger Wirklichkeit hatten – in einem wunderlichen Mißverhältnis zu ihrer eigenen Wirklichkeit. In welch großartiger Tiefe hat Hegel, haben Ranke, Burckhardt, Dilthey verstanden! Unter Erlöschen ihrer selbst wirkte in ihnen der lebendige Geist als Verstehen. Aber wie ist das möglich?

Ich sagte, es sei für die Erfahrungsgrundlagen der Geisteswissenschaften gleichgültig, ob sie in aktiver Teilnahme oder schmerzvoller Entbehrung gewonnen würden. In der Tat kann das Verstehen so gut aus dem Bewußtsein des Mangels erfolgen, wie aus selbsterlebter Fülle heraus. Ja, vielleicht ist die Erkenntnis gesteigert gerade aus dem Mangel des Menschen, der in sich die Möglichkeit birgt. Dieses Bewußtsein ist schöpferisch als Selbsterhellung des Entbehrens. Nur die Leerheit spürt ihren eigenen Mangel nicht mehr.

Im Forscher wird ein merkwürdiger Schwebezustand zum Ausgang der Erkenntnis. Der nicht zum Zuge kommende Täter wird der beste Erkenner politischer Wirksamkeit: Machiavelli fand seine tiefsten Einsichten und schuf seine Werke erst, als er vom politischen Dasein ausgeschlossen war. Max Weber entfaltete seine unerhört tiefdringende Erkenntnis, weil ihm politische Verwirklichung versagt war. Daher kann der Geist lebensnah sein in einer Abseitigkeit. Er ist dann verbunden dem, woran er nicht teil hat. Der lebendige Geist des Verstehens entspringt aber nicht schon dem bloßen Mangel an Verwirklichung, sondern erst der Verwundung. Menschen, welche gelitten haben, kommen zur Erkenntnis. Menschen, die gestrandet sind, bringen ihr eigenstes Leben durch Erkennen hervor. Wie Perlen durch verletzende Fremdkörper in der Muschel entstehen, so die wahrste Erkenntnis aus der tiefsten Verwundung, wenn diese nicht den Tod gebracht hat.

Das ist noch allgemeiner zu fassen: Da der Mensch als Mensch ein verwundetes Wesen ist, das nicht rein zurechtkommen kann, und da die menschlichen Zustände immer ungenügend sind, da die Zeitalter wie Formen des Versagens erscheinen, so ist der lebendige Geist der eigentlich wirklichkeitsnahe vielleicht gerade dann, wenn er durch Beraubung schöpferisch wird.

Aber dieser Weg ist nicht der einzige. Erkenntnis kommt nicht nur aus dem Mangel, sondern auch aus der Fülle. Das ist der Grundzug der *Naturwissenschaften*. Was der Naturforscher erkennt, das muß er selber leibhaftig und unmittelbar erfahren. Die Praxis der Beobachtung und das Experiment hält sich an die Sache selbst, nicht an Residuen einer Wirklichkeit, wie Texte, Dokumente, Monumente, Kunstwerke. Der Naturforscher hat in der Hand, was er begreift. Das gibt den Naturwissenschaften und den Naturforschern das vergleichsweise Eindeutige ihres Seins, bringt ihre Erdgegründetheit, die praktische Art ihrer Verwirklichung, ihre Unbefangenheit, ihre Offenheit und Sachlichkeit. Die Gefahr der Hintergründigkeit ist für den Naturforscher geringer, weil die Natur durch ihre Realität ihn hält und zurechtweist. Daher ist in uns allen das, was der Naturforschung nahe steht oder von daher kommt, unerläßlich.

Es ist sinngemäß, daß Naturforschung und Medizin auch ihre *Praxis* an der Universität anders vollziehen als die Geisteswissenschaften: religiöser Kult, Landesverwaltung, Rechtsprechung, Staatsführung kommen an der Universität nicht in institutioneller Zugehörigkeit, sondern nur in persönlicher Beiläufigkeit vor. Was von diesen Wirklichkeiten an der Universität erforscht wird, das wird an ihr nicht getan. Naturforscher und Arzt dagegen leben aus der Fülle, nicht aus dem Mangel an Praxis. Das Wesen ihrer

Erkenntnis setzt nicht notwendig die eigene Verwundung voraus. Hier zeigt sich der Mensch in seiner Stärke und Ungebrochenheit. Der lebendige Geist ist ganz nur, wenn im Menschen beide Seiten wirklich werden, die gesunde und die verwundete. Er ist nur wirklich in der Verbundenheit und Einheit von Natur- und Geisteswissenschaften.

So wird alles, was erfahren werden kann, an der Universität durchdrungen, erhellt und objektiviert zum Gegenstand der Forschung. Es ist, als ob das gesamte Leben gleichsam ein Versuch wäre, ein Material des Erkennenden.

Wirklichkeitsnähe der Universität bedeutet, daß sie gegenwärtig ist je in ihrem Zeitalter. Lebendiger Geist geht zwar in fernste Zeiten und Zonen, in fremdeste Welten, aber nicht um sich loszulösen von der Gegenwart, um sich abzukapseln in einer glücklichen Insel unverbindlichen Betrachtens, – sondern vielmehr: um von überall her die Kräfte zu wecken zur Erhellung der Gegenwart und zum geistigen Mitwirken an der Zukunft des Menschseins. Die Universität soll daher das hellste Bewußtsein eines Zeitalters sein.

Fassen wir zusammen: Der lebendige Geist geht auf das Ganze, – lebt in den äußersten Spannungen, – ist Grund der Tiefe und Weite der Erfahrungen. Der lebendige Geist ist es, der aus der Schule eine Hochschule macht, – der aus den bloß lernbaren Wissenschaften eines Unterrichtsbetriebes das Leben der Ideen hervorgehen läßt, – der die Seele aus der Abhängigkeit vom Nutzen befreit, – der gegenwärtig ist im Zeitalter, – der aus der Zerstreutheit, in die er ständig losläßt, auch zurückführt zur Konzentration meiner selbst, – der aus der Vergeßlichkeit vielfacher Ansätze die Kontinuität wachsenden Erkennens entstehen läßt.

Geschichte der Universität

Die Universität ist uralt. Wir gehören einer Institution an, die in Heidelberg über ein halbes Jahrtausend besteht. In ihrer Idee geht sie bis zu den Griechen zurück. Sie hat ihren eigenen übernationalen und überstaatlichen Sinn. Sie ist vom Staate und von anderen Mächten geschützt als ein Anliegen der Menschheit.

Aber die Universität zeigt stärkste Verwandlungen ihrer Einrichtung und äußeren Erscheinung. Wir sehen hohe Augenblicke des Gelingens zur Nacheiferung, wir sehen mehr noch Zeiten des Verfalls mit der Warnung an uns. Wir sehen die kritische Lage der modernen und besonders der gegenwärtigen Universität. Wir spüren, daß die Universität im Dienst des lebendigen Geistes stets ursprünglich neu zu verwirklichen ist.

Die mittelalterliche Universität war europäisch, kam zuletzt nach Deutschland, hier zuerst nach Heidelberg. Sie war kirchlich und scholastisch. Die Theologie beherrschte alles. In dieser Scholastik lebte ein beweglicher, leidenschaftlicher Geist. Großartige Gedankenbauten hat sie hinterlassen. Diese Universität aber ist für uns ebenso bewunderungswürdig wie fern.

Halten wir uns für unseren Überblick an Deutschland. Im Laufe der letzten vier Jahrhunderte sind mit dem Wandel von Staat und Gesellschaft drei Universitätsgestalten einander gefolgt, die protestantische, die klassisch-humanistische, die moderne Universität. Die *protestantische Universität* der Landesherren wurde begründet als Objektivierung des protestantischen Christentums mit dem Zweck, die rechten Pfarrer und Beamten für das eigene Land zu erziehen. Der Humanismus wurde assimiliert, der Betrieb aber wurde eine neue, ärmer gewordene Scholastik. Melanchthon schrieb die ersten Lehrbücher. Diese Universität wurde bald fast nur noch von Landeskindern besucht, von denen der Staat verlangte, daß sie in ihm selber studierten. Die Atmosphäre wurde trüb, der Horizont eng. Leibniz lehnte schon als Zwanzigjähriger ab, Professor an einer solchen Universität zu werden.

Im 18. Jahrhundert entwickelte sich die *klassisch-humanistische Universität*. Der Student wurde freizügig. Er ging dahin, wo er die ihm wesentliche Lehrerpersönlichkeit erwartete. Es entwickelte sich eine deutsche Bildungsschicht, von bürgerlichen Menschen getragen, die ihren Halt in Fürsten und Adel hatte, – von Petersburg bis Amsterdam, von Kopenhagen bis Wien und Zürich. Wissenschaften und Philosophie wurden eine gemeinsame Angelegenheit. Schließlich entwarfen Kant, Fichte, Schleiermacher die Idee der Universität. Humboldt fand die praktischen Formulierungen und verwirklichte, was geworden war, noch einmal bewußt in der Gründung der Universität Berlin. Die Freiheit von Forschung und Lehre bei den Dozenten, die Freiheit des Lernens bei den Studenten war die Grundlage. Die Untrennbarkeit von Lehre und Forschung bestimmte das Niveau. Ein staatsfreier Bezirk im Staate wurde zu eigenem Leben geschützt. Die Wirklichkeit der Idee war zwar voller Spannungen. Aber der Gegensatz von Philosophie und empirischer Forschung, der Philosophien gegeneinander, hinderte nicht eine wissenschaftliche Gemeinschaft. Jeder trug das Bekämpfte als Kraft und Wissen in sich selbst.

Es wurden die Menschen gebildet, welche dann die Idee in ihren Berufen zur Auswirkung brachten, als Pfarrer, Ärzte, Richter, Lehrer, Verwaltungsbeamte. Der Humanismus war Bildungsgrundlage. Aber das Entscheidende entstand durch die Persönlichkeiten, denen die Institution nur den Raum schuf. Im öffentlichen Leben spielte die Universität eine repräsentative Rolle. Das letzte Mal war Schellings Amtsantritt in Berlin 1840 ein großes deutsches Ereignis, als ob im Denken der Universität die großen Weltvorgänge entschieden würden.

Bald wurde das anders. Die Revolution 1848 war noch zu gutem Teil von Professoren getragen. Sie bestimmten den Rang des Frankfurter Parlaments. Aber diese politischen Verwirklichungen waren schon Erscheinungen der Unklarheit der Universitäten. Gervinus brachte die verhängnisvolle Lehre: Poesie und Philosophie seien gewesen, jetzt seien Politik und praktische Realität an der Zeit. Die positivistische Wissenschaft siegte. Die Auflösung des Philosophierens in billige Bildungsphilosophie gab gegen sie dem naturwissenschaftlichen und historischen Forschen ein Ethos höherer Wahrhaftigkeit. Aber darin triumphierte am Ende ein ideenloser Realismus. Die Verherrlichung Bismarcks siegte gegen die wirklichkeitsfremde Professorenweisheit, eine preußisch gebundene politische Geschichtsschreibung gegen die Weite Rankes und Burckhardts. Gleichzeitig aber stand abseits eine hellsehende ohnmächtige Kritik. Sie ist zerstreut in Äußerungen mancher Schlimmes ahnenden Professoren, die aber nicht folgerichtig durchgedacht wurden. Die Kritik wurde konzentriert, unerbittlich und bis zur äußersten Radikalität getrieben durch Nietzsche, der seine Professur aufgegeben hatte und von den Universitäten verworfen wurde. Die bedeutendsten neuen Denkimpulse gehörten gar nicht mehr der Universität an, wenn sie auch in deren geistiger Welt als Opposition stehen. Marx und Kierkegaard fanden ungefähr gleichzeitig in den 40er Jahren ihre entscheidenden Visionen, ohne anders beachtet zu werden denn als Wunderlichkeiten.

Es entstand seit der Mitte des 19. Jahrhunderts die *moderne Universität*. Sie meinte die alte Idee zu bewahren, doch geschah es jedenfalls ohne Kraft. Sie hat kein eigenes neues Prinzip entwickelt. Sie zweifelt schließlich, den eigenen Ursprung vergessend, an ihrer Einheit. Billroth meinte schon in den 70er Jahren, daß das Zusammensein von medizinischer und theologischer Fakultät in einem gemeinsamen Körper sinnlos sei. Man gründete technische und andere Hochschulen außerhalb der Universität; die Idee der Einheit war vergessen. Man ließ die alte philosophische Fakultät sich spalten in naturwissenschaftliche und philosophische Fakultät.

Der Zudrang der Studenten vervielfachte sich. Die Zahl der Professoren wuchs. Aus einer Korporation von Persönlichkeiten wurde eine Massenuniversität. Die akademischen Berufe nahmen auch in der Praxis den Charakter der Massenhaftigkeit an. Die gemeinsame Vorbildung aller im humanistischen Gymnasium hörte auf, auch andere Schulen berechtigten zum Studium. Die Anforderungen wurden herabgesetzt. Die technisch bequemere Verfügbarkeit großer Wissensmassen und ihre außerordentliche Vermehrung verschleierten den geistigen Rückgang. Mit dem Humanismus verlor man die gemeinsame Atmosphäre. Der Unterricht wurde didaktisch zweckmäßiger. Die Masse mußte etwas lernen. Die Verschulung beschnitt den Raum des gefahrvollen geistigen Lebensganges des für sich selbst verantwortlichen Einzelnen.

Mit der Senkung des Niveaus wuchs die Spezialisierung. Wer geistig ein Barbar war, konnte als Fachmann mit Leistungen glänzen. Die Institute drängten sich vor. Trotzdem ist Haeckels unwilliger Satz nur halb wahr: Je größer die Institute, desto unbedeutender die daraus hervorgehenden Arbeiten. Die spezialistische Forschung, in den Naturwissenschaften, in der Philologie und in den historischen Wissenschaften, ging ihren sicheren Weg, aber sie hatte immer loseren Zusammenhang mit der Idee der Wahrheit im Ganzen und wurde ratlos vor der Frage nach ihrem eigenen Sinn. Sie mußte sich verspotten lassen als Wissenschaft vom Nichtwissenswerten.

Der Tüchtigkeit im speziellen Können trat statt der philosophischen Idee etwas ganz Anderes gegenüber: ein unerhört versiertes Intellektuellentum. Der Verstand ist keineswegs geringer, nur das Leben des Erkennens ist matt geworden. Die Philosophie war preisgegeben als Magd der Wissenschaften; sie war nicht mehr das Ethos sich selbst gestaltender Menschen. Philosophie wurde vielmehr ersetzt zunächst durch Erkenntnistheorie, dann durch Psychologie und Soziologie.

Zerbröckelung in Spezialistentum und Verflüssigung in Intellektuellentum brachten die Kommunikation an der Universität bis an die Grenze des Verschwindens. An die Stelle geistiger Gemeinschaft im liebenden Kampf trat einerseits die Vorsicht auf dem gemeinsamen Boden einer standesgemäßen Geselligkeit, andererseits die endlose Diskussion als das Spiel zufälliger Meinungen, der Eitelkeiten des Rechthabens und der sophistischen Künste. Überall galt der geheime Vorbehalt: es ist alles unentschieden, es ist so ernst nicht gemeint. Konzilianz war die Bedingung, um für einen anständigen Menschen gehalten zu werden.

Wir Professoren hatten nicht mehr den Rang der Forscherpersönlichkeiten, die in der Zeit des klassischen Idealismus in großer Zahl, wenn auch als Minorität, die Universitäten beherrschten. Unser Bestes schien jetzt zu sein, daß wir verehren konnten, was war, und daß wir uns nicht verwechselten. Der Lebenslauf des Professors war beamtenartig typisiert. Er wurde selten noch durch eigenes Leben Schöpfer einer Wissenschaft. Die geistige Aristokratie schien am Ende. Wer wollte, ergriff nach der Promotion diese Laufbahn. Verstand und Fleiß genügten meist.

Jedes Jahrzehnt sah auf das vorhergehende mit dem Bewußtsein des Niedergangs. Wie war es Männern zumute, die noch Hegel, Schelling gehört, wie anders schon denen, die Liebig, Helmholtz kannten! Sie waren noch tüchtig, aber es war schon ein Abstand. Wer, wie ich, um 1900 zur Universität kam, hörte lauter als je vom Abstieg sprechen. Aber noch gab es Mommsen, Dilthey. Die 90er Jahre erschienen später als eine noch goldene Zeit der Universität. Wir selber haben noch Max Weber gesehen. Aber was wird aus denen, die nur uns sehen! So sagte ich in einem Vortrag, den ich als prognostische Selbstbesinnung 1929 öffentlich bei einer Zusammenkunft vor Dozenten hielt. Darin hieß es weiter:

»Es kann sein, daß wir, im Blick auf die Größe und Wahrheit des Vergangenen, in unserem wissenschaftlichen Tun nur noch den Schwanengesang singen einer aussterbenden Menschenart, die wir auf der Grenze stehend gerade verlassen. Ich glaube es nicht. Das Feuer ist zwar erkaltet bis auf Funken in der Asche, diese aber sind zu bewahren und werden wieder flammen. Der Mensch kann nicht umgebracht werden. Wenn es an der Universität geschehen sollte, dann wird er anderswo wiedererstehen.

Aber die Gefahr ist groß. Der soziale Körper trägt die Universität. Er wird sie vernichten und nur eine Schule für Leistungsfähigkeiten und Wissensstoff übrig lassen, wenn ihre Aufsaugung durch die Instinkte der Majorität am Ende gelingt. Das wird still, unmerklich geschehen, wenn die Mitglieder der Universität selber diese Instinkte vertreten. Dieser Sieg kann aber endgültig nur eintreten, wenn alle Einzelnen es wollen, weil sie sich aufgeben. Solange noch zwei sind, die die Fahne tragen, ist Zukunft.

Am Ende darf ich eine historische Abschätzung vollziehen. Blickt man auf die Jahrtausende und fragt, was eigentlich Wert hatte bei den Völkern, so darf man sagen: Das Deutschland der letzten vierhundert Jahre wird bestehen durch seine Universität. Der Deutsche hat keinen

Staat von weltgeschichtlicher Bedeutung geschaffen. Er hat keinen Menschentypus geprägt. Es gibt nur die unvergleichlichen Einzelnen in Deutschland. Er hat keine weltläufige Kultur begründet. Dagegen wurde seine originalste Tat, der Protestantismus, sogleich universitätsbegründend und hat als Universität seine Theologie und seine Pfarrer gebildet. Nur in Deutschland waren die großen, weltgeschichtlichen Philosophen zugleich Professoren: Kant, Hegel. In der Universität sah das 19. Jahrhundert die Repräsentation besten deutschen Wesens. Dichter und Künstler standen in Beziehung zur Universität oder im Kampf gegen sie. Die Frage ist berechtigt: Was ist Deutschland, wenn seine Universität dahin ist? Wird der soziale Körper in Deutschland es fertig bringen, der Universität den freien Raum zu bewahren? In diesem müßte allerdings ganz anderes vollzogen werden als bisher: die Mitschöpfung des Menschen in dem Weltdasein, das gerade beginnt; die Ermöglichung des Menschen in dieser Welt dadurch, daß er wieder offen wird für seine transzendenten Wurzeln. Die Geschichte unseres Geistes geht im Augenblick wie der Reiter über den Bodensee. Man scheint die Gefahr nicht zu merken; und wenn man an sie denkt, muß man schwindlig werden.

Was aber die Zukunft bringt, und wie die Universität in ihr der Ort der Wahrheit ist, das kann jedenfalls kein Programm erdenken und keine Organisation machen. Wahrscheinlich wird diese Zukunft des Menschseins entschieden von dem, was heute Einzelne in der Einsamkeit und in der Stille tun. Sichtbar ist heute nur, daß die Wasser steigen, in denen alles ertränkt werden kann.«

Die Katastrophe kam ganz anders als hier vorausgesehen war. Aus Deutschland wuchs eine Partei, von der Deutschland in die gegenwärtige, alles Frühere übertreffende Vernichtung geführt wurde. Ein politischer Einbruch, gewaltsam eingeleitet und dann fortgetragen von einem Rausch der Bevölkerung, warf die Universität über den Haufen. Statt eines Selbstverwaltungskörpers blieb eine Schule, die den Anordnungen von Berlin zu gehorchen hatte. Wohl gab es noch die Namen von Rektor und Dekan. Aber sie waren von den Nationalsozialisten ernannt. Entlassungen, Beförderungen, Veränderungen ließen einen nur noch scheinbar geordneten Trümmerhaufen entstehen. Ein siegreiches Hitlerdeutschland hätte die Universitäten aufgelöst in Fachschulen und ersetzt durch Ordensburgen und die dazu gehörenden Parteischulen.

Fast widerstandslos lieferte sich die Universität, lieferten wir uns den Gewaltakten aus, zwar innerlich mit unserem ganzen Wesen widerstrebend, aber ohne Kampf. Alles, was uns Wahrheit, Wissenschaft und Würde geistigen Lebens ist, geriet in die Verborgenheit des Einzelnen. Was öffentlich war, hatte den Schleier von Zwang und Täuschung.

Die Folge ist: *Auch als Universität haben wir 1933 unsere Würde verloren.* Nur eine neue Universität kann aus dem Zusammentreffen der bis jetzt verborgenen Einzelnen, durch Dozenten und Studenten eine Würde wieder finden, aber unter anderen Bedingungen, als sie je waren, und mit neuen Aufgaben. Unter den Erscheinungen dieser zwölf Jahre an der Universität ist eine für uns besonders bemerkenswert. Die geschilderten Mängel des geistigen Lebens der modernen Universität fanden die schärfste Kritik seitens der Nationalsozialisten. Sie zersetzten das schon Verderbende. Vieles scheinbar Geltende und doch uns Gewohnte fiel zusammen, wie staubgewordene Holzfiguren, die das Rütteln nicht mehr aushalten.

Man wird sagen dürfen: Der Erfolg dieser Kritik offenbarte drastisch die Mängel im geistigen Leben unserer Universität. Aber diese Kritik war von den Nationalsozialisten nicht erfunden, sondern vergröberte Wiedergabe unserer Selbstkritik. Und diese Leute hatten kein Recht zu dieser Kritik, weil sie in ihrem Munde ein einziger Schwindel war.

Denn es wurde zwar scheinbar von den Nationalsozialisten vieles Gute und daher längst Geforderte verlangt: Nähere Berührung der Fakultäten; Synthese der Wissenschaften; weltanschaulicher Ernst als Grundlage alles Wissenwollens; Aufgeschlossenheit für das Volk und die große Geschichte; Verehrung der großen Persönlichkeiten. Alles vortreffliche Forderungen, von denen sich viele bezaubern ließen wie Kinder vom Rattenfänger in Hameln. Aber diese Forderungen blieben eine Mimikry des Wahren. Es kam auch nicht ein Ansatz zu eigener positiver Leistung. Mehr noch, die Nationalsozialisten taten das Gegenteil von dem, was sie forderten. An Stelle von Einsicht trat Gerede, das beliebig wechselte. An Stelle von Weltanschauung ein Ragout von allen möglichen leicht verständlichen Sätzen, beliebig aufgegriffen aus Dichtern und Denkern, aus Nietzsche, besonders aus der Literatur des Rassenwahns. Geistige Zucht ging vollends verloren, ebenso Kenntnisse und Überlieferung. Die Zuchtlosigkeit verbarg sich unter forschem Sprechen. Die Unbegabten und die Charakterlosen an den Universitäten sahen ihre Zeit gekommen. Wir dürfen diesen Strom geistiger Verwahrlosung an unseren Universitäten nicht leugnen. Wir haben, jeder in sich selbst, zu prüfen, ob und wo wir in Motiven unseres Denkens einmal diesen Zusammenhängen nahe gekommen sind. Aber wir dürfen ebenso entschieden behaupten, weil wir es wissen, daß in der Stille Einzelne an den Universitäten in allen Stellungen (von alten Professoren bis zu jungen Assistenten und Studenten) da waren, die unbeirrt durch die Jahre gegangen sind.

Die nationalsozialistische Vergewaltigung hat aufgehört. Der freien Forschung ist wieder Raum gegeben. Unbefangene Auseinandersetzung ist wieder erlaubt und gefordert.

Aufgabe der Universitätserneuerung

Aber damit sind uns nur Möglichkeiten eröffnet. Solange diese nicht mit Wirklichkeiten erfüllt werden, ist keine Erneuerung. Noch ist nichts geleistet. Was ist unsere Aufgabe?

Aus unserer Treue zur Humboldtzeit erstreben wir in den Formen unserer Institutionen keine radikale Neuschöpfung; wir stellen sie her im Sinne einer konservativen Revolution. Aber wir wissen auch: die für uns klassische Zeit der deutschen Universität können wir nicht wiederherstellen. Alle soziologischen, staatlichen, persönlichen Voraussetzungen, dann die Gehalte des gegenwärtigen Weltdaseins, unser Wissen und Können sind anders geworden.

Zwar sagen wir mit Recht, daß wir die alten Aufgaben der Universität wieder rein vor Augen bringen möchten: Wissenschaft und philosophische Besinnung; – geistiges Leben im Kosmos der Wissenschaften; – verstehende Vergegenwärtigung aller uns zugänglichen Gehalte; – unbedingte Wahrhaftigkeit und Menschlichkeit; – Schärfung des Sinns für Recht und Gerechtigkeit; – Bezug auf den Gottesgedanken.

Aber in solcher Allgemeinheit ausgesprochen genügt das alles nicht. Wir sind nicht mehr sicher, daß diese Worte von allen im gleichen Sinne aufgefaßt werden. Der Boden einer gemeinsamen, im Dasein gesicherten Bildungswelt und das uns einigende Selbstbewußtsein sind uns entglitten. Wir haben keinen Lebensgrund mehr in unseren allgemeinen Zuständen. Wir stehen im Leeren.

Unausgesprochen leben wir innerlich oft noch auf dem Boden, der zerbrochen ist, dem Boden vor 1933 und vor 1914, so als ob noch eine selbstverständliche Basis für uns da sei. Wir können uns, soweit das geschieht, vorkommen wie Gespenster einer vergangenen Welt, die zusammenkommen und miteinander reden, als ob eigentlich noch alles beim alten sei: es ist zwar ein großes Unglück passiert, aber nun ist es vorbei, und wir fangen wieder da an, wo aufgehört worden war.

So ist es nun ganz und gar nicht. Die Phantasielosigkeit und die Blindheit für das Wirkliche ist geistig unsere große Gefahr. Wir können nicht einfach mit dem guten Alten fortfahren, als ob nur eine Unterbrechung gewesen wäre. Es ist eine neue Welt, von der wir noch nicht wissen, ob und wie wir in ihr leben werden. Wir stehen in einer *Not*, die alles in sich hineinreißt. Daher sind die gegenwärtigen Aufgaben bestimmt durch diese Not.

Ist diese Not nicht so übergroß, daß es besser ist, nur im Augenblick sich und dem Andern zu helfen, wie man kann, die Not aber reflexionslos zu ertragen und im Ganzen verschleiert zu halten? Es gibt in der Tat diesen Weg des Schlafenwollens, des Nichtdenkens, des Dranges in eine nur ermüdende Arbeit, nur um Ruhe zu haben vor Bildern und Gedanken. Das aber ist ein schlimmer Weg, weil ohne innere Entwicklung. Aufgabe ist es vielmehr, diese Not nicht nur von außen zu erleiden und im glücklichen Falle baldmöglichst zu vergessen, sondern in unserem Innersten zur Geltung kommen zu lassen. Wir müssen unsere Seele ihr aussetzen. Wir dürfen uns dem Ungeheuren nicht entziehen, das über uns seit zwölf Jahren hereingebrochen ist, nicht ohne daß in uns allen etwas lag und liegt, das dies möglich gemacht hat.

Vor dem Abgrund kann der Mensch zur Besinnung kommen. In hellsichtigen Augenblicken werden die Keime der geistigen Entfaltung gelegt. Heute aber ist es, als ob wir noch nicht imstande wären, die Not auch innerlich zu fassen, sondern nur äußerlich zu erleiden. Es ist wie eine Lähmung. Doch die Not, die nicht vernichtet, kann Ursprung werden, wenn sie, die doch unumgänglich da ist, auch innerlich gewagt wird, wenn wir durch sie zu den Fragen an den äußersten Grenzen gedrängt werden.

Dann kann eine Verwandlung eintreten, die wie eine Umschmelzung unseres Wesens ist, uns von Unwahrheit und Verkehrungen befreit, von Überflüssigem und Wesensfremdem.

Die Universität hat diese Umschmelzung im Medium des Forschens zu vollziehen. Wir erwarten eine Erneuerung unseres Denkens vor allem durch die Leistung derer, die in der Stille ihr Wesen vorbereitet haben. Es gibt sie unter denen, die noch nicht studieren konnten oder die von der Forschung ferngehalten wurden durch den Kriegsdienst; es gibt sie unter den Abseitigen, die entweder an den Universitäten ihre Arbeit unbeachtet fortsetzen konnten, oder die, obgleich ausgeschlossen, doch der Vernichtung entgingen hier im Lande oder in der Emigration. Es wird sie vor allem auch geben unter denen, die in einer Wiedergeburt ihres Denkens das Wahre vielleicht gerade darum um so tiefer erfassen, weil sie dem Irrtum verfallen waren. An Sie alle, die Sie studieren, geht der Anspruch, teilzunehmen am Hervorbringen unseres neuen geistigen Deutschlands.

Was wissenschaftlich sichtbar werden wird, kann zwar niemand vorher wissen. Wenn wir an die für uns dringendsten geistigen Aufgaben denken, dürfen wir vielleicht folgende Arbeitsrichtungen voraussagen:

Erkenntnis der soziologischen und politischen Wirklichkeit unseres Zeitalters, um zu wissen, wo wir stehen. Universalgeschichtliche Anschauung, um hinzugelangen zu dem Ursprung des Menschseins im Ganzen.

Herausarbeitung einer wahren Naturanschauung, negativ durch Säuberung von dem Wahn biologischer Weltanschauungen oder materialistischer Plattheiten, positiv durch weltanschauliche Aneignung der Teilnahme an den großartigen, seit Jahrzehnten sich ungeahnt entfaltenden Naturwissenschaften.

Hingegebenes Studium unserer tausendjährigen deutschen Vergangenheit. Statt Vielwisserei und historischer Ableitungen die Vertiefung in das wirklich Große z. B. in Dichtung und Philosophie (in Goethe und Kant, Nicolaus Cusanus, Lessing), die Welt der Ottonen, in die schweizerischen und niederländischen Freiheitskämpfe und Staatsbildungen, in das Scheitern der großen Entwürfe des Freiherrn vom Stein, Gneisenaus, Humboldts.

Die Ausbildung eines deutschen Geschichtsbildes, das anknüpft an das Gute unserer Überlieferung und das die Idole durchschaut, ist nicht zu gewinnen in bequemer Umkehrung bisheriger Wertungen, sondern ist zu erarbeiten durch Forschung.

Kehren wir zurück aus solcher unvollständigen Vielfalt der Aufgaben zum Blick auf das *Ganze der Universität*. Der Geist ist nicht lebendig als abgesonderte Liebhaberei, nicht als weltfremde Beschäftigung. Er erwächst aus der allverbindenden Sprache, aus den gemeinsamen Erfahrungen, aus der unvordenklichen, wirksam gegenwärtigen Erinnerung eines Volkes. Aber er erwächst diesem Grunde in der Einsamkeit des Studiums und Forschens. Hier fließt die Quelle des eigentlich Gemeinsamen, wenn nicht neurotische Isolierungsneigung, sondern Befreiung für das Hören des Ursprungs dahin drängt. Erst aus dieser Einsamkeit erwächst die Kontinuität eines geistig aufbauenden Lebens, das dem Ganzen dient.

Dieses Ganze ist nicht eine selbstgenügsame Universität, sondern umfaßt Volk und Menschheit.

Die Universität gehört dem ganzen Volk. Sie verwirklicht, was für alle wesentlich ist, – sei es durch Ergebnisse und Leistungen der Wissenschaften, die unmittelbar nützlich sind, – sei es durch Erziehung zu den akademischen Berufen, durch Erziehung der Erzieher im weitesten Sinne, – sei es durch Vertretung, damit irgendwo geschieht, was nicht alle zugleich tun können, damit hier das unbedingteste Forschen im Dienst der Wahrheit stattfinde.

Die Unruhe des lebendigen Geistes, aus dem Volk geboren, gewinnt in der Universität Steigerung und Helligkeit. Daher kann das Dasein der Universität auch der Bevölkerung die Befriedigung geben, daß dort mit allen Mitteln um die Wahrheit gerungen wird. Wenn die Bevölkerung überzeugt war, daß dies geschieht, so gab es ihr in hohen Zeiten der Universität ein Selbstbewußtsein als Volk, das sich dort wiedererkannte. Es ist neben dem kirchlich-religiösen das einzige Selbstbewußtsein der Gemeinschaft, das unpolitisch sein kann. Die Universität ist daher nicht ein Luxus, der einem armen Volke nicht erlaubt wäre, sondern sie gehört mit Schulen und Kirchen zu dem für die Seele eines Volkes Unerläßlichen.

Weil die Universität dem ganzen Volke gehört, werden *zwei Forderungen* erhoben, die, recht erfüllt, dem lebendigen Geist Kraft geben.

Erstens: Die Universität soll die Wissenschaft den weitesten Kreisen zeigen. Man verlangt Popularisierung. Das aber ist zweideutig.

Teilnahme am Geist ist am Ende immer nur durch eigene Erarbeitung zu gewinnen. Ohne Mühe wird kein redliches Ergebnis erreicht. Darum ist die Leistung der Universität nicht unmittelbar für die breite Bevölkerung zugänglich. Die Universität ist nicht »Volkshochschule«. Gerade das Voranschreiten im Wissen auf der jeweils erreichten höchsten Stufe macht ihr Wesen aus. Man braucht viel Zeit, um darin mitwirken, aber auch um nur wirklich verstehen zu können.

Etwas anderes ist das hohe Ergebnis, wenn in der Wissenschaft etwas wieder einfach wird und mit dem Einfachen das Weltbewußtsein im Elementaren zu verwandeln vermag. Aber dies bleibt beschränkt auf das, was als allgemeinverständlich auch in der Kürze sachgemäß begriffen werden kann. Weiter ist es eine besondere Aufgabe, nicht des Gelehrten als solchen, sondern des Schriftstellers in ihm, den Wert auch des nicht unmittelbar Verständlichen gleichsam in einer Übersetzung begreiflich zu machen. Die Forderung des Einfachen und der Wunsch nach solcher Übersetzung sind Ansprüche, die den lebendigen Geist in wirksamste Mitteilbarkeit drängen, ihn selber steigern.

Zweitens: Die Universität soll die für die geistige Arbeit Begabtesten aus der gesamten Bevölkerung, nicht aus bevorzugten Schichten gewinnen.

Man sagt vielleicht: Zur Universität kommt, wer sich selber dazu auswählt auf eigenes Risiko. Er wird abgelehnt oder ausgeschlossen je nach Leistung. Aber diejenigen, die in die Lage kommen zu solcher Wahl, sind die Minorität derer, die die höheren Schulen besucht haben und die Geldmittel für das Studium besitzen.

Es ist der größte Mangel, daß nicht aus der gesamten Bevölkerung die Besten an unserem geistigen Leben mitwirken. Wir dürfen leider nicht das Bewußtsein haben, die ursprünglich geistig Regsamen zu vereinigen. Vielmehr sind wir zu einem nicht geringen Teil eine zufällige Versammlung von Durchschnittsbegabungen. Die höchsten Begabungen sind selten. Der Verstand zwar ist eine verbreitete Eigenschaft; entscheidend aber sind die Leidenschaft des Wissenwollens, die Hartnäckigkeit geistiger Arbeit, die Bereitschaft zu Verzichten, der Gehalt der Seele, der intellektuelle Charakter.

Unser Anspruch auf die Besten aus allen Bevölkerungsschichten wird unwahr als Anspruch aller, qualifiziert zu sein. Ein falscher Gleichheitsgedanke verwechselt den Anspruch auf gleiche Chancen mit einem Anspruch auf gleiche Begabung. Die Menschen sind ihrer Natur nach sehr verschieden geboren, und die Entschlüsse ihrer Freiheit führen zu sehr verschiedenen Ergebnissen.

Dem Ausbleiben von bester geistiger Lebendigkeit müssen wir begegnen, soweit wir können.

Die entscheidende Auslese erfolgt auf der Schule, nicht an der Universität. Die große Schwierigkeit ist, die Begabung frühzeitig zu erkennen. Das Problem ist immer nur in Annäherungen lösbar. Jede neue Gerechtigkeit bringt in der Tat auch neue Ungerechtigkeiten.

An der Universität aber fordert ein lebendiger Geist, daß der Maßstab durch die Minorität der Besten gelte, nicht der Durchschnitt. An der Schule sollen alle mitkommen, damit die meisten ihr Ziel erreichen. Die Hochschule versagt, wenn sie diesem Prinzip folgt. Wer nicht ständig in äußerster Anspannung aus eigener Initiative arbeitet, der gehört dem Arbeitstypus nach nicht an die Universität.

Das ist ein Element des Ethos, das an der Universität herrschen soll. Denken Sie nicht, das didaktisch Bequeme, das gleich völlig Verständliche sei das Beste. Das Beste ist, was Sie anspannt, was Sie anregt zum Nachholen von Kenntnissen und zur Vertiefung des Nachdenkens. Ein junger Student vor mehr als fünfzehn Jahren sagte einmal nach einer Vorlesung im Beginn des Semesters: Ich habe nichts verstanden, aber da ist etwas zu verstehen; ich werde hingehen. Dieser Student, scheint mir, war in der rechten Verfassung.

Sie dürfen nicht meinen, durch bloßen Fleiß des Lernens, durch Erwerb von Kenntnissen für Beruf und Examen schon genug getan zu haben. Allerdings ist Fleiß, verzehrender Fleiß Bedingung geistigen Lebens. Aber hüten Sie sich auch vor einer Verwechslung, zu der gerade philosophische Vorlesungen verführen können: Das allgemeine Gerede über das Ganze ist nicht Teilnahme am Ganzen, das Schwelgen im Ungefähren ist nicht Erkenntnis, das Naschen an allem ist nicht Weite des Horizonts. Es bedarf der Verwirklichung durch das Konkrete und Bestimmte hindurch, der Konzentration auf das Eine in der grenzenlosen Weite des Umgreifenden.

Die an uns gestellten Ansprüche sind fast unerfüllbar. Das unterscheidet die Hochschule von der Schule: dieses Bewußtsein des Ungenügens aller, diese Last für jeden Einzelnen, seine Aufgabe frei zu wählen, diese Ablehnung fester Lehrpläne, die nur in den unteren Bereichen des auch an der Universität unerläßlichen Schulbetriebs gelten. Der Student wird als reif behandelt. Er hat auf eigene Verantwortung seinen Weg zu suchen. Bei aller Distanz vom Alter nimmt er doch schon teil am gemeinsamen Forschen. Wir begegnen Ihnen daher grundsätzlich auf gleicher Ebene, treten Ihnen »al pari« gegenüber.

Denken wir an die Idee des lebendigen Geistes, so kann uns *der Zweifel* befallen. Die Realität der Universität liegt allzu weit ab vom Ideal. Wir als Lehrer, Sie als Studenten versagen nur zu häufig. Aber daß wir es erkennen, kann uns zum Aufschwung bringen. Nur wer sein Versagen nicht mehr spürt, ist kein Glied in der Bewegung des lebendigen Geistes.

Aber der Typus des ständig empörten Literaten ist steril. Der Zweifelnde muß, damit es besser werde, nicht so sehr auf die anderen schelten als an sich selber arbeiten. Dabei vermag er Zuversicht zu gewinnen aus der in ihm fortlebenden Substanz der Jahrhunderte. Auch der Student.

Als ich vor 44 Jahren in meinem ersten Semester diese Räume in diesem Gebäude betrat, mit dem Schauer der Ehrfurcht vor der Überlieferung, da hörte ich Kuno Fischer, Thode, Jellinek, Kraepelin. Im Übermut der Jugend hatte ich an jedem etwas Wesentliches auszusetzen, mit dem Scharfblick der Jugend vielleicht nicht immer ganz zu Unrecht, aber ich war zugleich ergriffen von dem, was sie zu sagen hatten und was mir ohne sie nie aufgegangen wäre. Ich denke mit Dankbarkeit an jene Zeit und an meine Lehrer hier und an anderen Universitäten. Auch im Abstoß der Kritik legte sich der Grund des Erkennens.

Mögen Sie es wieder so machen, uns radikal kritisieren, wenn nur der Sinn ist, daß Sie aus der Wurzel der Universitätsidee, dem lebendigen Geiste denken, und daß Sie es besser machen, und sogleich anfangen durch die unermüdliche Arbeit am Aufbau Ihres geistigen Könnens. Mögen Sie uns verwerfen, die wir noch versuchen, den Faden der Überlieferung nicht abreißen zu lassen, wenn Sie nur dadurch den Weg finden, tiefer diese Überlieferung zu ergreifen.

Der lebendige Geist ist keine Gegebenheit der Natur, sondern ein Geschenk für die, die sich ihm offenhalten. Die Arbeit des Kopfes, der Selbstkritik, des Verstehens von allem, was Menschen hervorgebracht haben und was sie vermochten, geht doch am Ende darauf aus, diesem ursprünglichen Leben in uns Raum zu geben, damit wir eigentliche Menschen werden. Unsere Freiheit soll sich erfüllen aus dem Ursprung, von dem her wir mit dem Menschen als Menschen verbunden sind.

Wir eignen uns das Ursprüngliche an für unser gegenwärtiges Leben, wenn wir studieren Plato oder Spinoza oder Kant oder Hegel, Marx, Kierkegaard, Nietzsche. Wer wäre nicht ergriffen, wenn er in erster Berührung den eigenen Geist erwachen und sich erweitern fühlt etwa von dem einzigen »Symposion« Platos, seinem »Staat«, von der »Ethik« Spinozas, den Kritiken Kants, vom »Kommunistischen Manifest« und dem »Kapital« von Marx, von Kierkegaards »Krankheit zum Tode«, von Nietzsches Fragmenten. Aber gerade aus der Ergriffenheit werden wir fähig, das historische Kleid nicht zu dem unseren zu machen, nicht doktrinär zu werden, vielmehr das Vergangene als vergangen, das Unrichtige als unrichtig zu erfassen, im Vergangenen aber das ewig Wahre für uns zu retten.

Wie trübselig dagegen werden die Kantianer, die Neukantianer, die Hegelianer, die Marxisten. Sie alle hantieren mit abgebrauchten Kleidern, die einmal frisch als geschichtliches Gewand des Wahrheitssuchens waren. Wer verstaubte Altertümer als gelernte Sätze benutzt und für alle Probleme als Schlüssel verwendet, ist unlebendig und nicht gegenwärtig.

Der lebendige Geist wird frei von Schlagworten, von Bekenntnissen, von absoluten Standpunkten, von Doktrinen. Er senkt sich ein in die Geschichtlichkeit seiner Gegenwart. Von ihm getrieben leben wir, jeder da, wo er sich findet, und sei es im Kleinsten und mit schwachen Kräften, für das Beste, das ihm in der Welt zu verwirklichen gewährt ist.

Eine frühere Schülerin, die vor bald zwanzig Jahren bei mir promovierte, 1933 als politisch Verfolgte aus Deutschland flüchtete, Heimat und Vaterland verlor, als Jüdin durch die Welt gehetzt, schließlich in Amerika blieb, schrieb vor kurzem: »Wir haben ja alle in diesen Jahren erlebt, wie der Wenigen immer weniger wurden. Dies war in der Emigration im wesentlichen nicht anders als innerhalb Deutschlands. Man kann sich an vieles ›gleichschalten‹. Zählen werden nur die, die bereit sind, sich weder mit einer Ideologie noch mit einer Macht zu identifizieren.«

Im Januar 1945 veröffentlichte sie in Amerika einen Aufsatz über die deutsche Schuld. Sie zeigte, wie die Terrormaschine in Deutschland zur Abhängigkeit aller führte. Und hier fügte sie hinzu: »Daß die aus Deutschland Geflüchteten, welche entweder das Glück hatten, Juden zu sein, oder rechtzeitig von der Gestapo verfolgt zu werden, vor dieser Schuld bewahrt worden sind, ist natürlich nicht ihr Verdienst. Weil sie dies wissen und weil sie noch nachträglich ein Grauen vor dem Möglichen packt, bringen gerade sie in alle derartigen Diskussionen jenes unerträgliche Element der Selbstgerechtigkeit...« Und schließlich sagt sie: »Seit vielen Jahren begegnen mir Deutsche, welche erklären, daß sie sich schämten, Deutsche zu sein. Ich habe mich immer versucht gefühlt, ihnen zu antworten, daß ich mich schämte, ein Mensch zu sein.«

Innere Freiheit, Gerechtigkeit und Menschenliebe, die in solchen Sätzen fühlbar sind, sind nicht häufig. Denn die Freiheit ist nicht angeboren, sie kann nur erworben werden in kritisch kontrollierender Sachlichkeit. Was jene Jüdin heute zu fühlen vermag, das hat zur Voraussetzung ihre Erfahrungen und inneren Umkehrungen.

Über den Erdball verbindet uns, daß wir Menschen sind in dieser Selbsterziehung lebendigen Geistes, die uns zueinander führt.

Als ich die Worte meiner früheren Schülerin las, dachte ich an ein Gespräch aus jener Zeit vor zwanzig Jahren: Ein Kollege brachte zu mir die unfreundlich gemeinte Wendung, ich hätte doch eigentlich gar keine Schüler – nämlich im Sinne der Schulen von Professorenphilosophie – und ich gab damals eine übermütige Antwort: In der Tat, sagte ich, meine Schüler haben nur ein Gemeinsames: daß jeder er selber ist und kein Schüler. So möchte ich es auch in Zukunft halten. Wir wollen, Lehrer und Schüler, uns erziehen zum Selbstdenken, zum besonnenen Denken, zur offenen Vernunft, zur liebenden Hellsicht für das eigentlich Menschliche.

Dafür brauchen wir keinen materiellen Reichtum. Arm sein, ohnmächtig die Abhängigkeit von Siegermächten fühlen, – das zwingt uns zwar zur

Bescheidenheit und würde jeden Machtwillen in uns zum Gift für uns werden lassen. Es zwingt uns aber nicht zur Bescheidenheit im Geiste. Werden wir nicht kleinmütig, – lassen wir uns nicht herabdrücken auf einen bloßen Schulbetrieb, suchen wir vielmehr die Wahrheit tiefer zu fassen, weitherziger zu verwirklichen, als es seit Jahrzehnten in Deutschland geschehen ist, – halten wir uns hier zum Höchsten berufen, – spüren wir den Antrieb unseres Leidens, – gehen wir an Studium und Forschung mit fernsten Zielen, – verlangen wir möglichst wenig von außen, sondern bringen wir es hervor von innen –

aber von vornherein bedacht auf die Ordnung unserer gemeinschaftlichen Verhältnisse, auf eine Atmosphäre von Redlichkeit, Gerechtigkeit und Menschlichkeit, gesichert durch Institutionen, die wir jetzt neu in Kraft setzen müssen.

Der lebendige Geist, der uns dahin trägt, kennt die Einsamkeit als unerläßlichen, immer wieder gesuchten Durchgang, aber er geht auf Kommunikation. Denn Wahrheit ist, was uns miteinander verbindet.

Philosophie und Wissenschaft

Philosophie ist von ihrem Anfang an als Wissenschaft aufgetreten, als *die* Wissenschaft schlechthin. Die höchste und die gewisseste Erkenntnis war das Ziel, von dem beflügelt war, wer ihr diente.

Daß es eine Frage werden konnte, ob sie überhaupt Wissenschaft sei, ist nur zu verstehen aus der Entwicklung der spezifisch modernen Wissenschaften. Diese haben im 19. Jahrhundert ihre Entfaltung zumeist ohne Philosophie vollzogen, oft in Opposition zur Philosophie, schließlich in Gleichgültigkeit gegen sie. Wenn jetzt von ihr verlangt wurde, Wissenschaft zu sein, so hieß das etwas anderes als früher, nämlich: sie solle Wissenschaft sein genau so wie diese modernen, durch ihre Leistungen so überzeugenden Wissenschaften. Könne sie das nicht, so sei sie gegenstandslos geworden und dürfe verschwinden.

Vor einigen Jahrzehnten war eine verbreitete Meinung: Die Philosophie habe ihre Zeit gehabt so lange, bis alle Wissenschaften aus ihr, der anfänglichen Universalwissenschaft, entlassen waren. Jetzt, da alles Erforschbare aufgeteilt sei, sei ihre Zeit abgelaufen. Nachdem bewußt geworden sei, wodurch Wissenschaft ihre zwingende Allgemeingültigkeit gewinne, habe sich gezeigt, daß unter diesen Kriterien Philosophie versage. Sie vollziehe leere Gedanken, weil sie unbeweisbare Behauptungen aufstelle, sie entbehre der Erfahrung, sie verführe durch Illusionen, sie raube die Kräfte zu echtem Forschen, um sie für ein nichtiges Tun zu verwenden, für dieses allgemeine Gerede über das Ganze.

Ein solches Bild von der Philosophie stand im Lichte der Wissenschaft als methodischen, zwingenden, allgemeingültigen Erkennens. Konnte sich da überhaupt noch eine Philosophie als Wissenschaft halten? Zwei Reaktionen traten auf:

Erstens: Der Angriff wurde als richtig anerkannt. Die Vertreter der Philosophie zogen sich daher zurück auf beschränkte Aufgaben. Wenn die Philosophie zu Ende ist, weil sie alle ihre Gegenstände an die Wissenschaften abgegeben hat, so bleibt doch das Wissen von ihrer Geschichte, zunächst als eines Faktors der Geschichte der Wissenschaften selber, dann als eines geistesgeschichtlichen Phänomens, als die Geschichte der Irrtümer, der Vorwegnahmen, des Befreiungsprozesses, in dem die Philosophie sich selbst überflüssig gemacht hat. Die Philosophiehistorie hat schließlich die Kenntnis zu bewahren von den philosophischen Schriften, und sei es nur als ästhetisch interessanten Erscheinungen, die, obgleich ohne belangreichen wissenschaftlichen Wahrheitswert, doch wegen ihres Stils und ihrer Stimmung lesenswürdig sind.

Andere folgten der modernen Wissenschaftsgesinnung dadurch, daß sie die bisherige Philosophie verwarfen und nun endlich die Philosophie als strenge Wissenschaft begründen wollten. So ergriffen sie die Aufgabe, die der Philosophie vorbehalten bleibe, weil sie alle Wissenschaften gemeinsam betreffe, nämlich die Fragen der Logik und der Erkenntnistheorie, Phänomenologie. Die Philosophie, um ihre Reputation zurückzugewinnen, machte sich nunmehr durch Imitation und Dienstwilligkeit zur Magd der Wissenschaften. Als solche begründete sie erkenntnistheoretisch das Recht der wissenschaftlichen Geltung, das ohnehin fraglos bestand – sie tat etwas eigentlich Überflüssiges. Als Logik aber entwickelte sie eine Fachwissenschaft, die wegen der Allgemeinheit ihres Gegenstandes, nämlich der Form allen gültigen Denkens überhaupt, einer *mathesis universalis*, geeignet schien, an die Stelle der bisherigen Philosophie zu treten. Die Logistik wird heute von manchen für die ganze Philosophie gehalten.

Das Ergebnis dieser ersten Reaktion scheint heute die Auffassung: Philosophie ist eine Wissenschaft unter den anderen, ein Fach neben den anderen Fächern. Sie wird wie diese durch Spezialisten gefördert, hat ihren engen Kreis der Sachverständigen, ihre Kongresse und ihre Fachzeitschriften.

Gegen diese beflissene Wissenschaftlichkeit stand eine *zweite* Reaktion. Der Angriff auf das Dasein der Philosophie wurde abgelehnt dadurch, daß der Anspruch, Wissenschaft zu sein, überhaupt verworfen wurde. Die Philosophie sei in der Tat keine Wissenschaft. Sie beruhe auf dem Gefühl und auf der Intuition, auf der Phantasie und dem Genie. Sie sei eine begriffliche Beschwörung, nicht eine Erkenntnis des Daseins. Sie bedeute den Aufschwung des Gemüts oder bedeute den erwünschten Tod mit wachem Auge. Ja, einige gingen noch weiter: Um Wissenschaft sich zu kümmern, das sei der Philosophie ungemäß, denn sie durchschaue die Fragwürdigkeit aller wissenschaftlichen Wahrheit. Die modernen Wissenschaften seien ohnehin im Ganzen ein Irrweg zumal durch die ruinösen Folgen des rationalen Lebens für die Seele und das Dasein überhaupt.

Die Philosophie selber sei keine Wissenschaft, aber gerade dadurch bei der eigentlichen Wahrheit.

Beide Reaktionen – die Unterwerfung wie die Ablehnung gegenüber der Wissenschaft, die als zwingende, methodische und allgemeingültige Erkenntnis gefaßt war – scheinen das Ende der Philosophie zu sein. Ob sie preisgegeben an Wissenschaft ist oder ob sie alle Wissenschaft verleugnet, in keinem Falle ist sie noch Philosophie.

Der scheinbare Triumph der Wissenschaften über die Philosophie hat seit Jahrzehnten eine Lage geschaffen, in der aus mannigfachen Ursprüngen wieder das wahre Philosophieren gesucht wird. Wenn es ein solches geben wird, dann wird auch die Frage nach dem Verhältnis von Philosophie und Wissenschaft beantwortet sein, sowohl grundsätzlich wie in der konkreten Durchführung. Es ist eine sachliche Frage ersten Ranges.

*

Dieses sachliche Problem versteht man in seinem Gewicht, wenn man seine historische Herkunft vergegenwärtigt. Es ist aus dem verwirrenden Ineinander dreier Motive erwachsen. Diese sind: erstens der Sinn der modernen Wissenschaft, zweitens der alte und immer wiederholte Versuch philosophischen Totalwissens, drittens der philosophische Wahrheitsbegriff, wie er zum erstenmal und für immer bei *Plato* hell wird.

Zunächst: Die *modernen Wissenschaften*, erst in den letzten Jahrhunderten entfaltet, haben eine neue Wissenschaftlichkeit in die Welt gebracht, die weder in Asien noch in der Antike noch im Mittelalter da war.

Wissenschaft als methodische Erkenntnis, die zwingend gewiß und allgemeingültig ist, besaßen zwar schon die Griechen. Aber die modernen Wissenschaften haben diesen Grundsinn aller Wissenschaft nicht nur reiner herausgebracht (eine im Ganzen immer noch unvollendete Aufgabe), sondern sie haben den Sinn, den Umfang, die Einheit ihres Forschens neu gestaltet und begründet. Ich deute einige ihrer Grundcharaktere an:

Der modernen Wissenschaft ist *nichts gleichgültig*. Alles, das Kleinste und Häßlichste, das Fernste und Fremdeste, was immer irgendwo faktisch ist, das ist ihr allein darum, weil es ist, schon relevant. Sie wurde schlechthin universal. Es gibt nichts, was sich ihr entziehen kann. Nichts soll verborgen, nichts soll verschwiegen, nichts soll Geheimnis bleiben.

Weiter: Die moderne Wissenschaft ist *grundsätzlich unfertig*, weil ins Unendliche fortschreitend, während die antike in jeder Gestalt jeweils als fertig auftrat, ihre faktische, immer auch bald aufhörende Entwicklung nicht zum Bewußtsein ihres Sinns machte. Die moderne Wissenschaft hat begriffen, daß ein allumfassendes Weltbild, das das Seiende aus einem oder wenigen Prinzipien erklärt, wissenschaftlich unmöglich ist. Ein Weltbild hat andere Quellen, kann nur bei erlahmender wissenschaftlicher Kritik durch Verabsolutierung von Partikularem seine fälschliche Geltung beanspruchen. Die großartigen Vereinheitlichungen – etwa der Physik –, die keine frühere Erkenntnis besaß, erfassen nur eine Seite der Wirklichkeit. Die Wirklichkeit im Ganzen ist durch sie zerrissener und bodenloser geworden, als sie jemals für das Bewußtsein war. Daher die Ungeschlossenheit der modernen Welt im Unterschied vom griechischen Kosmos.

Weiter: Die antiken Wissenschaften bleiben *zerstreut* in gegenseitiger Beziehungslosigkeit. Sie entbehrten der Idee konkreter Vollständigkeit. Dagegen suchen die modernen Wissenschaften unter sich *den allseitigen Zusammenhang*. Während ein wahres Weltbild ihnen nicht mehr möglich ist, so doch die Idee eines Kosmos der Wissenschaften. Das Ungenügen an jedem vereinzelten Erkennen sucht die Verbindung zu allem Erkennen.

Weiter: Die modernen Wissenschaften schätzen Gedanken*möglichkeiten* gering ein, sie lassen den Gedanken nur in bestimmter und konkreter Erkenntnis gelten, wenn er sich entdeckend bewährt hat und dabei sich ins Unendliche modifiziert. So fallen etwa antike und moderne Atomtheorie nur vorübergehend in gewissen Modellvorstellungen zusammen. Aber die antike war nur eine durch plausible Deutungen auf schon vorhandene Erfahrungen angewandte, an sich fertige Interpretation von Möglichkeiten, die moderne eine im Umgang mit der Erfahrung durch Bewährung und Widerlegung ständig vollzogene Verwandlung der Theorie selbst als eines Werkzeugs der Forschung.

Weiter: Die modernen Wissenschaften gehen in ihren *Fragen bis zum Äußersten*. Zum Beispiel: Das Denken gegen den Augenschein, in der Antike zwar begonnen, etwa im Begreifen der Perspektive und ihrer Anwendung auf Astronomie, aber immer doch noch an Anschauung gebunden, wagt heute, etwa in der modernen Physik, das Paradoxeste, um damit zu realen, aber jedes geschlossene Weltbild sprengenden Erkenntnissen zu gelangen.

Schließlich: Mit all dem ist heute eine *wissenschaftliche Haltung* möglich geworden, die allem, was begegnet, untersuchend gegenübertritt, auf eine klare und entschiedene Weise wissen kann, Gewußtes von Nichtgewußtem zu unterscheiden vermag, eine unerhörte Fülle der Erkenntnis gewonnen hat (wie verschwindend wenig konnte der griechische Arzt oder der griechische Techniker). Die moderne Wissenschaft kennt das Ethos, auf Grund unbefangener Untersuchung und Kritik verläßlich wissen zu wollen. Treten wir in ihren Raum, so wird uns zumute, als ob wir reine Luft atmen, das ungefähre Gerede, das plausible Meinen, das trotzige Bescheidwissen, den blinden Glauben verschwinden sehen. –

Zur modernen Wissenschaft kommt nun ein *zweites Motiv*, der uralte Drang zum *philosophischen Totalwissen*. Die Philosophie war von jeher als Wissenschaft aufgetreten, die das Ganze weiß, – nicht als unendlich fortschreitende faktische Erkenntnis, sondern als vollendete Lehre. Nun hat die moderne Philosophie seit *Descartes* sich mit der modernen Wissenschaft identifiziert, aber so, daß sie zugleich im alten philosophischen Wissenschaftsbegriff eines Totalwissens blieb. Es ist jedoch zu zeigen, wie Descartes gerade darum die moderne Wissenschaft, etwa die Forschung *Galilei's*, gar nicht verstand, und daß das, was er selbst tat, dem Sinn nach mit dieser modernen Wissenschaft wenig zu tun hatte, obgleich er als schöpferischer Mathematiker diese Wissenschaft zu fördern half. Die folgenden Philosophen, sogar in gewissem Umfang noch *Kant*, waren in diesem Wissenschaftsgedanken des Totalismus befangen. *Hegel* glaubte dann noch einmal die eigentliche Wissenschaft im Ganzen zu vollziehen und alle Wissenschaften in seinem Geistkosmos zu besitzen.

Diese Identifizierung moderner Wissenschaft und der neueren Philosophie mit ihrem alten Anspruch des Totalwissens wurde ein Verhängnis für beide. Die modernen Wissenschaften, die vermöge einer gemeinsamen Selbsttäuschung in jenen großen Philosophien des 17. Jahrhunderts und manchen folgenden zugleich Säulen für ihr eigenes Gebäude sahen, wurden unrein durch die Ansprüche eines sich verabsolutierenden Wissens. Die neue Philosophie aber hat das Große, was ihr gelang, nur gleichsam »trotzdem«, in einem ständigen Selbstmißverständnis, schaffen können. –

Nun ein *drittes Motiv*. Weder der moderne Wissenschaftsbegriff noch der Wissenschaftsgedanke im philosophischen Totalwissen eines Systems fällt zusammen mit dem eigentlich philosophischen Wissenschaftsgedanken, wie wir ihn unübertroffen aus Plato kennen. Wie entfernt ist die Wahrheit, deren Offenbarwerden im Erkennen Plato durch das Höhlengleichnis deutet und im Spiel seiner Dialektik berührt, diese Wahrheit, die das Sein trifft und das, was über allem Sein ist – wie ursprünglich verschieden ist sie von der Wahrheit der Wissenschaften, die immer nur in den Erscheinungen des Seienden sich bewegen, ohne je das Sein zu erreichen, und wie verschieden von der Wahrheit der Systemlehre, die das Ganze des Seins im Besitz zu haben meint. Welche Ferne zwischen der Wahrheit, die nirgends geschrieben werden kann, sondern sich nach dem siebten Brief zwar allein durch Denken, aber zwischen Verstehenden im günstigen Augenblick der Kommunikation entzündet, und der Wahrheit, die geschrieben, für jedermann zwingend, allgemein verständlich, losgelöst für alle Verstandeswesen da ist!

*

Drei so verschiedene Wissenschaftsbegriffe – der der modernen Wissenschaft, der des philosophischen Totalwissens, der im Denken offenbar werdenden Glaubenswahrheit, für die wir die platonische als ein Beispiel ansprechen dürfen – fließen nun ineinander zur gegenwärtigen Verwirrung. Ein Beispiel:

Der *Marxismus* ist durch volkswirtschaftliche Fragestellungen und Untersuchungen ein wichtiges Moment der wissenschaftlichen Entwicklung geworden. Aber das teilt er mit vielen anderen Bestrebungen und das macht nicht seine Wirkung aus. Er ist vielmehr eine geschichtsphilosophische These vom dialektischen Gang der Geschichte als eines Totalgeschehens, das vermeintlich durchschaut ist. In ihm tritt also eine philosophische Doktrin auf, aber mit dem Anspruch wissenschaftlicher Allgemeingültigkeit. Der Erkenntnisart nach ist er identisch mit Hegels Philosophie, deren begriffliche Methode sein Werkzeug bleibt. Der Unterschied ist nur, daß der Kern des Geschehens bei Hegel in dem liegt, was er »Idee« nennt, bei Marx in der Produktionsweise des Menschen, der im Unterschied von den Tieren seine Lebensmittel durch planmäßige Arbeit erwirbt. Beide, Hegel und Marx, leiten aus dem, was ihnen der Kern ist, alle Erscheinungen ab. Marx sagt darum mit Recht, er habe Hegel auf den Kopf gestellt; das heißt nur dem Inhalt nach, denn er hat die Hegelsche Methode, die Wirklichkeit durch die Dialektik des Begriffs zu konstruieren, nicht verlassen.

Daß nun die volkswirtschaftliche Erkenntnis, die wissenschaftlich und damit partikular gewonnen wird und ihrem Sinn nach in ständiger Bewegung bleibt, identifiziert wird mit der dialektischen Erkenntnis des Totalprozesses, die als grundsätzlich endgültige Erkenntnis gilt, das ergibt den Irrtum, den Hegel und in anderer Gestalt der Typus der neueren Philosophie seit Descartes beging und den Marx wiederholte. Die Herkunft des absoluten, ausschließenden Anspruchs Marxens liegt also in der Weise der

Philosophie als Totalwissen im System, tritt aber auf als Anspruch, ein Ergebnis moderner Wissenschaft zu sein, aus der er gar nicht folgt.

Mit beidem aber verbindet sich nun ein Drittes, der Schwung einer absoluten, den Menschen in seinem Wollen und Sehnen erfüllenden Wahrheit, in Analogie zum Wahrheitsgedanken Platos, wenn auch von völlig anderem Charakter. Er versteht sich als das wahre Bewußtsein des klassenlosen Menschen. Erst diese Glaubensgewißheit ermöglicht den modernen Fanatismus, der nicht auf Glauben, sondern auf Wissenschaft pocht und dem Gegner Dummheit vorwirft oder bösen Willen, oder die unüberwindbare Klassengebundenheit, der die eigene rein menschliche Wahrheit entgegengesetzt wird, die an keine Klasse gebunden und daher absolut sei.

Ähnliche Denkungsweisen, in denen eine begrenzt sinnvolle Forschung unkritisch verabsolutiert wird zu einem Totalwissen und dann sich verbindet mit einer Glaubensstimmung, lassen sich an Erscheinungen auf dem Boden der Rassentheorie, der Psychoanalyse und in vielen anderen Fällen beobachten. Durch das falsche Ineinander des Heterogenen ist hier die Folge im Großen, was im Kleinen des Alltags so verbreitet ist: die Haltung des Bescheidwissens, die Zufriedenheit mit bloßer Plausibilität, der Trotz kritiklosen Sehens und Behauptens, die Unfähigkeit zu wirklicher Untersuchung, zum Hören, Erwägen, Prüfen und zum grundsätzlichen Sichbesinnen.

Das Empörende ist, daß im Namen der Wissenschaft vertreten wird, was gerade der Gegensatz zu aller Wissenschaftlichkeit ist. Denn Wissenschaft führt dahin, zu wissen, wie und aus welchen Gründen und in welchen Grenzen und in welchem Sinne man weiß. Sie lehrt zu wissen mit dem Bewußtsein von der Methode des jeweiligen Wissens. Sie vollzieht Gewißheit, deren Relativität – nämlich die Bezogenheit auf Voraussetzungen und Untersuchungsmethoden – ihr entscheidendes Merkmal ist.

Die öffentliche Erscheinung der Wissenschaft ist also heute zweideutig. Eigentliche Wissenschaft kann jederzeit und auch heute wie verborgen scheinen, gleichsam ein offenbares Geheimnis – offenbar, weil jedermann zugänglich, – Geheimnis, weil keineswegs von allen wirklich verstanden. Um so heller strahlt die echte, unbeirrbare, nirgends versagende wissenschaftliche Haltung, die gerade durch kritisches Grenzbewußtsein den Raum frei läßt für jeden anderen Ursprung der Wahrheit im Menschen.

Dazu kommt aber eine wunderbare Kraft aus der Wissenschaft selbst: In die wissenschaftliche Entwicklung wird auf die Dauer nur das eigentlich Erkannte aufgenommen, das andere aber in der Folge fallen gelassen, und zwar durch die Kritik. Es bildet sich – solange freie Diskussion ist – eine Sache, die mehr ist als die Menschen, die sie tragen und die in ihrem ganzen Umfang von keinem einzelnen gefaßt wird.

*

In der Lage der Verwirrung der Wissenschaftsbegriffe sind nun drei Aufgaben gestellt, entsprechend den drei erörterten Motiven:

Erstens ist das philosophische Totalwissen als vermeintlich wissenschaftliches Wissen zu überwinden. Aus den Wissenschaften selber wird dieses falsche Totalwissen kritisch zersetzt. Hier hat die Gegnerschaft gegen Philosophie ihren Ursprung, die Verachtung einen berechtigten Sinn.

Zweitens ist die Reinheit der Wissenschaften zu gewinnen. Diese Aufgabe kann nur in der Praxis des Erkennens durch ständiges Ringen um sie erfüllt werden. Die grundsätzliche Klarheit über Wissenschaft und ihre Grenzen wird im allgemeinen leicht auch von denen anerkannt, die im Besonderen ständig dagegen verfehlen. Es kommt aber darauf an, im Konkreten der einzelnen Wissenschaften diese Reinheit zu verwirklichen. Das geschieht wesentlich durch die kritische Arbeit der wissenschaftlichen Forscher selbst. Wer aber philosophierend den Wahrheitssinn wissenschaftlicher Erkenntnisse, diese gleichsam beklopfend, prüfen will, der muß in das Verfahren dieser Forscher mit eintreten.

Drittens ist die Philosophie unter den neuen, durch die modernen Wissenschaften erwachsenen Bedingungen rein herauszuarbeiten. Das ist unerläßlich schon für die Wissenschaften selber. Denn die Philosophie ist stets in den Wissenschaften lebendig und von ihnen so untrennbar, daß die Reinheit beider nur gemeinsam gewonnen werden kann. Die Verleugnung der Philosophie pflegt unbemerkt eine schlechte Philosophie erwachsen zu lassen. Der Forscher hat philosophierend, ob bewußt oder unbewußt, in sich selbst die Führung seines konkreten Tuns, die er nicht noch einmal wissenschaftlich zwingend erkennen kann.

Zum Beispiel: Daß überhaupt Wissenschaft sein soll, ist wissenschaftlich nicht zu beweisen. Oder: Was aus der Endlosigkeit des Daseienden jeweils zum Gegenstand der Forschung gemacht wird, aus Interesse für diesen Gegenstand selbst, das ist eine wissenschaftlich nicht zu begründende Wahl. Oder: Die Ideen, die uns lenken, werden bewährt in der Systematik der Forschung, aber werden nicht selber geradezu erforschbar.

Wissenschaft, sich selbst überlassen als bloße Wissenschaft, gerät in Verwahrlosung. Der Verstand ist eine Hure, sagte *Nicolaus Cusanus*, denn er gibt sich preis an beliebige Dinge. Die Wissenschaft ist eine Hure, sagte auch *Lenin*, denn sie verkauft sich jedem Klasseninteresse. Beim Cusanus ist es die Vernunft und schließlich die Gotteserkenntnis, die der Erkenntnis des Verstandes Sinn, Halt und Treue gibt, bei Lenin die klassenlose Menschheit, die die reine Wissenschaft fordert. Was es nun sei, dessen inne zu werden, ist Sache philosophischer Besinnung. In den tatsächlichen Wissenschaften selber steckt die Philosophie als der Gehalt, aus dem der Forscher lebt so, daß es ihm ernst ist, und der seine methodische Arbeit führt. Wer diese Führung durch Reflexion und Selbstbewußtsein stärkt, philosophiert schon ausdrücklich. Versagt diese Führung, so gerät Wissenschaft in die Endlosigkeit des Beliebigen, des gleichgültigen Richtigen, in die sinnlose Betriebsamkeit, in die willfährige Dienstbarkeit.

Die Reinheit der Wissenschaft fordert die Reinheit der Philosophie.

*

Aber wie wird die Philosophie rein? Galt sie nicht von jeher selbst als Wissenschaft und wollte es sein? Unsere Antwort ist: Sie ist »Wissenschaft«, aber doch so, daß sie im Sinn der modernen wissenschaftlichen Forschung zugleich weniger und mehr als Wissenschaft ist.

Wissenschaft kann man die Philosophie nennen, sofern die *Wissenschaften ihre Voraussetzung* sind. Es gibt keine haltbare Philosophie außerhalb der Wissenschaften. Philosophie bindet sich im Bewußtsein ihrer Unterschiedenheit unbedingt an Wissenschaft. Sie will nicht gegen zwingende Erkenntnis verstoßen. Wer philosophiert, will in wissenschaftlichen Methoden erfahren sein.

Wer nicht in einer Fachwissenschaft geschult ist und ständig in Kontakt mit wissenschaftlicher Erkenntnis lebt, der wird im Philosophieren alsbald stolpern, unkritische Entwürfe als vollendetes Wissen vortragen. Aber es muß in der Wissenschaft auf Eis gelegt werden, was nicht im Schwelgen von Gefühlen und Leidenschaften ein schnell verbrennendes Strohfeuer bleiben oder ein sturer Fanatismus werden soll.

Noch mehr: Wer philosophiert, drängt zum wissenschaftlichen Wissen, weil es der einzige Weg ist zum eigentlichen Nichtwissen. Es ist, als ob die großartigste Erkenntnis gerade dadurch erwächst, daß der Mensch die Grenze sucht, an der das Erkennen strandet, nicht falsch und vorläufig, sondern eigentlich und endgültig strandet, nicht in Verlust und Verzweiflung, sondern im eigentlichen Innewerden. Erst ein vollendetes Wissen würde das vollendete Nichtwissen ermöglichen, erst hier gelänge das echte Scheitern, in dem das Sein selbst, nicht mehr nur das erlernbare Seiende offenbar würde.

Indem die moderne Wissenschaft die große Entzauberung vollzieht, gewinnt sie den Weg zur Anschauung der wahren Tiefe, des eigentlichen Geheimnisses, das allein durch das entschiedenste Wissen im erfüllten Nichtwissen gegenwärtig wird.

Philosophie steht daher gegen die Verächter der Wissenschaften, gegen die Scheinpropheten, die die Forschung verdächtigen, die die Verirrungen der Wissenschaft für diese Wissenschaft selbst halten und schließlich die Wissenschaft, die »moderne Wissenschaft«, gar verantwortlich machen möchten für das Unheil und die Inhumanität unserer Zeit.

Gegen Wissenschaftsaberglauben und gegen Wissenschaftsverachtung hält Philosophie sich also bedingungslos zur modernen Wissenschaft. Sie ist ihr das wunderbare, unvergleichlich verläßliche Phänomen, der tiefste Einschnitt der Weltgeschichte, zwar Ursprung großer Gefahren, aber noch größerer Chancen und von nun an Bedingung aller Menschenwürde. Ohne diese Wissenschaft, das weiß der Philosophierende, wird sein eigenes Tun nichtig.

Dieses Tun kann nun weiter wissenschaftlich heißen, weil Philosophie *methodisch verfährt* und ihrer Methoden bewußt wird. Aber diese Methoden sind, verglichen mit allen wissenschaftlichen Methoden, schon dadurch anders, weil sie keinen Gegenstand der Forschung haben. Was bestimmter Gegenstand ist, ist auch Gegenstand einer besonderen Wissenschaft. Nenne ich etwa als Gegenstand der Philosophie das Ganze, die Welt, das Sein, so treffen diese Worte, wie die philosophische Kritik zeigt, keinen Gegenstand mehr. Die philosophischen Methoden sind Methoden des Transzendierens über das Gegenständliche. Philosophieren ist Transzendieren. Dies vollzieht sich jedoch, da unser Denken stets an Gegenstände gebunden ist, in solchen, die durch den Gang der Denkbewegung aufgehoben werden. Solche Gegenständlichkeiten als Leitfaden philosophischen Transzendierens sind die großen Schöpfungen der Philosophie. Unersetzlich ist uns daher die tiefe Sprache der Metaphysiker, die aus den Jahrtausenden zu uns spricht: sie aus ihrem Ursprung in geschichtlicher Philosophie anzueignen, läßt sie nicht nur wissen als etwas, das war, sondern zu gegenwärtigem Leben werden.

Die Masse des vermeintlichen philosophischen Wissens von lehrbaren

Gegenständen aber entsteht aus der Verselbständigung der dem Philosophieren jeweils als Leitfaden dienenden, aber von ihr zugleich wieder aufgehobenen Gegenständlichkeit. Mit ihr glaubt man dann etwas zu wissen, was doch philosophisch eine Verkehrung ist: die *capita mortua*, die Schädel- und Beinhäuser der großen Metaphysiken. Wir dürfen im Philosophieren dem Gegenständlichen, das wir jeden Augenblick gebrauchen, nicht verfallen. Wir sollen Herr unserer Gedanken bleiben, nicht ihnen uns unterwerfen.

In diesem ihrem eigenen, den wissenschaftlichen Formen analogen Denken des Transzendierens ist aber Philosophie *weniger* als Wissenschaft. Denn sie gewinnt kein aufweisbares Ergebnis und keine für jeden Verstand zwingende Erkenntnis. Die einfache Tatsache, daß wissenschaftliche Erkenntnis sich identisch über die Welt verbreitet, daß aber Philosophie trotz aller Geltungsansprüche in keiner Gestalt tatsächlich allgemeingültig wird, ist nicht zu übersehen. Sie ist das äußere Kennzeichen für den eigentümlichen Charakter ihrer Wahrheit: Wissenschaftliche Wahrheit ist zwar allgemeingültig, aber relativ auf Methode und Voraussetzungen, – philosophische Wahrheit ist unbedingt für den sie Vollziehenden in geschichtlicher Wirklichkeit, aber sie ist in ihren Aussagen nicht allgemeingültig. Wissenschaftliche Wahrheit ist die eine gleiche für alle, – philosophische Wahrheit mannigfaltig in geschichtlichen Kleidern, die Erscheinung je einer Einzigkeit sind, und die alle ihr Recht haben, aber nicht identisch übertragbar sind.

Die *eine* Philosophie ist die *philosophia perennis*, um die alle Philosophien kreisen, und die niemand besitzt, an der jeder eigentlich Philosophierende teil hat, und die doch nie die Gestalt eines für alle gültigen, allein wahren Denkgebäudes gewinnen kann.

Damit ist Philosophie nicht nur weniger, sondern *mehr* als Wissenschaft, nämlich als Quelle einer Wahrheit, die für das wissenschaftlich zwingende Wissen unzugänglich ist. Dieser Philosophie entsprechen Bestimmungen wie: Philosophieren sei sterben lernen, – sei Aufschwung zur Gottheit, – sei Erkenntnis des Seins als Sein. Solche Bestimmungen bedeuten: das Denken der Philosophie ist zugleich ein inneres Handeln; es appelliert an Freiheit; es beschwört die Transzendenz. Dasselbe läßt sich anders formulieren: die Philosophie ist Selbstvergewisserung im eigentlichen Sein, – ist das Denken eines unendlich zu erhellenden, dem Menschen mitgegebenen Glaubens, – ist der Weg der inneren Selbstbehauptung des Menschen durch Denken.

Aber keiner solcher Sätze bedeutet eine rechte Definition. Es gibt keine Definition der Philosophie, weil Philosophie nicht von einem anderen her bestimmbar ist. Es gibt keine übergeordnete Gattung, von der Philosophie eine Art wäre. Philosophie bestimmt sich selber, bezieht sich unmittelbar auf die Gottheit, begründet sich nicht durch eine Nützlichkeit. Sie erwächst aus dem Ursprung selber, in dem der Mensch sich geschenkt wird.

Fasse ich zusammen, was ich sagen wollte:

Die Wissenschaften umfassen nicht alle Wahrheit, sondern nur die für den Verstand zwingende, allgemeingültige Richtigkeit. Wahrheit ist umfassender. Sie soll sich der Vernunft des Philosophierens zeigen. Wenn unter dem Titel »von der Wahrheit« seit dem frühen Mittelalter durch alle Jahrhunderte philosophische Werke geschrieben wurden, so ist es heute wieder dieselbe dringende Aufgabe, unter den gegenwärtigen Bedingungen wissenschaftlichen Wissens und geschichtlicher Erfahrung Einsicht vom Wesen der Wahrheit in ihrem ganzen Umfang zu gewinnen.

Solche Besinnung schließt auch das Verhältnis von Wissenschaft und Philosophie ein. Nur bei ihrer strengen Scheidung wird der unlösbare Zusammenhang beider rein und wahrhaftig vollzogen.

*

Die Universität sucht in Forschung und Lehre die große praktische Einheit von Wissenschaften und Philosophie. An der Universität wurde mit den Mitteln der Wissenschaft jederzeit auch Weltanschauung gegenwärtig.

Die Universität ist der Raum, in dem alle Wissenschaften sich treffen. Soweit sie dabei ein Aggregat bleiben, ähnelt die Universität einem geistigen Warenhaus, – soweit sie aber hindrängen zu einer Einheit des Wissens, ähnelt sie dem Unternehmen eines nie fertigen Tempelbaus.

Vor anderthalb Jahrhunderten war es noch selbstverständlich: Was die Fachforscher an Philosophie schon in sich trugen, das wurde von den Philosophen zu hellstem Bewußtsein entwickelt. Es ist anders geworden. Die Wissenschaften haben sich mit der Spezialisierung zersplittert. Wissenschaftliches Erkennen mit der Sauberkeit verbindlicher Einzelerkenntnis glaubte sich von Philosophie lösen zu können.

Ist die Zerstreuung der Wissenschaften der letzte und notwendige Zustand? Man wünschte wohl eine Philosophie, die die gesamte Überlieferung verarbeitet in sich trüge, der geistigen Situation unserer Zeit gewachsen wäre, den uns allen gemeinsamen Gehalt zur Erscheinung brächte, und zwar zugleich in sublimen Gedankenkonstruktionen wie in einfachen, bei jedermann Widerhall findenden Sätzen. Aber heute haben wir eine solche Philosophie nicht.

Auf alten Universitätsszeptern aus dem 15. Jahrhundert gibt es in Goldschmiedearbeit Figuren, die darstellen, wie Christus die Aufgaben an die Fakultäten verteilt. Auch wenn solche Szepter noch in Gebrauch sind, drücken sie nicht mehr aus, was heute wirklich ist, aber sie geben immer noch die Aufgabe der Einheit des Ganzen kund.

Nicht mehr die Theologie, nicht mehr die Philosophie gestalten das Ganze. Gibt es heute noch einen gemeinsamen Geist der Universität? Sie scheint in ihrer Ordnung nur noch ein sich immer verändernder Grundriß zu sein ohne Symmetrie und Logik, ohne Geschlossenheit, in ständiger Erweiterung, in dem alles, was wissenschaftlich zur Geltung kommt, einen Platz besetzt. Es begegnet sich hier das Fremdeste. Nicht vereint durch ein Wissen vom Ganzen, ist in diesem Treffen doch jeder gezwungen, das ihm Unbekannte zu sehen. Er lernt, vom Fremdesten sich berühren zu lassen. Daraus erwächst das geistige Leben, das Hindrängen in Weite und Freiheit des Denkens. Ein gemeinsamer Geist liegt dann nicht mehr im alle verbindenden Gehalt eines Glaubens, sondern nur im kritischen Forschen als solchem, in der Anerkennung des logisch oder empirisch Unausweichlichen, im entschiedenen Verwerfen des *sacrificium intellectus*, in der Aufgeschlossenheit, in einem grenzenlosen Fragen, in der Redlichkeit.

Dieser Geist ist das Ergebnis der letzten Jahrhunderte. Wird die Universität sich auf die Dauer mit ihm begnügen? Für die Philosophie scheint diese Situation außerordentliche Möglichkeiten zu bieten. Aber es wäre absurd, ein Programm zu entwerfen für das, was nur als Schöpfung einer wirklich gemeinsamen geistigen Welt möglich ist, nicht als Aufgabe eines einzelnen.

Wer philosophiert, ist, solange er wahr bleibt, in der Bescheidung des Nichtwissens. Damit nicht zu verwechseln ist eine andere heute notwendige Bescheidenheit des Philosophie*professors*. Die besten Philosophen finden sich gegenwärtig vielleicht gar nicht unter den ausdrücklich mit der Lehre der Philosophie Beauftragten. Denn die Philosophie *in* den Wissenschaften, die vor der Zerstreuung im Nichtwissenswerten bewahrt, und die die Beseelung wissenschaftlicher Forschung bringt, das ist die konkrete Philosophie, die sich im ganzen einer besonderen Wissenschaft verwirklicht. Diese wird damit dann gleichsam zur Vertretung des Wissens überhaupt, mit der ständigen Aufmerksamkeit, diese besondere Sache in Beziehung zu allem Wißbaren zu sehen und dadurch in der Tiefe zu verankern.

Der Philosophieprofessor, im Dienste solcher Bemühungen, ist nicht ein Führer, der den Ton angibt, sondern der Hörende, der sich belehrt und der wieder klingen lassen und in weitesten Zusammenhängen erspüren möchte, was das alles bedeutet.

Er hat die Ehrfurcht vor den einzigen großen Philosophen, die nicht ein Typus sind, sondern Schöpfer, und die es heute nicht gibt – aber er verwirft die Menschenvergötterung, die schon in der Schule Platos begann, denn auch die Größten sind Menschen und irren, keiner ist Autorität, dem Gehorsam zukäme.

Und er hat Respekt vor jeder Wissenschaft, deren Erkenntnis zwingend ist, – aber er verwirft den Wissenschaftsstolz, der meint, alles aus dem Grunde erkennen zu können oder gar erkannt zu haben.

Sein Ideal ist das eines Vernunftwesens im Leben mit anderen Vernunftwesen. Er will sich selbst in Zweifel ziehen, er begehrt Einwand und Angriff gegen sich, er möchte fähig werden zum Miteinanderreden in grenzenlos sich vertiefender Kommunikation, durch die alle Wahrheit und ohne die keine ist.

Seine Hoffnung ist, daß im Maße, als er Vernunftwesen wird, ihm auch die Gehalte geschenkt werden, aus denen der Mensch leben kann, daß sein Wille, sofern er sich redlich bemüht, gut werde durch Hilfe der Transzendenz unmittelbar, ohne alle menschliche Vermittlung.

Als *Lehrer* der Philosophie aber fühlt er die Mitverantwortung, daß das Große nicht vergessen werde, daß die philosophischen Denkmethoden Gegenstand der Unterweisung bleiben, und daß die Wissenschaften ihre Auswirkung in der philosophischen Denkungsart gewinnen. Er will im gegenwärtigen Zeitalter, dieses selber erhellend, den Blick auf das Ewige gewinnen, gemeinsam mit seinen Studenten.

Vom Studium der Philosophie

Aus der Philosophie sind die Wissenschaften entsprungen. Auch wo diese durch praktische Aufgaben, in Werkstätten, in der Wirtschaft, mit den Fragen der Künstler oder der Staatsmänner in Gang gebracht wurden, haben Gedanken der philosophischen Überlieferung eine entscheidende Bedeutung gehabt. Und in der Philosophie finden die Wissenschaften am Ende immer wieder ihren Sinn, wenn sie nicht in der Zerstreutheit an bloß äußere Aufgaben verfallen, nicht in der Endlosigkeit des bloß Richtigen ihren Sinn verlieren sollen. Daher scheint es die selbstverständliche und unerläßliche Aufgabe des Universitätsunterrichts, alle Studierenden in der Philosophie ein Heimatrecht gewinnen zu lassen.

Dem widerspricht der tatsächliche Zustand. Philosophie gilt zumeist als überflüssig, ist eine private Liebhaberei, ist geeignet für dekorative Zwecke. Woher kommt dieser Rückgang der Geltung der Philosophie?

Der Hauptgrund liegt wohl im Geist des Zeitalters, der seit anderthalb Jahrhunderten sich an die praktischen Aufgaben der wissenschaftlichen Spezialerkenntnisse, der Technik, der Wirtschaft und der Macht preisgegeben hat, während daneben in mannigfachen Gestalten eine Philosophie sich noch tradierte, die das Gewicht dieser Aufgaben oft verkannte oder ignorierte.

Seit Jahrzehnten ist dagegen die Forderung nach »Synthese« laut geworden, ist eine Erneuerung der Philosophie ersehnt, verkündet, behauptet worden. Man kann nicht sagen, daß ein durchschlagender Erfolg da wäre.

An den Universitäten ist der Verfall der Philosophie durch die Isolierung bedingt, in der die Philosophie zwar traditionsgemäß gepflegt wird, aber gleichsam in einer Inzucht aus der Wirklichkeit des Zeitalters herausgenommen ist. Fast alle Lehrer der Philosophie haben ihr Leben gemäß dem Typus geführt: Nach dem Erwerb der Hochschulreife Studium der Philosophie, philosophischer Doktor, Habilitation für Philosophie und Berufung auf einen Lehrstuhl. Das ist gewiß ein möglicher Weg, aber als einziger Weg läßt er die Philosophie gleichsam vertrocknen. Die Philosophen, statt aus dem Leben, aus der Wirklichkeit und aus Wissenschaften zur Blüte des Philosophierens zu gelangen, die genährt wird von dem Boden, aus dem sie gewachsen ist, geben sich oft nur ab mit den vergangenen Philosophien und mit schönen Büchern über alle möglichen Dinge wie mit einem Herbarium ausgezeichneter Pflanzen, mit denen sie nun operieren, ohne in ihnen aus dem eigenen Blute etwas zu neuem Leben zu erwecken. Man lernt Philosophie, man lernt virtuose intellektuelle Bewegungen, aber man philosophiert nicht in heiligem Ernste, dem es um die Wahrheit geht, aus der und mit der wir leben wollen.

Verhängnisvoll auch scheint es, daß Philosophie in den Wissenschaften selber immer mehr erloschen ist zugunsten spezialistischer Technik des Forschens. Das wird nicht gutgemacht durch gelegentliche philosophische Redewendungen, die ohne Beziehung zu dem tatsächlichen Forschungs- und Lehrbetrieb für besondere Augenblicke, für Einleitungen und Schlußworte noch geeignet scheinen.

Dieses Bild von Philosophie und Wissenschaft heute ist schwarz gemalt und übertrieben, denn es gibt viele Ausnahmen. Aber im ganzen liegt wohl Wahrheit darin. Wenn es so ist, dann fragt man: Was läßt sich tun, um die Jugend mit der Substanz des eigentlichen Philosophierens mehr als es heute geschieht in Fühlung zu bringen?

Ein großes und wahres gegenwärtiges Philosophieren, mit dem wir identisch werden könnten, das uns den Sinn erhellte und das Leben durchstrahlte, und das uns in Gemeinschaft der Wahrheit brächte, kann man nicht planen. Wann und wo der Geist weht im Gang der Geschichte, das steht in keines Menschen Hand.

Aber man kann etwas tun, daß er die Bedingungen vorfinde, wenn er, und sei es in schwachen Funken, in jungen Menschen aufglimmt. Unter diesen Bedingungen ist immer noch die Kenntnis der Philosophiegeschichte die Hauptsache. Aber nicht das Wissen von Lehrstücken, die in Büchern über Geschichte der Philosophie zu lernen sind, sondern die Berührung mit den Gehalten in den Texten selbst. Daß die Texte der großen Philosophen (der fremdsprachigen in Übersetzungen) nicht in wohlfeilen Ausgaben mit den notwendigen sachlichen und historischen Kommentaren zugänglich, daß viele überhaupt nicht zu erhalten sind, das ist ein böser Mangel für die Aneignung der philosophischen Überlieferung seitens der Jugend.

An den Schulen sollte wie an den Universitäten immer Philosophieunterricht stattfinden. Aber weder Schüler noch Studenten dürfen zu dessen Nutzung unter Zwang gestellt werden. Die Persönlichkeit des philosophischen Lehrers und das Interesse der Jugend müssen sich finden in einem freien Raum. Wo gezwungen wird, ist die Philosophie zu Ende.

Einem philosophischen Zeitalter würde in allen Wissenschaften die Gegenwärtigkeit des Philosophierens selbstverständlich sein. Denn Philosophie hat eine ihrer konkreten Erscheinungen in den Wissenschaften, beseelt sie, gibt ihnen Sinn und Schwung, ohne ausdrücklich als Philosophie zum Thema werden zu müssen. In unserem Zeitalter ist nun weder auf die Philosophie in den Wissenschaften noch auf geradezu vorgetragene Philosophie als solche Verlaß. Alles liegt an den Menschen, die sie vertreten. Diesen aber muß im Rahmen der Lehrfächer die Möglichkeit des Wirkens bewahrt werden auf die Gefahr hin, daß mancher versagt.

An den Universitäten sind daher philosophische Lehrstühle, Seminare und Bibliotheken nicht zu entbehren. Um Chancen für das Ursprüngliche und Neue zu erhalten, sollen mehrere Philosophen an der gleichen Universität wirken, damit der Student nicht auf die Worte eines Lehrers eingeübt wird, sondern vergleichen, ergänzen, korrigieren lernt. Fichtes Forderung, nur ein einziger Philosoph solle an einer Universität lehren, entspringt dem Denken, das sich im Besitz der Wahrheit glaubt, statt auf dem Wege gemeinsamen Suchens zu bleiben, das Diskussion, Infragestellung, Mannigfaltigkeit verlangt. Bei Berufungen sollte man Ausschau halten nicht nur unter den Privatdozenten, die ausdrücklich Philosophie lehren, sondern fragen, ob geistig bedeutende Persönlichkeiten aus den Wissenschaften erwachsen sind, die in der Reife ihres Lebens zur philosophischen Lehre bereit sind.

Das Studium der Philosophie muß für die Studenten frei bleiben. Von niemandem darf es verlangt werden. Jeder Beruf zwar bedarf der Philosophie, aber diese Notwendigkeit wird nicht gefördert, sondern gestört, wenn man Studenten Pflichtvorlesungen auferlegt oder sie in Verbindung mit gewissen Fächern statutengemäß eine Prüfung in Philosophie ablegen läßt. Philosophie, die nicht von sich aus anzieht, und Studenten, die blind für alles Philosophieren sind, beide sind nicht viel wert.

Auch an den höheren Schulen hat die Philosophie einen natürlichen Platz. Man sollte den oberen Klassen Philosophie bieten, wie es vielerorts, aber nicht überall geschieht. Wie das geschehen könne, ist keine einfach zu beantwortende Sache. Man kann sagen, im griechischen Unterricht kommen Texte Platos vor, im lateinischen Cicero, im deutschen Lessing, Schiller. Die Kinder nehmen durch solche Lektüre Philosophie auf, auch wenn der Lehrer kein Wort dazu sagen würde. Das ist richtig, aber wirksamer und wesentlicher muß das Bewußtsein des Philosophierens werden, wenn solche Texte planmäßig unter philosophischen Gesichtspunkten ausgewählt und interpretiert werden. Einfache philosophische Grundgedanken wirken, als ob durch sie, wenn man sie zum erstenmal hört, gleichsam der Star gestochen würde. Es wird plötzlich licht. Ein großes Versäumnis scheint es zu sein, dies den Kindern vorzuenthalten.

Keineswegs kann der Sinn des philosophischen Schulunterrichts den Sinn einer Propädeutik für das spätere Universitätsstudium der Philosophie haben. Dem Kinde sollen, wo das Philosophieren dunkel und spontan in ihm fühlbar wird, Gedanken dargeboten werden, durch die es einen Weg findet. Die Welt des Geistes öffnet sich ihm. Unendliches wird im ersten Lichte kund. Auch im Kinde ist das Ursprüngliche des Philosophierens da, ist das Wesentliche gegenwärtig. Nicht Vorbereitung auf ein Späteres, das noch verschlossen bleibt, sondern selbständige erste Erfüllung muß dieser Schulunterricht bringen.

Um solchen Unterricht auf das jeweils bestmögliche Niveau zu bringen, muß die Philosophie für die Prüfung zur Ausübung des Lehramts als vollwertiges Nebenfach zählen. Nur dann gewinnen Liebhaber der Philosophie die Zeit, sich in ihren Studentenjahren gründlich mit ihr abzugeben.

Die Schwierigkeit liegt bei dieser Freigabe der Philosophie als eines Wahlfaches für die Lehrerprüfung darin, daß es die eine anerkannte Philosophie nicht gibt. Bei der Übertragung des Philosophieunterrichts an höheren Schulen wird die Persönlichkeit des Lehrers und sein philosophisches Grundverhalten eine Rolle spielen. Ein atheistischer oder ein logistischer oder positivistischer Unterricht der Philosophie auf der höheren Schule wäre wohl zu widerraten. Das Kind soll noch nicht in alle äußersten Möglichkeiten eingeführt werden. Die Grenzlinie der philosophischen Themen, die geeignet sind für die Schule, ist eine Sache hoher Verantwortung. Absichtliches Verschweigen wäre so ungemäß wie absichtliches Heranbringen an jede mögliche Position. Das Genie im Kinde, das mit wachsendem Alter so oft verloren geht, führt zu hellsichtigen Fragen, auf die der Philosophielehrer Rede und Antwort stehen muß. Aber er braucht nicht die Grenzen von vornherein in sein Programm aufzunehmen. Überhaupt könnte dieser Schulunterricht nicht eigentlich systematisch und gar nicht abschließend sein. Er wird am besten sich an bedeutende Texte halten, die in den Händen der Schüler sind. Die Interpretation ergibt die Einübung im Philosophieren.

Der Geist der Meditation, die Fähigkeit durchdringender Selbstprüfung, die unbefangene Denkungsart, die Offenheit für alle gehaltvollen Möglichkeiten, – all das kann nicht direkt gelehrt werden, aber im Verstehen großen Philosophierens erweckt und erzogen werden. Das geschieht auf unberechenbare Weise. Menschen muß dafür der Raum gegeben werden. Daß sie ihn erfüllen, liegt je am Einzelnen.

Diese herausgegriffenen Bemerkungen zu einem außerordentlichen Problem unseres Zeitalters müssen in ihrer Kürze unangemessen bleiben.

Die hier auftretenden Fragen werden durch keine Einrichtung gelöst, sondern jeweils durch das innere Leben des einzelnen Studenten oder Lehrers. Das Wesen der abendländischen Universität fordert, daß jeder an ihr seinen geistigen Weg auf eigene Verantwortung suchen und finden soll. Dabei orientiert er sich wohl am Rat der Lehrer, an den dargebotenen Lehrmöglichkeiten, aber er wählt, was ihm als Wahrheit fruchtbar wird.

Die Universität steht um so höher, je mehr Studenten sich nicht allein am Gängelbande der Studienordnungen führen lassen, sondern ihrem Genius folgen, der ihnen Weisung gibt auf ihrem Wege. Damit er spreche, bedarf es des Ernstes und der Reinheit des Lebens überhaupt.

Wir aber, Studenten und Lehrer, schmähen und vergöttern einander nicht, sondern werfen uns die Bälle zu, uns ermunternd und ermutigend. Wir Alten lehren aus Erfahrung und Können, die Jungen müssen aus sich selbst Einsicht gewinnen, sich selbst vertrauen dürfen. Die Alten aber lernen noch und bauen fort bis zum Ende, von dem Kant sagte, man müsse abtreten, wenn man gerade so weit sei, um mit dem Philosophieren recht anfangen zu können. Die Jungen aber werden, indem sie dasselbe Schicksal ergreifen, es unter anderen Voraussetzungen mit neuen Chancen tun.

Von den Grenzen pädagogischen Planens

Seit mehr als einem Jahrhundert ist die Einsicht erwachsen: wir stehen am Ende einer Geschichte von Jahrtausenden. In einem steigenden Tempo geht der Gang der Geschichte in eine Zukunft, die alle Menschen, Chinesen, Inder und Abendländer, vor eine Aufgabe stellt, für die uns zureichende Maße noch fehlen. In dieser Situation ist die Erziehung der kommenden Generationen von der größten Bedeutung. In ihr liegen die Chancen, unsere Tiefe aus dem geschichtlichen Grund zu erwecken, die Gehalte der Überlieferung zu bewahren, aber auch die ganz andere Möglichkeit, die Überlieferung radikal abzuschneiden, sie als Trümmerhaufen zu behandeln, aus dem man brauchbare Steine auswählt und zurechtschlägt für den Neubau, der auf Grund eines vermeintlichen Wissens vom Wesen und Glück des Menschen mit Soziologie und Psychologie gleichsam aus dem Nichts errichtet wird. Daher ist in der ganzen Welt die Erziehung zu einer Sache bewußter Überlegung und ständiger Reform geworden. Überall sinnt und plant man, wie es entweder besser zu machen oder auf ganz neuen Grund zu stellen sei. Nicht nur das Heil der Kinder, die der Lehrer leibhaftig vor sich hat, sondern mit ihnen die Zukunft des Menschseins überhaupt hängt ab von dem, was durch die Erziehung still und unmerklich überall im kleinsten Raum in der Familie und in der Schule und in der Umwelt der Kinder geschieht, was dort von ihnen gehört und für sie sichtbar ist, und was zu tun sie selber angehalten werden.

In der totalitären Welt wird auch die Erziehung total geplant, daher bis in das Kleinste geregelt, nivelliert und erzwungen. Hier ist die Sache ihrer selbst gewiß, klar und eindeutig. Die Totalitären wissen, wie sie es machen wollen. Sie organisieren die Erziehung wie maschinelle Apparatur nach wissenschaftlich-technischen, insbesondere psychologischen Gesichtspunkten. Die Reduktion der Erziehung auf die Herrichtung des Menschen zu einem brauchbaren Arbeitswerkzeug und zur gehorsamen Funktion erzeugt im ganzen einen vitalen Schwung der Teilnahme an einer Macht, die eine großartige Zukunft herbeizuführen verspricht. Es gibt einen die Massen ergreifenden Drang, sich hineinzustürzen in den Strom, in der Funktionalisierung sich selbst preiszugeben, Material zu werden und die andern zum Material zu machen. Es kommt nur auf den geplanten, gewaltigen Menschenbau an, nicht auf Individuen, nicht auf Persönlichkeiten. Diese sind beliebig ersetzbar. Sie sind nach vitaler Kraft intellektueller Begabung, nach technischer Geschicklichkeit und ihrer Funktionalisierbarkeit zu bewerten. Sie sind zu verschwenden in der Arbeit, auszurotten, wenn sie unbrauchbar sind. Denn dieses Material wächst trotz aller Vergeudung immer noch in größerer Menge nach, als man brauchen kann.

Ganz anders in der noch freien Welt. Die Abendländer, die Inder und Chinesen, soweit sie noch wurzeln in ihrer Überlieferung von drei Jahrtausenden, sträuben sich gegen die geistige Vernichtung. Manche werden kleinmütig, sie sehen nur die Ohnmacht vor dem Gang der Weltgeschichte. Manche geraten in einen zuerst verzweifelten, dann gewohnten Nihilismus: es ist alles gleichgültig; es ist ja doch nichts zu machen. Manche möchten sich die große radikale Frage und deren Entweder-Oder, vor das die Menschheit gestellt ist, verschleiern. Manche erbauen sich an den vielen Zaubereien, die heute angeboten werden. Sie alle verwandeln sich und die, auf die sie wirken, unmerklich in eine innere Bereitschaft, im entscheidenden Augenblick den Totalitarismus widerstandslos über sich Herr werden zu lassen. Wo er Herr geworden ist, müssen alle, die nicht sogleich sterben wollen, ohnehin schweigen.

Wie aber in der freien Welt die Erziehung gestaltet werden solle, das unterscheidet sich von der totalitären Welt wesentlich auch durch die Art des Planens. Die freie Welt lebt, so lange sie lebt, aus einem Grunde, von dem her die Führung kommt für all ihr Planen. Dieser Grund wird geschichtlich gelebt und durch tägliche Gegenwart in den Kindern erweckt, selber aber als Ganzes weder geplant noch gemacht. Es ist für die freie Welt zu einer gar nicht leicht lösbaren Aufgabe geworden, zur Klarheit zu gelangen über das, was geplant werden kann und was nicht, und dann zu leben mit dem Bewußtsein um die Kraft des Unplanbaren, aber unendlich zu Erhellenden. Durch falsche Weise des Planens, durch Vergessen des alles tragenden Grundes kann man unmerklich auf den Weg geraten, der im Totalitären endet. Planen, unaufhörliches Planen ist für uns Menschen notwendig. Nicht gegen das Planen, sondern gegen einen falschen Geist dieses Planens und gegen ein Planen, das das Unfaßbare mit einbeziehen will, ist der Schutz notwendig. Ich versuche, dies an einigen Beispielen zu verdeutlichen.

*

1. Kinder sollen Fertigkeiten erwerben und Wissen erlernen. Das Wissen wird in reiner Form durch die Wissenschaften zur Verfügung gestellt. Geplant wird daher, der Jugend den Inhalt und die Methoden der Wissenschaften, soweit sie für das Leben brauchbar erscheinen, weiterzugeben. Geschichte etwa ist nicht nur beim Lehrer begründet auf kritische Geschichtswissenschaft, sondern wird als Wissenschaft vorgetragen, – Unterricht in den alten Sprachen und der Erwerb des Gehalts der eigenen Sprache wird durchsetzt mit linguistischem Wissen, – biblischer Unterricht wird zu Religionsgeschichte. Wichtig aber für Kinder ist nirgends diese Wissenschaft, sondern die Erfüllung des jugendlichen Geistes mit hohen Anschauungen, mit Bildern und Gestalten. Wichtig ist darum die Prägnanz in der Mitteilung dieser Gehalte, die Klarheit ihrer gedanklichen Struktur, daher die Übung des deutlichen Auffassens, der Überwindung des Ungefähren. Das aber ist primär ein geistiger, erst in der Folge wird er zum Teil auch ein wissenschaftlicher Prozeß. In der Wissenschaft als Beruf gibt es nichts, das nicht wissenswert wäre oder sein könnte. Für die Erziehung aber sind die Wissenschaften voll von Nichtwissenswertem. Im Gang der Erziehung wird dann später wissenschaftliche Denkungsweise selber zur bewußten Erfahrung des Wissenkönnens mit zwingenden Gründen. Dann wird die wissenschaftliche Denkungsart als eine unerläßliche Grundlage unseres Menschseins, aber mit dem Wissen um ihre Grenzen, zur Geltung gebracht. Die Planung des wissenschaftlichen Unterrichts kann entscheidend nicht durch die Wissenschaft selbst, nicht durch den Sachverstand der Fachwissenschaften bestimmt werden, sondern steht ursprünglich unter der Instanz des ganz anderen Sachverstandes, des Wissens um die Wesentlichkeit. Sie beruht auf anderer Verantwortung als der der wissenschaftlichen Richtigkeit. Unter dieser Instanz ist die Rolle der Wissenschaft an der Schule, insbesondere die Auswahl des Wissenswerten, jederzeit vom Geist der Schule her neu zu prüfen. Wissenschaftliche Denkungsart aber als Element der Vernunft sollte anläßlich der vorkommenden Inhalte zur verläßlichen Haltung werden.

2. Kinder sollen gemäß ihren Anlagen und Fähigkeiten erzogen werden. Die Psychologie als Wissenschaft von der menschlichen Artung, von den psychophysischen Funktionen, von den Entwicklungsstufen, von den Abnormitäten, soll die Grundlage der pädagogischen Planung und der Entscheidungen sein. Erziehung wird zu einer psychologischen Veranstaltung. Es entsteht die Meinung, der Mensch als Forscher könne den Menschen als Realität durchschauen; was aus dem Menschen werden

könne und solle, das ergebe sich aus psychologischer Erkenntnis. Dies ist ein verhängnisvoller moderner Irrtum. Es ist zwar sinnvoll, Psychologie zu treiben. In Fragen der Ermüdbarkeit, des Gedächtnisses, der Eigentümlichkeiten der Entwicklungsphasen u. a. ist manche Erkenntnis gewonnen, die man zweckmäßig anwenden kann. Die Kenntnis des Psychopathologischen kann manche unnötige Quälerei verhindern, manch schnelles Urteil korrigieren, einerseits Hoffnungen bewahren lassen, andererseits Unerbittliches anerkennen lehren. Die Psychologie wird durchwegs nur bei Mängeln zum Ratgeber. Sie hat es heute durch Testprüfungen und anderes erreicht, in Betrieben und Schulen die Reibungen zu vermindern, die äußerlichen Leistungen zu steigern, – ich wage zu behaupten: oft unter faktischer Herabsetzung des Menschen, unter Anspruch eines viel zu weit gehenden, daher sich im Urteil über den Einzelfall täuschenden Wissens. Psychologie und vor allem Psychopathologie, im Bewußtsein der Grenze ihrer Möglichkeit befragt, sind in bescheidenem Umfang nützlich. Der Psychologe aber als Instanz ist ein ungeheuerliches Phänomen. Ein Eindringen gar der Psychoanalyse, die trotz wissenschaftlicher Elemente im Ganzen eine Glaubensbewegung in wissenschaftlichem Gewande ist, in Amerika eine schon grotesk werdende Erscheinung, scheint mir neben der Verwandlung des Menschen durch marxistische Denkungsart eine Weise der Vernichtung der Menschenwürde (darüber in meiner »Allgemeinen Psychopathologie«, 5. Aufl. 1948, und in einem kleinen Aufsatz »Kritik der Psychoanalyse« in »Rechenschaft und Ausblick«, 1951).

Gegen eine Planung der Erziehung auf Grund vermeintlicher psychologischer Erkenntnis ist hinzuweisen auf den beschränkten Umfang wirklicher psychologischer Einsicht. Man darf sagen: Psychologie als Wissenschaft ist für die Erziehung nicht entscheidend; ohne sie bliebe in der Erziehung alles Wesentliche erhalten, obgleich ihre beiläufige Mitwirkung unter der führenden Instanz des Erziehers nützlich sein kann.

3. Der Anspruch an die Schule, die Kinder auszubilden zu brauchbaren Gliedern der Gemeinschaft, bedeutet zweierlei. Erstens das Erwecken des geschichtlichen Geistes der Gemeinschaft, des Lebens in deren Symbolen. Die Kinder sollen erfüllt sein von diesen Gehalten in täglicher Selbstverständlichkeit, durch das Vorleben solcher Gemeinschaft in der Art des Umgangs, der Weise des Sprechens, der Gegenwärtigkeit der menschlichen Wirklichkeit der Erzieher. Zweitens das Lehren und Üben dessen, was für Arbeit und Beruf Voraussetzung ist. Beides ist unerläßlich. Das

erste ist Sache des Geistes der Schule, je dieser Schule, ist in persönlicher Überlieferung da, unersetzlich in jeder Einmaligkeit, nicht verstandesmäßig absichtlich zu wollen, sondern nur zu schützen und zu pflegen und zum Wachsen zu bringen, wo immer es wenigstens als Keim gegeben ist. Das zweite ist Sache der Absicht und des Planens. Hier hat ein Jahrhundert mit außerordentlichen didaktischen Verbesserungen, immer besseren Lehrbüchern, trefflicheren Übungsmethoden, vermehrter Anschaulichkeit viel erreicht.

Aber diese großen Erfolge hatten ihre Schatten. Die planbare Leistung wurde so sehr in den Vordergrund gerückt, daß die Verantwortung für den Geist des Ganzen schwächer wurde. Vor allem wurde unter dem Gesichtspunkt, was alles für das spätere Leben, als Vorbereitung zu Berufen, wissensnotwendig sei, immer mehr Stoff in den Unterricht aufgenommen, wurden die Fächer vermehrt, bis die Schule zerbrach in viele Schulen, die schon in Hinsicht auf die späteren Lebensberufe sich verschiedene Aufgaben stellten. Der Geist des Ganzen einer Überlieferung, der Glaube an Bildungsgemeinschaft kam immer weniger zur Geltung. Überall gab es den Kampf der Fächer um die Stundenzahl, die Herabsetzung der früheren Anforderungen, um der Vielfachheit zu genügen. Der Schulunterricht wurde im Planen ständig zerstreuter. Für das Gymnasium lag es einst so, daß die Kinder bis zu ihrem Schulabschluß an Unterrichtsgegenständen hatten: Griechisch und Lateinisch, Bibel und Mathematik, Geschichte und Geographie. Das war genug, das schuf wirklich eine geistige Grundlage. Alles sonstige Wissen und Können wurde außerhalb der Schule oder später erworben. Die Schule schuf intellektuell und geistig die Grundlage, die zur Aneignung alles anderen befähigte. Heute ist bis an die Universitäten und Technischen Hochschulen gedrungen: endlose Stundenzahl notwendiger Vorlesungen und Übungen, Versperrung des freien geistigen Weges des Studenten, Zerstreutheit vieler Fächer und Kenntnisse, nachher großes Wissen in Prüfungen, aber Erlahmen des ursprünglichen geistigen Lebens, Verlust der Fähigkeit zur Meditation, zur Einsamkeit und zu dem Immer-daran-Denken, das nur auf eine, nicht auf endlos viele Sachen sich richten kann. Hat der Pessimismus recht, der behauptet, daß die faktische Herrschaft der Durchschnittlichkeit die Abrichtung verlange statt freien geistigen Lebens, die Daseinsform in der Trennung des leeren Arbeitsbetriebes und des ebenso leeren Vergnügens? Oder ist es möglich, wieder der Freiheit geistig intensiven statt bloß lernhaft extensiven Lebens ihre Chance zu geben? Wenn das nicht möglich wäre, dann ginge der Weg trotz allen Sträubens gegen solche Konsequenz langsamer oder schneller zu Formen des Totalitären auf der ganzen Welt. –

*

Beibringen wissenschaftlicher Kenntnisse, Psychologie als Mittel richtiger Behandlung der Kinder, die Ausbildung zu einem brauchbaren Mitglied der Gesellschaft, – diese drei Beispiele sollten zeigen, wie aus rechten Ansätzen Irrungen entstehen können durch Verselbständigung des Planens und durch Verabsolutierung seiner Mittel. Was tun? Es ist die Grenze bewußt zu machen, wo die Antwort auf diese Frage nicht wieder durch eine rationale Anweisung erfolgen kann. Vielmehr muß deutlich werden, was paradoxerweise als Planen des Nichtplanens benannt wird.

Vergangenes läßt sich nicht wiederherstellen. Was wahr und wirklich ist, muß aus gegenwärtigen Impulsen kommen. Aber angesichts großer Vergangenheit kann die Aufgabe heller bewußt werden: die Gründung der Schule auf den geistigen Gehalt des geschichtlichen Menschen in der Verwandlung zu gegenwärtig lebendigem Geiste und die Führung allen bloßen Wissens und aller technischen Unentbehrlichkeit durch diesen Geist.

Solche Aufgabe aber ist nicht allein durch rationale Planung zu erfüllen. Gerade die Planung hat, selbständig geworden, die Zerstreuung hervorgebracht. Die Mittel, deren die Planung sich bediente, wurden Selbstzweck. Wissenschaftliche Kenntnisse und Leistungssteigerung wurden zum Endziel und die Psychologie zur Methode des pädagogischen Planens. So wurden die Wissenschaften, die nur ein Element der Erziehung sind, zuweilen fast wie ein Vorunterricht für spätere Forschungsberufe betrieben. Die Didaktik verabsolutierte die Leistungssteigerung in Gedächtnis und Geschicklichkeiten. Die Psychologie sah, was als psychophysischer Mechanismus und verstehbare Motivation ein Werkzeug der freien Menschen ist, als den Menschen selber. Aber man kann sagen: selbst wo gegen Wissenschaft, Didaktik, Psychologie verfehlt wird, ist hervorragende Erziehung möglich. Wo aber der geschichtliche Geist des führenden Ganzen verletzt wird, da ist der Kern der Erziehung in Gefahr. Ein Geschichtslehrer etwa, der unkritisch seinen Herodot erzählt und noch einiges dazu erfindet, kann der Erinnerung Bilder einprägen, die Wahrheit haben und unvergeßlich bleiben, – wenn er auch im wissenschaftlichen Leichtsinn keineswegs Vorbild ist. Der ungeschickte Schulmeister, der feierlich die geheimnisvollen Buchstaben zu schreiben beibringt, erzeugt den Widerhall einer Gesinnung, die Ehrfurcht ist, – obgleich vielleicht die Forderung bleibt, daß er die Einübung didaktisch geschickter machen soll. Der unpsychologische Lehrer, der ganz an das Hohe und Gültige, an das Gemeinsame denkt, darin die Kinder auf dem Weg des Ernstes und der Bescheidung erzieht, richtet vielleicht einmal in psychologischer Blindheit (weil er von Psychopathologie nichts weiß) im individuellen Fall Unheil an – er ist darin kein Muster und zu korrigieren –, aber er lebt im Wesentlichen. Das heißt, er denkt nicht in erster Linie an die Kinder, sondern mit den Kindern an die Sache.

Nur durch die Sache kann die Strenge kommen, die anerkannt und frei ergriffen werden soll. Strenge durch Psychologie ist entweder Vergewaltigung, wie durch militärische Methoden, die nicht in die Schule gehören, oder Psychologie macht weich und gibt Raum der Willkür mit der Grenze der brutalen, weil selber mechanisch werdenden Entscheidungen des »Apparats« in Auslese, Prüfungen, psychologischen Gutachten.

Wohl kann man in der Erziehung überall nachsinnen und planen, aber wichtiger ist, die Grenzen dieses Planens einzusehen und mit Gewissenhaftigkeit einzuhalten. Die Instanz, die über der Planung steht, kann nicht selber geplant werden. Sie ist da oder nicht da. Daß sie heute noch da ist, darauf beruhen unsere Hoffnungen. Aber sie ist nicht da in der äußerlichen Greifbarkeit von Leistungen und Zahlen und Lehrplänen. Das Entscheidende geschieht durch den einzelnen Lehrer zwischen den vier Wänden seiner Klasse, wo er frei ist zu eigener Verantwortung. Da findet dann jenes wirkliche Leben statt, das den bürokratischen Planern und Reglementierern und Schulfürsten manchmal ein Greuel ist. Da ist Menschenfreundlichkeit eins mit der Verantwortung für die geistigen Gehalte. Hier bleibt trotz allen Planens ein Raum ursprünglicher Wirklichkeit. Hat der Planende sie vor Augen, so kann er nur denken, sie möglichst wenig zu stören. Ob sie da ist, das wissen im unreflektierten Bewußtsein die Kinder, das weiß der Lehrer in der Klarheit gewissenhafter Erfüllung seiner Aufgabe, wo immer ihm der gute Geist zu Hilfe kommt. Er darf die Ruhe haben, daß etwa schon durch die Lektüre der wunderbaren Texte mit seiner bescheidenen didaktischen Hilfe Keime in die Kinder gelegt werden, die ein Leben lang wachsen können.

Aus der führenden Instanz in der Persönlichkeit des Lehrers, gewaltig gesteigert durch die Gesinnungsgemeinschaft einer Schule, kommen alle Impulse, die Kraft und die Freude. Die Instanz spricht über den Kreis der Schule hinaus, von ihr mitbedingt, in jedem einzelnen Menschen. Sie spricht in der Geschichtlichkeit von Völkern, die, vermöge ihres sittlichen Grundes und ihres Glücks in den Gewaltsituationen der Geschichte, die Wirklichkeit ihres Lebens bewahrten. Man kann an diese Instanz rühren, sie ermutigen, wo sie nur leise spricht, sie zur Klarheit bringen im Miteinander. Wo sie spricht, da ist der Alltag nicht grau, da ist das geringste Tun in den Sinn aufgenommen, da ist schon das Lernen von Lesen und Schreiben und Rechnen nicht nur ein Erwerb technischer Fähigkeiten, sondern von vornherein Teilnahme am Geiste, in der Sorgfalt, die die Schönheit darin erfaßt und keine Bewegung der Hand, keine Operation des Verstandes nur äußerlich nimmt.

Wo aber Planen und Wissen, statt Mittel unter der umgreifenden Führung zu sein, unwillkürlich selber Zweck werden, da verwandelt sich Erziehung in Abrichtung, der Mensch in Funktion, kollabiert der mögliche Aufschwung des Menschen in einen Zustand bloß vitaler Lebensenergie, ein Prozeß, der erst im Totalitären seinen Sinn versteht und vollendet.

Wahrheit und Wissenschaft

Fünfhundert Jahre fordern, uns zu besinnen, woher wir kommen, was wir wollen, welche Aufgabe uns gestellt ist.

Die mittelalterliche Universität war geistig geschlossen. Die Theologie führte. Auf Universitätsszeptern sieht man dargestellt, wie Christus die Wissenschaften an die Fakultäten verteilt. Erst die unabhängige Philosophie, die modernen Wissenschaften, der neue Humanismus, im wesentlichen außerhalb der Universität erwachsen, bewirkten die eingreifendste geistige Umstrukturierung, und die neue Offenheit. Dieser Prozeß ist heute keineswegs abgeschlossen. Er ist so radikal, weil der Begriff der Wahrheit selber sich wandelte. Der Angelpunkt aber dieses Wandels ist die Entstehung der modernen Wissenschaft.

»Wissenschaft« und »Wahrheit« ist mein Thema, um den Sinn der Universität heute zu vergegenwärtigen und den Blick zu finden auf ihre Aufgabe vor der drohenden Weltkatastrophe.

1.

Die moderne Wissenschaft ist ein weltgeschichtlich einziges Phänomen, nur im Abendlande entstanden. In China und Indien gab es sie nur in spärlichen Vorstufen, in Griechenland zwar reicher, doch nur in unverbundenen großartigen Ansätzen, die früh steckenblieben. Jetzt aber, in wenigen Jahrhunderten, hat sie das Abendland geistig, technisch, soziologisch aus den Fugen gebracht und die gesamte Menschheit mit hineingerissen. Sie befindet sich gegenwärtig in beschleunigtem, stürmischem Fortschritt.

Zu Anfang erwuchs in den Werkstätten der Künstler, in den Laboratorien der Alchemisten, im nominalistischen Philosophieren, in den neu errichteten Sternwarten, in den Sammlungen von Pflanzen und Tieren, in den humanistischen Studien, in den Auffassungen der Diplomaten, in der Staatsverwaltung (Kameralistik) eine Denkweise, die sich schließlich als die eine, allumgreifende moderne Wissenschaftlichkeit bewußt wurde.

Diese Wissenschaft ist erstens methodische Erkenntnis mit dem Wissen von der jeweiligen Methode und ihren Grenzen. Zweitens ist sie zwingend gewiß, mit dem Wissen auch der Ungewißheit. Drittens ist sie allgemeingültig, nicht nur im Anspruch, sondern faktisch. Daher breiten sich wissenschaftliche Erkenntnisse aus als einsichtig für alle.

Warum ist das uns so Selbstverständliche nur im Abendlande entstanden? Ich will nicht sprechen von den glücklichen Bedingungen, etwa von der Freiheit, die durch den Dualismus von Reich und Kirche, durch die Berührung von Christentum und Islam, durch die Kirchenspaltungen, durch die Vielheit der Staatsnationen sich entwickeln konnte. Vielmehr frage ich nach den inneren Motiven des universalen und expansiven Forschungsgeistes. Einige von diesen lassen sich vielleicht zeigen:

Griechische Philosophie erkennt zumeist den Kosmos als das Vollkommene, Vernünftige, ewig Bestehende. Das Andere, das Zweckwidrige, Störende, Böse ist nichts, ist Materie, nicht wißbar und nicht wissenswert. Unser leidenschaftliches Interesse für jede beliebige Realität kannten Griechen so noch nicht. »Es gehört«, sagt Hegel, »eine höhere Intensität des Selbstbewußtseins dazu, sich mit den Gegenständen nach ihrer Endlichkeit zu beschäftigen.«

Dieses Selbstbewußtsein hat einen biblischen Ursprung. Wenn ich Gott gegenüberstehe, die Welt nur die Stätte des Übergangs in der Zeit, aber als solche Gottes Schöpfung ist, dann ist sie zwar als Sein zweiten Ranges nicht ewig und eigengegründet, andererseits aber als Gottes Schöpfung gut. Dann ist alles, was ist, auch wissenswert. Das Kleinste und Größte, das Nächste und Fernste und Fremdeste, nichts soll verborgen, verschwiegen, unberührbares Geheimnis bleiben. Die Welt wird sich aufschließen dem Drang zur Sachnähe, dem Denken im Umgang mit allen Dingen, im Zufassen mit der Hand, im Wahrnehmen mit allen Sinnen und dem darin sich bewährenden Erkennen. Wenn Gott ist, dann verschwinden alle Dämonen, Magien, kosmischen Mächte und alle falsche Ehrfurcht.

Aber der griechische Wille zum Erkennen des Weltganzen erhielt sich trotzdem. Er faßte jetzt die Erkenntnis auf als Nachdenken der Gedanken Gottes in der Schöpfung. Gott galt als der Weltbaumeister, der Mathematiker, als die Vernunft des Weltganzen. Dann blieb auch die griechische Neigung, das Nichtstimmende als Nichtsein zu fassen. »Um so schlimmer für die Tatsachen«, antwortete noch Hegel, wenn Tatsachen ihm widersprachen. Sie zeigen ihm nur »die Ohnmacht der Natur, dem Begriffe zu gehorchen«, zeigen in der Geschichte nur die Zufälligkeit, deren Wesenlosigkeit ohne Interesse ist.

Diesem griechischen, unser Selbst- und Weltbewußtsein trübenden Erbe widerstrebt der biblische Glaube. Gottes Schöpfung läßt nicht zu, Tatsächliches für gleichgültig zu nehmen. Mehr noch: Der Wahrheitswille der Forscher sucht grade das, was den bis dahin gefundenen Ordnungen widerspricht. Sein Logos bringt sich an Tatsachen ständig wieder zum Scheitern, aber nicht um sich preiszugeben, sondern um sich in besserer Erkenntnis zurückzugewinnen. Er weiß, daß er auf menschliche, endliche Weise erkennt, fortschreitend ins Unendliche, und er mißtraut jeder erkannten Ordnung des Ganzen.

Daher gibt es heute kein gültiges Weltbild mehr. Die frühere philosophische und mythische Einheit eines Totalwissens ist für menschliches Erkennen unerreichbar. Die Wissenschaften sind grundsätzlich für immer unfertig.

Wie das faktisch Nichtstimmende zur Anziehungskraft, so wird das Zweckwidrige, Böse zu einem Stachel des Wissenwollens. Die Welt ist voller Grauen. »So ist es«, muß der Wahrheitswille feststellen. Gott der Weltschöpfer wird gleichsam haftbar gemacht. Im Erkennen liegt ein Ringen gegen Gott für Gott. Denn Gott will die Wahrhaftigkeit. Er will nicht durch Illusionen ergriffen werden. Er verwirft jene Theologen, die Hiob durch Dogmen und Sophismen trösten und ermahnen wollen.

Die leidenschaftliche Frage: wie sind in den Realitäten der Welt die Gedanken Gottes zu finden? stößt an die Grenze: Unsere Gedanken sind nicht Gottes Gedanken, Gottes Gedanken sind nicht unsere Gedanken – auch dann nicht, wenn die Wissenschaft im besonderen unerwartete, staunenerregende Ordnungen, Schönheiten, Vollendungen findet.

Dieses Ringen ist zugleich das des Erkennenden gegen seine eigenen Ideale: sie werden in Frage gestellt. Wie der wissenschaftliche Mensch die Instanzen sucht, die seinen Aufstellungen und Erwartungen widersprechen, so der moderne Philosoph seine Widersacher. Etwas scheinbar Selbstzerstörerisches läßt Wahrheit offenbar werden.

*

Zu den biblischen Antrieben kam ein weltlicher: der Mut zum Abenteuer wurde zum geistigen Wagnis, über jeden Horizont hinauszuschreiten.

Dante hat in seinem Odysseus einen Antrieb moderner Wissenschaft vorweg gezeigt. Weder Sehnsucht zur Heimat noch Liebe zu den Seinen konnten Odysseus' Durst besiegen, »daß nichts verhüllt mir bliebe«. An den Säulen des Herkules, dem Grenzstein, der gesetzt ist, »damit der Mensch umkehr an dieser Stelle«, überredet er seine Genossen: »Versagt nicht eurem letzten Lebensrest, eins noch zu erfahren, ob es, der Sonne folgend, uns gelingt, den menschenlosen Weltteil zu gewahren... Nicht daß ihr wie das Vieh lebt, habt ihr Leben, vielmehr daß ihr nach Ruhm und Wissen ringt.« Fünf Monate segelten sie. Die Sterne des anderen Pols stiegen auf. »Da sahen wir einen hohen Berg im Meere«, den Berg des Fegefeuers. Das war zuviel. Von dort kam Sturm, das Meer verschlang das Schiff und die Männer. Dante läßt den Menschen scheitern an der Vermessenheit, die ihm gesetzten Grenzen zu überschreiten.

Die moderne Wissenschaft kennt kein Anhalten. Sie geht in das Äußerste. Sie wagt den zunächst absurd erscheinenden Gedanken, um zu neuer, Tatsachen offenbarender Gewißheit zu gelangen. Es begann mit dem Denken gegen den Augenschein schon in der Antike, etwa mit dem Begreifen der Perspektive und ihrer Anwendung auf Astronomie (»der Mond ist größer als der Peloponnes«), blieb aber an Anschauung gebunden. Heute wagt die Naturwissenschaft das für die Anschauung Paradoxeste mathematisch konstruierend zu versuchen, um damit durch Experiment bestätigte unbezweifelbare Erkenntnisse, zuletzt in der Atomphysik, zu gewinnen und die Energien der atomaren Welt zu entfesseln.

*

Ein drittes Motiv liegt in der Polarität des Erkennens zwischen dem Erblicken dessen, was sich zeigt (der alten Theoria), und dem gedanklichen Hervorbringen dessen, dem ein Unsichtbares in den Erscheinungen entgegenkommt (der modernen »Theorie«).

Die Aktivität des Hervorbringens wird die Form eigentlichen Erkennens. Ich erkenne nur, was ich machen kann, sagte Kant. Vico sagte: Die Geschichte ist die gültigste Wissenschaft, weil wir in ihr erkennen, was wir Menschen selbst getan haben.

So liegt Erkenntnis im Sichbewähren ihres eigenen Hervorbringens (Naturwissenschaften) oder im denkenden Nachvollziehen des von Menschen Hervorgebrachten und Getanen (Geschichte) oder im Erzeugen inneren Handelns als Ursprung der Lebenspraxis (Philosophie).

Aber das Motiv des »Erkennens durch Hervorbringen« ließ sich verkehren durch den Machtwillen:

Aus der Naturwissenschaft entsprang die Technik, zunächst angemessen als Befreiung des Menschen von Not und als Schöpfung neuer Daseinsgestaltungen, dann zweideutig als gleichzeitige Steigerung der Aufbau- und der Zerstörungsmöglichkeiten, schließlich verkehrt als totales Machenwollen aller Dinge.

Aus der Geschichtswissenschaft entstand ein soziologisch-praktisches Denken, zunächst angemessen als Orientierung in Realitäten und Möglichkeiten für Handeln und Planen, dann verkehrt, als es aus vermeintlichem Totalwissen die Macht über die Geschichte durch Totalplanung versuchte.

Aus der Philosophie erwuchs die Technik von Seelenlenkung, Menschenprägung und Glaubensindoktrinierung, zum Verderben des Selbstseins freier Menschen. Unter Verleugnung der Wissenschaft wurde das Philosophieren diktatorisch oder kleidete sich in die entstellende Maske der sogenannten Psychoanalyse.

*

Wer die Erfahrung des Wissens hat, kennt den Anruf des sapere aude, zum Mut, nicht anzuhalten. Das Wissenwollen ist nicht eine harmlose Beschäftigung. Die Folgen des Wissens sind nicht absehbar. Der Anfang der modernen Wissenschaft ist auch der Anfang eines Unheils. Von Beginn an geschah daher auch Abwehr. Das Erkennen könnte ein Frevel sein. Es überfiel Forscher zuweilen ein Schrecken und schuf ein quälendes Gewissen.

In der Breite des modernen Bewußtseins dagegen sieht es umgekehrt aus. Der moderne Mensch drückt auf Knöpfe, dreht eine Scheibe, bewegt einen Hebel und hat das Licht, den Lautsprecher, das Telefon, die Heizung. Er tritt in die Tram, die Eisenbahn, das Auto, das Flugzeug. Er braucht nicht zu wissen, was da eigentlich vorgeht. Wissenschaft und Technik machen das. Sie werden alles machen, was nötig ist. Sie schaffen unser Glück. Der Fachmann kann alles, oder er wird es doch bald können. Alle sind Fachleute in ihrem kleinen Bereich und erwarten das, was sie bedürfen, von anderen Fachleuten. Alle leben, als ob von einem Orte her das Ganze geführt werde. Aber an diesem Orte steht kein Fachmann. Dort finden sie nichts. In unaufhebbarer Daseinsnot erzeugt daher der Wissenschaftsaberglaube das typisch moderne Bewußtsein des totalen Betrogenseins, die Verzweiflung oder die sterbensmüde Gleichgültigkeit.

Der Wissenschaftsaberglaube, der nicht weiß, was eigentlich Wissenschaft ist, meint in der Bedeutung der benutzten oder bedienten Apparaturen wie in einem Muster das Ganze der Wahrheit und der Wirklichkeit und des Glücks zu greifen, als ob alles, was ist, in dieser Weise erkennbar, zu machen und weiter nichts sei. Er wird blind für Wahrheit und Wirklichkeit.

*

Die Wissenschaften selber aber wissen es ganz anders. Sie erkennen und bezeugen die Bodenlosigkeit der für sie ungeschlossenen und unabschließbaren Welt. Das Feld wissenschaftlicher Erkenntnis mit ihrer zwingenden, allgemeingültigen Richtigkeit kann nicht als die absolute Wahrheit gelten.

Hier liegt der entscheidende Punkt. Die Wissenschaft hat zwar einen neuen, bestimmten, großartigen Wahrheitsbegriff verwirklicht, der aber keineswegs alle Wahrheit umfaßt. Der wissenschaftliche Wahrheitsbegriff als allgemeingültige Richtigkeit läßt vielmehr anderer Wahrheit, dem Umgreifenden, den Raum frei.

Ohne Verleugnung wissenschaftlichen Erkennens, vielmehr durch es gefördert, bleibt der Sprung zur Transzendenz möglich. Er ist im philosophischen Denken erhellbar.

*

Voraussetzung dieses Sprunges ist die Klarheit über die Grenzen der Wissenschaften.

Bei der Frage nach dem Anfang des Kosmos, des Lebens, des Bewußtseins, nach den Schritten des menschlichen Geistes in der Geschichte stoßen wir an faktische Grenzen. Wir begreifen nie das Ganze, weder Materie noch Leben, weder Anfang noch Anfangslosigkeit, weder Sprung noch Kontinuität, wir können erkennend nur fortschreiten ins Unendliche.

Wissenschaftliches Erkennen bedeutet jederzeit Heraustreten aus dem Ganzen. »Fast jeder Fortschritt der Naturwissenschaft ist mit einem Verzicht erkauft worden«, sagt z. B. Heisenberg, »die Ansprüche der Naturforscher auf ein ›Verständnis‹ der Welt werden immer geringer.«

Die Grenzen der wissenschaftlichen Erkenntnis überhaupt lassen sich allgemein formulieren:

Wissenschaftliche Sacherkenntnis ist nicht Seinserkenntnis. Denn alle Wissenschaft ist partikular, auf bestimmte Gegenstände und Aspekte, nicht auf das Sein selbst gerichtet.

Wissenschaftliche Erkenntnis vermag keine Ziele für das Leben zu geben. Je klarer sie über sich selbst wird, um so entschiedener verweist sie auf einen ihr unzugänglichen anderen Ursprung, auf unsere Freiheit.

Wissenschaft vermag keine Antwort zu geben auf die Frage nach ihrem eigenen Sinn. Daß Wissenschaft sein soll, beruht auf einem ursprünglichen Wissenwollen, dessen Recht nicht wissenschaftlich bewiesen werden kann.

Im besonderen bedarf die wissenschaftliche Erkenntnis der Voraussetzungen. Daß sie weiß oder wissen will, welche Voraussetzungen sie jeweils macht, das allein ist ihre Voraussetzungslosigkeit. Grenze der modernen Wissenschaft ist, daß jede Voraussetzung zu einer hypothetischen werden muß und ihrer Absolutheit beraubt ist.

*

Die Grenzen der Wissenschaften sind Zeiger. Wahrheit will mehr als bloße Wissenschaft. Auch diese andere Wahrheit wird gedacht.

Wissenschaft geht auf das Zwingende für jeden Verstand, das Denken der Wahrheit auf Überzeugung für menschliche Existenz.

Die wissenschaftliche Erkenntnis vollzieht sich in je besonderen Forschungen und ist eine und gleich für jedermann. Die Überzeugung von Wahrheit in philosophischer Vernunfterkenntnis oder theologischer Offenbarungserkenntnis ist vielfach und nicht identisch für alle.

Die wissenschaftliche Wahrheit ist relativ auf Methoden und Standpunkte, als solche allgemeingültig. Die philosophische und theologische Wahrheit ist unbedingt für den in ihr Lebenden, aber in ihren objektiven Aussagen vielfach und nicht allgemeingültig.

Dies ist das Unumgängliche, für den wissenschaftlichen Richtigkeitsgedanken Unerträgliche: Die Wahrheit, die unbedingt ist für den, der ihr folgt, und damit das Leben und das Forschen selber erst sinnvoll macht, kann nicht mehr eine sein, sondern ist wirklich nur im Kampf der geistigen Mächte.

Wissenschaftliche Richtigkeit ist die gemeinsame des Verstandes, der in allen Menschen als der gleiche Punkt des Bewußtseins überhaupt denkt. Philosophische und theologische Wahrheit ist das, was uns verbindet in der Kommunikation des unabsehbar Verschiedenen unserer Existenz.

*

Der alte umfassende Wissenschaftsbegriff ist seit fünfhundert Jahren eingestürzt. Das wurde nicht gleich bewußt. Vielmehr wurde weiter alle Erkenntnis, ob zwingende Richtigkeit oder umgreifende Wahrheit, ob Physik oder Theologie, mit dem einen Namen der Wissenschaft getroffen.

Aber das von den modernen Wissenschaften entweder Ausgeschlossene oder unklar Eingeschlossene war von jeher und ist auch heute noch Wahrheit.

In der Tat ist gleichzeitig mit den Wissenschaften, aber aus anderem Ursprung, die moderne Philosophie aufgetreten. Sie suchte ihre von Offenbarung unabhängige vernünftige Glaubenserkenntnis, wie die Wissenschaft die von Offenbarung unabhängige Welterkenntnis wollte.

Wegen der gemeinsamen Unabhängigkeit vom Offenbarungsglauben setzte sich die neue Philosophie der modernen Wissenschaft gleich, ein verhängnisvolles Mißverständnis ihrer selbst. Daher trat die große Philosophie der neueren Zeit in unpassendem Kleide auf. Oft verlor sie sich in dieser Selbstidentifizierung mit moderner Wissenschaft. Denn den Anspruch der zwingenden Gewißheit der wissenschaftlichen Erkenntnis konnte sie nicht erfüllen. Daher wurde sie verachtet und bekam schließlich selber ein schlechtes intellektuelles Gewissen.

Die moderne Philosophie kann ihre wahre Gestalt nur gewinnen, wenn sie die abgeworfenen Kleider – sowohl das kirchliche Glaubensdenken als auch die moderne Wissenschaft – als ihr andere Wahrheiten erkennt. Im Blick auf sie gewinnt sie ihren eigenen ewigen Ursprung wieder. Vom Offenbarungsglauben betroffen, hört sie nicht auf, ihn verstehen oder in seiner Unverständlichkeit verstehen zu wollen. Die Wissenschaft ist für sie die Situation der jeweils erreichten zwingenden Erkenntnis.

Die neuen Aufgaben der Philosophie wurden daher diese:

1. Da die moderne Wissenschaft angesichts der Unerschöpfbarkeit von Welt und Mensch niemals zur Vollendung kommen kann, wird ihr das Schicksal des Fortschreitens in das Unendliche, daher des ständigen Ungenügens. Die in der Welt sich findende Freiheit des Menschen aber, nicht unterworfen dieser Erkennbarkeit, will im Philosophieren sich zu sich selbst bringen.

2. Die Bodenlosigkeit der Welt verbietet es, das Weltsein als absolute Wirklichkeit zu fassen. Die Philosophie weist auf ein anderes als die erkennbare Welt, auf Existenz und Transzendenz.

3. Die Wissenschaft hat zwar befreit von Magie und Dämonen, hat aber

auch die Gegenwärtigkeit des übersinnlichen Grundes verlorengehen lassen. Die Philosophie stellt das verworfene, geschichtlich Überlieferte wieder her als ein Reich der Chiffern, dieser Schöpfungen des Menschengeistes, in denen die Wirklichkeit des Übersinnlichen aufgefangen wurde, oder in denen der Mensch die Sprache dieser umgreifenden Wirklichkeit vernahm in Symbolen, Mythen, philosophischen Spekulationen.

In der neuen Erkenntnissituation tritt das nur scheinbar Verlorene mit dem Anspruch auf, durch Chiffern existentiell zu erleuchten. In ihrer schwebenden Sprache könnten sie für den wahrhaftigen Menschen wirksamer werden als das Leibhaftige der übersinnlichen Pseudorealität.

Diese Leibhaftigkeit ist für uns als Sinnenwesen mit endlichem Verstand und knechtet uns. Übersinnliche Wirklichkeit (Transzendenz) ist für uns als Existenz mit Vernunft und befreit uns. Die Wissenschaft ermöglicht die Aufhebung von Leibhaftigkeit in der reinen Sprache der Chiffern. Philosophie will den Ernst der Chiffern retten und mit Chiffern gegen Chiffern den in der Zeit unabschließbaren Kampf des existentiellen Geistes mit sich selbst, im Blick auf den Grund des Seins, führen.

*

Gibt es nun etwa zwei Wahrheitsarten unbezogen nebeneinander, die der Wissenschaften und die der Philosophie? Keineswegs. In allen Wissenschaften vielmehr vollzieht sich beider Trennung und Verbindung.

So in den Naturwissenschaften: Glaubensüberzeugungen, die selber nicht Wissenschaft sind, bleiben die Motivation in der Hingabe der Forscher. Einstein z. B. spricht auf seine Weise eine »mit dem religiösen Gefühl verwandte Überzeugung von der Vernunft bzw. Begreiflichkeit der Welt« aus. Die Erfahrungsmannigfaltigkeit zu bewältigen, könnte endlos, die Einfachheit der Grundhypothesen unerreichbar sein. Darum sein Bekenntnis: »Die endliche Vereinbarung dieser Ziele ist beim primitiven Zustand unseres Forschens eine Sache des Glaubens. Ohne solchen Glauben wäre für mich die Überzeugung vom selbständigen Wert der Erkenntnis nicht kräftig und unerschütterlich.«

So auch in der Biologie. Sie setzt ein ursprüngliches Wahrnehmenkönnen des Lebendigen voraus. Was im philosophischen Lebensglauben unbestimmt ist, das wird mit Methoden zwingenden Erkennens objektiv bestimmt gezeigt. Der Grenze der biologischen Wissenschaft auf dem Wege des faktischen Erkennens bewußt zu bleiben, bedarf einer unausgesetzten Kritik.

Wieder anders in der Theologie: Im Gegensatz zu den Naturforschern und Historikern gilt ihr die alte Wissenschaft der Glaubenserkenntnis. Die modernen Wissenschaften dienen ihr nur als Hilfsmittel. Doch das Hilfsmittel kann die Herrschaft gewinnen. Overbeck, der berühmte Basler Theologe, trug seine historischen Forschungen vor, ohne Rücksicht darauf, ob ihre Themata aus Glaubensinteresse gesucht oder ob ihre Ergebnisse für den Glauben erwünscht seien. Was er selber glaubte, ließ er die Studenten nicht wissen. Nach seiner Aussage war er kein gläubiger Christ. Für die Strenge seiner Untersuchungen und deren Richtigkeit war dies gleichgültig.

In den Geschichtswissenschaften sind die Richtigkeitsforschung und die philosophische Führung gleich wesentlich. Der Humanismus, diese große Bewegung, in der Dichter, Gelehrte, Staats- und Kirchenmänner in Berührung mit der Antike die Vollendung des Menschen suchten, war eine praktische Philosophie, ihre heroische Gestalt Thomas Morus, ihr berühmtester Gelehrter und Schriftsteller Erasmus. Der Umgang mit den antiken Werken, deren Auffindung und Edierung und Kommentierung, brachte die Philologie und Historie hervor, die ein Element der modernen Wissenschaften wurden und wie diese bis heute in ständigem Fortschreiten sich befinden. In ihnen aber führt die Frage, wie ihr Verstehen von Sinn zu objektiv zwingender Erkenntnis gelangt, zu einer nicht vollendbaren Kritik: wie sind die Tatsachen eines einst gemeinten Sinns in seiner Entfaltung, wie die inneren Konsequenzen oder Widersprüchlichkeiten solchen Sinns, wie seine kausalen Wirkungen allgemeingültig zu zeigen? Wo liegen die Grenzen, an denen der philosophische Glaube und das ihm entspringende Wahrnehmenkönnen maßgebend wird für die Forschung?

Das große Problem, was in den Wissenschaften die Wissenschaft selber ist, was als reine Wissenschaft herausgearbeitet werden soll, sieht in jedem Gebiet der wissenschaftlichen Erkenntnis anders aus.

Überall aber gilt: So weit die Wissenschaft gelangt, werden die Glaubensüberzeugungen suspendiert, um zu prüfen, was sie hervorgebracht haben an Erkenntnis, die für jeden gültig wird. In diesem Sinn werden sogar die Überzeugungen zu Organen wissenschaftlicher Erkenntnis herabgesetzt.

Die Motive und das Sehvermögen der Forscher, nicht die Richtigkeit ihrer Erkenntnisse, bleiben an die übergreifende Wahrheit gebunden. Einmütig werden sie nur in der zwingenden Erkenntnis. In Antrieben und im Verstehenkönnen bleiben sie von der vielfachen Wahrheit bewegt und darin für immer different.

In den Wissenschaften selber also ist Philosophie gegenwärtig. Die Scheidung von der Philosophie läßt zwar die Wissenschaft rein werden. Die Bindung an Philosophie aber macht sie gehaltvoll. Wissenschaft und Philosophie, beide leiden Schaden durch unkritische Vermischung und durch faktische Trennung.

*

Solange nicht eingesehen wird: die Unwahrheit der verabsolutierten Wissenschaft – die Bodenlosigkeit der erkennbaren Welt – die Kraft der Chiffern als Sprache der eigentlichen Wirklichkeit –, solange ist die Welt der modernen wissenschaftlichen Erkenntnis und des technischen Machens trotz ihrer in sich großartigen, aber beschränkten Helligkeit doch im ganzen eine Verdunkelung des Menschen und eine Verkehrung dessen, worauf es für ihn ankommt. Verschwunden sind Existenz und Transzendenz (oder Freiheit und Gott), die sich jedem wissenschaftlichen Forschungszugriff, als für diesen nichts, entziehen. Denn niemals begreifen wir sie aus der Welt, die wir wissenschaftlich erkennen.

Das scheint die Situation von Wahrheit und Wissenschaft heute. Wir kommen zur Anfangsfrage zurück: was bedeutet diese geistige Situation für die Aufgabe der Universität?

2.

In der Stiftungsbulle 1459 hat Enea Silvio Piccolomini (Pius II.) mit Formeln seiner Zeit als Aufgabe der Universität bezeichnet, »durch unablässiges Studium die Perle der Wissenschaft zu erlangen, welche den Weg zu gutem und glücklichem Leben zeigt und bezeugt«, und welche »den Erfahrenen Gott ähnlich macht und ihn zum klaren Erkennen der Weltgeheimnisse hinführt«.

Diese hohen Versprechungen wird heute kaum jemand wagen, auch wenn in der Seele eines edlen Jünglings noch solche Stimmung sein könnte. Eher umgekehrt: Die Universität hat Wissenschaft zu lehren, und zwar im Sinne moderner Wissenschaft, und weiter nichts. Glaube, Wahrheit in einem die Wissenschaften überschreitenden Sinn, hat hier keinen Platz.

Das ist die große Frage: Hat die Universität nur die Aufgabe der modernen Wissenschaften? Oder soll sie alle Wege des Denkens zur Wahrheit hin beschreiten?

*

Die Universität scheint durch ihre Realität die Antwort zu geben. Die Wissenschaften sind zerfallen in Bereiche, die voneinander kaum Kenntnis nehmen. Die Universität ist ein Aggregat von Fachschulen spezialistischer Ausbildungen. Sie ist das Warenhaus, in dem jeweils die für bestimmte Zwecke begehrten Kenntnisse zu erhalten sind. Hinter der organisatorischen Ordnung versteckt sich die Anarchie des Geistes. Die Glaubensgrundlagen sind verschwunden oder werden nicht eingestanden.

Vorwiegende Bedeutung haben im technischen Zeitalter Naturwissenschaften und Medizin. Philologie und Geschichtswissenschaft sind für die Ausbildung von Lehrern da. Neu entfalten sich die soziologischen und ökonomischen Wissenschaften. Nur noch in einem beschränkten Bereich hält sich die Theologie. Die Philosophie hat keinen begründeten Platz mehr und ist zu einer Verlegenheit für alle geworden.

Dazu ist die Universität in Gefahr, gesprengt zu werden durch Institute und Kliniken. Institutschefs fühlen sich manchmal erst in zweiter Linie als Professor. Seltener werden Forscher als Einzelne, die sich zueinander finden und die mit einem Minimum von Mitteln in stiller meditativer Wahrheitsbemühung leben.

Die Einheit der Universität ist Fiktion geworden. Ihre Auflösung in Fachschulen ist im Gange.

*

Mag dies Bild der Universität Richtiges zeigen, ich denke, die meisten von uns stimmen ihm im ganzen doch nicht zu. Denn die Einheit der Universität ist Idee unseres geistigen Daseins. Wechselt die Einheit der Universität vielleicht nur ihren Sinn?

Sie ist bis zum Zerreißen von Spannungen erfüllt: zwischen Theologie und Philosophie, zwischen Philosophie und Wissenschaften, zwischen Naturwissenschaften und Geschichtswissenschaften, zwischen Wissenschaften und Praxis.

Ist die Einheit nicht ein Schein, der vom Mittelalter her noch leuchtet, nun aber grundlos geworden ist und schon seit Jahrhunderten auch bewußt in Frage gestellt wurde?

Einheit ist noch nicht durch die nur formelle Einheit der Wissenschaftlichkeit als Methode im Unterschied von bloßer Meinung.

Einheit ist auch nicht einfach als rhetorisches Bekennen zu einem nicht eigentlich gedachten Wahrheitsgehalte da.

Die Einheit der Wahrheit liegt auch in keinem der wissenschaftlichen Fächer allein, nicht einmal in Philosophie oder Theologie.

In der Anarchie kann aber nur die umgreifende Wahrheit, unter den Bedingungen der modernen Wissenschaft, und selber in denkender Entfaltung, zu einer neuen Einheit der Universität führen. Ist solche Einheit noch möglich?

In der Situation von Wahrheit und Wissenschaft heute kann das Leitbild dieser Einheit nicht mehr ein verborgenes, aufzufindendes System von Begriffen, eine Weltanschauung oder gar Weltbild sein. Vielmehr kann jetzt die Einheit nur durch den geistig verbindenden Kampf, ohne eine objektive Instanz über ihm, in Erscheinung treten.

Ihre Verwirklichung liegt an der Entwicklung der Weisen des geistigen Kampfes, an der Forschung kommunikativen Kämpfens. Dazu gehört Freiheit und Offenheit unter Führung des Willens nicht nur zum gemeinsamen Verstand, sondern zur gemeinsamen Vernunft.

Die eine Wahrheit ist da im Kampf der Mächte, die sich verbinden dadurch, daß sie erstens in dem gemeinsamen Medium der Wissenschaftlichkeit sich treffen, daß zweitens ihre Ursprünge einander angehen, sich suchen und aufeinander hören. Gefährlich für die Einheit der Wahrheit ist nicht der Kampf, sondern das Vergessen der Anderen, das Nichtbetroffensein voneinander, die Verleugnung der Mitteilbarkeit als gemeinsamen Bodens.

Würde jener große, offene Kampf im Raum des Geistes, die Idee der kommunikativen Einheit, diese Zugkraft in solchem Kampfe, sich nicht entfalten, dann wäre auch die durch Wahrheit bestimmte Einheit der Universität verloren, würde schließlich weggewischt zugunsten des Zwanges zur äußerlichen Einheit für technische und politische Zwecke.

*

Die Universität als solche ist nicht politisch. Ihre Idee ist überstaatlich und übernational. Staat und Volk heben sie gleichsam empor als jene kostbare Perle, die nun über dem Boden schwebt in dem weiten Raum des Geistes. Herausgelöst wie die Kirchen, hat sie wohl ihr besonderes nationales Gewand, ihre je eigene Überlieferung und die ihr an ihrem Ort gestellten

Aufgaben. Aber es ist der Stolz des freien Staates, seine Universität als einen staatsfreien Raum sogar gegen falschen Eingriff der eigenen Staatsgewalt zu sichern. Er erwartet, daß von der Wahrheitserkenntnis, an der Universität gelehrt, ausstrahle, was er selber als zur Würde des Lebens seiner Bürger unerläßlich ansieht: sich und alles Dasein auf Wahrheit gründen zu wollen. Der Staat charakterisiert sich durch die Freiheit seiner Universität und die Höhe des Anspruchs, den er an sie erhebt.

Nur in einem Punkt ist die überpolitische Universität selber politisch. Sie muß ihre Daseinsbedingung in Staatsformen, die ihre Freiheit wollen und schützen, um ihrer eigenen Selbstbehauptung willen anerkennen.

Die Freiheit der Universität ist ein Moment in dem Wagnis der Freiheit, das die abendländische Welt, bisher als einzige in der Geschichte der Menschheit, eingegangen ist, in Ansätzen seit zweieinhalb Jahrtausenden.

Aber heute? Eine Rückwirkung von freiheitswidrigem Wissenschaftsaberglauben und vermeintlichem Totalwissen auf die Universitäten läßt diese nur noch als nützliches Mittel für technische Zwecke schätzen und darüber hinaus als Einübung der politisch erwünschten Denkungsart. Wo dies beides geschieht und in totalitären Regimen sich vollendet, dort kann die Universität nur erkennen, daß es ihr Untergang ist, auch wenn ihr Name, von ihr fremden Gewalten usurpiert, noch bleibt.

3.

Unsere geistige Krise im Abendland hat noch nicht die Kraft eines mitreißenden, seiner selbst bewußten unbedingten Ethos erzeugt. Sie ist daher an existentiellem Rang nicht zu vergleichen mit früheren religiösen Krisen. Etwas ganz anderes ist heute: Neben dem Versinken der Freiheit und Wahrheit in totale Herrschaft steht die Gefahr der Vernichtung allen Lebens durch eine von Menschen herbeigeführte atomare Katastrophe.

Da hilft auf die Dauer kein Protest, keine einzelne Maßnahme, keine der gewohnten politischen Methoden, kein Verzicht eines einzelnen Staats auf die Bombe. Es muß sich zeigen, ob nach schweigenden Jahrmillionen und nach einer vergleichsweise winzigen, eben erst begonnenen Zeit einiger geschichtlich zu uns sprechender Jahrtausende am Ende mit dem Menschen ein Selbstzerstörungsakt von einem vorher in der Natur nicht dagewesenen Typus geschieht. Tiergattungen starben einst wegen Lebensunfähigkeit langsam aus, ein Naturvorgang. Das Ende des Menschen wäre ein Akt seiner Freiheit, das Ergebnis dieser wenigen Jahrtausende. Sie waren in dem sonst stummen, bewußtlosen Weltall wie ein Offenbarwerden der Wahrheit, für uns unerhört herrlich. Aber sie waren auch schrecklich als die sich überall in der Geschichte schon andeutende Vorbereitung zur möglichen Selbstvernichtung.

Ist der Mensch der durch ihn selbst drohenden Katastrophe gewachsen?

*

Die Säkularfeiern der Universitäten im vorigen Jahrhundert standen im Hochgefühl des Erreichten. Zum Stolz des 19. Jahrhunderts, das sich abwechselnd das naturwissenschaftliche, das technische, das historische Jahrhundert nannte, hat das 20. Jahrhundert in jeder dieser drei Richtungen vielleicht noch mehr Anlaß.

Trotzdem ist heute der Jubel auch beklommen. Die großen Forscherpersönlichkeiten werden seltener. Das letzte Ziel der Wahrheit ist verdunkelt. Die Zweckforschung durch Organisation drängt sich vor. Es häufen sich die nicht mehr übersehbaren Tatsachen und Befunde. Die Atombombe steht drohend über dem Ganzen.

Es ist unheimlich: die von der Welt sich abwendende kontemplative Arbeit, die Ratlosigkeit der Voraussagen unseres Verstandes, die besinnungslose Betriebsamkeit.

Wir sind kaum so stolz, daß wir, wie im vorigen Jahrhundert Kuno Fischer in Heidelberg, sagen möchten: wir feiern Jubiläen und legen die Saat für Jubiläen der Zukunft.

*

Die Idee der Universität zu vergegenwärtigen, ist uns verstattet und so notwendig wie einst dem Enea Silvio Piccolomini. Heute aber, fünfhundert Jahre später, sind wir uns nicht mehr oder noch nicht einig in dem Leitbild dieser Idee. Niemand darf im Namen aller sprechen.

Ich glaube, eins ist gewiß: Wir wollen lieber die härteste Wahrheit ertragen als sie verschleiern, lieber der Wahrheit uns aussetzen und leiden als im Wahne dahinleben.

Wenn in der Welt, für uns undurchschaubar, Vernunft und Widervernunft sich verketten, so genügt es zu glauben, daß jedenfalls auch Vernunft in der Welt sein und mächtig werden könne und daß wir für sie leben sollen.

Aufgabe der Universität ist es, dieser Vernunft durch Wissenschaft, in der Reinheit ihrer kommunikativen Kämpfe, die größte Helligkeit zu verschaffen.

*

Der Universität ist, vom Staat beschützt, eine wunderbare Ruhe gegeben. Wissenschaftliche Forschung, technische Dienstleistung, Erinnerung an die Vergangenheit, die bildende Teilnahme am Überlieferten, all das ist vortrefflich, aber genügt nicht. Denn die an der Universität vergönnte Windstille ist dazu da, daß wir den Sturm des Weltgeschehens in unseren Herzen und Gedanken erfahren, um ihn zu erkennen. Die Universität soll die Stätte des hellsten Bewußtseins des Zeitalters sein, wo das Äußerste zur Klarheit kommt, sei es daß wenigstens an einer Stelle völlig bewußt wird, was geschieht, sei es daß die Klarheit, in die Welt wirkend, hilfreich wird.

Wir können wohl verzagen. Wir sehen, wie Menschen, in der Verzweiflung an der Wahrheit, höher als diese das bloße Leben stellen wollen.

Wir sehen den der Wahrheit sich entziehenden Trotz, der nicht mehr auf Gründe hört: »ich bin nun einmal so«, »ich will nun einmal so«, »so sind nun einmal die Menschen«, »dies ist nun einmal die Notwendigkeit der Geschichte«, all dies Scheinwissen, dies Widervernünftige, dem wir uns nicht anvertrauen können, ohne zu verlieren, was uns zu Menschen macht: Vernunft und Liebe.

*

Der hohe Anspruch ist da, auch wenn wir ihn nicht erfüllen.

Wir vermögen in der realen Weltsituation unsere Einsicht noch nicht weit genug zu treiben. Wir vermögen bisher die großen und einfachen Dinge noch nicht mit bezwingender Klarheit auszusprechen, weil wir selbst ihnen nicht mit vorbildlicher Verläßlichkeit folgen.

Was nicht in die Welt wirkt, ist aber heute zur Nichtigkeit verurteilt. Was in die Bevölkerung der Erde sich nicht einzusenken vermag, ist für den Gang der Dinge vergeblich. Wir müssen die Öffentlichkeit wagen. Wenn, nachdem alle Menschen lesen und schreiben gelernt haben, Demokratie der einzige Weg für die Freiheit, für die Wahrheit und für den Frieden ist, so ist ihr Gelingen gebunden an Denkungsarten und Symbole, die allen zugänglich sind.

Allgemein zugänglich ist die wissenschaftliche Denkungsart; das bestimmte sachkundige Wissen dagegen ist beschränkt auf Fachleute, zu denen an irgendeiner Stelle zu gehören eines jeden Pflicht ist. Allgemein zugänglich ist auch die Offenheit für die übergreifende Wahrheit. Sie in denkend durchgeformter Gestalt gegenwärtig mitzuteilen, ist Sache einer Minderheit.

Die Universität hat die Aufgabe, die wissenschaftliche Denkungsart zur Wirkung kommen zu lassen und für die übergreifende Wahrheit die Sprache zu finden.

Diese Aufgaben kann sie erfüllen, wenn sie durch die Dozenten und Studenten täglich das vernünftige Denken übt, das in jedem Schritt den Verstand braucht, aber mehr als Verstand ist. Er entspringt der inneren Umkehr. Auf dies in uns allen Verborgene, auf diesen Pulsschlag unseres existentiellen Daseins, unseres geistigen Tuns sei ein kurzer Hinweis erlaubt:

*

Schon der Umgang mit wissenschaftlichen Problemen ist durch Selbstkritik auch eine Umkehr, aber nur der intellektuellen Verfassung. Mehr aber und der Angelpunkt von allem ist die Umkehr im Grunde des Wahrheitswillens. Als Umwendung hat sie zuerst Plato hinreißend gezeigt.

Hier gibt es keinen Fortschritt wie in den Wissenschaften, sondern die ursprüngliche Wiederholung in jedem Einzelnen und in jeder Generation. Worauf es ankommt, kann nicht nur gelernt, es muß getan sein. Niemand kann es für den Andern tun. Mit der Umkehr wird immer von neuem der Mensch gegründet. Keine Wahrheit ohne Umkehr!

*

Umkehr gehört vom Ursprung her zum Menschen. Buddhisten, Juden, Christen haben Erstaunliches vermocht. Ist eine Umkehr heute, unter ganz anderen Bedingungen, möglich durch viele Einzelne und in der Breite wirksam, die Umkehr im Lichte der Wahrheit der Vernunft?

Wenn – in den Chiffern der biblischen Sprache – Gott schon einmal durch die Sintflut das Menschengeschlecht vernichtete, wenn der alte Goethe dachte, daß Gott an der Welt keine Freude mehr haben könnte und sie zusammenschlagen werde – wenn es eine falsche Chiffer wäre, die Gott nach der Sintflut versprechen läßt, sie nie zu wiederholen –, wenn wir vielmehr denken müssen, daß es möglich ist, durch Schuld des Menschen alles Leben auf der Erde – diesem Stäubchen im Kosmos – in das

Anorganische zurücksinken zu lassen – ohne einen überlebenden Noah –, dann ist Wahrheit, das heißt Erkenntnis durch Wissenschaft und Umkehr durch Vernunft, von der einzigen Bedeutung geworden, daß durch sie allein nunmehr auch das bloße Dasein der Menschheit zu retten ist.

Es ist, als ob wir heute an die Schicksalspforte gelangt seien. Noch steht sie offen. Entweder wird sie endgültig geschlossen durch den Untergang der Menschheit, oder wir schreiten hindurch, indem wir den Weg gewinnen zur Freiheit durch Wahrheit in ständiger innerer Umwendung der einzelnen Menschen. Der Zweifel an dieser Möglichkeit kann erdrücken. Unser bloßer Verstand meint zu sehen, wie die Pforte schon anfängt sich zu schließen.

Doch solange es Zeit ist, dürfen wir hoffen kraft unseres Tuns, des winzigen, aber unersetzlichen Tuns jedes Einzelnen. Denn es liegt an uns.

Aber nicht nur an uns. Wenn wir denken und leben und unsere Pläne machen und handeln aus dem Ernst des Vernunftglaubens, dann, aber auch nur dann kann unserer Umkehr vielleicht die Transzendenz zu Hilfe kommen, ohne daß wir wissen wie, ohne daß wir darauf rechnen können, ohne daß wir uns auch nur eine Vorstellung davon zu bilden vermöchten – außer in schwebenden Chiffern.

Das Doppelgesicht der Universitätsreform

1. Zwei Aufgaben

Bauten, Einrichtungen der Institute, Seminare, Bibliotheken, Vermehrung der Stellen für Lehrkräfte, Fürsorge für Studenten, damit sie frei und mit allen Kräften ihrem Studium nachgehen können – dies und anderes sind materielle Fragen, die durch Zurverfügungstellung des notwendigen Geldes materiell gelöst werden können. Man hat wiederholt darauf hingewiesen, welche gewaltigen Mittel, zumal da das ganze Schulwesen einbezogen werden muß, erforderlich sind. Für die Zukunft des deutschen Volkes sind Erziehung und Unterricht nicht weniger wichtig als Wehrmacht. Da aber eine schlechte Verwaltung der Erziehung ihre unheilvollen Folgen erst im Laufe vieler Jahre und Jahrzehnte zeigt, nach denen niemand mehr verantwortlich gemacht wird, für den Augenblick aber das Dasein aller davon abhängt, daß es in einer mit Gewalt drohenden Welt geschützt wird, so haben die Politiker, Parlamente und Regierungen ein viel geringeres Interesse für das Erziehungswesen als für die Wehrmacht. Und beide werden an augenblicklich zwingender Wichtigkeit noch übertroffen von der Sozialpolitik, die allen Staatsangehörigen in allen Gruppen sogleich fühlbare Vorteile bringen will, von deren Gewährung die Stimmen der Wähler abhängig sind. Der Anspruch auf materielle Sorge für das gesamte Erziehungswesen tritt in den Hintergrund. Was für die Zukunft des geistig-sittlichen Ranges unseres Volkes das Wichtigste ist, ist für den Augenblick das für die Politiker und die breite Bevölkerung am wenigsten Dringende.

Nehmen wir an, die staatlichen Mittel würden dank der Weitsicht von Staatsmännern in der genügenden Menge bereitgestellt, so ist damit zwar die unentbehrliche Bedingung, nicht aber die Sache selbst geschaffen. Jene Mittel zu beschaffen, ist Sache des Staates, *die Universitätsreform aber kann entscheidend nur von Männern der Universität ausgehen*. Es kommt darauf an, wie die Mittel verwendet werden.

Hier aber handelt es sich um *zwei Aufgaben: erstens* die Planung der notwendigen Bauten, die Gliederung des Massenzustroms in übersehbare

Gruppen, die Aufgabenverteilung unter Professoren und Dozenten und Assistenten, die Umgestaltung der Organisation, die Setzung der Rechte, nach denen sie in juristischer Form arbeitet, und vieles andere – und *zweitens* die Wiedergewinnung der Kraft der *Idee der Universität*, die bis an den Rand ihres Erlöschens geraten ist. Diese beiden Aufgaben stehen nicht nebeneinander, *vielmehr muß die Idee der Universität die Führung haben*, wenn es sich wirklich um Reform der Universität in der neuen Situation handelt und nicht um Vollendung und Organisation der Verschulung, bei der unter Beibehaltung des Namens der Universität die Universität selber zugrunde gegangen ist.

Jede Besinnung auf Änderung etwa der Verfassung, der Selbstverwaltungsformen, der Änderung der Institutsrechte, der Lehrtypen, des Unterrichts usw. muß zwar auf greifbare Zwecke blicken, aber die übergreifende Kritik und Begründung in dem Lichte finden, das die Wege zur Verwirklichung des geistigen Lebens selber, des Hervorbringens in dem Miteinander von Forschung und Lehre zeigt. Die beiden Aufgaben lassen sich nicht nebeneinander, sondern nur zugleich erfüllen. Dabei hat die erste die Seite, daß man die Mittel zum Zweck erdenken und machen kann, die zweite dagegen die Grundeigenschaft, daß sie durch kein Machen und Planen sich erfüllen läßt, sondern allein durch das Dasein der einzelnen Forscher, Lehrer, Studenten, in denen die Idee lebt und zur Wirklichkeit kommt. Das Organisieren kann für dies eigentlich wesentliche Chancen geben, aber es nicht herstellen. Das von der Idee der Universität geführte Organisieren wird immer an diese Chancen denken, sie unter keinen Umständen mindern, sondern überall fördern wollen.

»Doppelgesicht« der Universitätsreform will sagen: untrennbar sind die beiden Aufgaben *erstens* der äußeren Organisation und Versorgung der Universität und *zweitens* der inneren Verwandlung der Denkungsart zur Wiedergewinnung der Idee der Universität in neuer Gestalt. Die bloße Realisierung der Massenversorgung mit Unterricht würde den Sinn verlieren, die bloße Spekulation der Idee würde in Schwärmerei irreal werden. Wie beides sich zueinander verhalten wird durch die letzte geistige Motivierung der greifbaren Maßnahmen, entscheidet das Schicksal der Universität.

Die *Aristokratie des Geistes*, aus allen Volksschichten hervorgehend, wesentlich gegründet im Ethos, in der verzehrenden Leidenschaft des Geistes des Einzelnen, in der Begabung, ist stets die Minderheit. Die Idee der Universität ist auf diese Minderheit gerichtet. Zum Heile aller ist es, daß die Norm von dieser ursprünglichen Kraft des Geistes ausgeht, daß der Durchschnitt selber seinen Wert durch den Aufblick zum Höheren und in der Erleuchtung von dort her sieht.

Da aber die Aristokratie nur auf demokratischem Wege anerkannt werden kann, nicht durch eigenen Anspruch besteht, *ist die Universität an die Gesinnung aller, der Studenten und Dozenten, gebunden*. Daß das hervorragende in Leistung und Persönlichkeit gesehen, gefördert, unausdrücklich aber faktisch anerkannt werde und zur Wirkung gelange, ist die Bedingung des Lebens der Universität.

Die Universitätsreform bedarf einer unermeßlichen konkreten Arbeit. Von ihr soll in den folgenden Erörterungen nicht gesprochen werden. Vielmehr möchte ich in diesem Aufsatz nur an jene begründende geistige Macht erinnern, ohne die alle Reformen nur das Todesurteil über die Universität in dem dann täuschenden Schein eines blühenden Schulbetriebs zur Ausbildung der überall benötigten gelernten Arbeiter würde.

2. Historischer Aspekt

Die *mittelalterliche Universität* war ein alle lebendigen Gegensätze und leidenschaftlichen Kämpfe umgreifendes geistig geschlossenes Ganzes. In den Ordnungen vom Studenten bis zum selbständigen Lehrer, von der Artistenfakultät bis zur Theologie war sie Ausdruck der hierarchischen Ordnung der Dinge. Eine gemeinsame geistige Struktur ging durch alle Glieder. Sie hatte europäische Geltung. Aus allen Nationen kamen Schüler und Lehrer. Christus verteilt die Aufgaben an die Fakultäten.

Diese Universität wandelte seit vier Jahrhunderten ihre Gestalt: Äußerlich durch ihre Aufgabenstellung seitens der sie nun tragenden Territorialstaaten, innerlich durch den neuen *Humanismus*, die neuen *Naturwissenschaften*, die *neue Philosophie*. Die geistige Umstrukturierung vollzog sich langsam innerhalb der alten Formen. Diese wurden bewahrt, scheinen am Maße der neuen Realität fiktiv zu sein, bedeuten aber bis heute eine Wahrheit symbolischen Charakters.

Man nennt die Wandlung die *Säkularisierung der Universität*: An die Stelle der Gemeinschaft des alle einigenden und bindenden kirchlichen Glaubens sei die lockere Bindung durch den gemeinschaftlichen Dienst für die Wissenschaften getreten. Das ist nicht durchaus richtig. Säkularisierung kann man den Übergang von Theologie in einen bestimmten Typus innerhalb der modernen Philosophie nennen (etwa in Hegel: säkularisiertes theologisches Denken; in Marx: säkularisiertes antitheologisches, an Theologie als Gegner gebundenes Denken, das selber wieder einen neuen theologisch-atheistischen Charakter hat). Die Theologie selber bleibt nun als besonderes, nicht mehr herrschendes Gebiet von geringer Bedeutung im Gesamtbereich der modernen Universität. Aber die *Säkularisierung betrifft keineswegs den Wahrheitsgedanken selber*, der vielmehr in seiner Unbedingtheit jederzeit transzendent gegründet ist, ob ohne oder mit Offenbarung, ob ohne oder mit einer Kirche.

Mit der tatsächlichen Schwächung der einst alldurchdringenden einen Glaubensstruktur zeigt sich seit zwei Jahrhunderten zunächst der Aspekt der Auflösung, heute gesteigert. Keine Wissenschaft, keine Theologie, keine Philosophie, weder die Philosophie als säkularisierte Theologie, noch die Philosophie, die sich allein in ihrem eigenen, seit dreitausend Jahren in Erscheinung getretenen Ursprung gründet, gewinnt die Alleinherrschaft. *Der Pluralismus der nun wirksamen Mächte wird übergriffen allein von der neuen Gestalt der Idee der Universität: An der Universität sollen alle Wege zur Wahrheit sich treffen, ohne daß eine Instanz über allen besteht.* An die Stelle der Einheit eines auf dem gemeinsamen Boden sich in sich spaltenden und kämpfenden Glaubenssystems, seiner Kategorien und Ordnungen, ist die neue grundsätzlich andere Instanz getreten: die eine einzige, die sich im geistigen Ringen, in der Kommunikation der Erkennenden selber erst hervortreibt, ohne als bestehend vorausgesetzt zu sein und ohne an einem Orte systematischer Totalität des Denkens in der Hierarchie der Wissenschaft lokalisiert zu sein.

Nennen wir kurz die Motive, die in dieser Wandlung zur Geltung kommen:

1. *Die modernen Wissenschaften sind aus ganz verschiedenen Interessen entstanden* (im experimentierenden Denken der späteren Scholastik, in den Werkstätten der Architekten und Künstler, im Bergbau, in der humanistischen Philologie, in der Kameralistik – dann in der freien Forschung einzelner, die sich über Europa hin in Beziehung setzten, Gesellschaften und Akademien gründeten – schließlich aufgenommen an den Universitäten). Trotz ihrer verschiedenen Ziele, lange Zeit ohne Bewußtsein ihrer Zusammengehörigkeit, zeigte sich *ein Gemeinsames*. Die modernen Wissenschaften wollten nicht nur, wie alles Denken von jeher, Wahrheit erkennen, sondern *jene bestimmte Wahrheit, die zwingend und allgemeingültig mit der Bewußtheit ihrer Methoden bewiesen wird.* Zum ersten

Male in der Geschichte zeigte sich durch den Erfolg, daß solche Wahrheit möglich ist: wo sie gewonnen wurde, wurde sie auch von jedermann, der sie verstand, als richtig anerkannt. Das gab es vorher nur in Mathematik und Logik und in der von den Wissenschaften getrennten Praxis. Jetzt bezog sie sich auf die gesamten Erfahrungsmöglichkeiten. Dieser moderne Forschungsgeist entstand auf vielen Erkenntnisgebieten unabhängig voneinander. Es war aber überall der gleiche Geist durch den Anspruch auf diese kontrollierte Weise der zwingenden Richtigkeit. Die Naturwissenschaften haben nach traditioneller Auffassung und durch das Sensationelle ihrer Ergebnisse und deren Anwendbarkeit den Vorrang; nicht aber haben sie den Vorrang im Sinn der modernen wissenschaftlichen Erkenntnisart überhaupt. Die moderne Wissenschaft findet durch die Mannigfaltigkeit der je besonderen Methoden verschiedene Gestalten. Das hebt aber die Einheit dieses Forschungsgeistes und seiner Gesinnung nicht auf. Die Verwandtschaft dieses Geistes der Wissenschaftlichkeit hat sich im Bewußtsein der Mitwirkenden zwar gezeigt, aber nicht allgemein durchgesetzt. Sie ist der einzige heute bestehende Grund für die gegenwärtig noch konventionell gültige Formulierung von der *Einheit der Wissenschaften*. Denn diese Einheit besteht heute nicht mehr als materiale Einheit eines Systems des Wissens, wie es frühere Zeiten in philosophischen Systemen entworfen haben, die alles Wissen in sich schlossen. Die Einheit ist nicht mehr als ein um seine Mitte geordnetes Ganzes.

Wissenschaftliche Wahrheitserkenntnis im anderen Sinn ließ sich nur erreichen unter gewaltiger Einbuße des früheren absoluten Wahrheitsgedankens. Denn das zwingende Erkennen, das von allen Menschen in Methode und Ergebnissen anerkannt wird, das allein sich so über die Welt verbreitet, daß darin Einmütigkeit aller entsteht, ist partikular, relativ auf Methoden und Gesichtspunkte, und unfähig, dem Leben das Ziel zu setzen, den Sinn zu geben.

Wenn daher diese Wissenschaft aufgefaßt wird als *Wahrheitserkenntnis* im uralten Sinne der Philosophie, dann gewinnt sie die für unser Zeitalter *verhängnisvolle Zweideutigkeit:* Wo sie zur Geltung kommt, wirkt sie erleuchtend; die durch sie mögliche Wissensweise beschwingt; die von aller Subjektivität unabhängige, die Funktion als Subjekt selber noch objektiv einbeziehende Erkenntnis ist einzig gewiß. Weil aber die uralte, wesentliche Wahrheit darin nicht vorkommt, wirkt erstaunlicherweise die so erleuchtende Wissenschaft, wenn ihr Sinn im Ganzen mißverstanden wird, zugleich verdunkelnd. Dann wird ihr zugemutet, was sie nicht leisten kann; sie selber wird in dem alten Wahrheitssinn genommen und dann *Wissenschaftsaberglaube*.

Die frühere, umgreifende, erfüllende Wahrheit braucht jedoch nicht preisgegeben zu werden. Sie kann nun auf dem Hintergrund wissenschaftlichen Erkennens selber vielmehr zu größerer Klarheit gelangen, als sie je besaß. Durch die zu ihr gehörenden Methoden des Denkens erweist sie sich als das, was sie immer war, als lebengründend, lebenführend, sittlich und politisch formend und sich bewährend. Aber in ihren objektiven Aussagen wird sie nicht wie Wissenschaften allgemeingültig für alle. Eine neue Grundlage allen Philosophierens entsteht, die viele Philosophien möglich macht und die es verwehrt, daß eine einzige wahre Philosophie objektiv fortschreite und sich darstelle.

2. *In der Begründung der neuen Wissenschaften und der neuen Weise des Philosophierens liegt etwas beide Verbindendes.* Das Erkennen wird verstanden nicht nur als ein Sehen *(theoria)*, sondern als ein Hervorbringen. Eine Aktivität wird sich ihrer bewußt, in der nicht die Produktivität von Subjekten und nicht ein bestehendes Objektives maßgebend ist, sondern das Umgreifende, das in der Subjekt-Objekt-Spaltung offenbar wird dadurch, daß im Hervorbringen das Entgegenkommende gefunden wird, im Entgegenkommenden das Hervorbringen sich bewährt.

3. Für die moderne Philosophie ist der Schritt Kants (nicht der des deutschen philosophischen Idealismus) begründend geworden: Nicht etwa durch die besonderen Lehren, die im Neukantianismus herausgegriffen und fälschlich wieder als eine objektive Wissenschaft der Philosophie genommen wurden, sondern durch die in keiner Lehre endgültig faßbare *Befreiung des Erkennens aus allen Fesseln der »Ontologie«*, als Eröffnung des unendlichen Raumes jeder möglichen Weise des Erkennens, als Bewegung der Vernunft, die mit jedem ihrer Schritte den Verstand benutzt, aber ihn übergreift.

Mit den drei, durch ihren Sinn aneinander gebundenen Schritten (der neuen Wissenschaft, der neuen Aktivität, der Befreiung von aller Ontologie zum Eintritt in einen offenen, unendlichen Raum) ist nun aber keine neue dogmatische Festlegung, kein neues vereinendes System verbunden. Eine neue Lehre vom Sein (eine verwandelte Ontologie) ist in Wahrheit unmöglich geworden. Ein Entwurf der Weisen des Umgreifenden, worin wir uns finden (eine Periechontologie) muß selber in der Schwebe bleiben.

Das Neue kann ebensogut aussehen als sich ständig steigende Auflösung wie als Hervorbrechen der Wahrheit im Ganzen. Ein Zeichen unserer geistigen Situation ist: *Es gibt kein gültiges Weltbild mehr.* Damit sind wir in das erste Zeitalter der Befreiung von Weltbildern überhaupt getreten. Es ist gefährlich für unsere Existenz, in solcher Bodenlosigkeit leben zu sollen. Aber es ist doch einzig großartig und eine unerhörte Chance für den Menschen, der nun auf andere Weise als im wohnlich bergenden Gehäuse eines Weltganzen seinen Boden gewinnen muß.

Das für alles sich öffnende Denken, von ontologischen Fesseln befreit, wird sogar uralte und neue Ontologie nicht vernichten, sondern hören wollen. Alles soll zeigen, ob es Leben hat und unvoraussehbar, vergessene Wahrheit wieder aneignet, neue nicht vorweg für ausgeschlossen erklärte Wahrheit gewinnt.

Die in Jahrhunderten erwachsene geistige Verfassung, in der Wahrheit sich auf vielfache Weise zeigt, ist heute noch keineswegs allgemein erkannt und gewollt. Man sieht heute noch mehr die Verwirrung im Ganzen. *Es gibt nicht einfach die Wahrheit und die Wissenschaft, sondern die Wirklichkeit des menschlichen Kämpfens um Wahrheit und Wissenschaft.* Nirgends ist eine allgemeingültige Instanz für das Ganze, außer in den Wirkungen des Kampfes selber. So gibt es den faktischen *Consensus* in den durch Wissenschaften im Partikularen gewonnenen, methodischen und zwingenden Gegenstandserkenntnissen. Dieser *Consensus* ist eine außerordentliche Tatsache unseres denkenden Daseins: er ist nicht die Erscheinung einer Autorität (denn jeder Verstehende sieht ein, aber gehorcht nicht). Diese Tatsache eines *Consensus* betrifft jedoch nicht die Wahrheit im Ganzen, ist nicht das letzte Kriterium aller Wahrheiten (denn er gilt nur für die spezifischen Richtigkeiten innerhalb moderner Wissenschaften).

Unter den Wirkungen des Kampfes sieht man für die zwar in Wissenschaften sich bewegende, nicht aber selber wissenschaftliche Wahrheit das Hellwerden durch den Kampf selber, die in geistiger Verwandtschaft sich findenden oder in Abwehr durch den Kampf sich verbindenden Menschen. Die Universität ist der Ort dieses Kämpfens. Wer der Idee der Universität in ihrer gegenwärtigen Erscheinung der Wahrheit und Wissenschaft folgt, wird die Gegensätze zu eigenen Positionen im Ringen um die Wahrheit nicht nur dulden, sondern begehren.

3. Die gegenwärtigen, unheildrohenden Aspekte

Die bedrohenden gegenwärtigen Aspekte der *Realität an den Hochschulen* sind viel erörtert und richtig gesehen: Die Massen der Studenten und die an manchen Universitäten zur Katastrophe für Lehrer und Studenten werdende Überfüllung; die Verwandlung des studentischen Daseins durch Schwund einer wohlhabenden Mittelschicht mit der Folge der staatlichen Unterstützung der Studenten und der noch zu findenden Auslesemethodik; die Spezialisierung der Wissenschaften; der immer weiter fortschreitende Übergang zur Institutsform von Forschung und Lehre; der Zerfall der Einheit der Wissenschaften und der Universität in Institute; das Versinken der Universität als Ganzes zugunsten eines Aggregats von Fachschulen, der Vorherrschaft der Institute; die wachsenden Ansprüche von Gesellschaft und Staat an Ausbildung an der Universität für immer mehr Berufe. Wenn auch unermeßliche Schwierigkeiten durch diese Bedrohung entstehen, sie sind doch vielleicht kraft der alten und gleichbleibenden Idee der Universität zu überwinden.

Aber die Reaktionen sind in Deutschland sehr verschieden. Viele sind einfach *skeptisch*, verleugnen die Idee der Universität, die sie selbst in ihrem Leben nicht praktisch verwirklichen und daher auch nicht verstehen. Sie glauben keinem Ideal, benutzen aber dessen Formeln gelegentlich zu rhetorischen Zwecken. Ihr Weg ist, aus dieser Skepsis im Wirrwarr – mit geschickten Manipulationen, Täuschungen und Selbsttäuschungen – wenigstens für sich materiell vorteilhafte Plätze und Ansehen zu gewinnen, in blinder Besessenheit vom Betrieb und der Arbeit an sich.

Andere sind *verzweifelt*, lassen ratlos die Dinge gehen und retten für sich, wie sie meinen, als letzte, noch gerade, was ihnen gelassen wird in anständiger Verwirklichung, unbeachtet, sich nicht vordrängend, bescheiden in ihrem kleinen Umkreis, kostbare, aber müde Hüter überlieferter Substanz. Wieder andere raffen sich auf aus der Resignation. Sie erklären entschieden: die Idee der Universität ist tot! (so schon nach dem ersten Weltkrieg). Lassen wir die Illusionen fallen! Jagen wir nicht Fiktionen nach! Machen wir aus der Not eine Tugend: einen neuen Menschentypus, etwas Unpersönliches, Durchschnittliches, Brauchbares, Funktionierendes! So geben sie sich *optimistisch*, planen und organisieren. Im Bewußtsein der Macht und des Gelingens werden Reformen erdacht für die *Heranzüchtung der Arbeiter und Funktionäre für alle Tätigkeitsgebiete*, für die etwas gelernt sein muß, um fähig zur Arbeit zu sein. Ohne

Absicht stehen ihre Gedanken im Zusammenhang des in der totalen Herrschaft endenden Denkens.

Der Pessimismus wird gesteigert im Blick auf die *Weltsituation*. Denn wer sich nicht begnügt mit einem auf Deutschland begrenzten Aspekt, kann erst recht den unentrinnbaren Untergang der Universität zu sehen meinen: Deutschlands Universitäten und Schulen, einst sein Glanz, heute noch hier und da nur von alten Leuten in Deutschland, in Europa, in Amerika und überall in der Welt wehmütig und dankbar erinnert, werden bald vollends in Vergessenheit versinken. Dieser Prozeß scheint für viele eine Gewißheit zu gewinnen, wenn sie mit Grauen zu sehen glauben, dies alles gehöre zu einem umgreifenden Selbstzerstörungsprozeß der Menschheit.

Sie sehen die Massengesellschaft, die Unvereinbarkeit von freier und totaler Herrschaft, die heute alles bestimmende, alle lokalen Realitäten übergreifende Weltpolitik; sie sehen die beiden Atommächte, die auch durch Größe ihres Erdraums und ihrer wachsenden Menschenmassen überragen; sie sehen die Wandlung der Weltgeschichte durch 600 Millionen Chinesen, die bald in das technische Zeitalter ganz hineingelangt sein werden. Das Ende, so denkt wohl mancher, ist entweder eine der totalen Herrschaft sich fügende Menschheit ohne Menschen (die Atombombe wird in der Erdplanung dieser Herrschaft dann vielleicht noch zur Ausrottung überzähliger, überflüssiger, unerwünschter Menschenmassen in gezielter Anwendung ohne Gefahr für das Leben auf der Erde im Ganzen zur Anwendung kommen). Oder Menschen fügen sich nicht, und im Kampf durch die Bomben wird der Untergang des Lebens auf der Erde das nicht mehr ferne Ergebnis dieser merkwürdigen Geschichte sein, die in dieser Gestalt erst vor einigen Jahrtausenden begann und nur einen vergeblichen Zwischenaugenblick der unermeßlichen Erdgeschichte bedeutet. Die Verwahrlosung der Universität ist dann nur ein Moment in dem Ganzen dieses totalen Zerstörungsprozesses. Aber bleibt die Universität nicht der Ort, an dem, ihrer Idee entsprechend, dieses Schicksal wenigstens erblickt oder erkannt werden soll? Wo keine Hoffnung mehr ist, kann doch gewußt werden.

So sind die, wenn sie für endgültige Erkenntnis gehalten werden, verführenden und lähmenden Gedanken. Sie müssen kritisch durchdacht werden. Dann wird zwingend klar, daß es keinen wißbaren notwendigen Totalprozeß der Geschichte gibt. Unentrinnbar sind nur viele greifbare partikulare Entwicklungen, so für die Universität etwa der Fortschritt der

Wissenschaften, des rationalen Könnens, der Technik mit ihren ambivalenten, nicht übersehbaren Folgen, die wachsenden Ansprüche der Gesellschaft an Ausbildung von Studentenmassen, sei es zu geistig schöpferisch gestaltenden Menschen, sei es zu gelernten Arbeitern in immer mehr und schließlich allen Berufen.

An dieser Stelle ist durch die weltpolitische Lage heute die Aufgabe der Universität zur gefahrvollen Spannung gelangt. Sie liegt darin: zur Rettung der politischen Freiheit ist notwendig die Produktivität der Industrie und eine Wehrmacht, die der ungeheuren heute überlegenen Rüstung Rußlands (das heute Ostdeutschland, Ungarn und die anderen Satelliten durch brutale Militärgewalt knechtet) gewachsen ist; andererseits aber wächst damit die Gefahr, daß industrielle Produktion und Wehrmacht auf Wege gezwungen werden, die selber totalitäre Formen annehmen. Sie würden mit der radikalen Verschulung der Universitätsausbildung beginnen. Dann würde am Ende die Selbstbehauptung der freien Welt nicht mehr etwas verteidigen, das sich lohnt, nämlich nicht mehr die Freiheit, sondern die Apparatur. Ein Kampf der Selbstbehauptung würde sinnlos. Denn man würde selber zu dem, was man bekämpfen wollte, wäre im Kampf mit dem Drachen selber zum Drachen geworden.

Die Substanz dessen, als was wir und wofür wir leben, die Freiheit, ist gebunden an die Weise, wie produziert, ausgebildet, gelehrt und geforscht wird.

4. Die Entscheidung der Universität

Allen Aspekten gegenüber, die sich wie ein unentrinnbares Natur- oder Geschichtsgeschehen aufzeigen wollen, steht in der wirklichen Lage entscheidend der *Entschluß der Menschen*. Wie politisch der Entschluß möglich ist, uns dem nur vermeintlich notwendigen, ohne uns sich vollziehenden Zerstörungsprozeß, soviel an uns liegt, nicht zu fügen, weder dem Ende im Atomtod noch dem Ende in der totalen Herrschaft, so an der Universität der Entschluß, in den partikularen Zwangsläufigkeiten *die gestaltende Kraft der Idee* zur Wirksamkeit kommen zu lassen.

Diese Entscheidung wird eine gemeinschaftliche von Studenten, Professoren, Staatsmännern sein.

Der *Student* steht am Anfang seines Lebensweges, will ihn im Ursprünglichen gründen und trägt mit seiner Zukunft die Zukunft seines

Volkes und Staates, auf die er sich vorbereitet. Kommt er zur Universität, so wehen ihm in aller Verwirrung und Betriebsamkeit doch die Funken des Geistes entgegen, wenn er sie wahrnehmen kann und in seiner Seele zünden läßt. Wer Urteilskraft hat, das heißt, ständig unter seiner eigenen geistigen Führung arbeitet, die sich als Führung durch die Sachen selbst zeigt, hat Chancen, auch unter sonst ungünstigen Bedingungen unbeirrbar seinen Weg zu finden.

Wenn der Student mit der Universität unzufrieden ist, hat er recht. Aber die einzige Möglichkeit, die Lage zu bessern, ist für ihn, daß er *selbst für sich die Wirklichkeit einer wahren Universität mit schafft durch die Weise seines Studiums, ebenso durch hartnäckige Arbeit wie durch sein diese Arbeit durchdringendes geistiges Dasein*. Nur aus solchen Studenten können die aus der Idee der Wahrheit in allen Berufen wirkenden Männer werden und können unter ihnen einige als Professoren die wahre Universität wieder zur Erscheinung bringen. Sie werden sie hervorziehen aus der Verworrenheit.

So war es immer. Es kommt nicht von selbst durch einen automatischen Geschichtsprozeß; dieser mag als Chiffre eines undurchschaubaren Etwas gelten, das eine Grenze des Menschen fühlbar macht, an dem man aber, da man es nicht kennt, sich auch nicht orientieren kann. Es kommt auch nicht allein durch ein Organisieren nach Plan. Solcher Plan ist ein wirksames Mittel nur in der Hand derer, die die Idee der Universität selber kraftvoll in sich tragen.

Noch einmal: das Entscheidende ist der Entschluß, der mit der Aufgabe zugleich das eigene Leben gründet: *die Wahrheit zu suchen auf den Wegen der Wissenschaft.*

Der Student ist zunächst verantwortlich nur für sich selbst. Ganz anders der *Dozent*, der mit der Verantwortung für sich selbst schon unmittelbar wirksam für das Ganze verantwortlich ist. *Professoren* und *Staatsmänner* müssen gegenwärtig in dem völlig ungenügenden und unstabilen Zustand durch Reformen die Bedingungen für die bestmögliche Erfüllung der Aufgabe finden. *Wenn ihnen zweckmäßige Einrichtungen und Ordnungen gelingen sollen, müssen sie dabei ständig an den eigentlichen Sinn denken und ihn wollen: die Universität als den Ort, in dem die Wahrheit in jeder ihrer Richtungen offenbar und zugleich von den Studenten mitergriffen werden soll.* Dieses aber, was mehr ist als Reform, wofür vielmehr die Reform sein soll, das ist die ständige Wiedergeburt der Wahrheit in den Gelehrten, Forschern, Denkern. Daß diese die Mitte der Universitäten sei, wie die Universität im Ganzen die Mitte der geistigen Bildung eines Volkes sein könne, das ist die leitende Idee, oder die gesamten Reformen werden ein Betrieb, in dem die Universität selber verlorengeht.

Wir treiben auf einem Meere, dessen Stürme noch mächtiger zu werden drohen. Wir suchen nach dem Steuer im Ganzen (im Entschluß zur Wahrheit). Aber jeden Augenblick müssen wir schon bemüht sein um unsere nächste Umwelt, die wir innerhalb unseres Schiffes trotz der Drohungen auf der Fahrt gestalten. Auch an der Universität haben wir die Atempause zu nutzen, um so zu denken, zu arbeiten, zu handeln, daß wir uns behaupten und zu den ihrem Wesen nach uns Verbundenen gelangen, um mit ihnen gemeinsam in freier Solidarität die große Fahrt zu bestehen.

Wir möchten mit ihnen das Steuer in uns spüren. Dazu ist ist als Voraussetzung notwendig dieses eine:

5. Der bleibende Ursprung: Wahrheit und Wissenschaft

Was Wahrheit und Wissenschaft sei, kann nicht einfach ausgesagt werden; *es wird im Leben der Universität offenbar, ohne je abgeschlossen zu sein.* Aber man spricht von Wissenschaft, als ob selbstverständlich jeder wisse, worum es sich handle (wenn z. B. das Grundgesetz der Bundesrepublik bestimmt: »Kunst und Wissenschaft, Forschung und Lehre sind frei«, Artikel 5,3). Das Vorhandene braucht, so scheint es, nur durch Verfassung geschützt und durch Organisation betrieben zu werden, dann entfaltet es sich.

So aber ist es keineswegs. *Erst in einer unaufhaltsamen Bewegung, zugleich mit der Infragestellung seiner selbst und mit der Kritik jeder eingenommenen Position zeigt sich, was Wahrheit und Wissenschaft sei.* Wenn der Mensch die Wissenschaften als ein Moment des Offenbarwerdens der Wahrheit ergreift, so braucht er durchaus nicht vorher und braucht er nie endgültig zu wissen, was Wahrheit und Wissenschaft im Ganzen sind. Es ist genug, von ihnen ergriffen zu sein.

Etwas, das weder aus der Gesellschaft noch aus dem Staat, sondern nur aus dem ursprünglichen Wissenwollen verstehbar ist, das ist dieses Übernationale, Abendländische, Menschheitliche, dem an der Universität gedient wird, womit zugleich ihre anderen auf Staat und Gesellschaft bezogenen Aufgaben Erfüllung finden. Verwirklichen kann sich die Universität aus dem ursprünglichen Wissenwollen nur, wenn Gesellschaft und Staat es wollen.

Was dieser Ursprung eigentlich ist, dessen Wirksamkeit in uns so lebendig sich bezeugt, ist von der Philosophie durch die Jahrtausende auf mannigfaltige Weise zu denken und geradezu auszusprechen versucht worden. Am wenigsten mißverständlich finden wir diesen Ursprung vielleicht in der *Kantischen Idee*; dann, zwar uns fern und erst zu deuten, aber beschwingend bei *Plato*; auf zweideutige Weise, daher verführend bei *Fichte, Schelling, Hegel* (diese untereinander abweichend, aber gemeinsam in einem von Kant radikal sich entfernenden »Idealismus«). Wenn so das ursprüngliche Wissenwollen, die Einheit der Erkenntnis, das Prinzip der Wahrheit, die allumgreifende Idee philosophisch in bestimmten Formen ausgesprochen wurden, dann sind solche Deutungen nicht selber als objektive Erkenntnis des Erkennens für immer gültig. Sie können durch ihre spekulative Kraft mit bestimmten Formulierungen das erwecken, was dann selber solche Objektivierungen als vermeintliches Gewußtsein wieder abwirft.

Praktisch sehen wir den Ursprung wirksam in der Urteilskraft der seltenen Männer, die, aus diesem Raum her denkend, für das Konkrete der Universitätsstruktur die einfachen Grundlinien erfassen, vorschlagen und verwirklichen. Das hat Wilhelm von Humboldt in seinen Denkschriften und Verwaltungsakten bei der Begründung der Universität Berlin getan.

Voraussetzung allen wesentlichen Tuns an der Universität durch die Forschenden, Lehrenden, Lernenden (und der reformierenden Professoren und Staatsmänner) ist diese von anderswoher kommende *Idee der Wahrheit* selber. Sie allein gibt den Ernst. Sie allein gibt den Maßstab, der nicht ein verstandesmäßig festgesetzter Begriff ist, sondern in der Bewegung liegt, die jeden Sinn von Wahrsein ergreift. Mancher Jüngling, der zur Universität kommt, betritt wohl zuerst, beschwingt von dem Enthusiasmus der Vernunft, von der Macht der Wahrheit, von der Idee, die er ahnt, schon die Gebäude der Universität in einer ihn über den Dunstkreis des Alltäglichen hinaushebenden Stimmung. Zumal dort, wo der geschichtliche Grund mit sichtbaren Bauten und Zeichen gegenwärtig ist, hat er wohl das in seiner Nüchternheit verborgene Bewußtsein, in einen gleichsam heiligen Raum einzutreten. In diesem erwartet er die Sprache der Wahrheit zu hören, die aus allen Zeiten von den Griechen her und in der großartigen Weise der modernen Wissenschaften zu ihm dringt.

Mag die Realität anders als die Schilderung aussehen, mag die Universität als eine nützliche, zum Erwerb von Berechtigung durch Examina erstrebte Schule erscheinen, mag sie höchst unheilig, betriebsam, zerstreuend und durch ein Gestrüpp unbequemer Formalitäten lästig sein – diese Realitäten lassen sich nicht leugnen. Aber nur die, die unvorbereitet und nicht entflammt vom Funken der Wahrheit sind, sehen nichts als nur dies. Die anderen treten ein mit der Erwartung jener höheren Autorität. Sie lassen sich nicht täuschen durch den sich aufdrängenden realen Vordergrund. Sie finden, was sie suchen, *durch ihr eigenes Tun, durch die Weise ihres Studierens*, durch die Fülle der sich ihnen darbietenden Mittel. Vielleicht sehen sie es hier und da in Professoren, deren Dasein, Forschung, Einsicht, Sprache sie anzieht und ihnen bestätigt, was sie suchen. Wenn sie es aber nicht wiedererkennen, so hat es doch sein Leben dadurch, daß sie es selbständig von neuem hervorbringen. Und sie werden die Professoren, ohne sie viel zu schelten, schweigend anblicken mit der Forderung: rettet die Idee eures Wesens, daß ihr Vorbild für uns sein könnt.

Das ist die Stärke dieses Ursprungs: *er ist da, wenn der Funke gezündet hat, und ist dann untilgbar. Das ist seine Schwäche: wo er gar nicht da ist, ist er durch nichts zu machen. Aber er ist im Menschen als Menschen verborgen, bereit zu entflammen, und vielleicht bei viel mehr Menschen, als gemeinhin angenommen wird. In der Atmosphäre wirklichen Geistes kommt er zur Leuchtkraft. Daß dies so ist, ist der Glaube an den Menschen. Ohne solchen Glauben müßte man aufhören, der Universität, damit aber auch der Wahrheit und Freiheit, eine Chance zu geben.*

6. Zusammenfassung: Reform und Wiedergeburt

In der gesamten freien Welt ist die Universität zum Problem geworden. Man will es besser machen.

Am Anfang des Nachdenkens darüber sollte die Unterscheidung stehen: Was kann man planmäßig organisieren, materiell herstellen, gesetzlich ordnen, institutionell errichten? Was aber muß diesem zweckhaften Machen vorausgehen als Idee, die aus dem Ernst jedes einzelnen, seines Entschlusses zur Wahrheit den Maßstab für die besonderen Planungen findet?

Diese Unterscheidung weist auf die Grundtatsache: *eine sachgemäße Hochschulreform kann zwar nur unter den realen Bedingungen von Staat und Gesellschaft, aber entscheidend doch nur aus dem Inneren der zeitlo-*

sen Idee der Universität erfolgen. Die Reform ist auf die materiellen Mittel, aber nicht weniger auf die unplanbare geistige Initiative angewiesen.

Reformen durch Entwürfe mit endlosen, fast beliebigen Detaillierungen und Reglementierungen sind nichtig ohne Führung durch die Idee. Die Idee wird nicht gelernt, sondern kommt im Sichbesinnen, im Widerhall auf ihre aus der Überlieferung hörbaren Ansprüche zur Wirkung in jeweiliger Wiedergeburt.

Was nicht zu machen ist, läßt sich erwecken. Daß wir uns mitteilen, ermutigt. *Wir sollen nicht historisch Vergangenes wiederholen, aber die ewige Idee, die wir im Vergangenen schon wirksam sehen und die immer in die Zukunft weist, für unseren Augenblick verwirklichen.*

Voraussetzung der Universitätsreform ist die Wiedergeburt in *gemeinsamer Denkungsart*. Sie erfolgt in der Verwirklichung der Idee durch die einzelnen Wissenschaften und in dem gedanklichen Ausdruck ihres Weges im Ganzen der Universität.

Die geschichtliche Erinnerung an das von lang her und für immer Wahre der Idee stärkt die Gesinnung für die Gegenwart. Daß sie da und keineswegs, als nunmehr veraltet, verschwunden ist, daß sie vielmehr nie veralten kann und unter neuen Bedingungen in neuem Rahmen wieder verwirklicht werden soll, ist eine Voraussetzung geistiger Existenz.

Der gegenwärtigen Wirklichkeit der Idee entspringen die Maßstäbe und die Urteilskraft für Universitätsfragen. Reformen, die ihre Motive nicht zugleich an der Idee geprüft haben, sind vordergründliche, zertreuende und verwirrende Polypragmasie.

Nur wer die Idee der Universität in sich trägt, kann für die Universität sachentsprechend denken und wirken. Wer nicht, der sieht nur einen Betrieb, der sich organisieren läßt nach Zweck und Mittel, und der die Sache einer konventionellen Gesellschaft und ihrer Manieren ist. Der Zweck gilt als bekannt: Ausbildung zu den Berufen, in denen man spezifische Kenntnisse braucht. Die Berufe sind Leistungsweisen wie die Herstellung und der Vertrieb von Waren. Dieser Betrieb wird unter traditionellen rhetorischen Wendungen verkleidet.

Wer aber aus der Idee der Universität wirkt, tut es schon in der Weise, wie er forscht, welchen Sinn er seiner Forschung gibt, wie er lehrt, wie er in seinen Schriften die Sache mitteilt. Er tut es in der Universitätsverwaltung an einem Maßstab, der sich nicht als ein nur rationaler zur Verfügung stellen läßt, sondern als Geist, der Geist will, alles Geschehen an der Universität durch ihn führen möchte. Dieser Geist ist der Ursprung, aus dem immer von neuem die Wiedergeburt erfolgt. Er ist die Idee der Universität, die kräftiger wird, wenn sie im Wirken der Gelehrten und Forscher sich gegenseitig erkennt. Ihr Bewußtsein ist weniger ein Wissen von etwas als ein Lebendigwerden der Wirklichkeit in ihrem Dienst.

Eines scheint gewiß: *Die große Reform des deutschen Universitätswesens kommt als Wiedergeburt oder als Verderben, als geistige Bewegung oder als bürokratische äußere Ordnung des faktisch dabei noch wachsenden inneren Chaos.* Durch die Ausbildung der Arbeitskräfte für die Zwecke der im Ganzen ziellosen, immer nur an partikulare Zwecke gebundenen technischen Massengesellschaft wird der Aufgabe der Universität nicht genug getan. Durch Beschränkung auf jene Zwecke werden diese Zwecke selbst nicht in Wahrheit erfüllt. Mit der Universität sinken Gesellschaft und Staat ab.

Alle finanziellen Mittel helfen nicht, wenn die geistige Voraussetzung fehlt und der Wille nicht da ist, durch alle besondere Tätigkeit doch nur der Wahrheit im Ganzen zu dienen und sie aus der Idee der Universität zu verwirklichen[1].

1 Vgl. dazu die ausführliche Publikation: Die Idee der Universität. Für die gegenwärtige Situation entworfen von Karl Jaspers und Kurt Rossmann, Berlin-Göttingen-Heidelberg 1961.

TEIL III

Der Weltschöpfungsgedanke

In einem Hymnus des Rig-Veda, tausend Jahre vor Christus in Indien, fragt der Dichter nach dem Ursprung der Welt. Was war vorher? Nicht Sein, nicht Nichtsein, sagt er, nicht Luft, nicht Himmel, nicht Tod und nicht Unsterblichkeit... Nur das Eine atmet. Außer ihm war nichts anderes. Von ihm kam die Welt... Aber, so fragt der Dichter sogleich: Wer weiß es denn in Wahrheit, woher sie kam? Die Götter, sagt er, reichen nicht in jene Ferne. Wer ist es, der weiß, ob die Welt geschaffen oder ungeschaffen ist? Und die Antwort: Das weiß nur er, der Eine, der Allbeschauer, – oder weiß auch er es nicht?

Noch über die Götter hinaus fragt also der Dichter. Er kommt zu dem Letzten, zu dem Einen, er nennt ihn Aufseher und Herr von Allem. Ob auch dieser vielleicht es nicht weiß, solche Frage scheint skeptisch bis zur Blasphemie. Aber ist sie das wirklich? Wenn die Frage nach dem »vorher« im Ernst gestellt ist, wenn der Blick in das Geheimnis fiel, dann ist vor dem Allumgreifenden, dem Unendlichen keine Aussage mehr angemessen. Das Denken hält fragend an. Es steht still vor dem Sein. Das Sein soll nicht angetastet werden durch ein vermeintliches Wissen, auch nicht durch die Erwartung, es sei in der Form dessen, was wir Wissen nennen, überhaupt wißbar. Die Frage: Oder weiß auch er es nicht? verbirgt die Unsagbarkeit des Eigentlichen, verbirgt die Wissensfremdheit des alles bestimmte Wissen überschreitenden gegenstandslosen Grundwissens.

Solche Erfahrung gab es vor dreitausend Jahren. Sind wir weitergekommen? Wissen wir heute mehr vom Ursprung der Welt? Es sind seitdem viele Antworten gegeben. Sehen wir zu.

Es gibt die uralten Kosmogonien (Lehren von der Weltentstehung). Die Weltentstehung wird vorgestellt: als Zeugung durch geschlechtliche Verdoppelung und Vereinigung, – als Wachstumsursprung aus dem Urei, aus dem Meer, – dann weiter: als das Machen durch den Urheber, der wie der Baumeister einen Bau die Welt hervorbringt, – dann schließlich: als das Werden des Bewußten aus dem Unbewußten, der Zweiheit aus der Einheit, der Denkbarkeit aus dem Unvordenklichen, als das Herausspringen von Gewalt und Name aus der Unsichtbarkeit und Unhörbarkeit, als der

Prozeß des Sichentgegensetzens und Wiedervereinigens. Immer wird dabei am Leitfaden von Vorgängen in der Welt, an lebendigen, materiellen, geistigen, logischen Vorgängen die Weltentstehung gedacht.

Allen diesen Vorstellungen, bis zu den sublimsten hin, ist eines gemeinsam: Man scheint, wo sie vorgetragen werden, zu wissen, wie es geschehen ist. Man operiert mit Mächten, Göttern, Substanzen, Kategorien, nach deren Herkunft nicht weiter gefragt wird. Das Geheimnis, wie es der Dichter im Rig-Veda zur Geltung brachte, ist im Bescheidwissen verloren. Die Frage hält nicht an vor dem Geheimnis: sie hört in der Antwort vielmehr gedankenlos auf.

Über all diese mythischen Kosmogonien hinaus scheint eine wahrere Antwort im Gedanken der Schöpfung aus Nichts zu liegen. Diese Schöpfung ist unvorstellbar, nach keiner Analogie in der Welt zu veranschaulichen. Sie ist nicht einmal mehr ein zeitlicher Vorgang, denn mit der Schöpfung wird auch erst die Zeit geschaffen. Die Weltschöpfung wird aus der Zeitlichkeit, die selber zur Welt gehört, herausgenommen.

Es gibt zwei historische Beispiele dieses Gedankens:

Erstens der biblische Schöpfungsgedanke. Gott schuf die Welt aus Nichts, auf keine der Weisen, die am Leitfaden von Vorgängen in der Welt das, was über alle Welt hinaus liegt, nahe bringen sollen. Aber auch dieser Gedanke, einmal gedacht, bringt das Denken nicht zum Anhalten. Es fragt weiter, woher denn Gott sei; – es könnte doch auch nichts sein. Wie der Dichter im Rig-Veda, so steht Kant vor dem Geheimnis: »Man kann sich des Gedankens nicht erwehren, man kann ihn aber auch nicht ertragen: daß ein Wesen, welches wir uns als das höchste unter allen möglichen vorstellen, gleichsam zu sich selbst sage: Ich bin von Ewigkeit zu Ewigkeit, außer mir ist nichts, ohne das, was bloß durch meinen Willen etwas ist, aber woher bin ich denn?«

Das andere Beispiel ist der indische Gedanke: die Welt ist nicht in sich gegründete Wirklichkeit, sondern Maya, Zauber. Sie ist zwar Realität für unser Dasein, aber mit diesem Dasein Verhüllung des Wirklichen durch ein Blendwerk. Weltschöpfung ist das Aufleuchten dieses Nichtseins in der Verführung durch den Schein des Seins. Aber woher der Zauber? Wer vollzieht ihn? Wieder entzieht sich der Ursprung der Frage: Das Ende ist auch hier der Abgrund vor der Frage, die uns schwindlig macht.

*

Allen Fragen nach der Weltentstehung begegnet eine ganz andere Antwort: die Frage sei falsch gestellt. Denn die Welt sei ewig, ungeworden, aus nichts anderem, selber alles.

Auch diese Antwort liegt in großen geschichtlichen Gestalten vor.

Sie ist in China eine fraglose Selbstverständlichkeit. Die Welt ist von Ewigkeit her, immer die gleiche im Rhythmus der Gestirnabläufe und des Lebens. Sie ist gelenkt von der Ordnung des Tao, des still übermächtigen, aber gewaltlos Wirkenden. Durch Abweichungen wird die Ordnung für einen Augenblick gestört, aber nie vernichtet, sondern stets wiederhergestellt.

In Indien und im Abendland wurden von vielen Denkern Weltentstehung und Weltvernichtung gedacht. Aber wenn die Welten werden und vergehen, so ist für sie doch das Weltsein ewig: eine Welt entsteht und geht zugrunde, aber aus dem Untergang folgt sogleich die Neuentstehung. Die Welt ist ewig als der Prozeß der ewigen Wiederkehr der Welten in den Weltkreisläufen.

Ein Beispiel für viele sind die Worte Heraklits: »Diese Welt hat weder Gott noch der Menschen einer geschaffen, sondern sie war und ist und wird sein immer lebendiges Feuer, aufflammend nach Maßen und verlöschend nach Maßen.« In solchen Gedanken Chinas, Indiens und des Abendlandes ist die Welt selber göttlich oder Gott: Götter entstehen in den Welten, im Kreislauf der Welten, sind selber dem Wandel unterworfen.

*

Auf die Frage nach der Weltentstehung waren die berichteten Antworten ein bloßes Spiel, um das Geheimnis auszusprechen – oder die Antworten wurden zu einem falschen Wissen, in dem das Geheimnis verlorenging – oder die Frage wurde abgeschnitten durch die Behauptung von der Ewigkeit der Welt.

Aber hat nicht heute die moderne Physik durch zwingende Erkenntnis das Geheimnis entschleiert?

Wir hören von den Physikern die Geschichte des Weltalls. Aus der Urexplosion begann der Prozeß, der in dem Auseinanderstreben der Sternnebel sich heute den Astronomen zeigt als das sich noch ständig erweiternde All. Wer das hört und dazu die tatsächlichen Befunde der Forscher, steht verblüfft vor diesem nunmehr in großen Zügen gekannten Kosmos und meint vielleicht, nun wisse man, woher. Wo Messungen und Mathematik regieren, da ist der moderne Mensch geneigt, sich zu unterwerfen.

Jedoch bei aller Richtigkeit der einzelnen Befunde: die Sache stimmt nicht, wo sie zu Behauptungen über das Weltganze nach seiner Herkunft und nach seinem gesamten Inhalt führt. Wo über den Bereich des Erfahrbaren hinausgegangen wird durch Schlüsse, ohne daß das Erschlossene erfahrbar wird, da gerät man ins Trügerische. Mathematische Möglichkeitsentwürfe sind ebenso täuschende Spekulationen wie die früheren begrifflichen der Metaphysik und ebenso verführerisch.

Entscheidend aber sind die Tatbestände, die nicht leicht zu fassen sind. *Erstens:* Kant begriff, daß die Welt im ganzen gar nicht Gegenstand werden kann. Wir sind in der Welt und stehen nie der Welt als Ganzem gegenüber. Versuchen wir die Welt als Ganzes zu fassen, so geraten wir in Antinomien, d. h. in Widersprüche, deren Thesen und Antithesen beide gleich beweisbar scheinen, wenn man nur abstrakt denkt, und unlösbar, wenn die Erfahrung befragt wird.

Und *zweitens* ist die Welt nicht nur der in solcher Erkenntnis notwendig als leblos gedachte astronomische Kosmos, wie er mit mathematischen Abstraktionen im Maße der Verifizierbarkeit durch Messungen zwingend erkannt wird. Daß das Leben ist, und daß wir Menschen sind und daß das Bewußtsein auftritt, für das dies alles ins Unabsehbare erkennbar wird, das ist aus der heute rein mathematisch erkannten Welt so wenig zu begreifen wie früher aus dem Mechanismus des Spiels der Atome. Aus dem erkennbaren Kosmos ist nicht die Herkunft des Denkens zu begreifen, das ihn erkennt.

Das Ergebnis ist in Kürze: Wir können die Welt als Ganzes nicht zum Gegenstand für uns gewinnen; wir bleiben immer darin. Aber die für uns ungeschlossene Welt überschreiten wir im Bewußtsein unserer Freiheit, die aus der Welt unbegreiflich ist.

Wer das einsieht, wer in seinem Weltdenken auf diese Grenzen stößt, für den gerät die Welt gleichsam in die Schwebe.

Der Gedanke der Weltschöpfung durch Gott ist dann ein Symbol, kein Wissen. Im Weltschöpfungsgedanken wird der Abgrund offen, in dem wir mit all unserem Weltwissen und Welttun verschlungen werden und zugleich uns geborgen finden.

Dieser Weltschöpfungsgedanke aber hat seine Wahrheit nur unter der Bedingung, daß ein Symbolcharakter festgehalten wird. Der Gedanke, weil Symbol, liegt nicht auf der Ebene unserer Welterkenntnis. Der symbolische Gedanke wird durchdacht als Erhellung des Nichtwissens in ihm. Etwa so:

Die Weltschöpfung ist kein Vorgang in der Welt. Vor der Welt gab es keine Zeit, keinen Raum, keine Materie. Wir aber, gebunden mit all unserem Vorstellen an das Weltsein, denken unausweichlich, daß es eine Zeit vorher gab und ein Etwas vorher. Aber diese unsere Gebundenheit können wir erkennen. Das Symbol haben wir gerade dadurch als einen Halt der Vergewisserung, daß wir bewußt das Sichwidersprechende sagen: Gott schuf die Zeit – mit dem Wort »schuf« sagen wir aber einen zeitlichen Vorgang und widersprechen dem Sinn des Satzes. – Gott schuf die Welt aus Nichts – mit dem Worte »Nichts« operieren wir, als ob es ein »Etwas« wäre, und widersprechen wiederum dem Sinne des Satzes.

Das im Symbol des Weltschöpfungsgedankens Gedachte ist kein Vorgang, dem wir auch nur in der Fiktion zuzusehen vermöchten. Was darin gemeint ist, kann nie von uns angemessen gemeint sein, denn es steht außerhalb unseres Vorstellungs- und Denkvermögens.

*

Das Symbol des Weltschöpfungsgedankens ist nun von entscheidender Bedeutung für das Bewußtsein unseres eigenen Wesens. Die beiden Grundgedanken: Ewigkeit der Welt oder Geschaffensein der Welt, diese beiden sich bekämpfenden Symbole beantworten die Frage nach unserer eigenen Herkunft ganz verschieden. Wo die Welt ewig ist, da ist der Mensch in der Welt aus der Welt entstanden, ihr Produkt. Wo die Welt geschaffen ist, da ist der Mensch selbst unmittelbar von Gott geschaffen, zwar seinem Leibe nach und in den physischen und psychischen Funktionen des Leibes Produkt der Welt, aber seinem Wesen nach wie vor außerhalb der Welt.

Es ist, als ob wir geschaffen wären, wie die Welt geschaffen ist, aber nicht durch die Welt. Als beseelter Leib sind wir ein Teil der Weltschöpfung. Als Freiheit sind wir unmittelbar von Gott. Daher sind wir in der Welt zugleich von anderswoher. Wir finden uns in der Welt und sind doch nicht nur von dieser Welt.

Das aber wiederum durchschauen wir nicht in dem Sinne, wie wir uns durch die Wissenschaft der Psychologie in unseren Erscheinungen erkennen. Das heißt: wir wissen es nicht.

Könnten wir begreifen, woher wir sind, so würden wir aufhören, Menschen zu sein. Wir können nur die Grenze berühren im Bewußtsein unseres Menschseins. Dieses ist Unvollendetsein und Unvollendbarsein. Wir leben in der Zeit, das heißt: wir sind nie fertig, wir suchen und versuchen.

Was ewig ist und was wir in unserem Tun ewig sind, das wissen wir nie, sondern das gewinnt Gegenwärtigkeit in Chiffern, im Gleichnis, im Spiegel, – so auch in der Chiffer des Weltschöpfungsgedankens.

Der Weltschöpfungsgedanke erweckt uns gerade dadurch, daß er kein Wissen in ihm erlaubt. Er weist in die Tiefe, in der er zugleich unsere Herkunft verbirgt. Das Wissen davon, wodurch wir geworden sind, die Mitwisserschaft mit unserem Geschaffensein, als ob wir dabeigewesen wären, würde die Bewegung unseres Menschseins in der Zeit aufheben. Das Wissen vom Vorgang der Schöpfung, wie es war und wie es geschah, wäre ein Wissen vollendeten Charakters. Wir würden wissen, was wir sind, brauchten es nicht mehr zu werden. Mit der vollen, restlosen Helligkeit des Vorher ist kein Nachher mehr, durch das das Vorher erst zur Klarheit kommen müßte. Wir lebten nicht mehr in den Möglichkeiten unserer Situation, sondern würden sie übersehen, beherrschen und damit zum Abschluß gebracht haben. Alles wäre offenbar. Mit dem Wissen des Ursprungs wären wir zugleich am Ende unseres Menschseins. Wir wären durch die Weise unseres Wissens zu einem anderen, uns jetzt unvorstellbaren Seinswissen und Denkenkönnen gelangt und damit andere Wesen geworden; wir wären nicht mehr Menschen.

*

Da wir aber Menschen sind, das heißt auf dem Wege der Verwirklichung, um darin erst zu erfahren, was wir eigentlich sind, finden wir uns in der Situation, die folgende Ansprüche an uns zu stellen scheint:

Nicht die Welt im ganzen vergeblich zum Gegenstand der Erkenntnis zu machen, als ob wir sie gleichsam in die Hand bekämen, sondern in der Welt ins Unendliche hinein zu forschen, –

nicht die Welt aus einem vermeintlichen Totalwissen zu erklären, sondern uns mit unserem Orientierungswissen in der Welt einzurichten, –

das Nichtwissen zu erfassen durch das Maximum möglichen Wissens, –

uns zu bescheiden mit unserer geschichtlichen Verwirklichung im Hier und Jetzt, –

uns der Grenzen bewußt zu werden dadurch, daß wir, ständig von ihnen betroffen, in der Unruhe bleiben, die uns in keinem Weltsein endgültiges Genüge finden läßt, –

durch unsere Verwirklichung selber den Bezug auf Transzendenz zu gewinnen.

Denn das gehört zu unserem Wesen: statt uns aus der Welt zu verstehen, ist etwas in uns, das sich allem Weltsein gegenüberstellen kann. Sofern wir in der Welt von anderswoher sind, haben wir in der Welt eine Aufgabe über die Welt hinaus.

*

Entscheidend für alles, das uns Menschen möglich ist, bleibt es, das Geheimnis, daß eine Welt ist und wir darin sind, zu erhellen, aber nicht zu verdecken.

Seit dem Dichter des Rig-Veda haben wir wohl gewaltige Erkenntnisse in der Welt gewonnen. Wir haben dadurch die Klarheit im Wissen des Nichtwissens gesteigert. Aber im entscheidenden Punkt sind wir keinen Schritt weiter.

Es ist beschwingend für unsere menschliche Gemeinschaft in der Tiefe des Nichtwissens, dem alten Sänger zu begegnen wie den Denkern durch die Jahrtausende in dem einen umgreifenden Geheimnis.

Dies Geheimnis mit dem Gehalt der Sprache unserer Wirklichkeit zu erfüllen, das macht unser geschichtliches Leben aus. Aber es enthüllt zu haben, das würde entweder die Täuschung eines Scheinwissens sein, das das uns Mögliche versäumen läßt, oder es würde Wahrheit sein und dann bedeuten unsere Verwandlung in andere Wesen, als wir Menschen sind.

Die Auffassung der Persönlichkeit Jesu

Was Jesus nicht war, läßt sich leicht sagen. Er war kein Philosoph, der methodisch nachdenkt und seine Gedanken systematisch konstruiert. Er war kein Sozialreformer, der Pläne macht; denn er ließ die Welt, wie sie war, sie ist ja ohnehin am Ende. Er war kein Politiker, der umwälzend und staatsgründend handeln will; nie sagte er ein Wort über die Zeitereignisse. Er hat keinen Kult gestiftet, denn er nahm am jüdischen Kultus in der jüdischen Gemeinschaft teil wie noch die Urgemeinde; er taufte nicht; er hat keine Organisation geschaffen, keine Gemeinde, keine Kirche begründet. Was war er denn?

Der Versuch, Jesus zu charakterisieren, kann drei Wege beschreiten. Man kann ihn psychologisch in seiner individuellen Realität sehen; oder ihn historisch in einem übergreifenden geistigen Zusammenhang wahrnehmen; oder ihn wesenhaft in seiner eigenen Idee erblicken.

1. *Mögliche psychologische Aspekte.* Nietzsche hat im Antichrist Jesus als psychologischen Typus geschildert: Eine extreme Leid- und Reizfähigkeit hat in Jesus ihre letzten Consequenzen gezogen. Die Realität ist ihm unerträglich. Er will von ihr nicht berührt werden. Sie ist bloß eine Welt von Zeichen, sie hat nur die Bedeutung, Gleichnis zu sein. Daher lebt Jesus nicht mehr in der Realität, sondern in dieser Fülle der Zeichen, einem in Symbolen und Unfaßlichkeiten schwebenden Sein.

Der natürliche Tod ist für ihn keine Realität, ist auch keine Brücke, kein Übergang. Auch er gehört zu der bloß scheinbaren, bloß zu Zeichen nützlichen Welt.

Unerträglich ist ihm jede Feindschaft, jedes Widerstreben, jede gegensätzliche Berührung seitens der Realität. Daher widersteht er nicht. Der Satz »widerstehe nicht dem Bösen!« ist für Nietzsche der Schlüssel zum Evangelium. Mit diesem Satz wird die Unfähigkeit zum Widerstand zur Moral erhoben. Jesus zürnt niemandem, er schätzt niemanden gering; er verteidigt nicht sein Recht, nimmt kein Gericht in Anspruch, läßt sich auch von keinem in Anspruch nehmen (Die Forderung: nicht schwören!), er fordert das Äußerste heraus und leidet dann noch mit denen, die ihm Böses tun, wehrt sich nicht, macht sie nicht verantwortlich, liebt sie.

Jesus verneint nichts. Es gibt für ihn keine Gegensätze mehr. Er verneint nicht den Staat, nicht den Krieg, nicht die Arbeit, nicht die Gesellschaft, nicht die Welt, garnichts. Das Verneinen ist ihm das ganz Unmögliche. Er kann nicht widersprechen. Er kann Mitgefühle haben und trauern über Blindheit derer, die nicht mit ihm im Licht stehen, aber er kann keinen Einwand machen.

Nur die innere Wirklichkeit ist eigentliche Wirklichkeit, sie heißt Leben, Wahrheit, Licht. Das Reich Gottes ist ein Zustand des Herzens. Es wird nicht erwartet, es ist überall da und nirgends da. Es ist diese Seligkeit der Lebenspraxis. Es beweist sich nicht durch Wunder, nicht durch Lohn und Verheißung, nicht durch die Schrift, sondern ist sich selbst sein Beweis, sein Wunder, sein Lohn. Seine Beweise sind innere Lichter, Lustgefühle, Selbstbejahung, lauter »Beweise der Kraft«. Das Problem ist, wie man leben muß, um sich im Himmel zu fühlen, um sich ewig zu fühlen, sich jederzeit göttlich, als Kind Gottes zu fühlen. Die Seligkeit ist die einzige Realität. Der Rest ist Zeichen, um von ihr zu reden. Vorbedingung, um überhaupt reden zu können, ist, daß kein Wort wörtlich genommen werde. Die Seligkeit ist ein Glaube, der sich nicht formuliert und nicht formuliert werden kann.

Jesus ist kein Held, ist kein Genie, eher noch paßt das Wort Idiot. Zwischen dem Bergprediger, der solche Lehren bringt, und dem Theologen – und Priestertodfeind, dem Fanatiker des Angriffs, ist für Nietzsche ein unvereinbarer Widerspruch. Nietzsche legt daher alles, was in den Evangelien seinem Jesustypus nicht entspricht, der Erfindung der kämpfenden Urgemeinde zur Last, die einen kämpfenden Stifter als Vorbild braucht.

Aber Nietzsches Interpretation wird wohl niemanden ganz überzeugen. Denn es genügt nicht, Jesus durch Franz von Assisi zu sehen. Daß aus Worten des Evangeliums diese Linien herauszuheben sind, ist nicht zu leugnen. Aber daß sie für die entscheidenden, einzigen, wesenhaften gelten dürften, dagegen spricht die unbefangene Lektüre der Texte.

In ihnen begegnet Jesus als eine elementare Gewalt, in ihrer Härte und Aggressivität nicht minder deutlich als in jenen Zügen unendlicher Milde. Es heißt: er sah ringsherum im Zorn, – er fuhr ihn an, – er schalt ihn, – er bedrohte ihn. Einen Feigenbaum, an dem er vergeblich Früchte sucht, läßt er verdorren mit dem Fluch, nie mehr in Ewigkeit soll jemand von dir Frucht essen. Welche den Willen des himmlischen Vaters nicht tun, die wird Jesus beim Gericht verwerfen: ich habe euch nie gekannt; weichet von mir. Sie werden hinausgeworfen in die Finsternis, da wird sein Heulen und Zähneknirschen. Er droht: »Wer aber mich verleugnet vor den Menschen, den will auch ich verleugnen vor meinem Vater in den Himmeln. Denkt nicht, daß ich gekommen sei, Frieden zu bringen auf die Erde; ich bin nicht gekommen, Frieden zu bringen, sondern das Schwert. Ich bin gekommen, zu entzweien einen Menschen mit seinem Vater, die Tochter mit ihrer Mutter«. Städte, die nicht Buße tun, schmäht er: »wehe dir, Chorazin, wehe dir, Bethsaida – Tyrus und Sidon wird es erträglicher gehen am Gerichtstag als euch. Und du Kapernaum, wardst du nicht zum Himmel erhöht? Bis zur Hölle sollst du hinabgestoßen werden«. Als Petrus den Worten Jesu, der Menschensohn werde viel leiden, getötet werden und auferstehen, widerstrebt, da schilt ihn Jesus: »weiche hinter mich Satan, du denkst nicht, was Gott ansteht, sondern was den Menschen«. Gewaltsam, mit der Peitsche, treibt Jesus die Händler aus dem Tempel. Es geht nicht an, aus Jesus eine duldende, weiche, liebende Gestalt zu machen, noch weniger einen nervösen, widerstandslosen Menschen.

Die eigentümliche Doppelheit von Sanftmut und kämpferischer Unbedingtheit ist in der Weise sichtbar, wie Jesus den Glauben fordert. Er kann sagen: »Mein Joch ist sanft und meine Last ist leicht« aber er kann fordern: sogleich, ohne Zögern und ganz ihm zu folgen. Den Jüngling, der erst noch seinen Vater begraben will, herrscht er an: Lasse die Toten ihre Toten begraben und folge mir nach. Zornig gegen die Schriftgelehrten, dankt er Gott, daß er die Wahrheit verborgen habe vor Weisen und Verständigen und sie mit den Unmündigen geoffenbart. Und die Ungläubigen trifft der Fluch mit den Jesaiasworten: Mit dem Gehör sollt ihr hören und nicht verstehen. Denn es ward das Herz dieses Volkes verstockt.

Wir möchten wohl wissen, wie Jesus ausgesehen hat. In der slavischen Josephusübersetzung fand Eisler eine Schilderung: Jesus hatte dunkle Hautfarbe, war von kleinem Wuchs, drei Ellen hoch, bucklig, mit langem Gesicht, zusammengewachsenen Brauen, mit wenigem nach Art der Nasiräer gescheiteltem schütterem Haar und geringem Bart. Sein Aussehen konnte schrecken, er wirkte durch eine unsichtbare Kraft, durch ein Wort und einen Befehl. – Obgleich die Schilderung alt ist, ist sie als historischer Bericht sehr zweifelhaft. Sie gehört zu den in der Antike üblichen physiognomischen Erfindungen, wie sie in großem Stil ein Bild Homers hervorbrachte. Die Frage ist, wer die Erfindung gemacht habe, wozu und mit welcher Tendenz. Es ist die früheste der vielen Physiognomien Jesus. Wo solche Erfindung mit der Wirklichkeit koinzidieren könnte, vermögen wir uns dem Eindruck kaum zu entziehen. Dahin gehören die Jesus-Bilder Rembrandts, die ihm aus Wahrnehmungen im Ghetto als Wesensanschauungen erwachsen, von wundersamer Tiefe, kraftvoll und mild, wissend und leidend. Sie zeigen ohne Großartigkeit eine reine Seele.

Die Evangelien sind ein einziges Zeugnis von der außerordentlichen persönlichen Wirkung Jesu. Wer mit ihm in Berührung kam, war bezaubert in Hingerissenheit oder Feindschaft. Seine Krankenheilungen (die Dämonenaustreibungen) sind nur ein beiläufiger Effekt »alle waren bestürzt und sagten: so haben wir noch nichts gesehen«. Die begegnenden Pharisäer waren betroffen. Der römische Hauptmann ist ergriffen. Jesu Rede überwältigte, er sprach, »wie einer, der Vollmacht hat und nicht wie die Schriftgelehrten«.

2. *Historische Aspekte.* – Jesus ist eine spätantike Erscheinung am Rande der hellenisch-römischen Welt. In einem Zeitalter heller Geschichte lebt er im Dunkel kaum bemerkt. In einer realistischen und rationalisierten Welt berechnender Macht kann er, garnicht berechnend, sich nicht einpassen. Er irrt sich in bezug auf alle materiellen Realitäten und muß als Dasein scheitern.

Verglichen mit der archaischen jüdischen Prophetie, die ehern wirkt, ist er unerhört vertieft, vieldeutig und beweglich. Verglichen aber mit der ihm fremden hellenistisch-römischen Welt ist er ursprünglich, wie erster Anfang.

Man hat versucht, Jesus zu verstehen als den Fall einer der in seiner Zeit verbreiteten Typen religiös und politisch erregter Menschen und Gruppen. Man hat gesagt: er ist ein Vertreter der in Vorderasien allgemeinen apokalyptischen Bewegung; er steht den stillen, in Reinheit und Brüderlichkeit um das Heil besorgten Sekten, wie den Essenern nahe; er steht unter den Volksbewegungen, die im jüdischen Lande damals immer wieder den Messias, den König und Wiederhersteller des Judentums erwarteten; er gehört zu den Wanderpropheten, von denen Celsus berichtet, Leuten, die bettelnd, in Städten, Tempeln, Kriegslagern weissagen, sich für gottgesandt erklären, vorgeben, die andern zu retten, und sie verwünschen, wenn sie sie nicht ehren; man hat die Lebensart in der Wüste wandernder Handwerker in ihm wiedergefunden, die in völliger Armut heiter und sorglos unter den Beduinen lebten, unbeteiligt an ihren Kämpfen Zuschauer sind, die nachher die Verwundeten beiderseits ärztlich versorgen, friedfertig, gewaltlos, nicht widerstehend, sich mitten unter Kämpfenden erfolgreich durchbringen.

Mit allen diesen aufgezählten Typen mag Jesus ein wenig zusammen treffen. Deren Leben und Denkweise gibt Kategorien her, unter denen irgendwo auch Jesu Dasein sich vollzog. Aber wer dies wahrnimmt, für den bricht die Wirklichkeit Jesu durch sie alle hindurch als ein Ereignis aus anderm Sinn und Ursprung, von ganz anderem Rang, Weiten und Tiefen offenbarend, die diesen Typen fremd waren. Alle, die als Messias auftraten, sind hingerichtet und vergessen; weil sie gescheitert waren, waren sie nicht mehr glaubwürdig. Alle die religiös erregten Typen verloren sich in Besonderheiten und Äußerlichkeiten. Daß auf Jesus von so vielen, untereinander heterogenen Typen ein Licht fallen kann, zeigt, daß er zu keinem gehört.

Man hat, vielleicht mit Recht, gesagt, daß Jesus in allen lehrbaren Inhalten garnicht neu sei. Er lebt im Wissen seiner Umwelt. Er bedient sich der überlieferten Gedanken und Formeln. In ihm kommt der jüdische Gottesgedanke zu einer seiner Formen. Er hat nie daran gedacht, sich von diesem jüdischen Glauben zu trennen. Vielmehr steht er in ihm wie die alten Propheten, in Opposition zu priesterlichen Verfestigungen. Er ist historisch der letzte der jüdischen Propheten. Daher bezieht er sich ausdrücklich und oft auf sie.

Schon die Umwelt bedingt einen Unterschied zwischen den alten Propheten und Jesus. Jene lebten in einem noch selbständigen Staat der Juden und erlebten dessen Untergang. Jesus lebt in der politisch abhängigen, seit Jahrhunderten stabilisierten jüdischen Theokratie. Er gehört in jene Zeit von fünfhundert Jahren zwischen der politischen Selbständigkeit und der endgültigen Diaspora nach der Zerstörung Jerusalems, jenen Jahrhunderten, in denen viele der frömmsten Psalmen, der Hiob, der Koheleth entstanden sind. Die jüdische Theokratie hat Jesus ausgestoßen, wie früher das Tempelpriestertum der Königszeit es den Propheten gegenüber versuchte. Das Gesetzesjudentum der Diaspora, das mit dem Kanon die alten Propheten akzeptierte, konnte Jesus nicht mehr akzeptieren, denn er war inzwischen durch andere zum Mittelpunkt einer Weltreligion geworden.

Historisch ist der Gottesglaube Jesu eine der großen Gestalten der biblischen jüdischen Religion. Der Gott Jesu, der Gott der Bibel, ist nicht mehr einer der orientalischen Götter, aus denen einst Jahwe stammte, der langsam das orientalisch grausame und opfersüchtige verlor in dem tiefen Opfergedanken der Propheten, die in Jesus ihr letztes Wort sprachen. Dieser Gott ist auch nicht eine der herrlichen mythischen Gestalten, die die Urmächte des Menschseins versinnlichen, dadurch steigern und führen, wie Athene, Apollo und all die anderen, sondern der Eine, Bildlose, Gestaltlose. Dieser Gott ist auch keine bloße universale Macht, nicht die

Weltvernunft griechischer Philosophie, sondern wirkende Person. Er ist auch nicht das unergründliche Sein, mit dem der Mensch in Meditation zu mystischer Einigung kommt, sondern das schlechthin Andere, das geglaubt, aber nicht geschaut werden kann. Er ist die absolute Transzendenz, vor der Welt und außer der Welt, Schöpfer der Welt; im Verhältnis zur Welt und zum Menschen ist er Wille: »er gebietet, dann geschieht es; er befiehlt, dann steht es da.« In seinem Ratschluß unbegreiflich, ist er Gegenstand absoluten Vertrauens und Gehorsams. Er ist der Richter, vor dem der Mensch offen liegt bis in seine verborgensten Gedanken, und vor dem er Rechenschaft abzulegen hat. Er ist der Vater, der liebt und vergiebt, vor dem der Mensch sich als Gottes Kind weiß. Gott ist eifersüchtig und hart und zugleich voll Gnade und Erbarmen. Er herrscht von fern her, unnahbar fremd; er ist ganz nah, spricht und fordert im Herzen. Er ist der lebendige Gott, der persönlich ergreift, nicht wie das spekulativ gedachte Eine ungreifbar und stumm.

Es ist der Gott des Alten Testaments, an den Jesus glaubt, es ist die alte prophetische Religion, die Jesus verwirklicht. Jesus ist, wie Jeremias, der reine, durch keine Bande der Gesetzlichkeiten, der Riten, des Kultus mehr gefangene Jude, der doch all diese Formen nicht verwirft, sondern unter die Bedingung von Gottes gegenwärtigem Willen stellt. Jesus verwirklicht noch einmal den prophetischen Glauben, der durch die Jahrhunderte überliefert ihn trug und Menschen bis heute zu tragen vermag.

3. *Die Wesensidee.* – Jesu Leben in Gott bestimmt alles, was er sagt und tut. Sein Wesen scheint wie durchleuchtet von der Gottheit. In jedem Augenblick Gott nahe, gilt ihm nichts als Gott und Gottes Wille. Der Gottesgedanke steht unter keiner Bedingung, aber die Maßstäbe, die von dort sprechen, stellen alles andere unter ihre Bedingung. Von dort her kommt das Wissen um das allbegründende Einfache.

Das Wesen dieses Glaubens ist die Freiheit. Denn in diesem Glauben, der von Gott spricht, wird die Seele weit im schlechthin Umgreifenden. Während sie Glück und Unglück dieser Welt sieht, erwacht sie zu sich selbst. Was nur endlich, was nur Welt ist, kann sie nicht gefangen halten. Aus der Hingabe in dem nicht mehr begreifenden Vertrauen erwächst ihr die unendliche Kraft: denn in der größten Weichheit des unbefestigten Herzens, in der vernichtenden Erschütterung, kann ihr das Bewußtsein werden, sich von Gott geschenkt zu sein. Glaubt der Mensch, so wird er wirklich frei.

Solche Gottesgewißheit Jesu ermöglicht eine Haltung der Seele, die selber unbegreiflich ist. Der Mensch bleibt in der Welt, nimmt als Zeitdasein an ihr teil, erschüttert, aber in der Betroffenheit an einem tiefen, nicht mehr welthaften Grunde unbetroffen. Er ist in der Welt über die Welt hinaus. In der Verlorenheit seines Daseins an die Welt ist er irgendwo, unbeweisbar, unfeststellbar, in der Aussage schon dies bezweifelnd, unabhängig von der Welt. Diese Unabhängigkeit in der totalen Welteinsenkung bewirkt die wundersame Unbefangenheit. Einerseits können die weltlichen Dinge nicht mehr zu endlichen Absolutheiten, die weltlichen Gehäuse des Wissens nicht mehr zum Totalwissen, die Regeln und Gesetze nicht mehr zu Verfestigungen des Errechenbaren führen. Die Lockungen scheitern an jener Freiheit aus der Gottesgewißheit. Andrerseits wird das Auge offen für alle Realitäten und besonders für die Seele der Menschen, die Tiefe ihres Herzens, die der Hellsicht Jesu nichts verbergen kann.

Wenn der Gottesgedanke, wie unfaßlich auch immer, in die Seele gedrungen ist, dann ist jene Unruhe, Gott zu verlieren, und der unablässige Antrieb, das zu tun, was Gott nicht verschwinden läßt. Daher das Wort Jesu: Selig, die rein in Herzen sind, denn sie werden Gott schauen.

Aber nun geschah in Jesu etwas, was im Alten Testament nur in Ansätzen da ist (etwa im Opfer Isaacs durch Abraham). Der Ernst des Gottesgedankens hat bei Jesus zur Folge die vollkommene Radikalität. Der Gott, der für Jesus doch nicht leibhaftig da ist, nicht in Visionen und nicht in Stimmen, vermag alles in der Welt in Frage zu stellen. Es wird vor seinen Richterstuhl gebracht. Wie Jesus das aus seiner Gottesgewißheit getan hat, ist erschrekkend. Wer das bei den Synoptikern zu lesen vermag und dabei in ruhiger Verfassung bleibt, zufrieden mit seinem Dasein, eingesponnen in dessen Ordnung, ist blind. Jesus ist aus allen realen Ordnungen der Welt herausgetreten. Er sieht, daß alle Ordnungen und Gewohnheiten pharisäisch wurden, er zeigt den Ursprung, von dem her ihre Einschmelzung erfolgt. Aller weltlichen Wirklichkeit wird endgültig, ohne Einschränkung, ihr Boden genommen. Schlechthin alle Ordnungen, die Bande der Pietät, der Satzungen der vernünftigen Sittengesetze brechen ein. Gegen den Anspruch, Gott zu folgen in das Gottesreich, sind alle anderen Aufgaben nichtig. Arbeit für den Unterhalt, Schwüre vor Gericht, Selbstbehauptung des Rechts, Eigentum, alles ist nichtig oder wird verworfen. Zu sterben durch die Mächte dieser Welt, in Leid, Verfolgung, Mißhandlung, Entwürdigung zu Grunde gehen, ist das Gehörige für den, der glaubt. »Nirgends ist so revolutionär gesprochen worden, denn alles sonst Geltende ist als ein Gleichgültiges, nicht zu Achtendes gesetzt« (Hegel).

Weil Jesus im Äußersten der Welt steht, schlechthin die Ausnahme ist, wird die Chance alles dessen offenbar, was an Maßstäben der Welt als verachtet, niedrig, krank, häßlich, als von den Ordnungen ausgestoßen und auszuschließen gilt, die Chance des Menschseins selbst unter allen Bedingungen. Er zeigt dorthin, wo dem Menschen in jeder Weise des Scheiterns das Zuhause offen ist.

Jesus ist durchgebrochen zu diesem Ort, von dem her nicht nur alles, was Welt ist, in den Schatten tritt, sondern der selber nichts als – im Gleichnis – Licht und Feuer, als Liebe und Gott ist. Dieser Ort, wie ein Ort in der Welt gefaßt, ist in der Tat kein Ort. Jeder muß ihn an seinen Maßstäben des Gehörigen in der Welt mißverstehen. Von der Welt her gesehen, ist er Ausnahme und unmöglich.

Wenn aber, was hier Ursprung, Mitte, Bindung ist, sich in der Welt durch Jesus und sein Wort zeigt, so kann das nur indirekt geschehen. Es geschieht so, daß noch der Wahnsinn in der Welt zu befragen ist nach seiner möglichen Wahrheit. Es geschieht so, daß Erscheinung und Wort am Maße rationaler Wißbarkeit absolut widersprüchlich erscheinen. In Jesus liegt der Kampf, die Härte, die erbarmungslose Alternative und die unendliche Milde, Kampflosigkeit, Liebe, das Erbarmen mit aller Verlorenheit. Er ist der herausfordernde Kämpfer und der schweigende Dulder.

Die Radikalität der Gottesgewißheit gewann durch Jesus eine bis dahin unerhörte Steigerung durch die Erwartung des unmittelbar bevorstehenden Weltendes. Die Naherwartung war im Sinne des kosmischen Wissens ein Irrtum. Wenn aber die Wirklichkeit des Weltuntergangs ausbleibt, ist der Sinn des Grundgedankens nicht aufgehoben. Ob jetzt gleich oder nach sehr langen Zeiten: dies Ende wirft Licht und Schatten, stellt an alles und jedes seine Frage, ruft auf zur Entscheidung. Der Irrtum in bezug auf das leibhaftig Gegenwärtige des Weltendes hat durch den Zwang dieser Leibhaftigkeit die Wahrheit an den Tag gebracht, daß der Mensch in der Tat vor dem Äußersten lebt, das er sich ständig verschleiert. Die Welt ist nicht das erste und letzte, der Mensch ist dem Tode verfallen, die Menschheit selber wird nicht endlos dauern. In dieser Situation ist das Entweder – Oder: für Gott oder gegen Gott, gut oder böse. Jesus erinnert an das Äußerste.

Zur Wesensidee Jesu gehört das Leiden, das schrecklichste, uneingeschränkte, grenzenlose Leiden, das im grausamsten Tod vollendet wird. Jesu Leidenserfahrung ist die jüdische Leidenserfahrung. Jesu Wort am Kreuz: »Mein Gott, mein Gott, warum hast du mich verlassen« der Anfang des 22. Psalms spricht mit diesem Psalm das äußerste Leiden aus, nicht das Hinnehmen des Leidens in Geduld, sondern im Aufschrei zu Gott, aber auch des Vertrauens im Leiden allein auf Gott, auf das, was vor aller und nach aller Welt ist.

In jenem Psalm spricht ein Mensch in höchster Bedrängnis: Ein Wurm bin ich, kein Mensch, verachtet, Gespött der Leute. Die Bösen umkreisen ihn. Sie sperren ihren Rachen wider ihn auf wie ein Löwe. »Wie Wasser bin ich hingegossen, alle meine Gebeine sind auseinander gegangen, mein Herz ist wie zu Wachs geworden, mein Gaumen ist ausgetrocknet«. Er wendet sich an Gott, denn »es gibt keinen Helfer«. Aber: »Mein Gott, rufe ich tagsüber, doch du antwortest nicht.« In dieser Stummheit und Stille, diesem Verlassensein in der Hilflosigkeit, erfolgt der Umschlag: »Und du bist doch der Heilige, auf dich vertrauten unsere Väter.« Er hat die Elenden, die zu ihm schrieen, gehört. Auch diesem Dichter des Psalms wird gewiß: »Jahwe ist mein Hirte, mir wird nichts mangeln, auch wenn ich in dunklem Tal wandern muß, fürchte ich kein Unglück, denn du bist bei mir.«

Das Wesentliche dieser Weise des Leidens und der Geburt der Gottesgewißheit aus dem grenzenlosesten Leidensbewußtsein ist zunächst: das restlose Sichaussetzen dem Leiden, der Mensch ein Wurm, nicht in der Behauptung seiner Würde und Unerschütterlichkeit, – dann des Bewußtseins des absoluten Alleinseins, vom Volke verlassen, nicht geborgen in einem nationalen oder anderen kollektiven Gedanken, – schließlich das Bewußtsein der Gottverlassenheit. Es ist nicht möglich, das Leiden des Menschen weiter treiben zu lassen. Aus diesem äußersten Leid, und erst aus ihm folgt der Umschlag: der Aufschrei zu Gott ist möglich, das Sagen der Unerträglichkeit seines Stummseins, dann der Anruf: du bist doch der Heilige, und schließlich statt des Volkes wenigstens die Väter: sie vertrauten ihm, und am Ende die Ruhe des Vertrauens zum unantastbaren Grund.

Diese Leidensfähigkeit und Leidenswahrhaftigkeit ist geschichtlich einzig. Das Schreckliche ist nicht gelassen hingenommen, nicht geduldig ertragen, nicht verschleiert. Auf der Wirklichkeit des Leidens wird bestanden, es wird ausgesprochen. Es wird erlitten bis zur Vernichtung, in welcher aus der Verlorenheit und Verlassenheit dieses Etwas gesehen, dieses Minimum des Bodens gespürt wird, das dann alles ist, die Gottheit. In der Stummheit, der Unsichtbarkeit, der Bildlosigkeit ist sie doch die einzige Wirklichkeit. Mit dem ganzen rückhaltlosen Realismus der unverdeckten Schrecken dieses Daseins ist verbunden der Halt an dem ganz Unfaßlichen.

Am Maßstab eines heroischen und eines stoischen Ethos liegt in der Weise dieses zunächst haltlosen Preisgegebenseins, seines Aussprechens und in dem dann wie ein Wunder sich fühlbar machenden Halt keine Würde, vielmehr eine Schamlosigkeit. Aber jenes andere Ethos der Würde versagt entweder in der äußersten Realität oder versinkt in unbetroffener Starre. Dieses dagegen in seiner Wahrhaftigkeit ist dem Menschen bis in letzte vernichtende Erfahrungen möglich.

Jesus ist ein Gipfel dieses Leidenkönnens. Man muß jüdisches Wesen sehen in den Jahrhunderten, um Jesu Wesen zu erblicken. Aber Jesus hat nicht passiv erlitten. Er hat gehandelt, Leid und Tod provociert. Sein Leid ist nicht zufälliges, sondern echtes Scheitern. Er setzt seine Unbedingtheit der Welt aus, die nur Bedingtheit zuläßt, der Weltlichkeit der Kirche (damals in Gestalt der für die folgenden Kirchen prägend wirkenden jüdischen Theokratie). Seine Wirklichkeit ist das Symbol des Wagens von allem, der Erfüllung der Gottessendung: die Wahrheit zu sagen und wahr zu sein. Das ist der Mut der jüdischen Propheten: nicht im Spiegel des Ruhms großer Taten, des Ruhms tapferen Todes für die Nachwelt, sondern allein vor Gott. Im Kreuz wird die Grundwirklichkeit des Ewigen in der Zeit angeschaut. Jesu Tod ist Symbol geworden für die jederzeit gegenwärtige Wirklichkeit. In dieser vorgebildeten Gestalt, im Kreuz, geschieht die Vergewisserung des Eigentlichen im Scheitern alles dessen, was Welt ist.

Die jüdische Leidenserfahrung ist ein Moment der alttestamentlichen biblischen Religion und diese ist der Kern aller christlichen, jüdischen, islamischen Religionen in der Fülle ihrer historischen Kleider, ihrer Verkehrungen und Abgleitungen, so daß keine sagen kann, sie sei im Besitz der wahren biblischen Religion, die doch alles trägt. Von dieser biblischen Religion ist ohne gefährlichen Anspruch nicht geradezu zu reden. Vielleicht aber darf man sagen: Nicht Christus, diese Schöpfung der Urgemeinde und des Paulus, ist der biblischen Religion gemeinsam, sowenig wie das jüdische Gesetz, wie der nationale Charakter der jüdischen und vieler protestantischer Religionen. Gemeinsam ist der Gottesgedanke und das Kreuz. In Jesus ist die letzte Gestalt der jüdischen Idee des leidenden Gottesknechts wirksam.

Die nichtchristlichen Religionen und das Abendland

Mit diesem Thema ist die Frage aufgeworfen, ob seitens der Abendländer die Toleranz für nichtchristlichen Glauben möglich und zu fördern sei.

1. Blicken wir zurück. Durch die Kreuzzüge lernte Europa den Islam kennen. Seit dem 12. Jahrhundert wurde es den Europäern deutlich, was es heißt, daß es einen anderen Glauben gibt als den ihren. Denn mit dem fremden Glauben begegnete eine mächtige Welt, eine edle Menschlichkeit, große Kunst und lehrreiche Philosophie. Das geistige Leben des Abendlandes gelangte durch die neuen Erfahrungen zu einem gewaltigen Aufschwung. Die Tatsache mehrerer Religionen aber machte betroffen. Schon die bloße Möglichkeit der Religionsvergleichung stellte die eigene Glaubenswahrheit in Frage. Gibt es mehrere Wahrheiten oder nur eine? Wenn nur eine, ist es die eigene, und sind die anderen teuflische Irreführungen? Wenn mehrere, ist dann alle Wahrheit verloren? Oder ist die Wahrheit in allen Religionen nur in verschiedenen Kleidern? Ist im Grunde eine einzige Religion in der Mannigfaltigkeit verborgen, una religio in rituum varietate, wie der große Philosoph und Kardinal Nicolaus Cusanus im 15. Jahrhundert sagte?

Diese Fragen sind unablässig erörtert und bis heute nicht einmütig beantwortet. Mit ihnen aber verband sich eine zweite Fragengruppe: Ist der eigene Glaube Andersgläubigen zuzumuten? Ist er als die einzige Wahrheit zu verkünden, weil Gott selbst ihn offenbart hat? Ist der Anspruch berechtigt, daß Menschen, die diesen Glauben verkünden, überall zugelassen werden und frei sprechen dürfen? Weiter aber: ist es recht, Gewalt anzuwenden, wo diese Verkündigung verwehrt wird? Ist es schließlich recht, den eigenen Glauben in dem Sinne für ausschließlich wahr zu halten, daß er durch Gewalt der gesamten Bevölkerung und den anderen Völkern aufgezwungen werden müsse, zum Heil ihrer Seelen, oder steht es dem Gläubigen nur zu, seinen Glauben zu verkündigen, und zwar unter Preisgabe aller Waffen, die nicht geistig sind, und die nicht in der Verkündigung selber liegen, gewaltlos, ohne Beanspruchung weltlicher Mächte, auch unter Gefahr des eigenen Lebens, wie es Franz von Assisi meinte?

Die Andersgläubigen hießen Heiden. Die von der durch Dogmen und Entscheidungen der Kirche bestimmten Generallinie des Glaubens Abweichenden hießen Ketzer. Beiden gegenüber wurden jene großen Fragen zu der einen Frage: Gewalt oder Toleranz? Herrwerden des Glaubensgegners durch Politik und alle ihre Mittel oder Ansprechen des anderen ausschließlich durch das Wort, durch Verkündigung und durch Gründe?

Diese Frage wird eindeutig nur im Christentum des Neuen Testaments beantwortet. Wer verkündigt, wagt sein Leben. Er leistet keinen Widerstand gegen Gewalt. Märtyrerwerden ist die Wahrheit.

Anders, wenn gegen die Gebote der Bergpredigt vielmehr die Selbstbehauptung im Dasein auch vom gläubigen Christen aufrechterhalten wird. Dann wurde die Frage dringend dadurch, daß nicht nur die christlichen Kirchen Gewalt anwendeten oder veranlaßten, sondern daß der Islam eine unerhörte Bedrohung durch Gewalt war, die ihrerseits Rechtfertigung in Allahs Willen fand, und ferner dadurch, daß es Ketzer gab, die auf Gewaltanwendung drängten.

Die Geschichte lehrt, wie mit den Religionskriegen die geistigen Auseinandersetzungen einhergingen, und wie der Gedanke der Toleranz sich praktisch und theoretisch jederzeit gelegentlich kundgab, lange Zeiten ohnmächtig und vereinzelt blieb, schließlich im 17. Jahrhundert endgültig durchbrach und seit dem 18. Jahrhundert weitgehend verwirklicht wurde. Dabei aber ist die ganze Verwicklung des scheinbar so einfachen Gedankens an den Tag gekommen.

2. Erst nach solchen Erfahrungen des Glaubens, seiner Ausbreitung, seines Kämpfens mit Gewalt, der Möglichkeit und Fragwürdigkeit der Toleranz, machte das Abendland Bekanntschaft mit den großen asiatischen Religionen Indiens und Chinas und Japans. Die Kunde von der Tiefe dieser Religionen brachten nicht Seefahrer und Händler, sondern zuerst Missionare, dann humanistische Gelehrte. Es war biblischer Glaubensgeist, der Sinn hat für den Ernst fremden Glaubens. Zunächst zwar versenkten sich Missionare – Jesuiten – in den fremden Glauben, um aus dessen genauer Kenntnis die rechten Wege der christlichen Verkündigung zu finden. Sie suchten in den Grundformen chinesischen Glaubens das Christliche wiederzuerkennen, um den eigenen Glauben gleichsam in den Kleidern des Chinesischen zu verkündigen, ein chinesisches Christentum zu begründen, so wie einst das Christentum ein hellenistisches geworden war. Die Politik des Vatikans verbot diesen Weg und machte dadurch der schöpferischen jesuitischen Mission ein Ende. Auf ihrem Wege aber hat-

ten die Jesuiten eine große Leistung vollbracht, als sie in China zum erstenmal an der Quelle diese religiöse Wirklichkeit erforschten und die Texte der dortigen heiligen Bücher studierten. Durch umfangreiche Darstellungen vermittelten sie Europa eine Kunde chinesischen Glaubens und Denkens.

Im 19. und 20. Jahrhundert geschah es wohl, daß protestantische Missionare in China so sehr von der Tiefe des chinesischen Denkens ergriffen wurden, daß sie gleichsam ihre Rolle umkehrten und als »Missionare« Chinas in das Abendland zurückkehrten.

Die europäische Gelehrsamkeit hat in den letzten zwei Jahrhunderten eine immer gründlichere Kenntnis der indischen und ostasiatischen Religionen gebracht, zahlreiche Texte in europäische Sprachen übersetzt und jedermann, der danach sucht, wenigstens einen Hauch des Geistes, der dort weht, zugänglich gemacht.

3. Wie hat sich nun unser Verhältnis zu den nichtchristlichen Religionen gestaltet? Der Gesamtaspekt der Religionen der Welt scheint mir das für die Frage von Toleranz und Kommunikation Wichtigste im Folgenden zu zeigen: Unter allen Religionen gibt es einen radikalen Unterschied. Die meisten sind ihrer Natur nach fraglos tolerant, ohne darüber nachzudenken. Nur eine einzige Gruppe von Religionen, die biblisch fundierten, erheben auf Grund der Weise der von ihnen geglaubten Offenbarung den Anspruch auf die ausschließliche Wahrheit ihrer eigenen Religion, während alle anderen als falsch oder allenfalls als Vorstufe oder Teil der einen einzigen Wahrheit gelten, die sie allein ganz und ursprünglich vertreten. Diese im biblischen Grund wurzelnden Religionen sind nicht nur die christlichen und die jüdische, sondern auch der Islam. Der Geist der Ausschließlichkeit gibt ihnen allen eine gemeinsame Stimmung. Sie gehören daher als eine Gruppe zusammen. Der Grundunterschied liegt unter diesem Gesichtspunkt nicht zwischen Christentum und nichtchristlichen Religionen, sondern zwischen der Gruppe der Ausschließlichkeitsreligionen, die auf dem Boden biblischen Glaubens als eine in diesem liegende Möglichkeit erwachsen sind (christliche Konfessionen, Judentum, Islam), und allen anderen Religionen.

Niemals hat der Buddhismus Gewalt angewendet, er hat seine unerhörte Ausbreitung friedlicher Überzeugung zu verdanken. Nie hat er sich als zusammenfassende einheitliche Kirche mit katholischem, d. h. universalem Anspruch organisiert, sondern sich in zahllosen unabhängigen Organisationen, vor allem den Klöstern verwirklicht. Der Buddhismus konnte in seinem Selbstverständnis eine große Mannigfaltigkeit ertragen, Fremdes aufnehmen, den Buddha selber als eine Erscheinung in der Reihe zahlloser anderer Buddhas auffassen, jede Religion, die ihm begegnete, gelten lassen. Die blutigen sogenannten Religionskriege in China und die konfuzianischen Gewaltmaßnahmen gegen den Buddhismus waren politisch begründete Aktionen, Episoden, dem religiösen Grundverhalten dieser Welten fremd.

Der Standpunkt der einen biblischen Glaubenswahrheit ist faktisch in viele Standpunkte zerspalten. Sie alle erheben den gleichen ausschließlichen Wahrheitsanspruch mit den Folgen der Religionskriege. Diese Kriege selber bezeugen, abgesehen davon, daß so viele nichtreligiöse Motive bei ihnen mitwirkten, den ungeheuren Ernst der Glaubenswahrheit, die mit dem Anspruch dieser Gottesoffenbarung auftritt. Will man von diesem Standpunkt biblisch fundierten Denkens die großartige, fraglose religiöse Toleranz der Asiaten herabsetzend charakterisieren, so kann man sagen: in China war eine religiöse Welt, in der wie in einem Warenhaus mannigfache religiöse Möglichkeiten je nach dem Lebensbedürfnis und den Situationen dem Einzelnen zur Verfügung standen. Je nach seinem Zweck wandte er sich an buddhistische Bonzen, taoistische Zauberer, confuzianische Mandarinen. Sein Glaube hatte an allem teil. Er suchte nicht systematische rationale Einheit, weder ein Dogmensystem, noch die Einheit einer Kirche. Ähnlich war es in den Jahrhunderten der späteren Antike, als so viele Religionen sich auf dem Boden des römischen Reiches begegneten. Der einzelne konnte hier und dort und wechselnd seine religiösen Intentionen erfüllen, bis am Ende das Christentum mit Hilfe der Staatsgewalt alles andere in sich aufnahm oder, soweit es gelang, vernichtete.

4. Innerhalb der biblischen Religionen gibt es die denkwürdige der Juden. Wenn Abendland und Christentum gleichgesetzt und die nichtchristlichen Religionen dem Abendland gegenübergestellt würden, so hätten die Juden keinen Platz. Die Juden sind Abendländer. Mehr als das: sie sind durch ihre Bibel neben der griechischen Antike die zweite prägende Voraussetzung des in der römischen Welt sich gründenden Abendlandes. Jesus war ein Jude. Er hat nicht daran gedacht, sich vom Judentum zu scheiden, so wenig wie die Urchristen. Die Mehrzahl, vielleicht alle Autoren des Neuen Testaments waren Juden. Denken wir in Völkern, so verdanken wir das ganze Urchristentum – aber nur dieses – den Juden. Der Gottesgedanke der Juden ist mit dem christlichen so verwandt, daß er

als identisch gelten kann. Die Liebeskraft und der Opfermut der Juden war bis heute oft so groß, daß wir Christen Anlaß haben zur Prüfung, ob wir selbst dem biblischen Gedanken genug tun. Vielleicht gar kann man in der heutigen Welt zur Frage versucht sein, ob, gemessen an der Praxis des Christentums des Neuen Testaments, ein wirklicher Christ nicht eher unter Juden als unter Christen zu finden sei. Aber das ist eine unentscheidbare Frage.

Das abendländische Christentum ist belastet wie mit den Religionskriegen zwischen den Konfessionen so mit dem Antisemitismus. Jene gehören nur noch der Vergangenheit an, ihr Sinn hat sich umgesetzt in den unkriegerischen Kampf um Einfluß, Stellungen, Vermehrung ihres Gebiets. Dieser Antisemitismus dagegen hat noch vor kurzem zur furchtbarsten Gewalt geführt mit der Tötung von Millionen Juden, und er ist ständig in Bereitschaft zur Beeinträchtigung jüdischer Mitbürger. Immer wieder haben Christen das Liebesgebot verraten, das den Gläubigen des Neuen Testaments und den Frommen aller Zeiten wirklich und wahr blieb: Gott und den Nächsten zu lieben, wie es schon im Alten Testament gefordert war. Der adlige Bernhard von Clairvaux hat zwar, wie alle frommen Christen jederzeit sich gegen die Judenverfolgungen gewendet. Luther aber schrieb in seiner Schrift »Von den Juden und ihren Lügen«: »Ich will meinen treuen Rat geben. Erstens, daß man ihre Synagogen mit Feuer anstecke... Zweitens, daß man auch ihre Häuser ebenso niederreiße und zerstöre... Drittens, daß man ihnen alle ihre Gebetbüchlein nehme... Viertens, daß man ihren Rabbinern bei Leib und Leben verbiete, weiterhin zu lehren... Fünftens, daß man den Juden das freie Geleit und das Recht auf die Straßen ganz aufhebe... Sechstens, daß man ihnen den Wucher verbiete und ihnen alle Barschaft und Kostbarkeiten in Gold und Silber nehme... Siebentens, daß man den jungen, starken Juden und Jüdinnen Axt, Hacke, Spaten, Rocken, Spindel in die Hand gebe und lasse sie ihr Brot verdienen im Schweiß der Nasen... Fürchten wir aber, daß sie uns Schaden antun könnten, wenn sie uns dienen und arbeiten sollen,... so laßt uns mit ihnen nachrechnen, was sie uns abgewuchert haben, und danach gütlich geteilt, sie aber für immer zum Lande ausgetrieben!« Was Hitler getan, hat Luther geraten, mit Ausnahme der direkten Tötung durch Gaskammern.

Solche Worte eines der Männer, die in Deutschland prägend für Gesinnung und Charakter gewirkt haben, dürfen nicht beiläufig genommen werden. Sie sind eines der extremen Beispiele jener mit bösen Trieben der

Kreatur sich verbindenden Intoleranz innerhalb der christlichen Welt, die die Antwort des Mongolenkhans an einen christlichen Mönch im 13. Jahrhundert verständlich machen. Er sagt: die Lehre, die ihr bringt, ist gut, aber wie stimmt dazu, daß die Christen untereinander und gegen Andersgläubige so grausam kämpfen? Wir bleiben besser bei unserem einen Gott. Der asiatische Haß gegen Europa hat viele Gründe, einer liegt in der Befremdung durch die ungeheure Differenz zwischen Lehre und Praxis der Christen.

5. Die christliche Welt schließt diesen Gegensatz in sich: die tödliche Feindschaft aus dem Ausschließlichkeitsanspruch und die liebende Zugewandtheit zu allem, was Menschenantlitz trägt. Vielleicht hat die Aufgeschlossenheit des Abendlandes ihre Kraft infolge der ständig notwendigen Überwindung des anderen Moments. Verstehen, Liebe zum Fremden und Fernen schienen in den letzten Jahrhunderten Grundzüge abendländischer Haltung werden zu sollen. Dabei haben sich aber alsbald neue Zweideutigkeiten entwickelt.

Seitdem der Toleranzgedanke im Abendland sich grundsätzlich durchgesetzt hat, haben ihn die Kirchen, da die Macht ihnen nun fehlt, ihrerseits formell akzeptiert. Die Versuche der Zwangschristianisierung nichteuropäischer Völker, die im Anfang der kolonialen Epoche stattfanden, haben aufgehört. Die Missionen wenden sich, wo sie von den östlichen Staatsmächten gestattet sind, an die Freiheit der Zustimmung zu ihrer Verkündigung.

In der politischen Beziehung zu den Nichtabendländern hat die Toleranz jedoch nicht selten eine Seite gezeigt, die den Verzicht auf Gewalt verbindet mit heimlicher Verachtung. Ein Bewußtsein der Überlegenheit läßt es gar nicht als lohnend erscheinen, den Fremden zur eigenen Wahrheit heranzuziehen, da er in seiner Minderwertigkeit sie ja doch nicht verstehen kann.

Gegen diese neue geistige Intoleranz wandte sich im 19. Jahrhundert ein abendländischer Wille zur echten Anerkennung fremden Glaubens. Nicht verachten, sondern wirklich kennen und als gleichwertig anerkennen, so war die Forderung, vor allem der indischen und chinesischen Welt gegenüber. Auf diesem Weg fanden aus gutem Willen neue Irrungen statt.

Die wissenschaftliche Versachlichung ließ im 19. Jahrhundert die Religionsgeschichte entstehen. Alle Religionen der Erde, nicht nur die großen asiatischen Religionen, sondern auch die der Naturvölker wurden zur Kenntnis gebracht. Heute lesen wir in umfangreichen Werken, was alles an Glaubensformen und Glaubensgehalten auf der Erde wirklich ist und wirklich war. Aber: Das noch so gründliche Wissen von einer Religion bleibt im Äußeren; das noch so eindringende Verstehen bedeutet noch nicht ein inneres Dabeisein. Es ist ein Sprung zwischen allem verstehenden Wissen und dem wirklichen Glauben, in dem ein Mensch identisch wird mit seinem Glauben. Auch wenn wir alle Religionen kennen, brauchen wir selber noch nicht den geringsten Glauben zu haben. Wenn wir glauben, d. h. aus unbedingtem Ernst das Leben führen, dann ist das möglich, ohne von den Religionen der Menschheit zu wissen.

Das Bewußtsein nun, es komme auf die Wahrheit an und nicht auf ein Museum von Wunderlichkeiten, zu dem ein bloßes Wissen von allen Religionen gelangt, und dazu das Motiv der Toleranz führten zu einer Erneuerung des alten Gedankens von der Einen Wahrheit in der Vielfachheit der Religionen. Man dachte ihn vielleicht verwirklichen zu können auf der Grundlage des nunmehr erreichten universalen Wissens. Es gab im 19. Jahrhundert Religionskongresse, auf denen sich Vertreter aller großen Religionen trafen, um diese eine Wahrheit zur Geltung zu bringen, ohne die Vielfachheit ihrer Erscheinung preiszugeben.

Dabei aber zeigte sich, daß dieses Eine, ausgesprochen eine leere Abstraktion war. Der Charakter des wirklichen Glaubens ging dabei verloren.

Es zeigte sich aber auch, daß es mehrere nicht in einem Menschen gleichzeitig mögliche Lebenshaltungen gibt, vielmehr sich ausschließende, aber sinnvoller Weise sich nicht notwendig bekämpfende Verwirklichungen.

Am Ende konnte das Allverstehen und das grundsätzlich universale Anerkennen zu einer Auflösung allen Glaubens werden. Wer jene Abstraktionen als die eine allen Religionen gemeinsame Wahrheit glauben wollte, d. h. die Allgemeinheiten, über die sich alle einigten, mußte merken, daß er nichts glaubte. Das Allverstehen ist eine wunderbare menschliche Möglichkeit nur dann, wenn der Verstehende selber glaubend existiert. Das aber gelingt nur aus den Wurzeln der je eigenen Überlieferung.

Toleranz und Kommunikation werden bei solcher Erfahrung noch einmal verwandelt. Erstens wird nun die Einsicht möglich, daß im Wahrheitsgedanken selber eine grundsätzliche Differenz von größter Bedeutung liegt. Die Wahrheit hat entweder einen allgemeingültigen Charakter und ist dann für jeden Menschen identisch. Von dieser Art ist die wissenschaftliche Wahrheit, die jedoch immer nur für bestimmte Gegenstände, unter bestimmten Voraussetzungen, durch bestimmte Methoden ihre auf diese bezogene, relative Wahrheit bedeutet. Oder die Wahrheit ist eine unbedingte, aus der ein Mensch glaubend lebt und verwirklicht, jedoch um den Preis, daß ihre Aussagen in der Weise rational mitteilbarer Glaubensinhalte nicht allgemeingültig für alle sind. Das heißt: die unbedingte Wahrheit ist geschichtlich, weil wir als mögliche Existenz schlechthin geschichtlich sind. Die Erscheinung dieser Geschichtlichkeit in historisch feststellbaren Aussagen und in den anderen Äußerlichkeiten ist nur für den darin Lebenden unendlich erfüllt, weil die Ewigkeit hier in der Zeit, unvertretbar und einmalig, gegenwärtig wird. Für den nur Verstehenden aber bleibt die Erscheinung als bloße Möglichkeit historisch relativ. Ohne die Helligkeit dieser Differenz im Wahrheitsgedanken gleiten wir ab entweder ins Abstrakte, Leere und Bodenlose oder in das fanatisch Ausschließende.

Zweitens wird auf Grund solcher Einsicht der Anspruch untilgbar, den anderen zu hören, von seinem geschichtlichen Glauben und seiner Glaubenswirklichkeit sich ansprechen zu lassen. Die Einheit, die als Allgemeingültigkeit der Glaubensinhalte fehlt, ist als Idee des Anspruches menschlicher Kommunikation möglich. Denn unsere geschichtliche Vielfachheit muß in jenem Grunde wurzeln, aus dem wir alle kommen. Dort hat der Grund, aus dem wir je geschichtlich leben, seinen einen umfassenderen Grund, der uns alle, weil er uns im Ursprung verbindet, aus der Vielfachheit zueinander zieht. Wenn wir nicht lieben und mit Liebe erwidern, bleibt unsere Aufgeschlossenheit für fremde Religionen unwahr, im Äußerlichen, daher ergebnislos. Wird aber der Anspruch des Grundes wirksam, so ist die Folge eine Unruhe in uns. Wir dürfen uns nicht in der Erscheinung unserer Geschichtlichkeit abschließen. Vielmehr ist die Erweiterung des Verstehens unserer selbst unlösbar von dem Verstehen des Fremden. Die Entschiedenheit der eigenen Geschichtlichkeit verlangt die ständige Selbstprüfung ihrer Erscheinung im Denken und Tun. Der liebende Blick auf die fremde Geschichtlichkeit vermag uns herauszureißen aus der Enge, an den Tag zu bringen, was aus der Tiefe des eigenen Grundes gefordert ist.

Unsterblichkeit

Kein Mensch weiß, was nach dem Tode aus ihm wird. Von jeher glaubten die meisten und glaüben es heute, daß sie weiterleben. Der gläubige Christ vertraut den Versprechen der Bibel. Dem Inder ist es selbstverständlich, daß jede Seele in zahllosen früheren Daseinsformen schon lebte und in Zukunft in neuen Gestalten da sein wird; er glaubt an die Seelenwanderung. Die Naturvölker kennen das Erscheinen ihrer Toten als Geister. Die Griechen hatten ein Fest aller Seelen, an dem sie die Toten bewirteten, und das mit der Aufforderung an die Seelen schloß, nun in die Unterwelt zurückzukehren. Wir würden an kein Ende kommen, wenn wir sammeln wollten, in wie mannigfacher Weise der Glaube an ein Weiterleben nach dem Tode in aller Welt auftritt.

Nicht erst in der modernen Welt gab es einige Menschen, die zweifelten. Der einfache Gedanke ist: Wenn wir schlafen, wenigstens im traumlosen Tiefschlaf, haben wir kein Bewußtsein und keine Erinnerung. Und ebensowenig haben wir nach dem Erwachen eine Erinnerung an diesen Zustand. Daß die Seele wieder erwacht, beruht nur darauf, daß der Leib im Schlafe am Leben bleibt. Wenn aber der Leib gestorben ist, gibt es kein Erwachen. Eine Seele ohne Leib ist uns nie begegnet. Kein Toter ist jemals wiedergekehrt. So sagen die Zweifler.

Nur einer ist wiedergekehrt, antwortet der gläubige Christ: Jesus Christus. Seine Auferstehung, die dem Gläubigen als bezeugt gilt, ist für ihn zugleich Garantie der Auferstehung, die allen Menschen zuteil wird. Überall, sagen die Völker, sind Tote erschienen. Sehr viele sind wiedergekehrt, antworten die Spiritisten, die bei ihren Sitzungen von den Toten durch Schreibmedien Mitteilungen erhalten wollen.

Aber die Bezeugung dieser Wirklichkeiten ist nicht wie die Bezeugung von Realitäten der Welt. Die Bedingungen, unter denen die Zeugen die Toten sahen und hörten, sind fragwürdig. Man muß mit Sinnestäuschungen rechnen und gar mit Betrug. Je heller eine aufgeklärte Welt ist, desto weniger gibt es die Geistererscheinungen. In der Tat kann mit den Mitteln unserer sinnlichen Erfahrung eine Seele ohne Leib nicht festgestellt werden. Die gröbste Weise, die Nichtexistenz einer leiblosen Seele zu beweisen, unternahm schon vor zweitausend Jahren ein indischer Fürst. Er ließ Verbrecher in verschlossenen Kisten sterben und befahl, zu beobachten, ob man eine Seele entweichen sehe oder ob das Gewicht der Kisten abnehme.

Solche Überlegungen ist ein unkritischer Verstand schnell anzunehmen bereit. Aber sie sind nicht das letzte Wort. Schon die geschichtliche Tatsache, daß die besten und weisesten Menschen durch Jahrtausende an Unsterblichkeit geglaubt haben, erweckt eine Scheu. Aber ihr Glaube und der Glaube unserer Vorfahren zwingt uns nicht, daß wir selber glauben. Denn es ist keine zureichende Begründung der Wahrheit, daß die Alten sie uns gesagt haben. Man möchte wissen. Jedoch alle philosophischen Beweise für die Unsterblichkeit, wie sie seit Plato durch die Geschichte gehen, erweisen sich als nicht stichhaltig. Unsterblichkeit ist weder zu widerlegen noch zu beweisen.

Es ist merkwürdig, einmal überkommt den einen das Glück, den anderen der Schrecken: es könnte doch möglich sein, daß wir unsterblich sind. Die Unsterblichkeit bringt im Jenseits Lohn oder Strafe. Nach indischem Glauben werde ich je nach meinen Taten wiedergeboren in höheren oder niederen Daseinsformen. Nach biblischem Glauben habe ich vor mir die Hölle oder das Paradies. Aus dem Hintergrund unseres Bewußtseins entspringt bei bevorstehendem Tode nicht selten die Angst vor dem, was nach dem Tode kommt. »Ist das Nichts auch wirklich nichts?« hörte ich ein Mädchen fast beschwörend den Forscher fragen, der es doch wissen müsse. Der Gedanke an die Träume, die in dem »Schlaf des Todes« kommen mögen, zwingt nach Hamlets Worten den Menschen, der sich töten möchte, ins Leben zurück. Aber es gibt viele Menschen, die in Gelassenheit sterben, ohne ein Wissen von dem, was kommen mag, ohne Glauben an Unsterblichkeit und ohne Verneinung.

Wenn wir mit der zwingenden Gewißheit des Wissens, das wir von Dingen in der Welt haben können, sagen wollen, ob es Unsterblichkeit gebe oder nicht, bleibt die Antwort aus. Der einfache Kopf und der geschulteste Gelehrte, die angstvolle Furcht, die glückliche Erwartung und die Gelassenheit, sie alle sind gleich im faktischen Nichtwissen.

Viele Menschen verwandeln den Unsterblichkeitsglauben derart, daß die persönliche Unsterblichkeit gleichgültig wird. »Ich sterbe, aber meine Kinder leben«, so heißt es jetzt. »Ich sterbe, aber mein Volk lebt.« »Ich sterbe, aber eine herrliche Zukunft der Menschheit in Gerechtigkeit und Freiheit auf Erden wird leben.« »Ich sterbe, aber mein Werk lebt.« Der Verzicht auf die eigene Unsterblichkeit wird zur Gewißheit der Unsterblichkeit in anderer Gestalt. Doch dieses andere ist nur vermeintlich unsterblich: für die Kinder, für das Volk, für jeden Zustand der Menschheit, für jedes Werk kehrt dieselbe Frage wieder. Der Unsterblichkeitsgedanke ist hier in die vorläufige Endlosigkeit eines immer wieder anderen Sterblichen geraten, die schließlich selber ihr Ende hat.

Nur in einer einzigen Gestalt ist der Unsterblichkeitsdrang wahrhaftig als unwesentlich erloschen, in Gedanken: Daß Gott ist, ist genug; ich will nichts für mich, sondern will, was er will, und was ich nicht weiß. Hier ist die äußerste Grenze erreicht, wo alles, die Welt und wir selbst aufhören im Umgreifenden. Diese Grenze aber ist nur zugänglich, wenn wir den Weg zu ihr in der Welt wirklich beschreiten. Denn wir leben, so lange wir leben, ohne dieses Äußerste zu betreten. Wenn Gott ist, so ist der Mensch in der Welt nicht verloren. Vor Gott zwar wie nichts, ist er sich doch gewiß, daß es in irgendeinem Sinne in der Welt auf ihn als Menschen noch ankommt. Für die Wirklichkeit einer Welt, die nicht endgültig ist, wie sie ist, und für ihn als Einzelnen ist es nicht gleichgültig, was er tut und denkt.

Das ist der Weg, der zum eigentlichen Sinn des Unsterblichkeitsgedankens führt. Hier ist der entscheidende Wendepunkt der Erörterung: der Mensch liebt; und er steht vor seinem Gewissen. Er kann sich dem unterwerfen, was er als das Gute erkennt. Er verachtet sich, wenn er dem zuwiderhandelt, wenn er lügt, betrügt, verrät.

In der Vergänglichkeit selber findet er die Boten der Ewigkeit. Was ihm in seiner Liebe gegenwärtig geworden ist, was er in Selbstüberwindung vollbringt, darin wird er sich in einer Wirklichkeit bewußt, die mit der Vergänglichkeit des empirisch Realen nicht erschöpft ist, für die vielmehr das Wort Unsterblichkeit, von der er doch nichts weiß, einen Klang hat.

Das Recht solchen Unsterblichkeitsbewußtseins möchte das Philosophieren begründen, aber nicht auf jenem vergeblichen Wege, die Unsterblichkeit objektiv zu beweisen. Der andere Weg wurde von Kant mit durchdachter Klarheit geöffnet. Er läßt sich in Kürze so aussprechen:

Alles, was uns in dieser Welt begegnet, ist für uns an die Formen unserer Anschauung in Raum und Zeit und an die Formen unseres Denkens gebunden. Wir sehen, was vor Augen ist – wir erleben, was gegenwärtig ist –, wir denken, was gegenständlich ist –, das ewige Sein selbst kommt darin zur zeitlichen Erscheinung. Aber an einer Stelle berührt der Mensch den

Ursprung des Seins selbst, das als Welt uns nur erscheint. Diese Stelle ist seine eigene Freiheit. In der einzelnen Seele spricht, was mehr ist als der Mensch und die sichtbare Welt. Und das Gewissen wird erfüllt von der Liebe, durch die der Mensch in lebenwährendem Entschluß zu sich selbst kommt.

Es handelt sich um einen Gedanken, der als der abwegigste wirken kann, da er unvollziehbar scheint, und zugleich als der tiefste, weil er den Ursprung unseres Daseins erhellt. Er ist in der Durchführung verwickelt, aber im entscheidenden Punkt so einfach, daß jeder in einem guten Augenblick ihn plötzlich fassen kann.

Gelingt es, diese Gedanken nachzudenken und zur Tat werden zu lassen, so geschieht eine Grundverwandlung unseres Weltwissens. Durch eine solche »Revolution der Denkungsart« ist Unsterblichkeit etwas ganz anderes geworden. Sie ist nicht der Tatbestand eines früheren oder des kommenden Daseins. Sie ist vielmehr die Ewigkeit, die in der Zeit berührt wird, wenn es zu jenem Durchbruch durch das raumzeitliche, sinnlich und verstandesmäßig erfahrene Weltsein in der Freiheit gekommen ist. In diesem Leben, so muß der scheinbar widersinnige Satz lauten, wird zeitlich entschieden, was ewig ist. Die Entscheidung aus der Kraft der Liebe und dem Gebot des Gewissens ist Erscheinung dessen, was ewig schon ist. Die Gegenwart des Ewigen ist schon die Unsterblichkeit. Dieser Unsterblichkeit bin ich gewiß in hohen Augenblicken, sie kann meinen Alltag begleiten. Unsterblichkeit ist nicht Inhalt unseres Wissens, sondern Gehalt unserer Liebe. Sie existiert als Treue unseres Tuns, als Verläßlichkeit.

Dieses Bewußtsein der Unsterblichkeit braucht kein Wissen, keine Garantie, keine Drohung. Sie liegt in der Liebe als solcher, dieser wundersamen Wirklichkeit, in der wir uns selbst geschenkt werden. Wir sind sterblich, wo wir lieblos sind, unsterblich, wo wir lieben. Unsere Liebe zu den Toten würde treulos, wenn sie das Ewigkeitsbewußtsein verlöre.

Aber dieses Bewußtsein der Unsterblichkeit verlangt in unserem endlichen Dasein, in diesem Gefängnis von Raum und Zeit, in dem wir nur durch Wahrnehmen und Denken von Gegenständen unser helles Bewußtsein haben, eine Sprache. Was als materialisiertes Wissen von früherem und von zukünftigem Dasein eine Täuschung wäre, das kehrt als Gleichnissprache wieder.

»Ach, du warst in abgelebten Zeiten meine Schwester oder meine Frau«, spricht Goethe die Geliebte an. »Wir werden uns wiedersehen«, denken in der Trennung des Todes die Liebenden. »Der Tod ist ein Bruder des Schlafes« bleibt als Symbol. Ohne Vorstellungen stehen wir als endliche Wesen wie in der Leere des Nichts. Daher suchen wir in solchen vorgestellten Chiffern die Sprache für das Unvorstellbare. Weil aber Vorstellungen unangemessen sind, machen wir sie auch wieder rückgängig. Wie wir uns nach dem zweiten Gebot von Gott kein Bildnis und Gleichnis machen sollen, so auch von der Unsterblichkeit nicht. Aber was wir nicht sollen, das müssen wir unserer Natur nach doch tun, als ob wir es nicht täten. Daher bleiben wir schwebend in der Sprache dieser Vorstellungen. Sokrates entfaltet aus der Gewißheit der Unsterblichkeit seine Bilder und sagt: Es ist »ein wohlberechtigter Glaube, wert, daß man es wagt, sich ihm hinzugeben. Denn das Wagnis ist schön, und der Geist verlangt zur Beruhigung dergleichen Vorstellungen, die wie Zaubersprüche wirken; darum verweile ich denn bei dieser erdichteten Schilderung«. Der Zweifel des Verstandes, der alle Materialisierungen der Vorstellungen eines in der Zeit gedehnten endlosen Daseins, alle Gestalten des Trugs und des Ausweichens mit Recht zerstört, er selber zerschellt an der ganz anders gegründeten, ungegenständlichen Gewißheit der Unsterblichkeit, die sich der Sprache der Chiffern bedient, um auch diese wieder preiszugeben.

Wem diese bildlose Gewißheit wird, der verlangt nicht mehr Beweise der Unsterblichkeit und keine Garantie von außen durch eine heilige Autorität. Diese können wohl ein Leitfaden sein in der Kindheit. Aber der Einzelne muß das ihm selbst Gewisse finden. Daß ich es finde, kann ich nicht erzwingen.

Die philosophische Einsicht ist nie wie ein Wissen, das ich besitze. Solange wir in der Zeit leben, ist uns die Sehnsucht nach der zeitlichen Gegenwart derer, die entschwunden sind, nur in der Erinnerung zu sein scheinen, unumgänglich. Uns ist in der Zeit die Trauer auferlegt. Durch keinen Unsterblichkeitsgedanken ist sie zu tilgen, aber sie ist selber hineinzunehmen in die übergreifende philosophische Einsicht.

Dies bedeutet: ob und in welchem Sinne ich mich und die geliebten Menschen unsterblich weiß, das liegt nicht an einem Wissen, das vielmehr ausgeschlossen ist, sondern an mir selbst. Unsterblichkeit gibt es nicht wie das Naturgeschehen, gleich für alle wie Geburt und Tod. Sie geschieht nicht von selbst. Ich erringe die Unsterblichkeit, sofern ich liebe und gut werde. Ich zerrinne ins Nichts, sofern ich lieblos, also verworren lebe. Liebend sehe ich die Unsterblichkeit der mir in Liebe Verbundenen.

Das Philosophieren kann nur bestätigen, was jeder schon erfährt. Es vermag zu ermutigen, es vermag gegen leeres und halbes Denken zu schützen. Es erhellt die stille Gewalt des Liebenkönnens, der das Bewußtsein der Unsterblichkeit entspringt.

Umgang mit dem Mythos

In Religionen aller Völker gibt es den Kult des Lebens, dieses Stromes von Geburt und Sterben, Vernichtung und Wiedererstehen. Es gibt die Muttergöttin, die magna mater, die Kybele Kleinasiens, die Isis in Ägypten, die Durga in Indien. Sie haben Söhne, die sterben und wiederauferstehen: Adonis, Attis, Osiris, Gatten solcher Muttergöttinnen, Baal im vorderen Orient, Schiwa in Indien haben denselben Naturcharakter.

Der Gläubige fühlt die Geborgenheit in der Blutwärme und Güte der Muttergöttin, und er fühlt das Preisgegebensein an ihre Erbarmungslosigkeit und Härte. Das Entgegengesetzte gehört zueinander. Der unendlichen Fruchtbarkeit entspricht die wilde Zerstörung, dem Heil das Unheil, dem Guten das Böse. Im rasenden Tanz des Schiwa, dem göttlichen Tanz, in den hingerissen zu werden die Wahrheit des Glaubenden ist, vereinigen sich Herrlichkeit und Entsetzen, übergewaltige Lust und schreckliche Qual, Liebe und Grausamkeit, Leben und Tod. In diesen Religionen gibt es Kulte sexueller Orgiastik und gibt es asketische oder kastrierte Priester.

Ein anderes mythisches Bild: Moses auf dem Sinai. Das Volk zitterte vor den Donnerschlägen, den Blitzen und vor dem rauchenden Berg, blieb weit weg stehen und sagte zu Moses: Gott soll lieber nicht mit uns reden, sonst müssen wir sterben. Gehe du, und rede du mit uns, dann wollen wir hören. Moses stieg in das dunkle Gewölk, in dem Gott war. Und Gott sprach zu Moses. Er gab ihm die zehn Gebote und Moses brachte sie dem Volke: 1. Ich bin dein Gott, der dich aus dem Sklavenhaus Ägypten weggeführt hat. Du sollst keine anderen Götter haben neben mir. 2. Du sollst dir kein Gottesbildnis und Gleichnis machen... 5. Du sollst deinen Vater und deine Mutter ehren. 6. Du sollst nicht töten. 7. Du sollst nicht ehebrechen... 9. Du sollst kein falsches Zeugnis aussagen.

Ein drittes Beispiel des Mythos: Athene, die Göttin, von keinem Weibe geboren, sondern dem Kopf des Zeus, dem Vater gleich an Vernunft und Klugheit, von mächtiger Erscheinung. Aus dem Haupte des höchsten Gottes entsprungen, stand sie plötzlich da in Kriegsrüstung. Die Götter erschraken bei ihrem Anblick.

In ihr vereinen sich die Vernunft ohne Schwäche mit dem Mut ohne Übermut.

Als Achilles in maßlosem Zorn sein Schwert gegen Agamemnon zieht, ist Athene seinem inneren Auge plötzlich gegenwärtig. Er wirft das Schwert in die Scheide zurück. Athene erweckt die Vernunft ihres Helden. Als die Mutige, nie Verzagende, steht sie dem Krieger bei in der Schlacht. Aber sie haßt den Ares, den Kriegsgott, die Lust des gedankenlosen, von Recht und Unrecht nicht wissenden Kampfes. Sie wirft diesen blöden Kriegsgott in der Schlacht mit leichter Hand zu Boden.

Sie hilft dem Mut, nicht der Wildheit, der Vernunft, nicht der Leidenschaft, dem Edlen, nicht dem Gemeinen.

Wegen ihrer großen, weiten Augen heißt sie die eulenäugige (Glaukopis). Dem Glanz ihrer Augen verwandt ist alles Helle und Glänzende, das Meer, die Sterne, die Morgenröte, der Himmel, noch der Glanz des Ölbaums.

Ihr durchdringender Blick erzeugt die Geistesgegenwart der Vernunft, den entscheidenden Einfall im Augenblick der Bedrohung.

Sie wendet sich an den Menschen, der zuerst Mensch, dann Mann oder Frau ist. Den geschlechtlichen Eros überläßt sie der Aphrodite, die Geschlechtsfeindschaft der Artemis, beiden gleich fern. Auch ist in ihr keine Spur einer Amazone.

Nietzsche schrieb von dieser Göttin: »Der Darstellung des einfachsten und zugleich vollsten Menschen war bis jetzt kein Künstler gewachsen: vielleicht aber haben die Griechen, im Ideal der Athene, am weitesten von allen bisherigen Menschen den Blick geworfen.« –

Aus der unermeßlichen Welt des Mythos griff ich drei Beispiele: Die Muttergöttin, Moses auf dem Sinai, die Göttin Athene.

Die Muttergöttin: Naturkulte bezeugen die Selbstauffassung des Menschen als Natur. Er ist nur Natur. In sie verschlungen teilt er Jubel und Vernichtung. Das wird später zum abstrakten Naturalismus des Nun-einmal-so-Seins und So-Geschehens.

Das Ethos des Gesetzes für die Freiheit: Die sittlichen Gesetze sind Gebote Gottes. Der Mensch begegnet ihnen in Furcht und Zittern, in Freiheit ihnen folgend durch den Bund mit Gott, in Freiheit ihnen sich versagend durch den Verrat an Gott. In späterer Zeit wird das unbedingte Gesetz zum abstrakten kategorischen Imperativ Kants: Handle so, als ob du die Welt damit hervorbringst, als ob du mitverantwortlich bist für die Welt selber, die, was sie ist, in der Weise deines Handelns zeigt.

Athene: Der Adel des Menschseins, das in ihr sein Vorbild sucht, der Mut und die Vernunft des zur Reinheit sich vollendenden Menschen. Sie ist die Göttin, nach der Athene sich nannte und der die Gesinnung der Periklesrede entsprach, als er zum Preis der in der Schlacht Gefallenen von der Größe Athens redete. In der Philosophie wird daraus der Mut der Vernunft.

In jedem dieser drei Mythengebilde wird eine Wahrheit offenbar. Das spätere Denken bewahrt die mythischen Chiffern der Herkunft seines Gehalts. Im Bewußtsein des Menschen kämpfen die Wahrheiten miteinander. Die Natur läßt das ihr fremde Gesetz der Freiheit nicht gelten und ist blind für den Adel der Athene. Das Gesetz Gottes unterwirft die Natur, verbietet die Naturkulte, die Baalskulte. Der Mut der Vernunft blickt fragend ins Antlitz der Natur und der imperativen Forderungen, nicht verwerfend, sondern sie übernehmend, aber überschreitend.

Die Naturkulte sind universell. Die sittlichen Gesetze Gottes fordern absolut, kommen geschichtlich zwar mehrfach vor, aber nirgends mit der Wucht wie im alten Israel. Athene ist geschichtlich einzig, ohne Vergleich, aber auch ohne Anspruch auf absolute Wahrheit und auf Ausschließlichkeit. Sie wirkt durch ihr bloßes Gegenwärtigsein, weder durch Gewalt noch durch allgemeines Gebot, als Führung für die offene Vernunft des freien Menschen. Je weniger Vergleichbarkeit ein Mythos oder eine mythische Gestalt hat, desto wesentlicher ist sie.

*

Die wenigen Beispiele zeigen: Die Wahrheit der Mythen ist kein Wissen. Sie sprechen in bildgegründeten Ansprüchen und Maßstäben.

Mythos heißt dem Wortsinn nach Erzählung. Anschauliche Ereignisse und Gestalten sind sein Inhalt. Mythen sind sie, weil sie auf das Sein im Grunde weisen, oder von dorther mitgeteilt erscheinen, die Motive unserer Existenz aussprechen. Das Unzugängliche wird in der Erzählung offenbare Erscheinung.

Da die Wirklichkeit der Mythen nicht in einem Erkenntnisinhalt liegt, wendet sich die Erforschung von Realitäten gegen den Mythos. Seine Wirklichkeit liegt allein in einem für den Sehenden gültigen Anspruch. liegt in der Lenkung des inneren Handelns.

Die Welt der Mythen ist das Schlachtfeld für den Kampf der Mächte, die durch den Mythos sprechen. In ihnen zeigen sich uns die Mächte, die uns ergreifen, denen wir dienen oder denen wir widerstehen.

In mythischen Gestalten erfährt der Mensch ein Bild seiner Möglichkeiten, sieht er, wohin sein Wesen drängt, zu Adel und Gemeinheit, unter das gebietende Ethos und in die Gewalt des Natürlichen, zur Unbedingtheit und zum Bedingten.

*

Der Mythos ist gemeinschaftlich, wenn er seinen Halt hat im Kultus. Der Kultus, nicht der erzählte Mythos ist das geschichtlich Primäre. Im Kultus werden die Mythen erfahren durch Wiederholung von Handlungen, durch Anschauung heiliger Vorgänge. Er verleiht ihm Dauer und gibt ihm die Prägungskraft.

Der Mythos gewinnt einen neuen Halt durch die Offenbarungsreligionen. Sie geben ihm Realität durch Leibhaftigkeit der Offenbarung, die sich als christliche zwar vom Mythos absetzen möchte, aber, selber schon ein Mythos, zum Auffangsorgan der großen mythischen, von ihr verwandelten Überlieferungen wird.

Die moderne »Entmythologisierung«, ein Ausläufer der sich mißverstehenden Aufklärung, beruht bei der Theologie auf der Voraussetzung, daß Offenbarung selber nicht Mythos, sondern von allem Mythischen grundsätzlich verschieden sei, daß daher die Verwandlung des Mythos aus der Leibhaftigkeit in die Sprache der Chiffern Halt machen solle vor der Offenbarung. Das zerstörerische Prinzip der Entmythologisierung, einmal in Gang gesetzt, würde aber auch den Offenbarungsglauben selbst vernichten.

*

Die Mythenwelt liegt als ein gewaltiger objektiver Tatbestand unserer Geschichte vor. Er wird Gegenstand der Forschung. Mythen werden gesammelt, beschrieben, verglichen, geordnet. Wir besitzen eine Erscheinungslehre (Phänomenologie) des Mythos, eine historische und ethnologische Kenntnis von Mythen in einem Umfang wie kein Zeitalter vor uns.

Erschlossen werden die Mythen aber erst, wenn wir sie verstehen. Der Mythos ist nicht schon die Erzählung als solche, sondern erst das, was darin liegt an Bedeutung. Die Bedeutung im Mythos spüren wir, ohne sie zu erkennen. Wir erleben sie, ohne sie zu wissen. Die Mythen sind wie ein unendlich wogendes Meer von Bedeutungen, die in die Tiefe des Seins und meines Seins dringen.

Die Wirklichkeit, die wir in der Sprache der Mythen erfahren, wird nur in diesen Chiffern gegenständlich, sie selber ist kein Gegenstand. Daher sind die Chiffern nicht deutbar in dem Sinne, daß wir nun in der Deutung die Wirklichkeit, die Sache selbst hätten. Die Chiffern des Mythos sind nicht Zeichen, deren Bedeutung auf andere Weise besser aussprechbar wäre. Wenn wir Mythen die anschauliche Auslegung dessen nennen, was eigentlich ist, so enthüllen sie das Geheimnis doch nur so, daß die anschauliche Enthüllung für unser Denken wiederum Geheimnis ist. Daher werden Mythen ihrer Bedeutung nach vertieft in einem forttreibenden Denken in den mythischen Bildern selber und im begrifflichen Denken. Nennen wir den ursprünglichen Mythos eine Auslegung dessen, was ist, so geschieht weiter die unabschließbare Auslegung der Auslegungen, sei es in Gestaltwandlungen der mythischen Bilder, sei es im rationalen Denken.

Die unendliche Deutbarkeit liegt in der Unendlichkeit des gehaltvollen Mythos. Künstlich gemachte Mythen dagegen sind in ihrer gemeinten Bedeutung endlich und damit erschöpft. Die ursprünglichen Mythen, die der Menschheit in dem, was ihre eigene Schöpfung scheint, zugleich geschenkt werden, gewinnen wegen ihrer schöpferischen Deutbarkeit bei ihrem Wandel immer nur im Übergang eines Augenblicks eine geschichtliche Gestalt, nicht im allgemeinen rationalen Deuten eine endgültige Gestalt.

Wir müssen zwei Weisen des Mythenverständnisses unterscheiden. Eigentliches Verständnis kommt den Mythen aus der eigenen Lebenswirklichkeit des Verstehenden entgegen, es dringt in das Innerste, wählt und kämpft. Objektivierendes Verständnis dagegen geschieht in neutraler Distanz zum Gegenstande, wählt nicht aus, ist universal und dringt nicht in das Innere. Psychologie und Soziologie beanspruchen solches objektivierendes, für jedermann gültiges Verständnis.

Wird beides verwechselt oder vermischt, so entsteht ein verkehrter Sinn. Die unendliche Deutung aus dem Ernst der Existenz des Verstehenden droht verloren zu gehen im forschenden Verfahren, das in der endlos rationalen Deutbarkeit die Sache selbst zu haben meint. Den Weg des forschenden Verfahrens beschreiten Psychologie und Soziologie. Solange sie ihre Grenzen nicht überschreiten, sind sie nützlich.

Heute meint man Mythen, Träume, Wahnvorstellungen in den ihnen gemeinsamen Inhalten deuten zu können. Dieses Verfahren ist selber zu einem existentiell verwirrten Leben mit Mythen geworden, zu einem wunderlichen Tatbestand unserer Zeit, der in einer massenhaften Literatur sichtbar ist. Wie beurteilen wir sie?

1. Die Deutung erreicht keine Wissenschaftlichkeit, weil sie ein hohes

Maß von Beliebigkeit nicht los wird. Deutungen und Umdeutungen bringen es hier nur zum Umrühren trüber Massen.

2. Der Deutungsprozeß wird in seiner Selbstauffassung praktisch zu einem pseudowissenschaftlichen Mythos. In seiner Psychifizierung des Menschen und der Welt werden unter dem Namen wissenschaftlicher Theorien intellektuelle Mythen vom Ganzen des Menschen und seiner Welt hergestellt, so in den Theorien von Stufen des Unbewußten und den Archetypen.

3. Dieser wissenschaftsabergläubische Mythos wird nicht, wie Wissenschaft, zu einer fortschreitenden Erkenntnis, sondern bleibt, in seinem Verzehren des unendlichen historischen Materials, ein immer gleiches Durcheinander. Wir sehen folgende Tendenzen: Entweder bekämpfen sich Sekten mit ihren zum Glauben gewordenen Mythen, oder man nimmt in der Gebärde der wissenschaftlichen Objektivität alles zusammen, um nach Bedarf dieses oder jenes hervorzuheben. Es herrscht das Prinzip der Effektivität, der Sensation. Es ist Inszenierung, nicht Glaube. Es ist Zauberei, nicht Wissenschaft. Die Analogie zu spätantiken Traumdeutern, Propheten und Wundertätern liegt nahe. Der rational-sophistische Fanatismus der Methode und der Zusammenhalt der Beteiligten in ihrer Denkungsart gründet in ihrem praktisch sich zeigenden Nihilismus.

4. Die Deutungen dringen nicht in den hohen Sinn der Mythen, der auch noch in der Weise der Auffassung des Niedrigen lebendig bleibt. Sie leugnen vielmehr den Adel und das Göttliche, das im Mythos spricht. Sie haben die Tendenz zur Erniedrigung. Sie kennen die endlose Intellektualität der Argumentation, nicht der Denkerfahrung der Vernunft. Sie lassen das Niedrige, indem sie es als die Wirklichkeit im Grunde behaupten, in sich selber wirklich werden, erzeugen eine Lebenspraxis, in der das Gemeine gerechtfertigt ist. Unter dem Namen der tieferen Wahrheit lassen sie alle Wahrheit verschwinden.

Psychologie und Soziologie zeigen, soweit sie wissenschaftlich sind, objektive Tatbestände der Mythenwelt und reale Zusammenhänge. Aber als wissenschaftlich müssen sie gleichsam von außen verfahren und bleiben dadurch beschränkt. Lassen sie aber, wie geschildert, sich selber zum Pseudomythos werden, so töten sie den Mythos, liefern den Menschen aus an das Chaos.

In manchen Weisen psychoanalytischer Psychotherapie werden für Kranke, dann für alle Menschen existentiell verderbliche Operationen entwickelt. Hier fallen unsichtbar Opfer der Seelen, die man vergleichen könnte mit den sichtbaren Opfern des technischen Zeitalters durch die täglichen Unfälle. Während diese aber mit Erfolg bekämpft werden, läßt man die seelischen Zerstörungen geschehen. Denn sie beruhen ausschließlich auf der objektiv nicht kontrollierbaren Verantwortung jedes Einzelnen. Nur die ständige Aufklärung kann diese Opfer auf dem Altar eines Pseudomythos verringern.

Kierkegaard schrieb: »Unsere Zeit ist unermüdlich gewesen, jedes Ding alles bedeuten zu lassen. Wie flink sieht man einen geistreichen Mystagogen eine ganze Mythologie prostituieren, damit nur jede einzelne Mythe durch seinen Falkenblick eine Kapriole auf seiner Mundharfe werde!«

*

Wir kehren zum Mythos selber zurück. Wie verhält sich in der bisherigen Geschichte das Denken zum Mythos? Der ursprüngliche Mythos ist Einheit von Anschauung und Denken, ohne Frage und Zweifel. Zwei Wege führen weiter. Erstens wird der Mythos rationalisiert, dadurch zu einem Mittel des Götterzwangs durch die Technik magischer Operationen zur Erreichung von Zwecken. Zweitens geschieht das Denken im Mythos. Der Mythos gelangt in klarer Gestalt zu seiner unergründlichen Tiefe wie bei Aeschylos und Sophokles.

Wie aber verhält sich die Philosophie zum Mythos? Sie hat in ihm einen Gegner gesehen, sofern er die Verwandlung aus Erzählung in Begriff durch seine bezwingende Macht lähmt. Er wurde ihr ein Gegenstand, der von ihr begriffen werden will als ein ihr zwar fremdes, aber unersetzliches Kleid der Wahrheit. Er bleibt schließlich die Grenze der Philosophie: denn wenn die im Denken strandet, hört sie noch die Sprache des Mythos. So wird er ein Moment der Philosophie selber, die im eigenen Denken, wenn auch vergeblich, Mythen erzeugt. Es ist umgekehrt. Der Gehalt des Mythos ist ein Ursprung der Philosophie. Wenn sie ihn in ihr Denken übersetzt, kann sie die mythische Sprache nicht ersetzen.

Wer philosophiert, möchte ein freies Verhältnis gewinnen zu dieser unersetzliche Wahrheit tragenden Welt des Mythos.

Frei wird das Verhältnis zum Mythos, wenn er sich löst vom Kultakt und von der Leibhaftigkeit der Offenbarung und heute von dem Wissenschaftsaberglauben mit seiner Psychifizierung und Soziologisierung der Menschenwelt.

Können die Chiffern der Transzendenz in ihrer Vieldeutigkeit ohne

Trug gehört werden? Es kommt auf die Weise unseres Hörens an, darauf, ob wir in ihm eine Verbindlichkeit erfahren.

Diese liegt nicht im ästhetischen Genuß, weil solche Freiheit ohne Ernst ist. Sie liegt noch weniger in der Neugier auf das Seltsame. Sie liegt noch nicht im gebildeten Verstehen der Wissenschaft von Dichtung und Kunst. Denn dieses prüft sich, solange es Wissenschaft bleibt, nur auf die Richtigkeit im Treffen des vom Dichter und Künstler gemeinten Sinns. Was aber diese Wissenschaft, die heute zu einer unumgänglichen Voraussetzung geworden ist, an die Hand gibt, bedarf einer zweiten Prüfung: ich will nicht hängen bleiben in meiner Ergriffenheit als solcher und nicht eine jede auf ihre Art bejahen, vielmehr will ich die in mir erweckten Emotionen und Leidenschaften durchleuchten, um sie als wahr zu eigen zu machen, so daß ich mit ihnen zu mir selbst komme, oder um sie als falsch zu verwerfen, so daß ich sie in mir selbst als verführend abstoße.

Die Freiheit des Verstehens bedeutet daher erstens: in wissenschaftlicher Neutralität die eigenen Emotionen nur als Mittel der Erkenntnis zu benutzen. Dann ist die Freiheit das unbegrenzte Versuchen im Verstehen, in das ich mich selbst nicht hineinziehen lasse. Verführend ist bei diesem Versuchen ein unumgängliches Schauspielertum mit mir vor mir, in dem ich selbst nichts bin, und wenn ich es nicht durchschaue, als ich selbst verschwinde.

Zweitens ist die Freiheit des Verstehens die Freiheit des Selbstwerdens im innern Handeln durch Aneignen und Verwerfen der Chiffern von Mythen.

Der schwebende Mythos, als solcher ausgesprochen, ist kein Bekenntnis. Sein erhellendes oder bestätigendes Wort ist ein Spiel, in dem, wo es wahr ist, tiefer Ernst liegt. Dieser Ernst bliebe ohne Sprache, wenn er sie nicht im Spiel der mythischen Bilder und Ereignisse fände. In den Chiffern, indirekt, sie in der Schwebe haltend, und nichts behauptend, gewinne ich vielleicht die Helligkeit existentieller Gegenwart.

Vorbild für das freie Verhältnis zum Mythos ist der griechische Geist. Er hat das mythische Denken zu reinsten und reichsten Gestalten gebracht und schließlich die Mythen überschritten.

Die Religion der Griechen kannte die große Wahrheit des Polytheismus und nicht weniger den reinen Monotheismus. Sie hat die äußersten Gedanken gedacht und die tiefsten. Sie hat ihre Gipfel in den Kulten und Festen der Polis und in den Mysterien, in der Philosophie der Vorsokratiker, des Sokrates und abschließend der des Plato. Die Ansätze von Offenbarungsreligion blieben auf begrenzte Kreise beschränkt (Orphiker, Pythagoreer). Darum haben die Griechen keine heiligen Bücher zur Herrschaft kommen lassen. Sie kannten keine Glaubens- und Bekenntnissätze, die für alle gültig wurden. Sie haben die Welt ihres in sich kämpfenden freien und erfüllten Geistes nicht einsargen lassen in ein Ganzes, das Kirche und ausschließliche Autorität geworden wäre.

Die Griechen wurden politisch frei, weil sie zugleich innerlich frei wurden. Diese Freiheit vermochte es, bei Marathon und Salamis dank dem politischen Genius des Themistokles, das übermächtige Perserreich abzuwehren durch den Kampfgeist der geistigen Freiheit, die nur wirklich ist, wenn sie auch den Mut der Selbstbehauptung hat. Weil die Griechen innerlich frei waren, vermochten sie, den tödlichen Gegner, statt ihn nur zu hassen, auch noch zu verstehen, wie Äschylus, der Dichter, und Herodot, der Erzähler. Die delphische Priesterschaft dagegen hatte in dem Freiheitskampfe mit den Persern kooperiert. Bei einem persischen Siege wäre die griechische Freiheit in einer Theokratie erstickt, wie – im Dienste persischer Politik – Esra in Palästina es mit der prophetischen Religion machen wollte. Die Griechen sind uns ein großes Symbol. Das politische Verhängnis hat sie später als Dasein untergehen lassen. Sie selber aber bleiben bis heute neben der prophetischen Religion der einzige geistige Halt unserer Freiheit, lebendig so lange als es freie Menschen geben wird. Nach den Perserkriegen haben sie auch in Freiheit ihre uralten Mythen zu schönster und tiefster Gestalt gebracht. Wer nicht mit den Griechen zu leben vermag, weiß nicht, was Freiheit ist. –

Die Freiheit im Verhalten zum Mythos erfahren wir, für unsere Welt näher, durch Shakespeare. Diese Gehalte, die nicht auszudenken sind, hat keine Philosophie erfunden. Wie bei den Dichtern ist es bei den Künstlern, Pheidias, Lionardo, Michelangelo, Rembrandt. Es ist das Wunder des Geistes, seine Schöpfung, die ihm gegeben wird in der von Transzendenz erfüllten Anschauung dessen, was ist.

Aber wie Freiheit kein gesicherter Zustand, so ist auch das freie Verhalten zum Mythos voller Gefahr. Da der Kampf der Mächte, die in Mythen sprechen, im Raum der Freiheit stattfindet, zeigt sich die Unheimlichkeit der Mächte und der Freiheit selber. Aus dem Grund des Menschseins wird etwas offenbar. Der Mensch ist – so erfahren wir im Mythos – das Wesen, das für sich selbst die größte Gefahr ist. Wohl glaubt der Einzelne, wenn es ihm vergönnt ist, im Grund des Seins Fuß zu fassen, wenn sein Entschluß ihn trägt im Meer der unendlichen Freiheit des Möglichen. Aber er wird sich ungesichert, weil er die Sprache der von ihm abgewehrten Mächte hört. Er will ihnen nicht folgen. Er ist sich gewiß, daß er im Erliegen sein größtes Unheil sehen würde, aber er kann nicht mit Selbstgerechtigkeit ausschließen, daß in sein Leben fremde Götter einbrechen.

Wenn er in Treue zu seinem Ursprung den gefährlichen Weg geht, den die Griechen gezeigt haben, dann gibt es für ihn nicht den objektiv bestimmbaren Standort, sondern das geschichtliche Ergreifen. In der Freiheit für alles offen, kann er ins Nichtige gleiten und die Freiheit selbst verlieren, oder er kann zu sich selbst kommen in der innern Kontinuität seines Lebens. In dem von mythischen Gestalten erfüllten Raum sieht er sich bedroht und verführt von Mächten, aber auch gehalten und geborgen von anderen Mächten. Seine Lebenspraxis entscheidet.

*

Wie steht es heute? In unserer geistigen Verwirrung gibt es vielleicht eine großartige Freiheit, aber noch die zersetzende Willkür, gibt es das umgreifende Band der Vernunft und mehr noch die zufälligen Meinungen, die dann mit Recht nur noch Gegenstand der Psychologie und Soziologie werden. Ist Mythos heute überhaupt noch lebendig? Gibt es moderne Mythen?

An die Stelle der Mythen scheinen die Ideologien getreten, intellektuelle Gebilde, aber mit der Energie eines Glaubens vertreten, der unter Führung staatlicher Gewalt in gleichsam heiligen Schriften und deren Auslegungen zur Analogie der Theologie wird. Hier ist das Ende des Lebens im Mythos.

Können wir noch leben in der griechischen Mythenwelt, mit Zeus, Athene, Aphrodite und mit Prometheus, mit Ödipus auf Kolonos? Diese Mythen sind für uns losgelöst von ihrem Boden, haben keinen Zusammenhang mehr mit einem Kultus, mit Feiern, mit Gebeten. Sie sind – schrieb Hegel – »für uns vom Baume gebrochene schöne Früchte, ein freundliches Schicksal reichte sie uns ... Es gibt uns mit den Werken jener Kunst nicht deren Welt ... sondern allein die eingehüllte Erinnerung dieser Wirklichkeit ...« Aber »der Geist des Schicksals, der uns jene Kunstwerke darbietet, ist die Erinnerung in unserem als Geist seiner selbst bewußten Geist«.

Dieselben Fragen sind: Können wir noch leben mit dem Sinai, mit Hiob, mit den Propheten? Können wir noch leben in der Mythenwelt der großen Kunst in Shakespeare (Lear und Hamlet), in Lionardo, Michelangelo, Rembrandt?

Daß die überlieferten Mythen eine uns erleuchtende, uns prägende Wirkung haben können, ist mir zweifellos, aber unter Voraussetzungen: es bedarf des Ernstes in der Weise der Aneignung, – des Blickes für die Rangordnungen, die wir anerkennen durch das, was wir mit dem Mythos selbst werden, – des Eintritts in den Kampf der Mächte, an dem wir teilnehmen.

Aber sind wir allein auf Überlieferung angewiesen? Gibt es nicht längst neue, moderne Mythen, die Mythen unseres Zeitalters? Ich beschränke mich auf zwei Hinweise.

Im 19. Jahrhundert sind Menschen eines neuen Typus aufgetreten: Hölderlin, Kierkegaard, Dostojewski, Nietzsche, van Gogh u. a. Sie waren Ereignisse von einer Art, die es früher nie gegeben hat, Schöpfer von Werken, deren Gehalte noch nie gehört und gesehen waren. Ihrer Umwelt waren sie fremd. Sie verwarfen ihr Zeitalter, aber so, daß sie im Nein die ergreifendsten Gedanken, Bilder, Gestalten hervorbrachten. Ihr Gedankenwerk und ihre Gestalten sind mit einem Maximum von Reflexion die Sprache der abendländischen und der Weltkrise. Sie sind nicht, wie die maßgebenden Menschen (Sokrates, Jesus) die substantielle, unendlich deutbare Kraft des Ursprungs. Daher wirken sie nicht unerschütterlich und nicht einheitlich. Sie haben die Kraft, sich diesem bodenlosen Zeitalter mit ihrem ganzen Wesen auszusetzen. Aber ihre Kraft reicht viel weiter: sie vermögen ihren Blick auf das Menschsein überhaupt zu richten. Sie machen in einem nie gesehenen Umfang sichtbar, fühlbar, erfahrbar, was Menschen möglich ist. Sie entwerfen in anschaulichen und durchdachten Gestalten, was sie selbst nicht sind. Aber nicht eine gewaltige Zusammenfassung dessen, was Menschen zu sein vermochten und hervorbrachten, wie Hegel sie versuchte, sondern ein Aufbrechen des Menschseins zu nie geahnten Möglichkeiten ist ihr Werk.

Es waren Menschen, die, als Dasein krank, die Fragwürdigkeit dieses Zeitalters und des Menschseins durch das nicht gewollte Opfer ihrer selbst offenbar machten. Sie zahlten, was sie taten, mit ihrem Leben, mit Krankheit, Wahnsinn, Untergang. Sie haben einen Zug der Gewaltsamkeit, den sie selber bekämpfen

Für uns sind sie Vergangenheit. Wie sie es erfuhren, erfahren wir es heute schon nicht mehr. Sie waren zeitweise Sensationen, die Form, in der ihre Unheimlichkeit oberflächlich gespürt wurde. Heute erkennen wir ihre Realität mit der Rücksichtslosigkeit moderner Wissenschaft, aber als diese Realität werden sie langsam zu eigentümlich mythischen Gestalten, zu Menschen als Sprache der übergreifenden Wirklichkeit, in die wir eingeschlossen sind.

Es ist als ob das Menschsein in ihnen eine Explosion vollzogen habe. Die Frage, ob sie das Ende bedeuten, oder den neuen Anfang frei gemacht haben, ist bis heute unbeantwortet. Sie wird beantwortet werden nicht durch ein dunkles Geschehen, dem wir ausgeliefert wären, sondern durch die Freiheit des Menschen selbst, jedes Einzelnen.

Ein weiterer Hinweis: Kennzeichnend für unser Zeitalter sind die Vorstellungen vom Ende, die modernen Eschatologien. Jesus, die ersten Christen, Paulus glaubten an das nahe bevorstehende Weltende. Ihr Leben, ihre Urteile, ihr Sinn wurde von diesem Weltende bestimmt, in dem das Reich Gottes erwächst. Ihre eigene Generation würde diese kosmische Katastrophe und den Anbruch des Gottesreiches noch erleben. Es war ein Irrtum. Aber aus diesem Irrtum wurde der wahre Anspruch an den Menschen erfahren: die Umkehr, um – in der Sprache dieser Chiffern – am Reich Gottes teilzugewinnen. Heute ist es ganz anders: Die Wahrscheinlichkeit des Endes der Menschheit und allen Lebens auf der Erde wird ständig größer. Das ist kein Irrtum. Aber die Umkehr, die allein auch die Vernichtung abwehren könnte, erfolgt bisher nicht.

Der seit Hiroshima klaren Realität entsprechen die modernen Untergangsmythen, die längst vorher da waren. Sie waren leibhaftig gemeint und als eine Erkenntnis vorgetragen. So war es mit den Untergangsmythen des modernen Gnostikers Ludwig Klages. So war es in anderer Gestalt bei dem Engländer Wells.

Dieser berühmte Historiker und Romancier hat eine gnostische Untergangsvision im Kleide wissenschaftlicher Begründung entworfen, während er in seinem ganzen Leben vorher eine aufklärerisch-optimistische Ansicht vertrat. In beiden Fällen wirkt er mit seiner Darstellungsweise verblüffend, aber auch platt. Die sonderbare kleine Broschüre erschien 1945 in London, offenbar geschrieben vor Hiroshima. Sie scheint fast unauffindbar, ist nicht ins Deutsche übersetzt.

Wells will aus der Entwicklung der Materie, des Lebens, des Menschen, der Wissenschaft beweisen, daß außerhalb unseres Universums eine Macht liegt, die gegen uns kämpft. Diese Ausdrucksweise verwirft er wieder, spricht aber vom Antagonisten (das heißt dem Widersacher, dem Teufel), will damit das Unbekannte und Unversöhnliche ausdrücken. Hören wir einige Sätze:

Hinter dem Antlitz des normalen Seins wurde ein paradoxer Aspekt nach dem anderen entdeckt. Das Uranium-Blei-Rätsel ist nur unter den letzten dieser absurden Fragen. In der gegenwärtigen seltsamen neuen Phase des Universums wird es evident, daß Ereignisse nicht länger wiederkehren. Sie gehen fort und fort in eine stumme grenzenlose Dunkelheit. Die Kehrichtwagen der Zeit rollen den Kehricht zur Verbrennungsstätte, um dort ein Ende mit ihm zu machen.

Unsere Welt ist wie ein Konvoi, der in der Finsternis an einer unbekannten Felsenküste verloren ist, mit zankenden Piraten im Kartenraum, Wilden, die an den Seilen der Schiffe hinaufklimmen, um zu plündern. Es ist kein Weg heraus oder herum oder hindurch. Das Ende von allem, was wir Leben nennen, ist unausweichlich. Wir werden untergehen mitten in unseren Ausflüchten und Albernheiten.

Ich sehe bei Wells eine charakteristisch moderne Endvorstellung, in der keine Philosophie zur Geltung kommt, vielmehr Lieblosigkeit und daher Blindheit, dramatisches Berühren entstellter Wahrheit, daher geistreicher Unsinn[1].

*

Zum Abschluß fasse ich die möglichen Weisen des Umgangs mit dem Mythos zusammen:

1. Man verwirft alle Mythen als Fiktionen. Sie gelten als Unsinn oder als dekorative Spielerei. Die Wissenschaft hat die Welt entzaubert. Es gibt nichts anderes als das, was durch Wissenschaft erkannt wird. Bei dieser Verabsolutierung der Wissenschaft verfalle ich auch dem, was durch Pseudowissenschaft behauptet wird. Mich verschlingt die Bodenlosigkeit des bloßen Verstandes.

Aber es gibt eine neue Redlichkeit. Die Reinheit der echten Wissenschaft entzaubert mit ihren Erkenntnissen die Welt nur in dem ihr erreichbaren Umkreis, nicht die Welt und den Menschen in ihrer ganzen Wirklichkeit. Wir leben, ob wir es wissen oder nicht, in einer Welt von Bildern und Symbolen. Wir hören in ihr die Sprache der Chiffern. Es wäre ein Leben in der Verlorenheit des Nichtseins, wo solche Sprache ganz ausbliebe. Unser Umgang mit dem Mythos hört nicht auf.

2. Wenn ich aber unredlich die Chiffern des Mythos zu gewußten Erkenntnissen oder zu leibhaftigen Objekten werden lasse, dann gerate ich in die Befangenheiten fiktiver Endlichkeiten und falscher Bindungen. Ich

1 H. G. Wells: Der Geist am Ende seiner Möglichkeiten. Zürich 1946.

lebe im Aberglauben. In ihm behaupte ich mich, der Kritik Antwort verweigernd, eigentlich stumm. Gewaltsam entziehe ich mich der Bewegung der in Mythen und Bildern denkenden Vernunft.

3. Aus Freiheit erfahre ich Wahrheit im Ergriffensein durch Mythen. Dann verwehrt die Gewißheit des ewigen, in der Zeit erscheinenden Grundes die Realisierung der Chifferngehalte zu Leibhaftigkeiten. Die Vieldeutigkeit der Chiffern ermöglicht die nicht sagbare Eindeutigkeit geschichtlicher Treue der Existenz in der Lebenspraxis.

Schwebend im Raum der Chiffern kann der Mensch den Boden erspüren, in dem er über alle Chiffern hinaus den Anker zu werfen sucht.

Quellennachweis

Einsamkeit. Vortrag 1915/16. Aus dem Nachlaß erstmals gedruckt in: Revue Internationale de Philosophie Jg. 37, Nr. 147/1983, S. 390–409. Abdruck in: Jahrbuch der Österreichischen Karl-Jaspers-Gesellschaft. Hg. von Elisabeth Hybašek und Kurt Salamun. Jg. 1/1988, S. 32–52.

Über meine Philosophie. Geschrieben im Sommer 1941, als Jaspers Publikationsverbot in Deutschland hatte. Die Erstveröffentlichung erschien in italienischer Sprache in der Übersetzung von Renato de Rosa unter dem Titel **La filosofia dell'esistenza nel mio sviluppo spirituale** in: LOGOS ROMA 24 = Neue Serie 5/1941, S. 227–259. – Die Deutsche Erstveröffentlichung im Sammelband Rechenschaft und Ausblick. Reden und Aufsätze, München 1951, S. 333–365. Dieser Druck enthielt ein kurzes **Nachwort** (S. 365), das in unserem Neudruck weggelassen wurde.

Vom europäischen Geist. Vortrag, gehalten bei den Rencontres Internationales de Genève September 1946, München 1947. Abdruck in: Rechenschaft und Ausblick. Reden und Aufsätze, München 1951, S. 233–264.

Das Unbedingte des Guten und das Böse. In: Die Wandlung. Eine Monatsschrift. Unter Mitwirkung von Karl Jaspers, Werner Krauss und Alfred Weber herausgegeben von Dolf Sternberger. Jg. 1/1945/46, S. 672–683. Abdruck in: Karl Jaspers: Erneuerung der Universität. Reden und Schriften 1945/46. Nachwort: Renato de Rosa: Politische Akzente im Leben eines Philosophen: Karl Jaspers in Heidelberg 1901–1945, Heidelberg 1986, S. 77–92.

Über Bedingungen und Möglichkeiten eines neuen Humanismus. Vortrag, gehalten bei den Rencontres Internationales de Genève September 1949. Erstmals gedruckt in: Die Wandlung. Eine Monatsschrift. Unter Mitwirkung von Karl Jaspers, Werner Krauss und Alfred Weber herausgegeben von Dolf Sternberger. Jg. 4/1949, S. 710–734. Abdruck in: Rechenschaft und Ausblick. Reden und Aufsätze, München 1951, S. 265–292.

Die Situation der Philosophie heute. Geschrieben als Beitrag zum Ersten Nationalen Kongress der Philosophie in Mendoza, Argentinien, 1949. Bisher einziger Druck in: Actas del Primer Congreso Nacional de Filosofía, Mendoza 1949, S. 922–926.

Über Gefahren und Chancen der Freiheit. Geschrieben aus Anlaß des Kongresses für kulturelle Freiheit in Berlin im Juni 1950. Erstveröffentlichung in: Der Monat. Eine internationale Zeitschrift. Jg. 2 / 1949–50, Nr. 22–23, S. 396–406. Abdruck in: Rechenschaft und Ausblick. Reden und Aufsätze, München 1951. S. 293–313.

Freiheit und Autorität. Vortrag, gehalten auf der Konferenz Schweizerischer Gymnasial-Rektoren im Mai 1951 in Basel. Erstdruck in: Protokoll der Konferenz Schweizerischer Gymnasial-Rektoren. 38. Konferenz vom 28.–30. 5. 1951 in Basel. S. 43–61 und als Separatdruck. Abdruck in: Philosophie und Welt. Reden und Aufsätze, München 1958, S. 41–64.

Die Aufgabe der Philosophie in der Gegenwart. Vortrag, gehalten über Radio Studio Basel 1953. Erstdruck in: Nach 50 Jahren. Almanach. Herausgegeben von Klaus Piper, München 1954, S. 153–163. Abdruck in: Philosophie und Welt. Reden und Aufsätze, München 1958, S. 9–20.

Das Kollektiv und der Einzelne. Radiovortrag, gehalten im Rahmen der Sendereihe »Mensch und Menschlichkeit« des Süddeutschen Rundfunks (Das Heidelberger Studio) 1956. Erstdruck in: Mensch und Menschlichkeit. Eine Vortragsreihe mit Beiträgen von Paul Althaus u. a., Stuttgart 1956 (= Kröners Taschenausgaben 243) 1956, S. 65–76.

Philosophie. Geschrieben aus Anlaß der 500-Jahrfeier der Universität Basel 1960. Erster und bisher einziger Druck in: Lehre und Forschung an der Universität Basel zur Zeit der Feier ihres fünfhundertjährigen Bestehens. Dargestellt von Dozenten der Universität Basel, Basel 1960, S. 268–272.

Wo stehen wir heute? Erstveröffentlichung in: Wo stehen wir heute? Mit Beiträgen von Max Born u. a. Herausgegeben von H. Walter Bähr, Gütersloh 1960, S. 33–46. – Als selbständige Buchausgabe: Karl Jaspers: Wo stehen wir heute? Olten 1961 (= 90. Publikation der Oltener Bücherfreunde).

Freiheit und Schicksal in der Wirtschaft. Vortrag, gehalten am 6.10.1962 anläßlich des Jubiläums der Schweizerischen Bankiervereinigung in Basel. Erstdruck: Basler Nachrichten Nr. 424 vom 8.10.1962, S. 13–14. In Buchform: Freiheit und Wirtschaft. Karl Jaspers: Freiheit und Schicksal in der Wirtschaft. / Hugo Sieber: Wirtschaftsüberlegenheit und Wirtschaftswettlauf. Zwei Vorträge über Fragen der Wirtschaft, Wabern-Bern 1963 (= Schriften des SAD), S. 3–21. Abdruck in: Philosophische Aufsätze, Frankfurt a. M. / Hamburg 1967, S. 138–149.

Die Kraft der Hoffnung. Radiovortrag, gehalten im Rahmen der Sendereihe »Die Hoffnungen unserer Zeit« des Süddeutschen Rundfunks (Das Heidelberger Studio) 1963. In: Die Hoffnungen unserer Zeit. Zehn Beiträge, München 1963, S. 9–23.

Vom lebendigen Geist der Universität. Vortrag, gehalten im Rahmen der Heidelberger Professoren-Vorträge am 11. und 18. Januar 1946 in der Aula der Alten Universität. – In: Vom lebendigen Geist der Universität und vom Studieren. Zwei Vorträge von Karl Jaspers und Fritz Ernst, Heidelberg 1946 (= Schriften der Wandlung 1), S. 5–40. Abdruck in: Rechenschaft und Ausblick. Reden und Aufsätze, München 1951, S. 159–185.

Philosophie und Wissenschaft. Öffentliche Antrittsvorlesung an der Universität Basel, Oktober 1948. In: Die Wandlung. Eine Monatsschrift. Unter Mitwirkung von Karl Jaspers, Werner Krauss und Alfred Weber herausgegeben von Dolf Sternberger. Jg. 3 / 1948, S. 721–733. – Als Buchausgabe: Karl Jaspers: Philosophie und Wissenschaft, Zürich 1949. Abdruck in: Rechenschaft und Ausblick. Reden und Aufsätze, München 1951, S. 204–220.

Vom Studium der Philosophie. In: Zentralblatt des Zofinger-Vereins. Feuille centrale de la Société Suisse de Zofingue. Jg. 89 / 1949, S. 21–27. Abdruck in: Philosophie und Welt. Reden und Aufsätze, München 1958, S. 21–27.

Von den Grenzen des pädagogischen Planens. In: Basler Schulblatt. Organ des Erziehungsdepartements und der Schul-Synode Basel-Stadt, Jg. 13 / 1952, Nr. 4, S. 72–77. Abdruck in: Philosophie und Welt. Reden und Aufsätze, München 1958, S. 28–38.

Wahrheit und Wissenschaft. Akademische Rede, gehalten bei der Fünfhundertjahrfeier der Universität Basel am 30. Juni 1960 in der Basler Kongreßhalle. Erstdruck in: National-Zeitung, Basel, Nr. 302 vom 3. 7. 1960. – In Buchform: Karl Jaspers: Wahrheit und Wissenschaft. / Adolf Portmann: Naturforschung und Humanismus. Akademische Reden ..., Basel 1960 (= Basler Universitätsreden 42. und 43. Heft), S. 3–29. Und München 1960, S. 5–25. Abdruck in: Philosophische Aufsätze, Frankfurt a. M. / Hamburg 1967, S. 62–77.

Das Doppelgesicht der Universitätsreform. In: Deutsche Universitätszeitung. Mitteilungen der Deutschen Forschungsgemeinschaft. Jg. 15 / 1960, Nr. 3, S. 3–8. Abdruck in: Philosophische Aufsätze, Frankfurt a. M. / Hamburg 1967, S. 78–92.

Der Weltschöpfungsgedanke. Vortrag, ausgestrahlt über Radio Studio Basel 1952. Erstdruck: Merkur. Deutsche Zeitschrift für europäisches Denken. 6. Jg. / 1952, Nr. 5, S. 401–407. Abdruck in: Philosophie und Welt. Reden und Aufsätze, München 1958, S. 139–147.

Die Auffassung der Persönlichkeit Jesu. Geschrieben zum 80. Geburtstag von Leo Baeck. In: Council for the Protection of the Rights and Interests of Jews from Germany. Festschrift zum 80. Geburtstag von Leo Baeck am 23. 5. 1953, London 1953, S. 36–49.

Die nichtchristlichen Religionen und das Abendland. Radiovortrag im Rahmen der Sendereihe »Die großen nichtchristlichen Religionen unserer Zeit in Einzeldarstellungen« des Süddeutschen Rundfunks (Das Heidelberger Studio) 1954. In: Die großen nichtchristlichen Religionen unserer Zeit in Einzeldarstellungen, Stuttgart 1954 (= Kröners Taschenausgaben 228), S. 115–126. Abdruck in: Philosophie und Welt. Reden und Aufsätze, München 1958, S. 156–166.

Unsterblichkeit. Vortrag für Radio Studio Basel im Rahmen der gleichnamigen Sendereihe vom Frühjahr 1957. In: Norbert M. Luyten / Adolf Portmann / Karl Jaspers / Karl Barth: Unsterblichkeit, Basel 1957, S. 31–41. Abdruck in: Philosophie und Welt. Reden und Aufsätze, München 1958, S. 148–155.

Umgang mit dem Mythos. Vortrag, ausgestrahlt über den Bayerischen Rundfunk 1964. Erstdruck in: Merkur. Deutsche Zeitschrift für europäisches Denken. Jg. 18 / 1964, S. 1–13. Unter dem Titel **Mythos und Philosophie** in: Die Wirklichkeit des Mythos. Zehn Vorträge von Stefan Andres u. a. Eingeleitet und herausgegeben von Kurt Hoffman, München / Zürich 1965, S. 53–65.

Namenregister

PIPER

Karl Jaspers
Der philosophische Glaube angesichts der Offenbarung

576 Seiten. Leinen

Dieses Hauptwerk von Karl Jaspers ist die letzte große systematische Arbeit seines Lebens. Sie ist ganz von dem zentralen Grundgedanken seines Philosophierens getragen: »Wahrheit ist, was uns verbindet.« Dieses Buch steht in einem radikalen Kampf gegen die Art des Glaubens der Offenbarungsreligionen. Dieser Kampf zielt jedoch nicht auf eine Vernichtung der biblischen Religion, sondern auf ihre Verwandlung. Was bleibt, ist ein Glaube, in dessen Mitte allein das Wissen vom Nichtwissen wohnt.

Von der Wahrheit

Philosophische Logik. Erster Band. 1103 Seiten. Leinen

Weltgeschichte der Philosophie

Einleitung. Aus dem Nachlaß herausgegeben von Hans Saner.
192 Seiten. Leinen

PIPER

Frank J. Tipler
Die Physik der Unsterblichkeit

Moderne Kosmologie, Gott und die Auferstehung der Toten.
Aus dem Amerikanischen von Inge Leipold, Barbara Schaden und Martin Lavelle. 605 Seiten mit 28 Abbildungen. Geb.

»Das Besondere an Tiplers Ansatz ist nicht die Verbindung von Wissenschaft und alten Menschheitsträumen, das Besondere ist die Art der Verbindung. Er bietet eine komplette physikalische Theorie mit einer experimentell überprüfbaren Prognose, einer Begründung für die Existenz des freien Willens und dem Beweis, daß Leben, weit davon entfernt, unbedeutend zu sein, als der letzte Sinn und Zweck des Universums selbst betrachtet werden kann.«
Bayerischer Rundfunk

»Tipler steht in einer Phalanx von Gelehrten, die sich aus totaler Wissenschaftsgläubigkeit tief ins Spirituelle stürzen.«
Der Spiegel

»Dieses Buch provoziert und macht nachdenklich.«
Welt am Sonntag